さよなら未来

さよなら未来

エディターズ・クロニクル 2010-2017

若林恵

岩波書店

忘れないでくれ、あなた自身が黒い白鳥なのだ。

——ナシーム・ニコラス・タレブ

ナシーム・ニコラス・タレブ、望月衛訳
『ブラック・スワン』ダイヤモンド社、二〇〇九年

S君のこと――謝辞

最初に勤めた出版社を辞めた後、しばらくとあるデザイン事務所に勤務していた。いまは逗子を拠点にしているが、当時は水天宮にオフィスがあった。デザイン事務所に編集ができる人間がいれば一気通貫でいろんな仕事をやれるだろうというのが先方の目論見で「いいねいいね」と参画したものの、結果からいうとなんの役にも立てず「それくらいの仕事なら自分たちでできますから」と言われて、あえなくクビになった。

世間的には名門と言われる雑誌の編集部に五～六年在籍して、それなりに仕事ができる気になっていたのだが、正直まったく歯が立たず意気消沈するばかりだった。自分が見ていた雑誌というものを、デザイナーはまるでちがうところから見ていて、その視点の極端な相違にまずは驚いたのだが、同時にデザインという仕事が単に外見をキレイに取り繕うことではなく、その本なり雑誌なりを成り立たしめている構造や根拠を厳しく問うことなしにはできないものであることを学ぶにつけ、自分の浅はかさを日々思い知らされた。

その事務所の社長であるS君は、自分よりも年下なのだけれども容赦なく厳しい人で、打ち合わせをするたびに「そういう編集者っぽいルーチンのなかで考えるのやめてもらっていいすか」とこっぴどくダメ出しされた。こっちは編集といえばすぐさまコンテンツの中身の話と思っていたから、一足飛びにその話から始めると、彼は「これ、そもそも雑誌である必要があるんすかね?」などといちいち根源的なところに話を差し戻すのだ。そんなこと考えたこともなかったから、問われるたびに「うーん」と(心の中では「めんどくせーなあ」と苛立ちながら)いつも黙り込んでしまった。

「原理的なところから考える」が当時の彼の口癖だった。なぜそれはつくられねばならないのか。その「なぜ」を満たすために、そのアウトプットは本当に妥当なのか。自社で発行した雑誌の企画会議で、S君は「雑誌はいまあるようなかたちでしかありえないのか」とスタッフに執拗に問うた。その結果として「文庫本サイズ/三分冊/一セット三〇〇〇円」という奇妙な「雑誌」ができあがった。

S君はそういうやり方で一見突飛にしか見えないアイデアを平気でクライアントにだって提案した。もちろんクライアントは絶対にそんな提案に納得なんかしないのだけれど、「原理的に考えた」結果として自分たちがたどり着いたアイデアのほうが、はるかにロジカルで、はるかに価値があるという手応えは強く残った。

S君が指摘したことは本当だった。「仕事がそこそこできる」と自惚れていたのは、ただその枠組のなかで仕事を円滑に回すためのルーチンを身につけただけのことだった(もちろんそれを身につけてこそ、その先がありうるわけだが)。他人のことばを使って考え、他人のことばをしゃべっているだけ。自分のことばで考えるということは、本当に難しい。それができる人は決して多くない。

だからだろう、S君はいつも苛立っていた。こうすればもっとよくなる、もっと面白くなる道筋が見えているのに、ルーチンや常套句のなかにしかいない人は、そのはるか手前でいつまでも狭い考えをこねくりまわしている。そのまどろっこしさにこちらが苛立てば苛立つほど、相手も苛立ってくる。S君は徐々にクライアントワークから遠ざかり、やがて自分たちでアウトドア用品のブランドを立ち上げた。

在籍したのはわずか一〇カ月あまりのことだったけれど、キツかった分だけ(あんなに人に罵倒され続けた時間はない)見返りは大きかった。フリーの編集者をしばらくやったのちに『WIRED』日本版に携わることとなり、テックやビジネスの門外漢でありながらも、その仕事を引き受けることができたのは、ひとえにこの間身につけた癖のおかげだ。編集ってこういうもんでしょ。テックってこういうもんでしょ。雑誌やウェブってこういうもんでしょ。そうやってルーチン化されたことばやアイデアを、頼まれずとも「え? なんで?」と混ぜっかえすことを苦もなくやれたのは(そうなのだ、こういう問いは、慣れていない人にはとても苦痛なのだ)、その訓練をしつこくさせられたからにほかならない。

人に嫌われるばかりのそういう混ぜっかえしがそれでも大事だと思うのは、一足飛びに結論に飛びつかず、我慢しながら(そう、これには我慢と執着が必要なのだ)ジリジリと思考していくことで、想定していなかった意外な場所にたどり着くことができるからだ。一足飛びにたどり着くような結論は、だいたいが予測の範囲内にある。そしてそれが予測の範囲内にあるかぎり、そこから生み出されるものは、いまあるものをただ縮小し劣化させたものにしかならない。最新テクノロジーを扱うメディアに関わっていた行きがかりから「未来」ということばにやたらと振り回されることとなったけれど、世で言われる「未来」の多くが自分にはそういうものにしか思えなかった。じゃあ未来なるものをもう少し原理的なところから考えてみようということになると、それはどうしたって現在を考えることになるし、それがどうやってかたちづくられたのかを考えようとするとどうしたって過去と向き合うことになる。『ＷＩＲＥＤ』という、いかにも「未来志向」に見えるメディアのなかでやっていたことは、実際はそういうことだった。

二〇一〇年から二〇一七年の間に『ＷＩＲＥＤ』日本版をはじめとするさまざまなメディアで書いた文章を集めた本書は、つまるところ、さまざまなお題を自分なりに混ぜっかえしてみては世間一般で言われていることとちがうなにかを探してみた不毛なあがきの記録だ。そんなものに価値を見出し、わざわざ出版してくれようとする奇特な版元があることはありがたいと思いこそすれ、これがＳ君に読まれたらと思うと冷や汗しか出てこない。ほんとに恥ずかしい。

とはいえ、ここに謝辞を置くなら彼を筆頭に挙げないわけにはいかない。ここでは五名の方のみ名前を挙げさせていただく。ソニックバンの佐藤孝洋さん。『ＷＩＲＥＤ』の仕事における最もスリリングなコラボレーターで本書でも心強い味方になってくれたデザイナーの藤田裕美さん、漫画家の宮崎夏次系さん。遠くからずっと怖い読者であり続けてくれたtofubeatsさん。そして蛮勇をもって本書を実現してくれた岩波書店の渡部朝香さん。本書を手にして「この本があってよかったかも」とちょっとでも思う方がいたなら、感謝の気持ちはこの五名に贈ってくださいと強くお願いしたい。逆に、こりゃつまらんという方がいたなら責めを負うべきは著者ただひとり、力量不足を認めることにぶっちゃけなんの躊躇もない。

最後に、本の構成について少しだけ。フリーハンドで書いたいわゆるエッセイ的な文章を本書では一段組で掲載し、その他の取材原稿やレポート、ブログ記事などは二段組とした。また、すべての記事の冒頭に記事の経緯や背景を説明した文章を新たに書き添えた。頻出するカタカナ語の表記については、原則初出メディアのルールに従った。ので、『WIRED』ではお馴染みだった「ウ濁点」表記はそのままとなっている。なんだってあえてそんな感じの悪い表記にしたのか、もちろん理由があってのことなのだが、決してその表記が好きだったわけではないことは、一応ここではっきりさせておきたい。

目次

S君のこと——謝辞

これからの音楽の話のために——001

K-POPの遠近法——008

読むが変わる——014

福島第一原発事故直後一〇日間の真実——027

メキシコの食いもんはうまいんですかね——031

ワインバーグ博士とありえたかもしれないもうひとつの原発の物語——033

え？　マグロもなの？——052

血族——過去と未来のゴーストとしての人間——055

ウェルカム・トゥ・ザ・ジャングルジム——058

寿司でいくか、ハンバーガーでいくか——061

科学には愛がなくてはいけない——064

写真と俳句——068

ゆとり女子を笑うな——071

本当の「働く」が始まる——074

宇宙を夢見たザンビア——084

▶▶(Fast Forward)——088

アー・ユー・エクスペリエンスト？——091

氷の島と音の巡礼——094

「シベリアのイエス」の理想郷——104

お上を待ちながら――108
「隣の家にお醤油を借りにいくことがもっと気軽にできるような社会」の話――111
テレビ電話とローマ字入力――115
誰がオリンピックを要求したのか？――118
問いがわからない――123
「いま、ここ」につながる線――126
コンヴィヴィアリティのための道具――130
音楽に産業は必要か？――134
隠し撮りの正義の話をしよう――140
フレッシュコーヒー・マニフェスト――144
一六五二年のソーシャルネットワーク――147
ヴィンセント・ムーンの小さな地球――154
マッスルショールズの物語――160
死体はでっかい生ゴミなんですか？――164

CeeDee Off セレクション —— 168
未来地図なんかいらない —— 212
見えない世界を見る方法 —— 219
デザインは新しい時代の哲学なのか —— 222
お金は「いいね！」である。その逆もまた。 —— 226
お金の民主化と新しい信頼 —— 229
戦うなとティールは言った —— 234
おいしいはフラット化にあらがう —— 239
イマジネーション・スタートアップ —— 243
BB-8の親和力 —— 246
ことばに囚われて —— 251
ことばは社会そのもの —— 254
静けさとカオス —— 260
なぜぼくらには人工知能が必要なのか —— 263

都市は自由を手放すのか?――268
夜 明 け――273
音楽にぼくらは勇気を学ぶ――277
わたしはフローラ――284
複雑さを複雑さのまま抱きしめるということ――287
ウェルネスツーリズムで行こう――291
ごめんなさい、プリンス――293
ミッションという音楽――302
レモネード・ガレージ・いい会社――305
ベスタクスの夢――313
「お金のため」にもほどがある――332
都会と少年――340
ピッチフォークとバワリー・ボールルーム――343
ファンクは人類進化の一形態なのかもしれない――352

画像化する写真――358
分散と自立――361
夢のつづき――364
ポスト・トゥルース時代のストーリーテリング――376
ソランジュとビヨンセ　ある姉妹の二〇一六年のプロテスト――384
ニーズに死を――396
ビフォア・アンド・アフター・サイエンス――406
最近好きなアルバムあるかい？――410
生産でもなく、消費でもなく――416
ものと重力――420
カール・クラウスを知っているか？――424
リアルワールド報告書　エストニア・ベルリン・イスラエル――436
ぼくらのアフリカン・コンピューター――458
アフリカとの対話はいかに可能か――462

仕入れのこと——469
やがて哀しきワンマン・カルト——475
最適化されてはいけない——484
おっさんvs.世界——488
いつも未来に驚かされていたい——492

解題「海へ」 宮崎夏次系

カバー装画 宮崎夏次系
ブックデザイン 藤田裕美

2010.12.20 – intoxicate, vol. 89

これからの音楽の話のために

タワーレコードのフリーペーパーのために寄稿した原稿で、なにを隠そう、これが、いわゆる取材原稿ではなく、フリーハンドのエッセイとして書いた初めてのものとなる。「普段喋ったりメールで書いたりしているようなことを(当時、なにかを思うにつけ、やたらと長尺のメールを友人に送りつけていたのだ)、そのまま書いてくださいよ」という男気のある発注のもと、書いてみたものだ。当時といまとを比べて言ってる内容にさして進歩がないのは恥ずかしいばかりだが、この原稿なくして本書もなかったことを思えば、依頼をしてくれた編集者の小林栄一くんには、いまなお感謝の念しかない。

二〇一〇年をざっと思い返してみると、情報テクノロジーに関する話題と、そこからハミだしていくなにかに関する話題とに、交互に振り回された一年だった。クリス・アンダーソンの『フリー』(高橋則明訳、NHK出版)、iPad、Twitter といった話題が前者で、後者としては南アの美術家ウィリアム・ケントリッジの作品や、同じく南アでのワールドカップや、マイケル・サンデルの『これからの「正義」の話をしよう』(鬼澤忍訳、早川書房)や、何人かのミュージシャンが個人的にはインパクトがあった。前者はおもに最新テクノロジーによる社会変革を語り、後者は身体や理念といったより根源的ななにかを通して変わりゆく世界の姿かたちを語りかけていたように思う。

ライター・編集者として情報産業の端っこにぶらさがっている身としては、新たな情報テクノロジーの普及は他人事ではなかった。それが情報の民主化を謳い、〈ひとり一メディア〉という状況の到来をことさら予言している以上、それはダイレクトに自分の仕事に関わってくる重大問題なのだが、具体的には、「Twitterやらないの?」という質問を通して、この問題は一年間ぼくを悩ませ続けてきた。いまのところTwitterをすることなく一年を終えられそうだが、やるべき理由はいくらでもみつかるのに、やらない理由を探すのには結構な苦労をした。

感覚的にいってしまえば、「だって、うさんくない?」の一言に尽きてしまうのだ。テクノロジーそのものというよりも、それをめぐる言説がだ。クリス・アンダーソンの『フリー』は、結局のところ肉を切らせて骨を絶つといった程度の儲け話としか読めなかったし、MyspaceやTwitterや電子書籍が世界を変えるといった類の書籍も、ちらと目を通した限りにおいては、あまり説得的とは思えなかった。難癖のように聞こえるかもしれないけれど、Myspaceのすごさを例証するために引き合いに出されるのが、アメリカのバンド、ハリウッド・アンデッドだったりするのは呆れた話で、Myspaceがもたらした最良の成果が本当にハリウッド・アンデッドなのだとすれば、その価値はたかが知れてるというべきだろうし、単に事実として引き合いに出しただけというならば、結局のところ書いている本人にさえも情報テクノロジー革命とやらに感覚的な裏づけがないことを明かしてしまってはいないか。

むしろ、雑誌『The New Yorker』でポップ社会批評家のマルコム・グラッドウェルが、『フリー』やSNSを批判したエッセイや、U2のマネージャーが『GQ』UK版に寄せた、音楽のフリー化がいかに間違っているかを論じた、いわば反動的な言説のほうがよっぽどリアルでシンパシーを覚えたし、刊行から一五年を経て文庫化されたにもかかわらず、まったく鮮度を失うことなく二〇一〇年の時評としてさえ読むことができた、社会学者・佐藤俊樹の『社会は情報化の夢を見る』(河出文庫)のほうがはるかに説得力があった。

「情報テクノロジー革命」にまつわる言説が、オオカミ少年のごとく何十年にもわたって繰り返されてきた歴史を紐解き、それが近代社会に宿命的に組み込まれていたプログラムであったことを説き明かす本書は、実体のない情報革命礼賛に辟易していた身には、かなり強力な解毒剤となってくれた。ついでに言うと、二一世紀の現人神として君臨するスティーブ・ジョブズの、ますますもって鼻につくユートピア志向や福音主義を理解するうえでの重要なヒントを与えてくれたことも有益だった。

といってこの本が、その情報革命の〈夢〉から覚醒するための道筋を教えてくれるわけではない。逆に、そこから自由になるすべはないとするのが結論であって、せいぜいぼくらにできるのはその不自由さを冷静に見つめることくらいしかないと語るのは、いかにも暗澹たるメッセージだが、少なくともなにかを漫然と期待しながらスマートフォンを弄んでいるよりはマシなようにも思える。

煎じ詰めていけば、テクノ・エバンジェリストたちと、それに猛然と反発する人たちとのちがいは、テクノロジーが先か、人間・社会が先か、をめぐる見解の相違なのかもしれない。テクノロジーが変わることで、人間や社会が変わるのか。あるいは人間や社会が変わることで、テクノロジーのありようが変わるのか。音楽好きならば、エレキギターがロックの世界を変えたのか、それともジミヘンが変えたのか、と問うてみてもいいだろう。さあ、どっちだ。

　一番慎重な答えをとるならば、「両方」ということになるのだろうが、それでもぼくはどちらかといえば「ジミヘンが変えた」というほうに幾分か傾斜しておきたいと思っている。あるいはワールドカップに即していうなれば、いくら戦術をめぐるテクノロジーが進化したとしても、サッカーの歴史を更新していくのは、イニエスタであり、エジルであり、メッシであり、つまり、とてつもない個人の身体があってのことなのだと思っていたい。少なくとも、そうであるからこそ、ぼくらはそれに熱狂するのではないのか。

　同じことはマイケル・サンデル教授についても言えるのかもしれない。この閉塞した時代にあって、彼の講義に多くの日本人が〈白熱〉することができたのは、テクノロジーやシステムが引き起こす歪みを是正し克服していくのは、あくまでも生きた人間の知性や思考にほかならないことを、生き生きと教えてくれたからなのではないだろうか。アリストテレス、カント、ホッブズ、ベンサムといった過去の偉人たちの知性が、ぼくらの生きる世界をどういうふうにかたちづくってきたかを改めて学ぶことは、テクノ・エバンジェリストたちがささやきかける信仰にも似た福音よりもはるかに力強く、「世界を変える」イメージをもたらしてくれた。

話を音楽に戻すなら、iTunesでビートルズが配信されはじめたことなんかよりも、たとえばソマリア出身のカナダ人ラッパーのケイナーンのような唯一無二のストーリーと身体性をもったアーティストが、欧米マーケットからソマリアの難民キャンプの子どもたちまでをも熱狂させた事実にこそ、新しい時代を見たような気がするし、M.I.A.や、SF版女プリンスとでも言うべきR&Bシンガー、ジャネール・モネイ、ダニエル・ラノワの秘蔵っ子として新バンド、Black Dubの主役を張ったトリキシ・ウィートリーのような新たな才能こそが、二〇一〇年の感性に明確なかたちを与えているという実感を、興奮とともに与えてくれた。ジャズファンのために、このリストに、インド人ピアニスト、ヴィジェイ・アイヤーの名前を加えてもいい。「未来」というのなら、ぼくは、彼らの音のなかにこそその兆しをより強く感じることができた。

iPadをめぐる狂騒の際に、さかんに語られたのは「新しいビジネス・スキーム」のことだった。出版業界や音楽業界が新たなデバイスやサービスによって再編されるようなことばかりが論じられ、そこで扱う〈中身〉について真剣に語られることはなかった。当時はそのことがずいぶんと不満だったけれど、いまになってそれがなぜだかはわかる。結局のところ、音楽で言うならば、デバイスやサービスの進化は、音楽の進化とは関係がないのだ。それを商品化し換金するためのシステムが変わっても、アーティストがやるべきことは変わらない。聴いたことのない、フレッシュな音楽をつくること。ピリオド。換金システムが変わることによって、パッケージの仕方や流通の仕方は変わっていったとしても、少なくともぼくがケイナーンやジャネール・モネイに感動するのは、換金システムの精度やパッケージの工夫によってではない。ぼくらは、そこでサッカーをしている人間を見ているわけであって、３Ｄテレビを見ているわけではないし、現場を自分の足で歩き回ったルポライターの息づかいを読むのであって、iPadを読むわけではない。３Ｄテレビで観ようが、iPadで読もうが、退屈なサッカーの試合は退屈だし、凡庸な雑誌記事は凡庸なままだ。映画にせよ、音楽にせよことは同じだ。それにしても、こんな基本的な了解事項を、いまさら確認しなきゃいけないなんて、ぼくらったらいったいどれだけそそっかしいのだろう。なにをそんなに焦っているのだろう。

「世界が変わる」。大仰な掛け声が最近ますます目につく。現状を打破し、この閉塞状況を変えなきゃいけない、そんな思いが切迫した焦燥感とともに伝わってはくるのだが、悲しいかなその叫びがむなしく聞こえてしまうのは、なにをかいわんや、音楽の分野だけに限っても世界の音楽地図は、その内実においてすでに大きく変わり続けているからだ。ためしにアメリカの公共放送ＮＰＲが選んだ今年のベストジャズアルバム・トップ10のリストを見てもらえればいい。ほとんどが日本でまったく認知されていない作品で、不勉強なぼくはさしおいても、日々膨大な新譜情報を扱う本誌編集子Ｋ君をして、知っているアーティストがわずか三組程度というのはどうしたことか。

「情報革命」がさかんに謳われた一年は、日本が世界における情報過疎地になりつつ現状を、まざまざと痛感させられた一年でもあった。とんだ「情報革命」だが、それにしても焦燥感はつのるばかりだ。だからこそ、ぼくらは新しいデバイスが出るたびに飛びつきたがる。しかし、それもそろそろやめるべきなのではないか。最新の情報テクノロジーは、情報やコミュニケーションをめぐる不安や不満を解消してくれるどころか、ときに巧妙に隠蔽してしまっているようにさえ見える。簡単な話だ。地デジになったところで、全国ネットワークはどうせワイドショーしかやっていないのだ。そんなものにかまけているうちは、ぼくらの世界はいつまでたっても変わらない。火を見るより明らかじゃないか。問題はそこではなく、別のところにあるのだ。

2011.04.20 − intoxicate, vol. 91

K－POPの遠近法

これまたタワーレコードの『intoxicate』のために書いたもので、原記事には「グローバル・ポップの新しい地平」というサブタイトルがついている。何気なく使った「グローバル・ポップ」ということばだったが、この六年後に、メジャー・レイザーの『GIVE ME FUTURE』という映画のなかでディプロの口からこのことばが発せられたのを聞いて、わが意を得たりと得意になったのだが、思い返せば、この頃すでにディプロは韓国でGD＆TOPなんかとフックアップしていたのだ。

K－POPがいま引き起こしている最大の問題は、洋楽なんか一切興味なく、また興味を持ったことさえないと思われる大量の女性ファンが、輸入CDショップをうろちょろしているということなのではないか。ぼくは、ここで洋楽ファンの側に立って、「K－POPと洋楽を一緒にしないで欲しいよなあ」と言いたいわけではない。むしろ、そういう軋轢がありうべきことも考慮した上で、「じゃあ、K－POPっていったいなんなわけ？」と問いたいのだ。CDが売れない、商売にならない、といったことがさかんに叫ばれるこのご時世にあって、いま一番熱心に「輸入盤」を買っているのは、きっとK－POPファンなのだ。これって考えてみるとかなり妙な事態なんじゃないだろうか。

K-POPファン(およびかつての「韓流」ファン)といえば、どちらかというとドメスティックな志向をもった女性が中心を占めるのはイメージとして理解できると思う。彼女たちは、決して先鋭的な音楽ファンではないし、多くの洋楽ファンがそうだったように「輸入盤」を買うことに先進性を見い出し、そのことに付加価値を求めるタイプでもない。しかし、彼女たちは自分たちの欲求には忠実だ。東方神起の新譜が発売されるとなったら、真っ先に韓国盤に手を伸ばす。なぜならそれが一番最初に発売されるからだ。しかも簡単に入手できる上、多くの場合とても安い。

最もドメスティックであるはずの購買層が、最も激しくインポートを買い求めている。それだけ聞くと、いたるところで起こっているなんの変哲もない出来事のようだが、これは少なくとも日本の音楽業界においては想定されていなかった事態ではないかと思う。これがどういう混乱を引き起こすかは、K-POPが「洋楽」なのか、「邦楽」なのかと問うてみるとよりはっきりする。そして、その混乱は端的に、CDショップにおいて「K-POP売り場」をどこに設定するかを通して明らかとなる。タワーレコードについていえば、新宿店はJ-POPの売り場の一角に、渋谷店ではワールドミュージックのフロアに、秋葉原店ではJ-POPと洋楽の間にK-POPコーナーは設置されている。

おかしなことではないだろうか。インポートの韓国盤のCDを、「J-POP」の売上の一部とみなすのであれば、その際の「J」というくくりはいったいなにを意味するのかということになるし、それを「ワールドミュージック」とみなし、「洋楽」のサブジャンルとして扱うのであれば、従来の洋楽の顧客層とK-POPの顧客層の明らかな乖離・分断はどう説明するのか。そもそも、K-POPの売上の伸長をして

「ワールドフロアの成績が堅調です」とするのは事実誤認以外のなにものでもないだろう。

日本の音楽環境を成立させてきた「邦楽」と「洋楽」という区分は、K-POPに対して明確な受け皿を用意することができずにいる。だからこそきっとK-POPは、その文化的な位置づけも、産業構造上における位置づけも、確固たる市場を形成しつつあるにもかかわらず市場規模の測定さえも曖昧なまま、実態の見えない（そして不気味に肥大を続ける）サブカルチャーとして放置されたままなのだ。

そして、このことは、さらに重大な問題をも認識させることにもなる。「洋楽」というタームが、あまりにも自明のこととして、「西洋＝欧米」発のものをあらわしてきたということだ。日本の近代化以降「輸入品」「舶来品」といえばすなわち西洋のものを自動的に意味し、であるがゆえに常に「先進的」なものとみなされてきたのだが、「洋楽」ということばは、いまとなってはあまりにもその前提を無邪気に継承しすぎているように聞こえる。

いまこのことばに向けてK-POPが投げかけているのは、ぼくらのなかにはアジアから「先進的なもの」が入ってくるという想定がなかったのではないかという問いであり、もっと言えば、アジアから入ってくるものは「先進的」とはみなさないという了解さえぼくらの価値観のなかには根強く巣食っていたのではないかという疑問だ（ここで言いたいのは、「K-POPは先進的だ」ということではなく、K-POPが西洋のものではないがゆえに、先進的でありうる可能性そのものが予め否定されてはいないか、ということだ）。実際少なからぬ「洋楽ファン」は、あわよくばK-POPを後進国で生み出された「キッチュ」とみなそうと身構えるし、彼らがK-POPに言及する際に口にする「よく出来ている」という賛辞も、この辺の微妙な立ち位置をよく表しているように見える。ってか、なんで微妙に上から目線なんだ、といったあたりに。

一方の「邦楽」の側を見ても問題は山積している。ネットを通じてあっという間に情報が消費されるこのご時世、大手メディアと芸能事務所が結託して認知をあげていくような従来型の販売・プロモーション形態はなし崩し的に崩壊しつつある。これは韓国の二大レコード会社／マネージメント事務所であるSMエンタテインメント（東方神起、少女時代）、YGエンタテインメント（BIGBANG, 2NE1）が、YouTube とパートナー契約を結び、ネットの利用を前提とした複合的な戦略によってアジア全域から世界にまでファンベースを拡大していったのを見れば明らかだ。そして、その戦略の矛先は当然日本にも向けられている。思い出して欲しい。少女時代には、デビューイベントの時点ですでに二万人以上の動員力があったのだ。お客さんとアーティスト側がすでに海を越えて直でニギっているところに、日本のレコード会社が間に入って果たすべき役割とはなんなのか、実際のところかなり厳しく問われているのが実情ではないか。

SMエンタテインメントのキム・ヨンミン社長は、少なくともSMエンタテインメントにとっての日本進出は最終目標ではなく、アジア全域を舞台にしたより大がかりなビジネス戦略のなかのひとつのステップであることを明言している。日本のマーケット・サイズは現在でも魅力だし、アジアのなかでの日本の音楽市場の成熟は群を抜いており、ほかのアジア諸国への影響力も大きいことは認める一方で、日本の音楽業界が、神秘的な参入障壁に守られた結界に引きこもり続けるのであれば、韓国勢が構想するアジアの統一市場において、日本の立場は苦しくなることも危惧している。そうした事態を本気で回避しようとするのであれば、日本のメーカーやエージェントは、Ｋ-ＰＯＰと同じ土俵に乗って、日本製品を積極的にアジアマーケットで闘わせることにしか活路はないように思える。

なんにせよ見誤ってはいけないのは、Ｋ-ＰＯＰの商品は、たまたま日本と韓国の二国間でやりとりされることになった「ドメスティック・プロダクト」ではないという点だ。それは戦略的に一貫して「グローバル・プロダクト」なのだ。日本は、中国、タイ、シンガポールといったアジア諸国や欧米諸国、さらには中東からメキシコ、ブラジルにまで広がる数多い営業先のひとつにすぎない。そうした認識のもと、ぼくらはそろそろ、世界ときちんと向き合うための新たなパースペクティブを用意すべきではないのだろうか。

願わくば、まずは、この日本でいまなにが一番聴かれているのかがフラットにわかる、インターナショナルなチャートをどこか用意してくれないだろうか。国内のレコード会社が関与していないとその数字が反映されないようなものでも、レコード会社のプロモーションツールでしかないようなものではなく、輸入盤も国内盤も、Ｊ-ＰＯＰも、Ｋ-ＰＯＰも、欧米の音楽も、純然たる売上によって等価に評価されるようなグローバル・ポップチャート。アジア、欧米の動向と連動しながら、ＡＫＢや嵐、レディー・ガガやＢＥＰに並んで、少女時代やＢＩＧＢＡＮＧが肩を並べて登場するようなチャートがあるだけで、なんだか風通しがいい感じがするではないか。

すでに日本のティーンエイジャーたちの間では、K－POPは、ひとつの実体として根付きつつあるという。知人の高校一年の娘さんに聞いてみたところ、クラスの女子の「九七％」がK－POPを聴いているというし、カラオケにハングルが混じりさえするそうだ。彼女自身目下ハングルを猛勉強中というが、それはそのまま「歌詞から英語を学んだ」というビートルズ世代お得意の美談の最新型なのだ。ぼくらが長いことそのなかで生きてきた「洋楽」「邦楽」といった区分や、音楽業界の意向などはお構いなしに、K－POPの浸透は世界に対する新しい距離感をもたらし、日本人の現実を確実に変えている。その新しい現実を音楽に即して言うならば、「グローバル・ポップの新しい地平が見えてきた」と、希望的に解釈してみたい。

K－POPを通してぼくらは、西洋だけが世界ではないという環境にいまさらながらリアルに直面している。そして、傍観するばかりでなく世界の一部としてそこに参加することが求められているのは、なにも音楽産業にかぎった話ではないはずだ。その意味でK－POPは、日本全体にとってひとつの試金石といえるのかもしれない。それを産業として健全に根付かせ、消費者と作り手とが健全に交流できるような空間をつくれないのであれば、日本に真の意味でのグローバル化は訪れないのではないか。おおげさかもしれないが、ぼくにはそう思えてならない。グローバル化の掛け声とは裏腹に、欧米の動向からもすでに大きく遅れをとっている日本が、アジアにおいても孤立するのだとしたら、最悪のシナリオは、ガラパゴスでさえなく、無縁死なのではないだろうか。

2011.11.10 – WIRED, Vol. 2

読むが変わる

iPad発売をめぐる狂騒のなか「ひとり一メディアの時代」といった戯言が飛び交っていた状況への反発を込めてつくった記事だった。「書き手中心」「編集者の仕事」といったあたりにことさらフォーカスしているのは「メディアの仕事をナメんな」という思いの表れだろう。素人が素人なりにやることには当然ながら無理も限界もある。それを知りながら「ひとり一メディア」とやらを称揚した挙句の「ポスト・トゥルース」だろうよ、といまになってあげつらうのは簡単だが、一方で、ここで紹介したサービスがその後そこまで活躍したという話も聞かないのも事実で、彼らに感化され『ＷＩＲＥＤ』（コンデナスト・ジャパン）でも「シングル・ストーリーズ」というラインをローンチしたが、大きなインパクトは残せぬまま立ち消えにしてしまった。

『ＷＩＲＥＤ』ＵＳ版のアプリが、iPad の登場とタイミングを合わせて同時にリリースされたときのことを思い出す。ウェブサイトにアップされたプロモーション映像のなかで、編集長のクリス・アンダーソンが「電子版の登場によって、新しいストーリーの語り方が可能になるのです」と言っていた記憶がある。「ストーリーテリング」あるいは「ナラティヴ」ということばを彼は使ったかもしれない。いずれにせよ、その「ストーリー」ということばが強く印象に残った。そうか雑誌っていうのは物語を語るものだったのか。改めて思った。

たしかに欧米の雑誌を見ていると、必ずといっていいほど「ストーリー」としか呼びようのない長文の記事が掲載されている。『GQ』といったメンズ誌、『VANITY FAIR』のようなクラス誌から、あるいは『ＳＰＩＮ』のようなオルタナ系音楽誌にいたるまで、骨太なドキュメンタリー／ルポルタージュが必ず毎号掲載される。もちろん『ＷＩＲＥＤ』でも、そうしたストーリーを毎号二〜三本読むことができる。書き手はそこで、より面白いテーマを求め、ユニークな記事を生み出すことにしのぎを削る。たとえそれがエンタテインメントに関する記事であれ、そこにはジャーナリズムの伝統が脈打っている。言うまでもなく、そのときストーリーテリングの基盤となるのはいまなおテキストだ。

文章でストーリーを読むこと。電子だろうが紙だろうが海外雑誌の魅力はいまなおここにある。アプリのインターフェイスやインタラクティヴな機能がいくらカッコよくても雑誌を買い続ける動機にはならない。あるストーリーを「読む」価値があると思うからお金を払うのだ。少なくともぼくはそうだ。面白いテキストに出会う満足感は、動画や音を通して得られるそれとはまったく異なる。「聴く」や「観る」と比べて「読む」というのは際立って能動的な行為だ。そして、ときに、それはスピードという点においても動画や音を凌駕する。一時間のインタヴューを理解するのに、「観る」のと「読む」のではどっちが速いかを考えてみればいい。テキストは容量に対するスピードという点で、いまだに(いまこそ)多くのメリットをもっている。

　残念ながら日本では、こうしたストーリーにお目にかかる機会がめっきり少なくなってしまった。雑誌も本も「物語」ではなく「情報」を扱うメディアになってしまったからだ。雑誌だけではない。ある時期から、あらゆるメディアがひたすらカタログ化の一途をたどった。そしてほどなくインターネットが到来し、それはいとも簡単に駆逐されようとしている。

　雑誌制作の現場で「ウェブ連動」「アプリ開発」といった話題が出ると、ただでさえ情報化している記事に動画や音声といった情報を上乗せすることが絶えず議論される。それは「付加価値を生む」という。けれども、これだけ映像や音源が無料で氾濫している時代、動画や音声をただ加えてそれが価値を生むと単純に考えることはできない。クリス・アンダーソンの言に従うのであれば、電子デヴァイスが可能にした新たな機能は、「物語」をよりよく語ることに奉仕すべきものであるはずで、情報をただ上積みしていくためにあるものではないはずだ。電子デヴァイスは、いったいどんなストーリーをぼくらに提供してくれるのか。問うべきは、そこだ。新しいメディアは、ぼくらに新しいストーリーを提供することができるのか。

　二〇一一年六月、eBookをめぐる状況に関して面白い記事を『ＷＩＲＥＤ』のウェブサイトで見つけた。「電子書籍が紙に負ける五つのポイント」というお題で、ジョン・C・アベルというテック系ライターが書いたものだ。彼は、印刷／紙／フィジカルの本(Print/Paper/Physical で、pBook とでも呼んでおこうか)と比較をしながら、eBook の弱点を以下五つのポイントにまとめている。

1　読了へのプレッシャーがない。
2　購入した本を一カ所にまとめられない。
3　思考を助ける「書き込み」ができない。
4　位置づけとしては使い捨てなのに、価格がそうなっていない。
5　インテリアにならない。

ここでとりわけ気になったのは、1だ。彼は、ここで、eBookというものを読み通すことの困難を語っているが、これは実際、かなり的を射た指摘だ。Kindleを買ってみてわかったのだが、思い立ったらいつでもどこでも読み物が買えるというのは嬉しいことで、購入直後に一気に読みはじめるのだが、数日経つとそれを買ったことさえ忘れてしまうことがほとんどだ。

知人の翻訳家で、Kindleユーザーでもある A 氏に聞いてみたら、やはり似たようなことを言う。A 氏が最近かろうじて読み通した一冊は、ウィリアム・T・ヴォルマンによるフクシマのルポ『Into the Forbidden Zone』だったそうだ。

アベルの記事は、『WIRED』の元記者で現在『ニューヨーク・タイムズ』のテックレポーターであるジェンナ・ウォルサムの二〇一一年二月の「告白」を引用している。彼女は『ニューヨーク・タイムズ』のウェブ版でこうカミングアウトした。発売されはじめた当初から iPad や iPhone で何冊も本を購入してきたけれども、実は一冊も読み切っていない、と。

「本を読まないわけではない。家の本棚やテーブルはペーパーバックで溢れている。けれども枕元に置いてある読みかけの本のように、読みかけであることを絶えず思い出させてくれる物理的な物体がないと、自分のデジタルライブラリーの存在すら簡単に忘れてしまう」

その彼女が一一年、初めて一冊の本を完全に読み切ったという。エヴァン・ラトリフというジャーナリスト／編集者が書いた『Lifted』という作品だ。ストックホルムを舞台にした一万二〇〇〇ワードのクライムノンフィクションで、ヘリを使った銀行強盗事件の一部始終を一気に読ませて飽きさせない。出版したのはThe Atavistという新しいeBook専門出版社で、作品は自社アプリを通して読むことも、AmazonやiBooksで購入することもできる。エヴァン・ラトリフはThe Atavistの創業者のひとりでもある。

　ニューヨーク、ブルックリンのダンボと呼ばれるエリアで、いま、そのエヴァン・ラトリフとコーヒーを飲んでいる。店が閑散としているのは閉店が近いからだ。「余ったコーヒー、飲んじゃってよ」と、店員がおかわりをサーヴィスしてくれる。

「ePub専門の会社を始めようと思ったのは二〇〇九年のことで、ちょうど『WIRED』で、「Vanish」「Gone」というシリーズのストーリーを二本掲載した直後だったんだ。それぞれが、五〇〇〇と一万二〇〇〇ワードで、いまの雑誌記事のスタンダードとしては結構長いものだったんだけど、編集者とこういった長いストーリーをもっとやりたいね、と話していたんだ。iPhoneでこういう記事を独立したかたちで読めたら面白いんじゃないかってね」

　ちなみにラトリフがここで語った英語一万二〇〇〇ワードの文章を日本語に直すと、計算上およそ三万二〇〇〇字前後となる。ぼくがいま書いているこの記事が一万字弱。その三倍以上の長さというのは、アメリカの雑誌記事としても破格の長さといえる。しかし、単行本とするにはだいぶ短い。『ニューヨーク・タイムズ』のウォルサム記者が、なぜラトリフの『Lifted』を読み通せたかというのも、これで納得がいく。自分も読んでみたが、寝る前に一時間半くらいでさっと読み通せた。

「雑誌には載せられないような長いノンフィクシ

ョン記事を、単体で安価に販売するというアイデアを実現するために、まずeBookの制作用のアプリを開発して、それをもってジャーナリストや雑誌社に営業に行ったんだ。「単行本にしなくても、記事を単体でそのままデジタルで販売できるんです」って。去年の秋だったかな。これが反応が悪くて(笑)。誰も真剣に聞いてくれなかった。ところが、一〇月ごろに、AmazonがKindleストアのなかに「Kindle Singles」というセクションを設けるというリリースが出たんだ。最初は、自分たちのアイデアを取られたって思ったんだけど、考えてみたらAmazonは出版社じゃないから、うちの商品を扱ってもらえばいいんだって思い直してコンタクトしてみた。スタートした当初、Amazonも売る商品がなかったからなのか、ある日突然返事が返ってきてパートナーとして扱ってもらえることになったんだ」

二〇一一年の一月にオープンした「Kindle Singles」は、まさにラトリフと同じアイデアを元にしたものだった。USのAmazonは「Kindle Singles」という着想をこう説明する。

「デジタルでの読書が一般化する以前、書き手のみなさんは、多くの場合、雑誌記事のフォーマットに合わせて文章を短くするか、あるいは単行本として成立させるために書き足すようなことが少なからず要求されてきました。しかし、電子書籍やKindleでは、そうしたことが必要なくなります。Kindle Singlesでは、入念に構想され、練られ、書かれたものを、その一番自然な長さで提供することが可能です」

一言で言うと、現在の(アメリカの)出版形態のなかでは、雑誌にも書籍にも実現できなかったフォーマットを、提供するということだ。

そのことはまずなによりも書き手に大きなメリットをもたらす。自由な長さで書ける。より早く商品化ができる。加えて、ヒットすれば雑誌で書くよりも多くの収入を得ることもできる(The Atavistの著者印税率は五〇%だ)。The Atavist で現状最大のヒットとなっている『My Mother's Lover』の筆者デヴィッド・ドブズは、雑誌に掲載された際のギャラを優にしのぐ収入をすでに手にしたと語っている(売上実数は非公開)。

読者にとってのメリットも明らかだ。まず、買ったのに読み通せないという無駄から開放される。一本約一~五ドルと安価で、喫茶店や通勤途中でも手軽に読める。けれども内容は、新聞や雑誌記事よりも踏み込んでいて読み応えがある。

「Amazon は、これを「シングル」という名で売り出したんだけど、これは短くてハンディな読み物というニュアンスだよね。ぼくらは、これを当初、逆の売り文句でプレゼンしてたんだ。「雑誌よりも長いストーリーをたっぷり読めるんですよ」って(笑)。ぼくらは「もっとちゃんと書きたい」という書き手の欲求に従ってこういうものをつくっただけで、「読み通せない」っていう読者のストレスにこれが応えているというのは後からわかったことなんだ。雑誌のストーリーがウェブに引っ張られるかたちでどんどん断片化していく状況に不満を感じている書き手/読者のためにロングフォーム・ジャーナリズムを提供する場をつくりたかっただけなんだ」

ラトリフの元には、いま数多くの書き手からの売り込みが寄せられている。加えてこうしたノンフィクション専門の eBook 出版社の登場は、既存の新聞社や雑誌社にも刺激を与えたようだ。この秋から英国の新聞社『ガーディアン』が Kindle Singles 向けのラインを「Guardian Shorts」の名で販売を始め、『GQ』US版も、雑誌記事を Kindle Singles に投下するなど、「シングル」というこの新しい商品フォーマットをめぐる市場は、にわかに活気づいている。Amazon によると、Kindle ストアの売上ランキングのトップ10に Singles からすでに八タイトル、トップ50に二〇タイトルがランクインしている。Amazon を追うようなかたちで、iBook ストア内にも「Quick Reads」というカテゴリーが増設された。

「ウィリアム・T・ヴォルマンによるフクシマのルポ『Into the Forbidden Zone』という作品を例にお話ししますと、企画はまずこちらで考えました。そして、書き手として誰がふさわしいかを検討した結果、日本に知り合いも多いヴォルマンに白羽の矢を立てたのです。取材費はわたしたちが負担しています。ヴォルマンは約三週間日本に滞在し、帰国後一〇日ほどで書き上げ、その翌週にはAmazonやiBookストアで販売を開始しました」

サンフランシスコのプレシディオにあるオフィスで、ジョン・テイマンは自社の作品について語る。プレシディオは開放的で閑静なエリアだ。近くにLucasfilmがあり、最寄りのスターバックスの駐車場にはヨーダの銅像が立っている。

自身ジャーナリストでもあり、長らく編集者としても活躍してきたテイマンは、The Atavistと並んで必ず言及される、二〇一〇年に設立されたばかりのeBook専門出版社Bylinerの創設者だ。Bylinerでは「Byliner Original」の名の下、オリジナルタイトルを現在までに一〇タイトルリリースしているが、そのカタログにはジョン・クラカワー、ウィリアム・T・ヴォルマン等日本でも翻訳のある作家のほか、ビル・クリントンの評伝を書いた大御所テイラー・ブランチなども名を連ねる。作品は大体一万〜三万ワードで書かれている。

「ヴォルマンの例でおわかりいただけると思いますが、作品がつくられるプロセスは、従来の雑誌記事となんら変わることはありません。だから自分たちが新しい、なにか特別なことをやっているという意識はないんですね。ただ作家さんにはよく聞かれますよ。それは雑誌なのか？　本なのか？　って。雑誌記事でも本でもない、その中間にある新しいフォーマットなんですと説明しています」

Byliner の特徴は、徹底した「書き手中心主義」にある。彼らは eBook のなかにさまざまなテクノロジーを入れ込むことを拒む。動画や音声やインタラクティヴな仕掛けは一切なし。プレーンなテキストにちょっとした写真だけ。これは、The Atavist の作品が、自前でアプリを開発し作品のなかにさまざまな仕掛けを用意しているのとは好対照だ。

The Atavist の作品は、作品の舞台となる場所の地図や、写真、動画、タイムライン、注釈などがポップアップするような機能が内蔵されている。ラトリフは、そうすることで読者の興味を絶えず刺激することが可能になると考えるが、テイマンは逆だ。そうしたものはかえって「読む」という行為の邪魔になると考える。

「わたしは、なにかを読むときはテキストに集中したいタイプなんですが、わたしのような読者が少数派だというわけではないと思います。むしろ、読者が求めているのは、いい書き手が書いたいい読み物と出会う場所なんだと思います。これがいままでは決定的に不足していたのです。そこでわたしたちは、「byliner.com」というウェブサイトをつくったのです」

byliner.com は、ノンフィクションの書き手の膨大なアーカイヴだ（二〇一八年現在は閉鎖）。現在のところ、三五〇〇人のノンフィクションライターによる六万件の記事・ストーリーがアップされている。試しに『マネー・ボール』で知られるベストセラー作家「マイケル・ルイス」を検索してみる。すると、雑誌、新聞などで発表された五六本の記事をそのまま読むことができるし、「Follow」しておけば最新アップデートを逐次教えてくれたりもする。

なによりも嬉しいのは似た傾向の作家を次々と教えてくれる機能だ。byliner.com がアメリカで「ノンフィクションの Pandora Radio」と呼ばれるゆえんだ。

「eBook の出版を始めるにあたって考えていたの

は、ただ本を出して、お客さんが集まってくるのを漫然と待っているというやり方はしないということです。むしろわたしたちが扱っているノンフィクションに興味のある読者をこっちに集めるということなんです。ある特定のテーマ、あるいは作家に興味のある読者が、ここに集まってくることでひとつのコミュニティが成立しますね。そうしたらわたしたちは、そこに向けて商品をダイレクトに投下することができます。読者と書き手をここで結びつけることでひとつのエコシステムが形成されるようにしたかったのです」

「シングル」には目下のところノンフィクション作品が多く目立つが、といってジャンルが規定されているというわけではない。「TED Books」というユニークな事例もある。なにがユニークかといえば、その内容もさることながら、「版元」が出版社でない点だ。eBook のパブリッシャーは、もはや出版社である必要がない。

「TED」とは一九八四年に始まった非営利組織で、「広める価値のあるアイデア」(ideas worth spreading)を広く知らしめることを趣旨に世界中でカンファレンスを展開してきた。これまでの活動の主戦場は「講演会」で、それは動画を通じて世界中に配信されてきたが、二〇一一年になって「読み物」の制作・販売を始めた。

「TEDの主宰者のクリス・アンダーソンがデジタルで出版を始めたのは理にかなったことだと思いますね」。そう語るのは TED Books の編集業務一切をひとりでこなすジェームズ・デイリーだ。元『WIRED』の編集者でケヴィン・ケリーの隣の席で仕事をしていたという彼は、現在オークランドにほど近い、ドアーズのジム・モリスンの故郷でもあるアルメダという町に暮らす。つい最近越したばかりという自宅のダイニングで、話を聞かせてくれた。

「TEDの趣旨は、新しくてエキサイティングなアイデアをスピーディに広めるというところにあります。これを通常の出版の形態のなかでやるのは難しいんです。出版までに時間がかかりますし、五万ワード以上でないと単行本になりにくい。でもデジタルだったらそうしたことを気にする必要もないし、コストもかからない。講演だけではもの足りないけれど、専門書をちゃんと読む時間もないという読者に素早く、キチンとアイデアを伝えるのに、シングルのサイズ感はぴったりなんですね」

現在、TED Booksは七タイトルを、それぞれ二・九九ドルでAmazonとiBookストアで販売している。内容は、「笑いの効用」を科学的に検証したもの、メディアの行方を論じたもの、「進化した新しい人間のかたち」を生物学から論じたものと多岐にわたるが、テキストは講演をそのまま文章化したものではなく、講演の内容を核にした講演者の書き下ろしだ。デイリーは書き手と綿密なやり取りを重ね、話が脱線してしまわないように推敲を重ねるといった、従来の編集者が行なう作業を地道に行なう。あたりまえのことだが、eBookだからといって、書き手が書いた原稿がそのまま商品になるわけではない。制作のプロセス、クオリティは「本づくり」のプロが管理する。これは、前出のふたつの版元でも同じだ。しかしデイリーは、TED Booksが、読み物としてだけで完結するものではないと考えている。「TED Booksはコミュニケーションツール」と彼は言う。

「今後は本のなかに音声や映像を入れてもいいし、ネットやソーシャルメディアと連動させながら、トピックについて議論できるような場があってもいい。いまつくっている本は五分ほどの講演を元にしたものですが、そのトピックについてウェブ上で意見を求めたら二〇〇〇以上の意見が寄せられたんです。それを元にしながら書き手に本を書き上げてもらったんですが、このようにクラウドソーシングを使った本づくりなんていうのも、今後どんどん広げていきたい領域です」

現在は、月一タイトルのペースで刊行を重ねるが、ゆくゆくはそれを倍にしたいと語る。できればアプリをベースに、雑誌の定期購読と同じようなサブスクリプションモデルで展開したいと考えている。


取材した三者に共通しているのは、彼らが書き手をなによりも重視していることだ。「ストーリー」が、それにふさわしい長さであることを求めた結果、彼らは、従来の出版システムではできなかった、eBook固有のフォーマットを手にした。また、彼らは、読者はいまなお新しくて面白いものを読みたがっており、それを通して新しい知見、未知の世界と出会うということを貪欲に求めている、とも口を揃えて語る。それは間違っているだろうか？　デヴァイス云々を語る前に、まずはそのことを確認しておきたい。自分はいったいなにを読みたいのか？　そして、紙、電子にかかわらずそれがちゃんと読めているのか？　そうした疑問を、読者の側、書き手の側の双方から突き詰めていった結果、彼らは「シングル」という鉱脈を発見したのだ。

もちろんシングルに、「読むこと」の未来のすべてがあると断言するつもりはない。それでもシングルというアイデアが、改めて大事なことを気づかせてくれたのは間違いないことだと思う。それは、「従来の出版システムが提供していたものが、「読む」という行為のすべてではない」という、言われてみればあたりまえの事実だ。電子でなら、従来の出版形態のなかでは実現できなかった企画や売り方がたしかに成立する。雑誌から、記事を一本ずつチョイスして買うようなことは紙ではできなかったし、小説を毎月一章ずつ単体で買うことも、現行の出版システムのなかではできないことだ(一九世紀の小説のなかにはそうやって売られていたものは少なくない)。過去に雑誌に掲載されたまま、出版社のアーカイヴに埋もれたきりになっているテキストを掘り起こして商品化することも、現状ではよほどの理由がない限り難しい。しかし、eBookであれば、それも小さなリスクで可能になる。本や雑誌では商品にならなくても、eBookでなら商品化できるテキストは、おそらく無尽蔵にある。

eBookと従来型の本をめぐる議論は、絶えずひとつのコンテンツをデュアルユースするという前提で行なわれてきたように思う。つまり同じ中身を別の容器に移し替えることだけを考えてきたばかりに、議論は絶えず「電子か、紙か」というところで堂々巡りしてきた。それももうやめにしてもいいのかもしれない。

eBookにはeBookにしか語れない「ストーリー」があることをぼくはニューヨークとサンフランシスコで見てきた。それはちょっと気分のいい発見だった。長いこと本が好きで愛着をもってきた身としては、eBookにはどうも懐疑的だった。その気持ちはいまも多少あるけれど、eBookが本とはちがった道を歩き進むなかで、はっとするような新しい「読む」を開拓してくれることに期待したい気持ちのほうがいまは大きい。取材中のサンフランシスコでは、eBookの版元などを訪ねる合間に古きよきリアル書店を何軒も訪ねた。どっちも活気があって元気だった。それでいいじゃん、と思って帰ってきた。

2012.03.07 – wired.jp

福島第一原発事故直後一〇日間の真実

『WIRED』日本版のウェブサイトで最初に書いた記事がこれだったと思う。思えば『WIRED』日本版のローンチは二〇一一年の五月に予定されていたのが、震災の影響で後ろ倒しになったのだった。テクノロジーを主題におくメディアとして原発は避けては通れない問題で、復刊第一号の表紙には「テクノロジーはぼくらを幸せにしているか？」なんて気負った見出しが躍っていたくらいだ。にしても、震災一年後に公開された、本稿で紹介したドキュメンタリーには驚いた。海外で語られているのに、日本ではロクに報道されないことの多いこと多いこと。

未曾有(みぞう)の事故から一年を控え、欧米でも福島第一原発の事故の検証がさまざまなメディアで報じられている。二月二七日には、『ニューヨーク・タイムズ』をはじめとする各紙が「核危機で東京都民の避難を検討」「平静を保つように語っていた政府が東京都民の避難を検討」といった見出しで、事故直後の舞台裏を改めて報じている。これらの記事は、同日に発表された一般財団法人日本再建イニシアティブの報告書『福島原発事故独立検証委員会　調査・検証報告書』(ディスカヴァー・トゥエンティワン）の内容を詳しく紹介したものだが、この報告書は、調査への協力を拒んだ東京電力の関係者を除き、事故当時首相だった菅直人、官房長官だった枝野幸男を含む三〇〇人の証言に基づく詳細なもので、三月一一日には一般書店でも発売される。

ＰＢＳがこのほど制作・公開したドキュメンタリー番組『Inside Japan's Nuclear Meltdown』には、政府が東京都民の避難を検討していたという上記報告書内にもある驚くべき事実も描かれている。番組は事故後一〇日間の現場内部、あるいは官邸の様子を証言者たちの声を交えながら綴ったもので、既知の情報も菅直人を含めた本人たちの生々しい証言と多くの未公開映像を通して語られることで、事故の恐怖が一年を経てなお一層リアルに迫ってくる。五四分ほどの番組だが、引き込まれて一時も目が離せなかった。

たとえば。事故発生二日後、格納容器内に溜まった水蒸気を逃すために、放射能漏れを覚悟でヴェントを開く決断を官邸が下したものの、電動制御のそれを手動で開けるやり方を東電が知らなかったことを隠していたため、ヴェントを開いたという報告が入らないことに首相が業を煮やし自ら福島に乗り込む場面。その舞台裏では、現場の技師たちがマニュアルを必死でひっくり返しては、内容を読み込むのに時間を取られていたのだという。「簡単には開かないんです。必死に作業していたんです」と現場の技師は言う。加えて現場の放射線量は危険な値を示しており、作業員をそこにまで送り込むことは、すでに自殺に等しい行為だった(番組内ではSuicide Squadということばを使っている)。

あるいは事故発生から五日目、東電が現場にいた職員・技師たちを総員撤退させることを決定し、それを首相が押しとどめる場面。この間の経緯について、東電側は「全員を避難させるとは言っていない」としているが、現場にいたある人物は、当時の吉田昌郎所長が現場職員全員を集め、「みんな家に帰ってくれ」と語ったことを証言している。吉田本人だけは残って死ぬ覚悟だったのではないかとその証言者は類推するが、そのうえで、「家に帰れ」と言われて「ホッとした」という率直な心情をも明かしている。

菅直人が総員撤退したいという連絡を受けたのはその日の午前三時。数時間後にはテレビ電話で、現場にいる技師・職員たちにとどまるよう「かなり強く」命じたと菅は証言する。全員撤退して福島第一原発を放置したならチェルノブイリの何十倍もの被害をもたらすことになっただろう、と前首相は語る。こうした切迫したやりとりのなかで、現場から二〇〇、二五〇、三〇〇㎞の範囲までエリアを広げて市民の退避を行うシミュレーションが官邸内では行なわれていたことも明かされる。

そうした間にも現場では決死の作業が続いている。悲壮な覚悟をもって現場に立った人びとが語る知られざる真実には胸に迫るものがある。三号機内部を検証するために現場に到着した自衛隊員たちが、現場到着直後に爆発に見舞われ、命からがら退避したこと。使用済み燃料の冷却プールへ、冷却水を空中から投下する任務を負った自衛隊のヘリコプターパイロットが、チェルノブイリで同任務にあたったパイロットがガンで早く命を亡くしたことを予め教えられており、その作業を死を覚悟のうえで引き受けたこと。また、冷却プールへの海水の注入の任にあたった東京消防庁の隊員たちの深夜の作業風景といった貴重な映像も登場する。建物に近づくにつれ、けたたましく鳴り続けるガイガーカウンターのアラーム音と隊員たちが叫ぶ、「一〇〇ミリシーベルト！」の声が入り乱れる様子はとりわけ生々しい。隊員のなかには、いまもって、その晩自分がどこに行っていたかを家族に明かしていない者もいる、とナレーションは伝えている。

番組最後で、菅は一〇日目以降をもって事態は徐々に回復していったと語るが、そこに至るまでの一〇日間が、薄氷を踏むような想像以上に危険な日々だったことを、この番組は改めて浮き彫りにする。東電と菅政府が、事態の深刻さを正直に国民と世界に伝えてこなかったことについて番組は多くを語っていないが、それについていまさら付け加えることもないだろう。欧米のメディアなども、先の報告書を受けて「政府と東電の対応こそが、真の災害だった」という認識を改めて確認しているが、ただ、それでも、状況によっては、もっと悪い事態も起こりえたのだ。

三号機の爆発から間一髪で逃げ延びた自衛隊隊員は「本当にラッキーでした」と心の底からの安堵を顔に浮かべながら語っている。しかし、本当にラッキーだったのは、彼とその隊員たちだけではなかったはずだ。不謹慎は承知のうえで、そう思わずにはいられなかった。そのことばの意味を、ぼくらはいま、新たな思いでもっと深く噛み締めるべきなのだろう。

2012.03.10 – WIRED, Vol. 3
メキシコの食いもんはうまいんですかね

この号から編集長の任につき、特集に合わせるかたちで毎号エッセイのようなものを書くのが以後通例となった。元々カルチャー畑出身なのでビジネスについては無知もいいところなのだが、売れ行きや広告営業のことなど考えると少しビジネス色を出したほうが良かろうとの浅知恵から、この号ではビジネス特集なるものをやってみたわけだが、そこまで熱心にビジネスのことを論じたいと思ってなかったことはこの巻頭言からして知れてしまう。

テネシーのオークリッジ国立研究所(三三頁)への取材を終え、ダラスへと向かう早朝の飛行機のなかで、偶然日本人の男性と隣り合った。聞けば、中部地方に本社のあるクルマの部品メーカーの社員で、ノックスヴィルという町に単身で赴任しているという。その日は、ダラスを経由してメキシコの聞いたこともない町に向かうのだとか。

「新しい工場をつくるんで、その候補地を見に行くんですよ」。そして言ったそばから「完成したら、ぼくが行くことになるんですかねえ」とぼやくのだが、そんな彼が聞かせてくれた日本の自動車メーカー各社の批評がなかなか辛辣で面白かった。「本社の意向ばかりを見ていて世界を見ていない」と、彼は某社を痛烈にこきおろしてみせたのだった。

ここでもその話か。原子力だろうが、音楽だろうが、通信だろうが、スーパーコンピューターだろうが、業界批判はどこでも、驚くほどその内容が似ている。右を向いても、左を向いても、「世界を見ていない」。いったい日本人はどこを見て生きているのだろう。

飛行機で隣に座った彼に言わせると、時代の動きは猛烈に速まっているという。「いままでやっていた一〇分の一の時間でやらないと間に合わない」。ぼやきにしたって、それはグローバル経済の前線でふんばってる日本人の正直な体感だろう。出版なんていう昔ながらの業界にいる身としては、うっかりその体感を「わかる」なんて言ってしまうわけにはいかない。自分は本当に「世界を見ている」だろうか。ちゃんとそこに参加しているだろうか。問えば問うほど心もとない。中南米の自動車マーケットに思いを馳せながら、「メキシコの食いもんはうまいんですかね」と心配する彼が、ちょっと羨ましかった。

だから、せめて誌面を通じて「世界」の空気に少しでも触れられるようにしたい。誰よりもまず自分がそれに触れたいからだ。記事を読んで思う。世界はなんとダイナミックに動いていることか。そしてちょっと焦るのだけれども、焦っている自分に安心もする。本特集は「BUSINESS ISSUE」と銘打ってはいるが、個人的には道なき道を歩く勇気についての特集だと思っている。

メキシコの工場予定地は無事決まっただろうか。彼がこの号を読んで「わが意を得たり」と感じてもらえるなら、特集は成功したことになるのだろう。

2012.03.10 — WIRED, Vol. 3

ワインバーグ博士とありえたかもしれないもうひとつの原発の物語

原発をめぐる議論のなにに一番うんざりしたかというと、原発はダメだとヒステリックに全廃を謳う陣営と、じゃあ電気なしで暮らせるのかと恫喝にかかる陣営とが罵り合うばかり、「オール・オア・ナッシング」の議論しかなく、まるで建設的でなかったことだ。原発と一口にいっても、膨大なオプションがあったし、いま選び取られているチョイスが「最善の選択」だったわけでもない、ということを声を大にして言いたかったのは、これが原発に限らずテクノロジー全般について言える話とも思えたからだ。気負ったわりにはまるで反響のなかった記事だが、それはさておき、ワインバーグ博士の自伝は日本で翻訳出版されるべき貴重な証言だといまも強く思う。

「シークレット・シティ」と呼ばれるその町の目抜き通り沿いに広々とした芝生の公園がある。その奥のほうにひっそりと鐘がある。正確には「梵鐘」だ。実際それは日本の梵鐘を模してつくられた。そして「ＨＩＲＯＳＨＩＭＡ」「ＮＡＧＡＳＡＫＩ」の文字と並んで「ＰＥＡＣＥ」とある。テネシー州ナッシュヴィルから真東に二五〇㎞ほどの場所に位置するオークリッジという片田舎の町になぜこのような梵鐘があるのか。そして、なんでまたわざわざそんなものを見に来たのか。そこが観光スポットになっているわけではない。これを建てることを発案したアルヴィン・ワインバーグという人物の思いをそこに感じたかったからだ。鐘の脇に立つ案内板には、こんな文言が日本語でも記されている。

「戦争に生まれ、平和に生き、科学と共に進歩する」

　そのことばの真意を知るためには、まずは一通の手紙から始めねばならない。それが、「シークレット・シティ」と呼ばれるこの町の「秘密」を明かすことにもなるはずだ。

　一九三九年七月のとある日、ロングアイランドで休暇をとっていたアルバート・アインシュタインはふたりの人物の訪問を受ける。六三年ノーベル物理学賞受賞者のユージン・Ｐ・ウィグナーとレオ・シラード。ともに欧州の戦火を逃れ、アメリカに亡命してきたハンガリー生まれの物理学者である。ふたりの用件はこうだ。

　ウィグナーは、ふたりのドイツ人物理学者が世界で初めてウランの核分裂に成功したことをその年の初頭に耳にし、ナチスドイツが核兵器の開発に乗り出すことを危惧していた。折しも、資金不足から米国内での核研究が「シロップのなかを泳ぐ」ように遅々として進んでいないことにじれていたこともある。ふたりは、ナチスに先駆けた核開発をアメリカ政府に促すべくキャンペーンを開始し、それを最も効率的に成し遂げるために、世界中にその名が轟き渡っている天才物理学者を巻き込むことにしたのだった。

ウィグナーの回想によれば、アインシュタインは、ふたりの訪問の意図を一分もかからぬうちに理解したという。そしてすぐさまルーズヴェルト大統領に宛てた書簡をドイツ語でしたためた。ウィグナーがそれを英訳した。アインシュタインの趣旨は簡潔だった。

「ウラニウムは近い将来、新しいエネルギーを生み出す重要な源となるかもしれない」
「核連鎖反応によって、莫大なエネルギーとラジウムに似た物質が大量に発生するだろう」
「それによって新しいタイプの爆弾を製造することが可能となるだろう」
「その爆弾が港で炸裂したなら、港はおろか周辺一帯を破壊するだろう」

「アメリカ政府は物理学者との緊密な連携のもと核連鎖反応研究を進めるべきである」
「そのためにウラニウムの確保と供給に政府全体として乗り出さねばならない」
「そして、それらの研究は、その速度を速めるために大学の研究機関の権限を超えて、産業界などの協力も得ながら十分な資金のもとに行なわれねばならない」

八月付で署名されたこの手紙を受け取ったルーズヴェルト大統領は、すぐさま一〇月に政府の資金による研究機関を発足させ、ウィグナー、シラードに原子炉材料である黒鉛の購入資金を託した。翌年になって手渡された資金はわずか六〇〇〇ドルだったが、こうしてアメリカの核開発が本格的に始まった。そして、さらにその翌年、日本軍が真珠湾に奇襲をしかけた一九四一年一二月七日の翌日に、シカゴ大学のノーベル賞受賞物理学者アーサー・コンプトンがウィグナーを訪ね、開発の具体的なスケジュールを提案したことで、原子力は実用化に向けて一気に加速することとなる。

一九四二年七月に核分裂連鎖反応の実現性の最終判断。

一九四三年一月に原子炉による核分裂連鎖反応を実現。

一九四四年一月に原子炉を用いてウラン238からプルトニウムを生成し抽出。

一九四五年一月に世界初の原子爆弾を完成。

この予定表は、最後のひとつが半年ほど遅れたのを除いて、すべて時間通りに完遂することとなる。

それまで農業を営んできたテネシー州の田舎町にアメリカ陸軍の一団がやってきたのは一九四二年の初頭だった。彼らは六万エーカーにわたる広大な敷地を差し押さえ、暮らしていた住民を裁判所命令においてて数週間のうちに強制的に立ち退かせた。軍が押さえた敷地は鉄条網で囲われ、人の出入りは厳しく監視された。

まずつくられたのは「K-25」と呼ばれるガス拡散プラントで、ここには一万二〇〇〇人の労働者と五〇〇万ドルの予算が投下された。次いで「Y-12」と呼ばれる電磁石を用いてウラン235を分離するプラント。そして、ウラン238からプルトニウムを生成するパイロットプラントとして「X-10」がつくられた。「X-10」は当時最寄りの町の名にちなんで「クリントン・ラボラトリー」と呼ばれていたが、一九四八年に「オークリッジ国立研究所」(ORNL/Oak Ridge National Laboratory)と名称が改められる(本文中の記載は混同を避けるためすべて「オークリッジ国立研究所」と統一する)。

わずか二年の間にプラントを三つも擁することとなった町は、工員たちや研究者たちで溢れかえった。しかし、これらのプラントがいったいなんのためにつくられたかはごく一部の上層部の人間しか知らないことだった。「シークレット・シティ」は、まさに「秘密の町」だったのだ。

「X–10」の黒鉛原子炉は一九四三年一一月、ノーベル賞受賞物理学者エンリコ・フェルミの指導のもと首尾よく臨界に達した。これは四二年のシカゴ大学における世界初の原子炉実験の成功に次ぐものだった。この四二年の実験の際、燃料格子定数の測定を行なうためにウィグナーによって駆り出されたのがアルヴィン・ワインバーグだった。

元々シカゴ大学で化学と生物理学を学んでいたワインバーグは、ひょんなことからベリリウムから取り出せる中性子の測定を手伝わされ、それを機に同大学の冶金学研究所に在籍することとなった。そして、アーサー・コンプトンの鶴の一声によってアメリカの主要な原子力研究者がシカゴ大学に招集された後は、プリンストン大学から移ってきたウィグナーのもとで継続して働いていた。

「X–10」は、一九四三年の稼働以来驚くほど順調に動いたとワインバーグは九四年の自伝『The First Nuclear Era』のなかで記している。そして研究に必要な材料を、原子爆弾製造の中心地であったニューメキシコのロスアラモス研究所に送り届けてしまうとオークリッジでの主要な仕事はなくなってしまったと書いている。そこで彼ら若手研究者たちは（ワインバーグはまだ二九歳だった）、原子力を用いた発電所の可能性について、さまざまなアイデアや空想を膨らませては時間をやりすごした。

「ばかげたものから、現実味のありそうなものまで、アイデアは次々と生まれた。いまだ探究されていない未踏の領域を前にして、わたしたちはまるで、おもちゃ工場にいる子どものようだった」と、彼は楽しげに回想する。

当時、シカゴ大学とオークリッジで折々開催されていた定例の会合は、まさにそうしたアイデアが飛び交う場だった。「New Piles Committee」（新型炉委員会）と呼ばれたその会合には、フェルミ、ウィグナー、シラードらを中心に若手研究者も多く顔を揃えた。

ワインバーグによれば、「増殖炉」というアイデアが初めて提示されたのは、一九四四年四月二六日の会合においてだったという。発案者はフェルミとシラードだった。核分裂性物質を新たに生み出す新しい炉には名前が必要だ、と言ったのはウィグナーだった。「ブリーダー（増殖炉）と呼ぼう」。シラードがそう答えた。

とはいえ、現在の増殖炉の雛形をのちに考案したウィグナーは、ワインバーグによれば、プルトニウムを用いた増殖炉という考えは好きではなかったそうだ。それは危険だとウィグナーは考え、代わりに均質炉（燃料と減速材が混合した原子炉）を強く推していた。あるいは、均質トリウム増殖炉を会合の席で提案していたこともワインバーグは覚えている。

また、ある日の会合でフェルミは、後にワインバーグに「生涯忘れることはなかった」と言わせる重大なことも語っている。フェルミが語ったのはふたつのことだ。

増殖炉から取り出されたプルトニウムは、それを用いて爆弾をつくろうとする者に対して無防備だろうということ。そして、核という新しいエネルギー資源は大量の放射線を発するが、これまで人類はこれほど大量な放射線は扱ったことがない、ということだ。

この二点を受けて、フェルミはこう結論した。

「爆弾の原料として転用が可能で、これほどの放射線を発するエネルギー資源を、世間が果たして受け入れるのかどうか。それは定かではない」

フェルミのこの警告は、一九四四年に発せられたものだった。ワインバーグは語る。

「彼がここで言ったことを十分に理解し、それに対してなんらかの行動を起こすまでに、わたしたちは二五年もかかった」

核をめぐる悲観論者はなにもフェルミだけではなかった。原子爆弾の使用に関してシカゴ大学の多くの研究者たちはきわめて慎重だった。とりわけシラードは、それが民間人に対して使用されることに強硬に反対し、大統領に働きかけるための署名を集めたことで知られている。ワインバーグはその署名には、爆弾は怒りに駆られてではなくデモンストレーションとして使用されるべきだ、と記したという。

アメリカの主要な科学者たちの間では、第二次大戦終結前からすでに核エネルギーの利用法に関するアイデアはさまざまに飛び交っていた。一九四五年初頭にオークリッジ国立研究所の所長となっていたユージン・P・ウィグナーは、研究所のスタッフを現状の八〇〇人から三五〇〇人に増員したいと考えていた。また、ウィグナーの所長就任を機にワインバーグもテネシーの地に移住することを決意し、四五年五月に引っ越した。ワインバーグは、ウィグナーのもとで水溶液均質炉の研究をしたいと考えていたのだった。

ウィグナーがオークリッジ国立研究所で成し遂げた業績は少なくないが、原子炉技術を学ぶために、企業や軍の若いエンジニア向けの養成機関をつくったこともそのひとつに挙げることができる。これが重要な意味をもつのは、のちの原子力産業を支える多くの人材を輩出したからだけではない。一九四六年、そこにある人物が送り込まれてきたことで、原子力の歴史が、大きく動くことになったからである。「原子力潜水艦の父」として名を残すハイマン・G・リッコーヴァー提督である。

リッコーヴァーは、終戦直前に沖縄基地の司令官に就任し、終戦後海軍の撤収作業を恐るべきリーダーシップをもって指揮した人物だ。任を解かれると、彼はオークリッジで核エネルギーについて学んでくることを命ぜられる。彼は、海軍とウェスティングハウス・エレクトリックの若いエンジニアを引き連れて、オークリッジへとやってきた。目論見は、原子力を使った潜水艦をつくりあげることだった。

この養成学校で原子炉工学を学び、オークリッジ国立研究所で長らく研究者として働いたディック・エンゲルは、当時リッコーヴァーを目撃したことがあるという。五〇年代初頭のことだ。学生たちを前にスピーチに立ったリッコーヴァーは、「わずか五分ほどで、その場にいた全員を怒らせた」とエンゲルは笑いながら語ってくれた。

傲岸不遜で強引、口が悪く、根っからの軍人気質でありながら、執拗な戦略家でもあったこの男は（ワインバーグは「独裁的」とさえ呼んでいる）、海軍と一九四六年に発足した原子力委員会（AEC）、艦船局、国防総省、さらにGE（ゼネラル・エレクトリック）やウェスティングハウスといったのちの主要原発製造者となるメーカーの間を巧みに立ち回り、あれよあれよという間に海軍における原子力利用の権限を掌握し、世界初の原子力潜水艦「ノーチラス」をつくりあげることとなる。「ノーチラス」は最終的には、シカゴ郊外のアルゴンヌ国立研究所で製造されることとなるのだが、リッコーヴァーはオークリッジ滞在中に、ふたつの貴重な得物を授かっている。

当時オークリッジでは「ダニエルズ・パイル」と呼ばれるペブル・ベッド炉の開発が進んでいたものの、その見通しは悪く、一九四七年にキャンセルされてしまう。その開発メンバーを丸め込み、丸々自らの原潜開発チームに引き込むことに成功したのがひとつ。加えて、オークリッジの物理部門のディレクターであったワインバーグから、潜水艦にうってつけのアイデアを授かった。加圧水型軽水炉。これこそがふたつめの贈り物である。

現在世界中に約五〇〇ある原子力発電所のうち、約八割で採用されているのがいわゆる軽水炉である。高温高圧の水を冷却と同時に中性子の減速材として利用するというアイデアは、一九四四年にワインバーグによって初めて提案され、二年後に「原子力発電所における熱変換媒体としての加圧水」という論文として発表されている。加えてワインバーグは、四五年以来、軽水炉に関する数多くのパテントを、多くはウィグナーとの連名ですでに取得していた。ワインバーグは軽水炉の発明者であり、文字通り、現在の「軽水炉時代」の生みの親と言える。

その軽水炉のアイデアを、ワインバーグがリッコーヴァーに勧めたのは、それが潜水艦のなかに収められるサイズだということと、水冷のほうがナトリウム冷却装置よりも海軍の人間には扱いやすいだろうと考えたからだ。さらに構造がシンプルであること、ナトリウム冷却はGEがすでに開発を進めていたことなども理由として加わって、リッコーヴァーはこれを「ノーチラス」に採用することを決定した。

「こうして、初めての加圧水型軽水炉がつくられることとなった」と、ワインバーグは自伝のなかで記している。しかし続けてこう釘を刺す。「けれども、それは商業用としてつくられたものではなかったし、ほかと比べて安価で安全だったから採用されたわけでもない。むしろそれがコンパクトでシンプルで潜水艦の推進力に適していたからにすぎない。にもかかわらず、海軍がこれを採用したことで、以後つくられる発電所を軽水炉は独占していくこととなった」。

「ノーチラス」が実現したことによって(一九五二年六月起工、五四年一月進水)、原子力コミュニティのなかで隠然たる影響力をもつようになったリッコーヴァーは、その勢いを駆って、民間の商用原子力発電所の開発責任を任されることとなった。一九五三年七月に正式な任が下されている。

リッコーヴァーがこの任を担うことについて、各方面から多くの反対があったと言われる。また彼が採用しようとした軽水炉は、原子力発電の多様な可能性のほんの一部にすぎないとの意見も表明された。

リッコーヴァーの評伝『The Rickover Effect』の筆者セオドア・ロックウェルは書く。

「冷却には液体金属、ガス、有機液体の可能性もあったし、減速材としても重水、軽水、ベリリウム、黒鉛などが考えられたし、燃料にしても高濃縮ウラン、低濃縮ウラン、あるいは天然ウランがあり、それぞれ合金、酸化物、炭化物、水素化物などがあった。いくつかの方法を試したうえでなければ、最適なものを選ぶことなんてできないでしょ？　そんなことがずっと議論されていた」

　リッコーヴァーはこうしたほかの可能性を「机上の原子炉」（ペーパー・リアクター）と呼んで歯牙にもかけなかった。彼の心は決まっていた。発電に特化した世界初の原子力プラント「シッピングポート原子力発電所」において彼が採用したのは、すでに潜水艦で実績を積んでいた「軽水炉」だった。

「商用原発の開発において、軽水炉が主流となっていったことには、わたし自身が驚いた」と、ワインバーグは語っている。「ほかのシステムには、軽水炉よりも優れた点があった。けれども、軽水炉は構造のシンプルさだけでなく、ノーチラスによって頼りになる動力源であることが証明されたという圧倒的なアドヴァンテージがあった。そして、そのノーチラスがそのまま陸に上がってシッピングポートとなった。シッピングポート原発はよく稼働したけれども生み出される電気はきわめて高価だった。それでも、ほかの有力な技術を追いやるには十分な成果だった」

　また、原子力委員会のなかで、「軽水炉」路線を推進したケン・デイヴィスとの対立をワインバーグは回想している。

　ワインバーグは、原子力エネルギーの開発において中心になるべきは増殖炉であり、それがいかに高価であろうと長期的な視野に立って研究を続けるべきだと考えていた。一方のデイヴィスは、原子力発電所を一刻も早く商業ベースに乗せないと研究そのものがストップしてしまうと主張し、だからこそ開発を軽水炉に一本化すべきとしたのだった。

ワインバーグは一九九四年の自伝のなかでこう語る。「原発の開発を軽水炉に一本化したことが正しかったかと最近よく聞かれる。当時から、わたしはそれが正しいとは思っていなかった。そしてあれから四〇年以上たち、世界中で四〇〇基もの軽水炉が稼働しているいま、原子炉の採用にあたって経済よりも安全がなによりも重視されるべきだったことは、もはや誰の目にも明らかだ」。

しかしながら、商用原発の初期段階において、安全性という論点がまったく考慮されていなかったことはワインバーグ自身も認めている。安全性はあくまで工学上の問題であって、それがいずれ解決してくれるものと誰もが考えていたのだ。

「シッピングポート」に次いで「ヤンキー」が、次いで「ドレスデン1」がつくられる。商用原発のブームだ。そして、一九六四年にニュージャージー州のオイスタークリークにつくられた原発をもって、原発による電力価格は石炭と肩を並べることとなる。研究者を含めた原子力関係者は、この事実に一斉にわきかえった。「原発こそ最も現実的な「未来のエネルギー」なのだ」と。五五年にウィグナーからオークリッジ国立研究所所長の任を引き継いだワインバーグは、六四年の年頭の所信表明において、「わたしたちは、世界の技術史における重大な出来事を目撃しているのです。つまり、核エネルギーが経済の壁を打ち破ったということです」と興奮気味に語っている。ワインバーグをして声を上ずらせるほどのインパクトを、この出来事はもたらした。そして以後、商用原発は、開発者・研究者たちの手を離れ、メーカーの手によって巨大産業へと発展していくこととなる。

こうしたなか、「シークレット・シティ」の研究所では、原子力の未知なる可能性を求めて、人知れず幾多の実験が行なわれてきた。それはおもに増殖炉にかかわるものだった。

とりわけワインバーグが執心したのは、液体燃料を用いた水溶液均質炉で、トリウムを燃料とし、そこからウラン233を生成する増殖炉だった。水溶液均質炉はウィグナーが一九四五年に提案したもので、固体燃料を使わずに済み、核分裂生成物である気体のキセノン135を容易に除去することが可能であるなど、数多くのメリットがあった。当時からこの技術に可能性を感じていたワインバーグは、五〇年にこの実験炉をつくりあげることに成功する。「HRE-1」と呼ばれるのがそれだ。この実験炉は一〇〇〇時間にわたって稼働し、熱増殖炉の先駆けとして一定の成功を収めたが、ほどなく研究は中止となる。

だが液体燃料を用いた別の型の原子炉の開発が継続してオークリッジで進められた。それが、空軍からの要請で爆撃機用に開発された世界初の熔融塩原子炉「ARE（Aircraft Reactor Experiment）」であり、一九五四年に八一五度の高温を出すことに成功した。オークリッジは、ここで取り組んだ「熔融塩」の技術をいま一度試すことを、原子力委員会に了承させていた。そして始まったのが「MSRE（Molten Salt Reactor Experiment）」という新しい原子炉の開発である。

ワインバーグによれば、熔融塩を用いたこの増殖炉は、水溶液均質炉と比べてもさらに優位な点がいくつかあった。熔融塩は圧力をかけずに高温で運用できること、原料のトリウムやウランを溶け込ませることができることなどだ。

原子力開発の初期において、世界中の研究者たちが決定的に見誤ったのは、全世界のウランの埋蔵量だった。それが実際よりも少なく見積もられたことで、ウランをただ燃料として燃やすだけでは不十分だと考えられ、そこから有限の鉱物から無限にエネルギーを取り出すことを可能にする「ブリーダー」（増殖炉）のアイデアが推進されることとなったのだ。

高速増殖炉は、軽水炉によってウラン238から生成されたプルトニウム239の再利用を目的に、開発が進められた。すなわち軽水炉と高速増殖炉の開発はセットだったのだ。

しかし、すでに書いたように、高速増殖炉に対する危惧は、終戦前後からいち早くウィグナーによって表明されていた。終戦直後にワインバーグも参加したNew Piles Committeeにおいてよく交わされた議論のなかに、「原子炉は工学装置か、それとも化学装置か」というものがあったという。ウィグナーと同位体の権威であり、ノーベル化学賞受賞者のハロルド・ユーレイは、化学装置であると主張し、液体燃料を考慮すべきだと訴えた。MSREに引き継がれることとなる熔融フッ化物を液体燃料として使用するというアイデアは一九四五年にすでにあったのだ。ちなみにリッコーヴァーは、海軍で電子工学を学んでおり、原子力発電所に対するアプローチも「電気屋」そのものだった。しかし、ワインバーグを含むウィグナーの一党は、原子力開発のごく初期の段階から、それとはまったく異なるアプローチで原子力を見つめていたということになる。

MSRE実験炉は、一九六五年に臨界に達し、以後四年間二万六〇〇〇時間にわたって稼働し、その間、ほとんどなんの問題も起こすことがなかったと言われる。日本の原子力研究所の研究員として長らく高速増殖炉の研究に携わり、日本人としてMSREを見学した数少ない人物のひとりであろう元東海大学の古川和男教授は、二〇〇一年の著書『「原発」革命』(文春新書)のなかで、こう書いている。

「さぞかし苦労談を聞かせてもらえるだろうと張りきって訪ねたのだが、拍子抜けするほど静かに運転されているのに驚嘆した。〔略〕この炉の基本設計思想が本質的にいかに優れているか証明するものであったと思う」

原子力爆撃機の研究からMSREに至るまでの一〇年にわたる研究のなかで、さまざまな熔融フッ化物データの測定を行なうことができたことと、ウラン化合物やリチウム化合物に適した合金を発見したことが、原子力発電所の開発史において、オークリッジがなしえた最も重要な貢献だったと、ワインバーグは晩年の講演で語っている。

　ＭＳＲＥの成功に気をよくし、そこに原子力発電炉をつくることを提案したが、最終的にそれが原子力委員会に承認されることはなかった。結果その貢献は、ほとんど知られることなく、やがて原子力開発史における風変わりな脚注として忘れ去られていくこととなる。ワインバーグは書く。

「これほどエレガントで、考え抜かれた熔融塩システムが、なぜ日の目を見なかったか。政治的な理由としては、先に考案された高速増殖炉が原子力委員会のなかですでにある一定の地位を占めてしまっていたことが挙げられる。技術的な理由としては、熔融塩の技術がほかの原子炉とは、まったく異なった技術だったからだ。〔略〕けれども、今後、既存のシステムが、その弱点をあらわにすることで再考を迫られることがあったなら、原子力の新時代には、熔融塩の技術はきっと復活するだろう」

　オークリッジ国立研究所でＭＳＲＥの実験が行なわれていたのと時を前後して、アメリカ国内では、次第に環境保護団体などから原子力の安全性について疑問の目が向けられるようになってきていた。さらにオークリッジの研究者たちの内部からも、原子力発電所における事故の可能性を重大視すべきだとの声もあがってくるようになっていた。

　一九五七年に原子力委員会が行なった調査によれば、二〇〇メガワットの加圧水型軽水炉が決定的な事故を起こした場合、放出された放射能によって三四〇〇人の死亡者が出、さらに経済損失は当時の額で七〇億ドルにも上るだろうと算出された。だが原子力委員会は、こうした事故が起こる可能性はないとして公表をさし控えた。またオークリッジ国立研究所が独自に行なった調査は、たとえ原子炉の規模がどんなに小さくても、冷却装置を失えばメルトダウンを起こす可能性がありうることを明らかにしていた。ワインバーグはここで、それまで漠然としか考えてこなかった、原子力の安全性というものを定義し直すことを求められる。

「わたしたちは原発の安全性について、以後こう弁明せざるをえなくなったのです。「たしかに重大な事故は起こりえます。しかし、それが起こる可能性はあまりに低いので、安全と言ってさしつかえないのです」と」

このとき初めて、エンリコ・フェルミがかつて口にした謎めいた予言が、リアルな現実としてワインバーグにのしかかってくるようになる。一九六三年の年頭スピーチでワインバーグは、すでにフェルミの危惧をこんなかたちで表明している。「わたしたちは、核エネルギーというものが、ほかのモダンテクノロジー同様、不完全なものであることを認めねばなりません」。その翌年、原子力による電力価格が石炭と肩を並べたときに原子力業界を包んだ多幸感には、すでに暗い影が落ちていた。そしてその暗雲は以後、重たくたれ込める一方となり、いまもって晴れることはない。いつしかワインバーグは、原子力エネルギーを公然と「悪魔との取引」(Faustian Bargain)であると語るようになっていた。

オークリッジ国立研究所は次第に原発の安全性の研究にことさら注力するようになり、とりわけ軽水炉の安全性を執拗に検証していくが、そのことがメーカーとそれによってサポートされていた原子力委員会との対立を決定的に深めていくこととなる。そして、それは七〇年代に至って決裂する。一九七二年、ワインバーグは原子力委員会のメンバーにこう言いわたされる。「それほどまでに原子炉の安全性が気になるなら、そろそろ原子力の世界から身を引いたらどうかね」。

ワインバーグは一九七三年をもってオークリッジ

国立研究所を退任した。

アルヴィン・ワインバーグの目から見ると、アメリカの原子力史は、その道筋において、いくつかの重大な分岐点を、ワインバーグが必ずしも願ったものではないかたちで通過した。

潜水艦に適切と考えて推奨した軽水炉が、商用原発のスタンダードとして一般化したこと(「軽水炉が危険だと言うつもりはないけれども、それが安全だから選ばれたとするのは、その開発史に対する無知からくる言い方だ」とワインバーグは言う)。増殖炉の開発において「高速増殖炉」が最優先とされたこと。そして安全性というものがずっとないがしろにされてきたこと。

とは言いながらもワインバーグは、増大する地球全体の人口と、減少する化石燃料を考慮した際に、その最も有効な電力の供給策として原子力があることを決して疑いはしなかった。だとするなら、いったいどこで、わたしたちは間違えたのだろう? 晩年の自伝のなかで、彼は執拗に問うている。

原子力を正しいやり方で運用できる新しい時代はやって来ないのだろうか? 原発はやがて捨てられ、いずれ太陽光エネルギーに取って代わられてしまうのだろうか?

このようなワインバーグの悲観をよそに、原子力の新時代は、夜明けの兆しを見せはじめてもいる。

この一〇年ほど、ワインバーグ自身が最大の功績と自画自賛してやまなかった「熔融塩炉」の研究がにわかに活発化しているのだ。オークリッジでは現在、幾人かの研究者がその新たな可能性を探っており、二〇一一年一月には中国がトリウムを燃料とした「熔融塩炉」の実験炉の開発計画を発表して世界を驚かせた。それは、クリーンで、武器転用が(不可能ではないが)難しく、そして廃棄処分に全世界が頭を痛めている使用済みのプルトニウムを消滅することが可能だと言われている。さらに、トリウムは、レアアースに多く含まれているため、レアアースの利用によってすでに大量に取り出され廃棄に困っているトリウムを有効利用することも可能だという。

日本においても、先に挙げた古川和男が、トリウム熔融塩炉の開発に孤軍奮闘を重ね、惜しくも昨年(二〇一一年)一二月に亡くなったものの、その遺志は後継の研究者たちによって引き継がれていくことになるという。その古川が理事長を務めてきたNPO「トリウム熔融塩国際フォーラム」の後任となった吉岡律夫は、古川の教えに寄せて、新しい原子力の可能性に取り組む必要性をこう説いている。

「古川先生に初めてお会いしたときに言われて驚いたのは、原発の問題において日本なんかは問題じゃない、ということばです。日本はいずれ人口も減っていきますが、世界はそうではありません。ゆくゆくは八〇億とも九〇億とも言われる人口に、いかに電力を供給するのか。それを考えるのが科学者の役割だ、と古川先生はおっしゃるんですね。世界を見なさい、と。日本国内のことだけを考えてきた日本の原発産業のなかで生きてきたわたしにとって、これは衝撃的なことばでした」

長年、高速増殖炉と軽水炉の研究・開発という国の既定路線に乗っていた吉岡が、いずれそれに飽き足らなくなり、ワインバーグとオークリッジ国立研究所が残した遺産に着目するようになったのも当然の成り行きだった。またカナダで熔融塩炉の研究に取り組むデヴィッド・ルブランは近年の「熔融塩炉」の復活についてこう語る。

「ある世代までの原子炉のエンジニアは、高速増殖炉と軽水炉というふたつだけを学んできたのですが、近年になってようやく別のオプションを考える自由度が出てきたということなのかもしれません」

あるいは、現在オークリッジ国立研究所で熔融塩冷却炉の研究に勤しむジェス・ジーン。

「熔融塩炉という発想はとびぬけてユニークなも

ので、それは原子力工学を学んだ者にはなおさらなのです。ですから、それが一夜にして広まるということは実際難しいでしょう。軽水炉の精度の向上を短期的な課題とする一方で、こうした先進型の原子炉は、長期的な課題として複数の可能性を検証しながら、研究を重ねていくしかありません。熔融塩炉についても、本格的な探究はむしろこれから始まるのです」

かつてオークリッジの研究員だったある人物が、晩年のワインバーグを家に訪ね、三時間ほど歓談したときのことを語って聞かせてくれた。

「ご自身のキャリアにおける最大の過ちはなんですか、と聞いたんです。そうしたらワインバーグさんは即座に「核の安全性についてもっと早くからきちんと社会と議論を深めてこなかったことだ」と答えました」

その悔悟は、結果として彼の「原子力人生」の後半生にとりわけ暗い影を落としてきた。ワインバーグが生涯を捧げた探究は、本人がいみじくも説いたように「悪魔との取引」から生まれたものだった。それは戦争から生まれ、いまだに戦争の火種を内包したものとして世界に存在している。

原爆の使用について、ワインバーグは、政治的に正しくなかったとは思ってはいなかった。けれども、彼は人類全体に与えられた罰として、あるいは全人類に対する絶対的な禁忌として、「広島」と「長崎」を歴史の上に刻むことを訴えていた。そして、その表明として、彼は「リトルボーイ」に使用されたウラン235を生み出したオークリッジの地に梵鐘を据えたのだった。それを「謝罪」ととったアメリカ人からの非難も少なくなかったという。だが、彼は断固として、「謝罪を意図したものではない」と説き続けた。

「核エネルギーをなかったことにはもはやできない」と、ワインバーグは語る。だからこそ、彼はそれが、正しいかたちで再興されることを強く望んだのだ。

「核エネルギーの再興を否定することは、人間の創意と大志とを否定することになる。それはわたしにはできない。わたしは人生のなかで、人間の創意が驚くべき偉業を成し遂げるのを見てきた。こうした創意工夫が、核の新時代においても成されることを願ってやまない。悔いが残るとすれば、それをこの目で見ることができないことだ」

二〇〇六年に他界したワインバーグは、スリーマイルやチェルノブイリを目撃した後でも、核エネルギーの未来を夢見ることをやめなかった。仮に福島を見たとしても、彼はきっとその夢を手放さなかっただろう。

アルヴィン・ワインバーグは、ナイーヴな楽観主義者ではなかった。夢を見るに値する構想と技術を手にしていたにもかかわらず、歴史の綾によってついに彼にはそれを実現するチャンスを与えられなかった。彼が建てた「梵鐘」は、だから、なにかを弔うためのものではないはずだ。悔悟の果てにもう一度夢を見るために、それはきっと鳴らされるのだ。

2012.05.10 – WIRED, Vol. 4

え？ マグロものなの？

「THE BIOLOGY BIGBANG!」という特集のための巻頭言として書いた原稿だが、特集の内容とはあまりリンクしていないかもしれない。特集に協力してくれた分子生物学者の佐々木浩さんが打ち合わせの際にお話ししてくれたことがいまでも印象に残っている。「紙に円を書いて、その円のなかが「ヒトが知っていること」だとします。そのとき「ヒトが知らないこと」って、どこにあると思います？」「円の外側の余白の全部ですかね」「ちがうんですよ。「知らないこと」は円に隣接した外縁の部分にしかないんです。それ以外の余白は「知らないことすら知らないこと」なんです」。なるほど。たしかに。

もう数年前のことになるだろうか。ウナギの産卵場所が特定されたというニュースを聞いて心底驚いた。マリアナ諸島沖にそれは見つかったのだが、そんな遠方から、よくもまあ日本まで旅してくるもんだという驚きもあったが、なにに一番衝撃を受けたかといえば、「これまでヒトは、ウナギの産卵場所も知らなかったのか」ということだ。こんなに日々お世話になっているのに。こんなに親しんでいながら、生まれた場所も知らなかったなんて。

案外というか結局、人間の知識なんて所詮そんなものなのかもしれない。世界を知り尽くすなんてことは夢のまた夢。DNAを解析することで「生命の謎」が解けると期待されていたものの、いざ解読を終えてみるとヒトゲノムの九八%がなお謎のままであることがわかったなんていうのも似た話で、どこまで行ってもぼくらはいまだ、自分自身のことすらロクにわからなかったりする。ウナギに手が回らないのも無理はない。

といって科学の進歩を軽く見てはいけない。過去の科学者たちのたゆまぬ努力の結果、ぼくらはいま手にしている知識を手にしているわけで、ぼくらが「世界」を認識するそのやり方は、現代科学の成果を基盤にしていることに間違いはない。「真実」というとき、ぼくらは「科学的真実」のことを語っている。

しかし、いま真実と思えることも、一〇年、一〇〇年と時間がたつうちに迷信に変わってしまうこともありそうだ。DNAに生命の神秘が宿るという考えが、一〇〇年後には天動説ほどにとんちんかんなものとなっている可能性だってなくはない(たぶんないのだろうけれど、天動説を信じていた人たちもおそらくそう思っていたと思う)。人類の長い歴史を考えてみると、いったいどこからが科学で、どこからが神話や迷信なのかの線引きがどうもあやしくなってくる。大昔のヒトが自分が住む世界を理解するよすがとした神話や迷信は、彼らにとっては立派に科学だったのかもしれないし、ぼくらが信じる科学は、未来の人間にいともたやすく迷信と見なされるかもしれない。

なんにせよ、新たな科学的発見がなされるたびに、なにかしら新たな謎が見つかるというのは、個人的には楽しい。神はいなくなったというけれど、これだけ科学が進歩しても謎が消え行くどころか増えていくばかりだとしたら、それこそ神が存在する証拠ではないかと思いたくなる。よくもまあ、こんな複雑なものをつくったものだ。世界はいまも謎だらけで、知れば知るほど無知に気づかされるようなものなのだろう。

ウナギの産卵場所はわかった。で、お次はマグロなのだそうだ。え？ マグロもなの？ ヒトはいったい世界のなにを知っているというのだろう。謙虚な気持ちになるではないか。

2012.8 – IMA, Vol. 1

血族——過去と未来のゴーストとしての人間

『ＩＭＡ』(amana)というアートフォトの専門誌には、雑誌の創刊以来折に触れて寄稿をしている。自分が最初に携わった雑誌、月刊『太陽』(平凡社)は、「太陽賞」というドキュメンタリー写真のアワードをやっていたので(初代の受賞者は、かのアラーキーだ)、写真と仕事で関わることがこれまでも多かったし、いまもとても興味がある。アートとテクノロジーが交差する場所として、写真はとても面白い問題を孕んでいる。そしてアートはテクノロジーがそうであるのと同じように、時代の最もアクチュアルな写し鏡なのだ。

タリン・サイモンを「写真家」として考えるのはたぶん正しくないだろうと思う。彼女の作品を「写真」というジャンルに固定しようとした瞬間に、彼女が作品のなかで扱っている多くの問題が見過ごされてしまうことになりそうだ。ならば、もっと枠を広げて「コンセプチュアル・アートだ」と言ってもまだ足りない気がする。彼女の作品は一貫して、一種の社会学的実験でもあるようなかたちで成立している。彼女が、二〇〇九年と一一年に「ＴＥＤ」のスピーカーとして講演を行なっているということは、彼女が単なる写真家／アーティストであることを超えて、グローバルな「Thinker」として注目を集めていることを表している。彼女が、講演のなかで自作を解説するさまは、さながら科学上の新知見や仮説を実証しようとしているかのようで、語り口もまた科学者やエンジニアのようだ。彼女の作品は、単なる自己表現などではない。ひとつの「社会科学」として理解されていいようなものだ。

「死者とされた生者とその他の章」と題された最新プロジェクトにおいて彼女は、「家族＝血族」をテーマに据える。一八個のさまざまな「血族」を世界中から選び出し、その全体像を、「家族全員のポートレート」「テキスト」、そして家族の物語にまつわる「脚注画像／映像」で構成し、浮き彫りにする。

なぜ「家族」か。「他者が恣意的にキュレートすることが不可能な対象」だからだと彼女は語る。家族という単位には明確な「Order」（秩序）があると彼女は言う。親子、兄弟、孫と祖父母といった家族内の関係性はたしかに不可変で、明確に秩序化ができる。しかも誰かがそれを取り替えることはできない。しかし、家族の構成人数や形態は、どれとして同じということはない。それは環境、文化的／社会的状況の圧力によって千変万化する。彼女は、そうした圧力を「運命」と言い換えるが、その不可避の運命によって家族というもののなかには無秩序がもち込まれることとなるというのが彼女の見立てだ。かくして、家族は、秩序と無秩序がダイナミックに交錯する、ひとつの「場」として立ち上がってくることとなる。

遺産相続をめぐる犯罪のなかで生きているにもかかわらず法的には死者とされたインド人男性の血族。パレスチナに入植したユダヤ人の血族。一夫多妻制によって構成される或るケニア人医師の血族。過繁殖を防ぐための致死ウィルスの実験台として使用されるためだけに繁殖させられる野うさぎの血族。初の女性ハイジャック犯の血族。ナチ幹部の生き残りの血族。ボスニアにおける民族浄化をサバイブしたムスリムの血族、そして、親をさまざまな理由で失ったウクライナの孤児院の子どもたち……。

サイモンが扱う家族は、それぞれの運命によって翻弄され、同じ家族という形態は取りながらも、まったく異なったかたちを取ってわれわれの前に差し出される。しかし、死んだことにされてしまったインド人男性の物語から取られたプロジェクトのタイトル「死者とされた生者」は、どの「血族」にも通低するテーマとして鳴り響いている。彼女は言う。「わたしたち人間というものは、多かれ少なかれ過去と未来のゴースト(幽霊)なのです」。

サイモンの意図は、特殊かつドラマチックな家族を選び出して、そこに現代社会の困難を映し出すことにあるわけではなさそうだ。もちろんそう見ることは自由だし、その結果、わたしたちがいかに暗澹たる、解読の難しい世界に生きているかを改めて実感することも可能だ。が、サイモンは、これら一八の血族を例外的な事例とみなそうとしているわけではない。

過去と未来が、歴史と運命が、そして複雑に織りなされた社会／文化／経済的環境が怒濤のように渦巻き、せめぎあう「場」としての家族を、それこそ臨床的な緻密さをもって描き出すことによって、彼女は、そこになんらかの共通の「コード」を見出せるのではないかという目論みを語っている。

秩序と混沌によって生成される「家族」。その生成の秘密、もしくは隠された原理を探ること。タリン・サイモンの作品は、単なるアート作品を超えた広がりと射程を備えた、たしかにひとつの社会学的探究なのだ。

2012.09.10 – WIRED, Vol. 5 **058 – 059**

ウェルカム・トゥ・ザ・ジャングルジム

「未来の学校」という特集のための巻頭言で、文章タイトルはもちろんガンズ＆ローゼズの名曲に因んでいる。この号のためにＭＩＴメディアラボで取材したインド人認知科学者スガタ・ミトラ教授の話がいまでも印象に残っている。「未来の子どもに教えるべきことは三つだけになる」と先生は言う。「読み書きする能力。必要な情報を得る能力。そして、その情報の価値を判断する能力」。一、二、はインターネットでなんとかなるかもしれない。問題は三つ目だ。フィルターバブルというのは、ここが崩壊した状況を言うのだろう。

「「教育」は終わった」、などと大仰なタイトルをつけてはみたものの、その誌面をつくっている編集部スタッフの全員が、その恩恵の下、四年制大学をきっちり卒業しているのだから、なにをかいわんやではある。自分にしたって、のうのうと卒業して、のうのうと新卒入社した口だ。もしいまの時代に学生をやっていたなら、おそらくは、安定的な就職先を求めて、似合わないスーツを着て、就職セミナーの長蛇の列に加わっていただろう。

だから、あまり大きなことは言えない。「こんな時代なんだから、就職なんか考えずにスタートアップでもやりなよ」、なんていうのは当事者意識のないオッサンの戯れ言にちがいなく、自分が学生でそんなことを言われたら即反発したはずだ。ぼくにはそんなことを言ってのける資格はおそらくない。

ただ、それにしても、とは思う。新卒採用という道筋がいよいよ狭き門になっていくにつれ、学歴というものに、世の親が一層過敏にならざるをえない状況があるのだとしたら、本当は逆なんじゃないかと思ってしまう。「中高一貫校」特集が雑誌のヒット企画になっているのを見るにつけ、それでいいのかと思ってしまう。

つまりは大人の側の問題なのだろう。どの産業のどの企業においても「安定」がもはや保障されない時代にあって、極端な安定志向の学生ばかりが世に増えることは採用する側の理屈から言っても望ましいことではないはずだし、大手企業に入ろうが公務員になろうが、それで息子や娘の向こう五〇年にわたる先の人生が安泰だと信じ込めるほど世の親とてナイーヴではないはずだ。

といって「ドロップアウトしちゃえば？」とわが子に言ってのけられるほどの勇気を、すべての親に求めるのはきっと難しい。自分が親だったとしても、おそらくはそこまで強くなれない気もする。けれども、そろそろ腹をくくらないといけない時期にきているのだろう。

キャリアをテーマとしたソーシャルネットワーク LinkedIn の創設者リード・ホフマンは、梯子やエスカレーターでもって人生を喩えることは、もはやできなくなっている、と語る。代わりに彼は、いまどきの人生をジャングルジムとして思い描くように薦める。上へ下へ、右へ左へ。自分の意志で、自分の望む道を探し、進め。

「ジャングル」とはよく言ったものだ。それはおそらく、これからの人生が誰にとっても厳しいサヴァイヴァルになることを示している。そうと知りながらぼくらはいま、子どもたちを丸腰のまま、その最前線へ放り出そうとしている。一方、本来、先陣を切ってジャングルを進んでいるべきぼくらはと言えば、安全地帯に長く暮らした安穏さのまま、いつかは動くんだろうとぼんやり信じながら、混み合ったエスカレーターにいつまでも乗っかっているのだ。

2012.11.09 – WIRED, Vol. 6

寿司でいくか、ハンバーガーでいくか

つい一週間前にパリに行った。会食のために訪れたビストロは入るなりギャルソンが日本人、聞けばシェフもまた日本人で、それはそれは見事なラムのグリルを食べさせてくれた。この原稿で書いたことを裏書きする状況に出喰わして勝手に誇らしい気持ちになったが、今後こうしたかたちで日本人の活躍を見ることが増えていくことになれば世界はますます楽しいことだろう。って、この原稿、「食」がテーマというわけではなく、「ゲームの世界基準」という特集のために書いたものなのだが。

今年の五月、『ＷＩＲＥＤ』ＵＫ版の編集長が来日した折に秋葉原を案内した。二〇年ぶりの来日だという彼は、二〜三時間街を歩いたあとにこう言い放った。「アニメとロボット。昔と変わらないね。イノヴェイションはどこにあるんだ?」

ほどなくして、彼から『ＷＩＲＥＤ』日本版の記事を翻訳してＵＫ版に掲載したいという申し出を受けた。パワーローダーに関するものだった。厳密に言うとそれはロボットではないが、話としては近い。「日本にはイノヴェイションがない」と漏らしていた彼が、英国の読者に「日本のいま」を紹介するにあたって、結局いかにも「日本」な話題を選んだことは、ぼくらがいま置かれている立場の難しさをある意味象徴しているように感じられた。

この数十年、精妙なものづくりやアニメ、ゲームなどで世界に名を馳せてきたぼくらは、そのことに大きな誇りと喜びを感じてきた。しかし、そろそろ、そうしたセルフイメージから脱皮しなきゃいけないとぼくらは感じはじめてもいる。「日本、もうダメじゃね？」という海外からの視線が日に日に厳しくなっているのも感じている。

しかし、いざ「新しい日本をグローバルな舞台で」と思っても、海外のほうは海外で相変わらず、日本といえばロボットでしょ、アニメでしょ、いや禅でしょ、寿司でしょ、といったステレオタイプを期待しているところも少なからずあって、結局ぼくらは、その悩ましい二律背反に足踏みをしてしまうのだ。海外の目が期待する「日本」に忠実であろうとすれば「日本は変わらない」と誹られ、それをかなぐり捨てれば、興味をもってもらえないうえに「日本らしさはどこへ？」などと言われる。

日本のゲーム業界ではいままさにこのことが議論されているそうだ。グローバル市場にいま果敢に打って出なければ、日本は世界の潮流から完全に切り離されてしまう。そんな危機感を誰しももってはいるものの、「打って出る」といったときに、果たして、いままで通り「寿司」をつくり続けるべきなのか、それとも、「ハンバーガー」をつくるべきなのか、で議論は分かれているというのだ。長年培ってきたローカルなお家芸で勝負するのか、それとも全世界のお客さんに等しく愛されるグローバル・プロダクトでいくのか。たしかに難しい選択だ。

個人的には、どっちでもいいような気はする。寿司で勝負したい人はそうすればいいし、ハンバーガーで打って出たいという人はそうすればいい。そこに多様性があればあるほどいいんじゃん、というのが部外者の無責任な感想ではある。どうせなにをやるにしたって賭けにちがいないのなら、みんなが総崩れにならぬよう、それぞれがいろんなやり方でいろんなところに張ったほうが、業界のためには賢明なのではないか、とか。なかには「カレー」や「中華」で勝負に出る者がいたっていいじゃん、とか。

そもそも、ぼくらは無駄に「日本」というものを意識しすぎているのかもしれない。「日本人、ここにあり」なんていまさら気張られても、世界的にはおそらくなんのことやらな話だ。人が気にするのは最終的には「あんた、なにができるの？　なにやりたいの？」でしかないはずで、グローバル市場というのは、ことさらそういう場所だろう。

取材先で訪れたパリでは、いま日本人シェフのいるレストランが人気なのだという。なにも日本食に限った話でもないようで、フレンチでもスーシェフが日本人である店にお客さんが集まっていると聞いた。そういう行き方もあるのだ。「日本人の強み」なんて抽象論に時間を割くよりも、世界を舞台に勝負できる「自分の強み」がなんであるのかをより現実的に見極めることのほうがいまは有意義なはずだ。それが見えれば、自分がどこで誰に求められるのかもはっきりするはずで、となれば「業界」や「経済」がどうなろうと、少なくとも自分は生きていける。頼まれもしないうちから日本を背負わずとも、まずはそれでよしとしたらいいのではないだろうか。

科学には愛がなくてはいけない

2012.12.14 – wired.jp

『フランケンウィニー』は、真正面からみれば犬の映画だ。ラッシー、スヌーピーはじめ、犬はなにかと物語で重要な役割を果たす動物で、その登場頻度は猫より格段に多い気がする。犬は人間のいざこざを物言わずじっと見守る優しき目撃者なのだ。USの『WIRED』編集部は、日本のそれなんかとは比べ物にならない優雅な空間で、編集作業中の編集者の脇には賢そうなゴールデンレトリーバーが悠然と寝そべっていた。日本版ではさらに一歩進んで、編集長に犬を据え、自分は編集長補佐に回る組織体制を構想していたのだが、残念ながら叶わなかった。代わりにというわけでもないが、編集部にはずっと、『フランケンウィニー』の主人公「スパーキー」のぬいぐるみが置いてあった。

ティム・バートンの映画を引き合いに出して、教訓めいたことを言おうとすることほど野暮なことはないだろう。とは知りつつも、『フランケンウィニー』を観ながら、やはり福島のことを考えてしまった。つまりは原発のこと、科学やテクノロジーとどう付き合いながらぼくらは生きていくのか、といったことだ。とはいえ、これがことさら穿った鑑賞の仕方だというわけではない。『フランケンウィニー』は愛らしいヒューマンドラマでありつつ、「サイエンス」を正面から堂々と論じた映画でもあるからだ。引きこもりのサイエンス・ギークである主人公の少年ヴィクターの、とある発明(テクノロジー)をめぐって引き起こされる騒動は、そのまま原発をめぐる寓話、科学と社会をめぐる批評となる。たとえば科学者と一般世間をめぐる軋轢は、世間がいかに「科学」に対して無理解で無知かを弾劾する科学教師のジクルスキ先生の演説シーンにおいて、あからさまに表現される。

東欧かロシアからの移民と思しき代員教師のジクルスキ先生は、主人公のヴィクターの唯一の理解者となる人物だが、彼こそ本作の鍵となる人物だ。ヴィクターの発明が制御不能な「害悪」となって町を恐慌に陥れたとき、彼が科学好きの教え子を諭すシーンは本作のハイライトのひとつといってもいい。彼はこんなことを言う。

「科学に善悪はない。ただし、人はそれを善にも悪にもすることができる。だから科学には愛がなくてはいけない」

ある科学テクノロジーが「害悪」へと転じたとき、およそふたつの論調が声高に喧伝されるのを、ぼくらはいやというほど見てきた。その科学自体を全否定するか、あるいはひたすらその恩恵を肯定して開き直るか。しかし極端な結論に飛びつく前に、いまからでも遅くはない、ぼくらは、ジクルスキ先生にならって、「科学に善悪はない」ことを肝に銘じつつ、それを扱う人たちの内に果たして「愛」はあっただろうか、と改めて問い直してもいいのかもしれない。

一二世紀にサン・ヴィクトワールのユーグという修道僧がいたそうだ。彼は「サイエンス」というものを「それにかかわる人々の弱さを治癒する方法」と定義したのだという。この知られざる修道僧を、二〇世紀末に「再発見」し、その功績を現代社会のありように対するオルタナティヴとして評価したのは、歴史家・思想家のイヴァン・イリイチだった。イリイチは言う。「ユーグは技芸(Arts)とサイエンスの発明を、人間というものにおけるある種の欠如と結びつけた最初の人であった」(『シャドウ・ワーク』玉野井芳郎ほか訳、岩波現代文庫)。人間の欠如を見つめる科学。それは、おそらくはジクルスキ先生の言うところの「愛」と無関係ではないだろう。しかし科学は、以後、歴史のなかで、このようなものとして発展することはなかった。

イリイチは、現代の科学やR&Dというものが、自然に対する人間の支配力のシンボルとなり、真理を発見してそれを発表するためだけに行なわれる血の通わない探究へと堕してしまっていることを批判し、ユーグのサイエンスをそれと対置する。ユーグの言うサイエンスは、一言で言うならば「治癒への関心に支えられた真理の探究」だ。イリイチはこれを「人間の弱さをささえる杖」と呼び、「民衆によるサイエンス＝コンヴィヴィアリティの探究」と言い換える。コンヴィヴィアリティは、「生き生きした共生」と日本語には訳されている。

ぼくらが『フランケンウィニー』で観ることになるヴィクターの「科学」は、まさにそのようなものではなかっただろうか。「治癒」と「共生」は、たしかにヴィクターの探究をドライヴさせる動力だった。しかしその動力が、功名心や偽善やエゴに取って代わられ、支配の道具として構想されようとしたとき、科学は破綻し、暴走しはじめる。

幼いヴィクターは、自分の欠如を癒す方法として無邪気に科学を選びとったが、心優しいこの少年は、科学がもたらした破壊を目の当たりにして、自分が強くなることであえて科学を選び取らない決断を、映画の終盤で下すことにもなる。しかし、それをして科学の敗北や退行と見なすのも、科学に対するヒューマニティの勝利とぬか喜びするのも間違いだろう。ユーグやジクルスキ先生の言う「サイエンス」は、おそらくそのどちらにも与しない。科学は人間の敵でも味方でもない。それは、ただただ、ぼくら人間の本性の欠くべかざる一部なのだ。

ヴィクターは、この騒動の果てに、科学というものにさらなる希望を抱くだろうか、それとも深い幻滅を感じるだろうか。映画はそこまで語っていない。ゆえに、彼が、愛犬スパーキーの思い出と美しく寄り添える科学のありようを、このあとも探究し続けていく勝手な未来を思い描く余地がぼくらには残されている。科学の奇跡と災厄とを身をもって体験したヴィクターであればこそ、「愛ある科学」という方法を、おそらく誰よりも思慮深く追い求めることができるはずだ。そんな彼が、大人になっていっぱしの科学者になったらいったいどんな研究に没頭しているだろう。それを想像するのはとても楽しいことだ。

写真と俳句

ある技術なりが輸入されるとき、それを成立せしめていたコンテクストごとまるっとセットで輸入されることはまず起きない。土壌ごと移植することは困難、というかおよそ不可能だからだ。結果、土壌が変わることで、持ち込まれたものの育ち方も当然変わる。これはなにも具体的な技術や製品に限った話ではなく、新たな「概念」や「ことば」が持ち込まれるときにこそ顕著に起きる。「会社」という概念が日本に持ち込まれた際の混乱について、本の後ろのほう（三三七頁）で、少しばかり触れている。

歴史的にみると「写真」は「絵画」というジャンルに接続され、そこから独自の文化を開花させたということになっている。そんなのあたりまえだろ、と思われるかもしれないが、日本においては、実はそれはあたりまえではなかったはずだ。そもそも、写真という新たな形式を、そこに接続できるような絵画の伝統を日本はもっていなかったように思うのだがちがうだろうか。では、日本人は写真をなにに接続したのかというと、実は「俳句」なんじゃないか、という気がしている。とりわけアマチュア写真という文脈において、それは顕著ではないか。

なんだって季節や自然というものをやたらと写したがるのか。そして、そこにちょっとした心象を込めてみたりするのか。巧みに切りとった一瞬のなかにひそやかに自分の思いを滲ませる、その作法は独特に日本人的であり、とりわけ俳句的ではないか。あるいは、年配の愛好家が連れ立って尾瀬あたりに出向き、撮った写真をみんなで講評しあう文化が果たしてどこから来るのか。ぼくはここにも俳句の影響を見たくなる。

こうした写真をめぐる様式は、スマホで撮影してFacebookにアップするというルーチンが一般化したことで一層強化されている。一句読んで「友だち」同士で「いいね!」などと講評する。講評される前提で撮られシェアされる写真は、自己表現のようでいてそうではない。様式化されたコミュニケーションである以上、そこには文法や作法があり、むやみやたらと自己表現をすればいいわけではない。インスタグラムなどを見てみれば、それがきわめて限定性の高い「定型詩」の世界であることはたちどころにわかるはずだ。

こうなると話はもはや日本に限らない。世界的な現象だ。西洋人ならば「表現の民主化」などと、この様相を喜ぶのかもしれないが、日本においては、茶や花や句や歌といった文化表現は、江戸時代には、すでにある種民主化されており、それを踏まえれば「表現のシェア」なんていうのも日本人には案外馴染み深い話なのかもしれない。このあたりの事情は、昔流行った『柔らかい個人主義の誕生』(山崎正和、中公文庫)なんていう本を、一種のソーシャルネットワーク論として改めて読み直してみると面白いのでお薦めしておこう。

「俳句は滑稽なり。俳句は挨拶なり。俳句は即興なり」と、昭和の文芸評論家、山本健吉は言ったそうだ。ぼくらが日常的に興じているモバイルでソーシャルな写真との戯れを、このことばは、よく表してはいないだろうか。

2013.03.11 – WIRED, Vol.7

ゆとり女子を笑うな

二〇一二年にバイオロジーの特集をやったことがきっかけで、若手分子生物学者の会合に呼ばれたことがある。みんなそれなりに優秀なのだろうが、「基礎研究をメディアが取り上げないから予算も取れない」といった泣き言を散々聞かされて正直イライラした。この文章に登場する女子もたしか化学の専攻だったはずだが、他人が用意したレールに乗るしか幸福への道はないとハナから信じて疑わないところで両者は似ている。ドロップアウトする道がない理系学生の不自由さに哀れを覚えるとともに科学界不信に拍車がかかることとなったが、この原稿自体は「未来の会社」という特集のために書いたものだ。

昨年の秋、「未来の学校」という特集号を出した直後のことだったと思う。取材でパリに向かう飛行機のなかで、就職が決まったばかりという大学院生の女子と席が隣り合った。聞けば就職先は、ぼくも名前を知ってるような大手企業で、「あとはやっぱり結婚とか、女としての幸せもちゃんと摑みたいんですよね」と、ほくほく顔で彼女は語る。黙って聞いていればよかったのだが、つまらない悪戯（いたずら）ゴコロから減らず口を叩いたのがいけなかった。

「でもさ、就職が決まったからといって一生が決まったわけでもないでしょう」。すると彼女の表情はにわかにかき曇り「え、そうなんですか?」。しまったとは思わなくもなかったが、口が先に動いた。

「だってそうじゃん。死ぬまで会社が自分の面倒をみてくれるなんて、もうそんな時代じゃないっしょ」

「でも、わたし、終身雇用がしっかりしてるところだけをわざわざ選んで就職活動したんですよ」

「でもさあ、みんながそう思ってたような会社が次々と傾いてるわけじゃない」

「じゃあ、どうすればいいって言うんですか」

「いずれ自分でビジネスを始めてもいいしさ……」

「うちらゆとり世代ですから、そんな甲斐性(かいしょう)ないですよ。そもそもそういうこと習ってきてないですし」

「ゆとり、ねえ。習う、ねえ……」

仕事というものに対して、ぼくと彼女と、どっちが現実的かと言えばあるいは彼女のほうなのかもしれない。長年フリーランスで食いつないできた自分の暮らしは、到底学生に推奨できるようなものではない。会社というものについて言えば、これからは働き手を単なる「労働力」として扱うのではなく、たとえば「やりがい」といった面からモチヴェートしていくことが必要になっていくはずで、それが「福祉」という観点からではなく「効率」や「生産性」から考慮されていくのがいまどきの会社論だろう。

「社員をハッピーにできない企業に、どうやってお客さんをハッピーにする製品やサーヴィスがつくれるわけ?」というようなことが、あらゆる企業に問われているのだとすれば、「働くこと」の意味も「安定」の内実も更新せざるをえなくなる。会社の「ハッピー」に働き手の「ハッピー」をきちんと重ね合わせていくことは、会社の未来にとって重大な課題になりつつある。

そう考えると、彼女が「安定した給与・終身雇用」をハッピーと考え、採用した会社もまたそう考えているのであれば、それはそれで幸運なマッチングにはちがいない。人様がとやかく言う筋合いのものではないし、時代遅れを誹るのもあたらない。

彼女に伝えたいことがあったとすれば、自分のハッピーは自分で決めるものであって、社会や会社に決めてもらうものではない、ということだったのだと思う。それは日々働くなかで自分に問い返していくしかないようなもので、かくいう自分にしたって「なんでオレこんなことやってるんだっけ?」という問いにいまだまともな答えひとつ用意できずにいる。

答えのない問いだとは感じつつ、それでも問うことをやめないのは、やめたとたんに成長は止まり、後退が始まるだろうと思うからだ。ぼくは、そのことをかつてハッピーだった大企業が苦しんでいる様を見てことさら痛感する。日々問い返すことを怠った結果としての現状であるならば、日本企業のつまずきは働く人すべてにとって未来の教訓になりうる。自分の「ハッピー」を人に委ねて、外から与えられるのを安閑と待っているわけにはいかない。人も会社も、そうだ。誰がいったいゆとり女子を笑えるというのか。

2013.03.11 – WIRED, Vol. 7

本当の「働く」が始まる

「未来の会社」という特集のためにつくった記事だが、この号は自分が関わった『WIRED』のプリント版全三〇号のなかでもとりわけ売れ行きがよく、販売担当者と嬉しい祝杯をあげたことを覚えている。ここでインタビューしたダグラス・ラシュコフは、「あなたはFacebookの顧客ではない。製品なのだ」と喝破した切れ者で、個人的に大好きな書き手だ。テック界隈からはやや冷や飯を食わされている節もあって、取材時には『WIRED』US版の悪口を随分聞かされた。『グーグル・バスに石を投げつける』と題された最新刊も相変わらず快調で、言い分は至極真っ当。SpotifyやApple MusicではなくBand-campをよしとするあたりも、とても気が合う。

「そもそも「働く（Work）＝雇用（Job）」って考え方自体がイビツなんだよ」。ダグラス・ラシュコフはマンハッタンのミッドタウンにあるスタートアップのオフィスでチキンラップを頬張りながらまくしたてる。肩書きは「メディアセオリスト」。さほど知名度が高くないのは、そのラディカルな思考が一般受けはしないからだろう。けれども、彼の著書には常に各界の著名人が賛辞を寄せる。人がいかにして自分と自分の人生を「企業」になぞらえて生きるようになったのかという問題に迫った『Life Inc.』は、ティム・オライリー、ウォルター・アイザックソン、セス・ゴーディン、ナオミ・ウルフなどが高く評価した。続く『Program or be Programmed』では、さまざまなデジタルサーヴィスがいかにぼくらの暮らしや人生を「プログラム」しているかを暴き、最新刊の『Present Shock』では、デジタル社会の無時間性が、ぼくらの思考をどう規定しているのかをあぶり出す。ラシュコフは、現代社会の見えざる問題を、意想外なところから鋭く突く。

「雇用雇用って政府は言うけれど、大体いつから「雇用」がそんなに大問題になったわけ？「雇用が大事」と言いながら、一方でアメリカでは価格の下落を防ぐために余剰の穀物を捨てたり、余ってる家を取り壊したりしているんだよ。これがなにを意味しているかわかる？　食料も家も余っていて、それを生み出す人手も十分に足りてるということだよ。これ以上生産性をあげる必要なんかないわけ」

ラシュコフに言わせれば、ぼくらが働くのは、この産業社会を成り立たしめるためであって、自分たちが生きていくためではない。消費を通じて経済を成り立たしめるために、ぼくらは働いている。「もうお腹いっぱいなのに、もっと食え、もっと食えと政府は言うわけだ。それで内需が拡大すれば、雇用も増え、もっと食えるようになる。それって倒錯でしょ。雇用雇用って言うけれど、それがいったい誰のための「雇用」なのかよく考えたほうがいいね」。

加えて、テクノロジーの進化による効率化／自動化だ。「雇用を増やすったって、増えないでしょ」という厳しい現実もある。

　そもそも「働く」ことと「雇用」はちがうものだ、とラシュコフは言う。「西洋では「会社」ってものは、中世の終わり頃に登場するんだけど、それまでは、人は自分が生きていくために働いていたんだよ。自分のために靴をつくり、鶏や野菜を育てる。やがて、それを交換するようになるんだけれども、そのときも、人は自分が働いてつくったモノに対して対価をもらっていたんだ。けれども産業革命以降、時計の一般化によって、人は提供した時間に対してお金をもらうようになる。つまり、自分が生み出した価値によって価値づけされることがなくなり、提供した時間で価値が図られるようになるんだ」。

　そこから働くことは、次第に雇用を意味するようになり、「働き手」は、いつでもすぐにでも取り替えが利くパーツとなる。同時に、学校で学び、世に出て働き、その間貯金をして、一定年齢に達したら仕事を辞め、貯金を食いつぶしながら余生を送るという、ぼくらがあたりまえだと思っているライフストーリーが与えられていく。「そりゃあ誰しもメシは食いたい、住む家も欲しい。けれど心の底から「仕事が欲しい」って思ってるわけじゃないでしょ？　でも、ぼくらはそうしなきゃいけないと思わされてるんだよ。「仕事が欲しい」というのと「働きたい」という欲求は別のものだ」。

　就職活動、終身雇用、昇進、定年……ライフストーリーのなかに予め埋め込まれていたポイントをひとつひとつ通過して生きていくことは、残念ながら、この日本でもすでに困難になっている。ゆえに、ラシュコフは、そのマインドセットからいち早く脱却することを薦める。

　「まず貧しい人に食糧や住居を保障することと「雇用」の問題は切り離して考えるべきだと思うね。雇用で解決しようってのは無理がある。雇用は増えないんだから。じゃあ、どうやってそれを実現するのかはたしかに難題なんだけどさ。いずれにせよ大事なのは、働くことをもう一回自分たちのものとして取り戻すためのストーリーだと思う。人生のなかに「働く」をちゃんと位置づけるための新しいストーリーが必要なんだ」

これまでのストーリーは常に、男性原理に基づくヒロイックな英雄譚として構想されてきたと彼は言う。それは「旅立、苦難、克服、勝利、帰還」というモチーフに支えられた直線的な物語だった(この原理がいかに終身雇用モデルに適合してることか)。しかし、いま必要とされているのは、終わりもはじまりもない、そのストーリーを持続させていくことだけをただひとつの目的とするようなサステイナブルなストーリーだ。

「ビジネスで言うなら市場の独占を目指して勝ち上がっていくというモデルじゃなくて、Ｐ２Ｐで小さなコミュニティを形成し、それを少しずつ繋げて広げていくようなモデルだね。そこでは、通貨ですら必ずしも既成のものである必要がない。銀行やお役所といった「中央」に信用を担保してもらう必要もない。デジタル社会における信用はトップダウンではなく、互いに協力しあう相互ネットワークのなかで育まれていく。そして、それがどれだけ強い力をもつかは、中東の革命なんかを見てもわかるだろ」

インターネットやパソコンがもたらしたデジタル社会の一番の恩恵は、すべてを脱中心化していくところにある、とラシュコフは強調する。人や金やモノを一元的に管理していた国家や銀行、市場といった「中心」を経由しなくとも、ぼくらは新しい相互ネットワークのなかで、それらのものをやりとりしあうことがすでにできる。「働く」も同じだ。「昔の人が自分や自分が属するコミュニティのために働いていたように、雇用という縛りから逃れて、もう一度自分やコミュニティのために働くことができる時代なんだ。そうなることで、人は自分のつくり出した価値によって価値づけられるようになる」。

　ラシュコフが「脱中心化」と呼んだ様相は、すでに労働市場において起こりはじめている。そこでは「仕事」というものが、産業側の原理で決定されるのではなく、働く側の意志によって決定されていく兆しが見えはじめている。それは、もしかしたら「働く」の民主化」と言えるようなものかもしれない。

「ODesk」という会社がアメリカにある。ODeskは、地理的に離れた人同士が共有できるワークスペースをオンライン上で提供するソフトウェア企業だ。創業当初はソフトウェア自体が彼らの商品だったが、ソフトを提供するついでに人材も探してきてくれないかなという声がすぐにあがりはじめ、結果、オンラインワークスペースを介したマッチングサーヴィスを始めることとなった。いま、ODeskで仕事を探すオンラインワーカー（個人コントラクター）は世界中で二九〇〇万人、人材を探している企業（クライアント）は五五万社にのぼる。同社のCEOゲイリー・スワートは語る。

「わたしたちのビジネスがいま急速に広がっているのは、「働く」をめぐる環境が劇的に変化しているからです。これまで会社と働く人の関係は、地理的／物理的要因によって制限されてきました。会社は物理的な空間でなければならず、働き手は自らそこへと足を運ばなくてはなりませんでした。そして会社は彼らが働くための物理的な空間のほかに、机や電話といった備品を用意してきました。これにはコストがかかります。膨大なコストです。そしてそれは、働きのいい社員でも悪い社員でも変わりません。いま、インターネットやモバイルデヴァイスの普及によって、こうしたコストは劇的に効率化されるようになってきました。働き手が会社にいる必要がないのです」

　会社の効率化は、働き手にとってはたしかに脅威だ。しかし、こうしたサーヴィスは、一方で働く側にもメリットをもたらす。スワートは続ける。「シリコンヴァレーの企業で働くためにわざわざカリフォルニアに引っ越す必要もなくなります。逆に日本企業も、わざわざ日本に呼ばずともシリコンヴァレーの優秀な人材と働くことができます。地理の壁がなくなったことで、企業も働き手の選択のオプションも飛躍的に広がるのです」。

ODesk の仕組みはこうだ。あなたがかりにプログラマーだったなら、まずは自分のスキルとキャリアをポートフォリオにして投稿する。会社が、あなたをある業務にふさわしいと認めれば契約成立。あなたはオンライン上の ODesk のソフト上で業務を遂行し、働いた分だけの時給を手にする。業務時間や支払いの管理はすべて ODesk が行なう。あなたは ODesk から賃金を受け取り、ODesk はその分を企業から徴収する。かりに企業が賃金を支払なくても、コントラクターが取りっぱぐれることはない。ODesk が常に肩代わりして支払ってくれる。

コントラクターは、ここでも相変わらず「賃金労働者」にはちがいない。けれども、従来と大きく異なる点がひとつある。時給を決定するのはコントラクターの側だということだ。あなたは自分がなにができるか、なにをしてきたかに従って自分で自分の「価値」を決定することができる。「あなたが優秀な働き手ならば、自分の価値をどんどん上げていくことができます。その代わり、過去のあなたの仕事ぶりや業務遂行能力は、常に開示されますので、会社で社員として働くよりも厳しい評価・審査を受けることになります。加えて、競争は厳しくなります。世界中の同業コントラクターと競合することになるからです。あなたがプログラマーだった場合、かつて Google や Facebook などで働いたような歴戦の強者と仕事を奪い合うことになるのです。オンライン化することで、これからの仕事は、より透明に、フラットに、コンペティティヴに、そして、よりオンデマンド化されていくことになります」。

しかし、ここでもう一度ラシュコフの言った「脱中心化」ということを思い出して欲しい。脱中心化、ということは単一の基準であなたの価値が決定されるわけではない、ということだ。一言で「プログラマー」と言っても、世界のすべての会社がGoogle出身のスーパーエリートを求めているわけではない。

「オンラインワークは、たとえば学生さんやリタイアした人にも大きな可能性をもたらすものなのです。あなたが日本で英語を勉強している大学生だったとしましょう。世の中には翻訳が必要だけれども本格的なプロに頼まなくてもいい、というような仕事だってあるのです。それは、あなたにふさわしい仕事かもしれません。そして、そうした仕事をこなすうちにそれが実績となって次の仕事に結びつくこともあります。経験を積みたいからタダでもいい、というのもアリです。逆に、もしあなたが財務一筋で会社勤めを終えた人だとしたら、その専門のノウハウやスキルが要求される仕事も世界中にあるわけです。実際、ODeskには理論物理学の専門家への求人すらあったりします」

オンラインワーカーに対する需要は現在飛躍的に高まっている。アメリカのJetBlueという航空会社は、顧客サーヴィス業務に携わる社員をすべてオンラインワーカーとしオフィスをなくした。ODeskでも、社員数の倍にあたる二〇〇人のオンラインワーカーが、コントラクターとして業務に携わる。なかには何年にも渡って業務を継続している人も少なくない。

スワートによれば、ODeskを利用する七〇％以上の企業は、「クオリティ・ワーカーの確保」と「経費の節約」のどっちを取るかとの問いに「クオリティ・ワーカー」と答えているという。あなたが提供する「価値」に「会社」は応える用意がある。いれば給与がもらえるだけの社員よりも、コンペティティヴなコントラクターのほうが生産性が高いことに「会社」も気づきはじめている。結果、ODesk

を利用するコントラクターの多くは、以前より収入が増えている。「二〇二〇年までに労働人口の三分の一がオンラインワーカーになる」という見通しをスワートは語る。

そんな時代の「働く人」に必要なマインドセットはどんなものだろう？　スワートの答えは明瞭だ。「自分で、自分の仕事やキャリアをしっかりコントロールする、ということです。オンラインワークは、多様なオプションをもたらしてくれるのです。自由かつフレキシブルに働きながら、楽しい仕事に出会うチャンスも多くあります。ですから、まずは、自分がどういう人生を生きたくて、そのなかに「働く」という行為をどういうふうに位置づけたいのかを、しっかりと見極めることです」

シリコンヴァレーで「Pinboard」というウェブアーカイヴサーヴィスを営むマチェイ・チェグロフスキは、三週間近い休暇をとって東京に遊びに来ていた。大学では絵画を、しかも具象の油絵を学んだ彼はおよそ「シリコンヴァレーのアントレプレナー」のイメージからかけはなれた実にスローな人物だ。実際、アントレプレナーと呼ばれるのは好きではない。おっとりとしてもの静かだが、六歳でアメリカに移住したポーランド移民の息子は、その柔和さのなかに強い反抗心と批判精神を宿している。

チェグロフスキの存在がにわかに注目されるようになったのは二〇一二年一二月のことだ。彼は、自身のウェブサイトで、ヴェンチャーキャピタリストとしても活動を始めることを明かし、若いアントレプレーナーの支援に乗り出すという。そこまでは普通だ。注目されたのは、彼が公表した出資額だ。それはわずか「三七ドル」だった。

「冗談のつもりで始めたんですよ。正確に言うと、いまのシリコンヴァレーのスタートアップブームに対する諷刺ですね。ヴェンチャーキャピタリストたちは、新しい起業家に対して、下手な鉄砲方式で次から次へと何百万ドルもの大金を注ぎ込んでいます。そうした状況をちょっとくさしてみたかったんです」とチェグロフスキは言う。

若い人が、自分のアイデアとスキルを頼りに会社を立ち上げ、それをビジネスとして展開していくことはもちろんいいことだ。そうした状況が広まることで、誰もが新しいチャンスを手にすることができ、失敗を恐れずに新たなチャレンジができるような環境もできた。しかしチェグロフスキは、そこには悪い面もあるという。

「現在のスタートアップカルチャーはきわめて近視眼的です。目先の収益にばかり捉われて、商品を買い、サーヴィスを利用してくれるお客さんへの責任というものがないがしろにされがちです。せっかくのいいサーヴィスが売却によってちがうものになってしまったり、突然サーヴィスを止めてしまったり。わたしが「三七ドルVC」でやりたかったのは、地道でサステイナブルなビジネスをサポートするということです。三〇〇近い応募のなかから六つのプロジェクトに出資することにしましたが、創業者が自分ひとりでビジネスを維持できるものばかりを選びました」

いいアイデアを商品化、サーヴィス化して、それを楽しみながら続けていくことは可能なはずだが、いまのシリコンヴァレーの環境では会社を大きくしてFacebookやGoogleを目指すように仕向けられてしまう。次々と出資を受けて会社を大きくしていくことは大きなリスクを背負いこむことになる。それはサステイナビリティという観点から見ると望ましくない、というのが彼の論点だ。

「少なくともぼくはイヤですね。大勢の社員をマネージしていくことは苦手ですしできないことを知っています。休暇も取って旅もしたいですし、ゆっくりと油絵を書く時間も欲しい。だから余計なものは一切背負いこみたくない。資金繰りに困っても、バイトをすればなんとかなります。そのほうがかえってビジネスとしてもリスクが低いんです」

ODesk のスワートが語った「仕事やキャリアをきちんとコントロールする」ことが、ここでも大きな課題となっている。そして、チェグロフスキはそれを「会社」というものに、あてはめて語っている。

「ぼくは「Craigslist」や「MetaFilter」「4chan」といった会社をすごくリスペクトしてるんです。彼らは始めた頃とさほど変わらぬ規模で、いまなお創業当初の価値を守り続けています。同時に、オンライン上に新しい文化やミームを生み出してきました。Facebook がいったいどんな文化を生んだというのでしょう」。チェグロフスキは手厳しい。ビジネスにおける「成功」の基準はなにも売上高や成長率に限ったことではない。「会社」もまた経済的利益の追求や成長を目的としたものではない、新しいストーリーを必要としている。チェグロフスキは続ける。

「好きなことをビジネスにできているのだから羨ましいと思う人もいるかもしれませんが、「好き」だけでは人は働き続けられないものです。「好き」は、キャンディのようなもので、栄養にはなりません。「働く」ことを続けていくためには栄養が必要です。ぼくにとってのそれは「誰かの役に立っている」ということなんです」

ダグラス・ラシュコフはこうも語っていた。「「働く」ってのは誰かに頼まれてやるもんじゃないよ。そこには自分なりのミッションってものがある。ことばの最も健康な意味での「アントレプレナー精神」ってのはそういうもんだし、それがある人は雇用がなくても働くんだよ。ここに来て、メイカームーヴメントのように、誰もが自分でものをつくれる時代になったのは喜ばしいことだし、期待もしてる。ポスト雇用時代の「働く」が始まったんだよ」。

雇用が終わり、働くが始まる。これからの「働く」は、自分が生み出した価値によって、価値づけされるものになる。(といいのだが)。

2013.5 – IMA, Vol. 5

宇宙を夢見たザンビア

スペインの写真家クリスティーナ・デ・ミデルの作品の解説として写真雑誌『ＩＭＡ』に書いた原稿で、その作品はまさに、ここに記したザンビアでの宇宙計画を再現したフォトコミックだった。おそらく五〇〜七〇年代は世界的に「宇宙」に取り憑かれていた時代のようで「未来＝宇宙」くらいの勢いだったと見えるが、その夢が次第に妙なかたちで発酵していった果ての七〇年代後半、なぜかＵＦＯがアメリカ社会を席巻することとなる。この問題については、追ってカーペンターズ(二〇二頁)やパーラメント(三五二頁)に触れたところで立ち返ろう。

イギリスの直轄植民地として「北ローデシア」の名を与えられてきた国は、一九六四年一〇月、東京オリンピックの期間中に独立を果たした。開会式において「北ローデシア」であった国名は、閉会式においては「ザンビア」となっていた。閉会式の行なわれた一〇月二四日が、奇しくもザンビアの独立記念日だった。

一〇月三〇日付の『ＴＩＭＥ』誌は、独立に湧くザンビアの様子をいち早く誌面で伝えている。六〇カ国以上の国賓に見守られ、初代大統領となったケネス・カウンダは、一万一〇〇〇ドルのクライスラー・

インペリアルに乗って首都ルサカ市中をパレードしたという。大統領は、しかし歓喜に浮かれてばかりいたわけではなかった。「この瞬間は喜ばしい。けれどもほどなく我々は困難に直面するであろう」とのコメントを発している。『TIME』誌はザンビアの状況をこう伝えている。

「テキサス州よりやや大きいくらいの国土に三六〇万の人口を抱えるザンビアには、高校を卒業したアフリカ人は一五〇〇人もおらず、大学卒業者は一〇〇人に満たない。医者は四人、弁護士は一〇人、エンジニアはゼロだ。国の主要生産物である銅の生産を維持していくためには、白人の技術に頼らざるを得ない」。ザンビアの前途を祝しながら、記者は、この国が直面するであろう困難を冷静に見極めている。

記事はそれでそのまま終わっていいはずのものだった。ところが、最後のパラグラフで、記者はザンビアの独立とはおよそ関係のないひとりの人物を紹介する。エドワード・マクカ・ンコソロという小学校の先生だ。

「彼は、ザンビア国立科学宇宙開発哲学アカデミーのディレクターで、月面着陸をアメリカ、ソ連に先駆けて行なうためのプログラムを実践中だ。ンコソロは色っぽい一六歳の少女を含む一二名の宇宙飛行士に、木に吊るしたドラム缶に乗せてぐるぐる回したり、逆立ちして歩く訓練を施している。彼に言わせれば月面で歩くには、これが唯一のやり方なのだそうだ」

国家の独立をレポートした記事を締めくくるのに、この情報がなぜ必要だったのかいまとなっては知る由もない。サイエンスライター、アレクシス・マドリガルは、二〇一〇年に「The Atlantic」のウェブサイトで、この記事を紹介しながら「独立の熱狂のなかで、西洋人がアフリカを嘲るには格好のネタだったのかもしれない」と語っている。『TIME』の記事は、そもそもタイトルからして、どこか揶揄がこめられているかのようでもある。曰く「ザンビア：明日は月へ」。ンコソロがディレクターを務めていた団体は「国立」を名乗ってはいるものの、ザンビア政府とはなんの関係もない。肝腎の「宇宙計画」は、ユネスコに七〇〇万ポンドの援助申請を待っているうちに、先に言及された少女の妊娠が発覚し親元に連れ戻されたことから頓挫した。ンコソロが首を長くして待っていた援助資金が彼の元に届くことはなかった。

この宇宙計画についてはSky Broadcastingが取材した貴重なモノクロ映像が残っている。ドラム缶に詰め込まれて坂道を転げ落ちたかと思えば、暢気にブランコに揺られている「宇宙飛行士」たちの訓練の様子を目の当たりにしたレポーターは、「多くのザンビア人は、彼らを頭のおかしな連中だと思っている。私も同感だ」とあられもないコメントを寄せている。

サイエンスライターのマドリガルは、この宇宙計画がいかにも素っ頓狂なものであることに異議は唱えていない。しかし、歴史に埋もれ、笑い話としてしか思い出されることのないこの珍奇なプロジェクトが、いまなお人のイマジネイションを刺激してやまないのはなぜだろうと問うてもいる。

「ンコソロは、いまにして見れば科学者というよりはカルトの教祖のようなものかもしれない。けれども彼は、宇宙旅行というものの素晴らしさに、宗教的な観点を抜きに、人びとに目を向けさせて仲間をつくることができたのだ。宇宙旅行というものがもつ力を、このプロジェクトは思い出させてくれる」

米ソが宇宙開発でしのぎを削っていた六〇年代、アフリカはようやく国家の独立を成し遂げたばかりだった。しかし、生まれたての独立国家だからといって、同時代を生きていないわけではなかったのだ。米ソが夢見ることを、アフリカが夢見てなにが悪い、ということだろう。

Google が主催する月へカメラを送り込むコンペ「Google Lunar X Prize」に、ロケット付きの風船を月に飛ばそうとしているルーマニアのチームが参加している。ばかばかしいと思うだろうか？　これが結構うまくいきそうだというのだ。

宇宙は、これまでいつだって、バカげた夢を抱くバカ者に優しい、開かれた自由なフロンティアであった。いまもそれは変わらない。

2013.06.10 – WIRED, Vol. 8

(Fast Forward)

編集者の仕事というのは基本は裏方なので、よそさまの業界を覗き見したときも裏方の人びとの動きが気になる。当然そこには上司の承認を得るとかそういうどこにでもある「決定のプロセス」があるわけだが、世の中には稀に「こんな企画よく通ったな」と驚くようなものが生まれ出ることがある。その裏で、いったいどのような説得や駆け引きや覚悟があったのか。想像するだに裏方の慧眼と尽力に頭が下がる。リスクテイクできる裏方がいて初めて文化は面白いものとなる。この文章を寄せた特集は、だから、ミュージシャンがまったく登場しない音楽特集となった。

あるジャズギタリストに尋ねたことがある。ダメなインタヴューアーがしがちなダメな質問。「影響を受けたアーティストは誰ですか?」親切なギタリストは「うーん」と考えて答えてくれた。「デヴィッド・ボウイ」。意外。ジャズミュージシャンが影響を受けた、といえばエリントン、コルトレーン、モンクと相場が決まっている。「なんでですか?」。答えはさらに意外なものだった。

「勇敢だから」

剝き出しの自分を恐れずにさらけ出す勇気を、彼はボウイのなかに見るのだという。そういえば、別のジャズトランペッターがプリンスについて語りながら、やはりその勇気を褒め讃えていたこともある。ボウイもプリンスも、音楽を何歩も先に進めたイノヴェイターだ。その彼らを讃えるとき、もって生まれた才能やもたらした功績の大きさでなく、それをなさしめた「勇気」をもって語ることの、なんと美しく正しいことだろう。

結果を見たあとで作品を云々することはたやすい。そして、結果はいともたやすくその背後にあったはずのリスクを覆い隠してしまう。『ジギー・スターダスト』や『ダーティ・マインド』が世間から完全に無視されることだってありえたのだ。人とちがうもの、いままでとちがうものを世に問うことは大きなリスクを伴う。イノヴェイションが賭けでなかったことなんて一度としてないだろう。

ツールが民主化され、誰もが手軽に自分なりの表現を楽しむことができる社会は、「勇気」のハードルが低い社会だろう。そして、結果ばかりに気を取られる社会では、リスクや賭けは、ますます遠ざけられていく。そういう世の中において、ボウイやプリンスが見せたような突出した勇気を価値とみなすのかみなさないのか。産業としての音楽、もしくは文化は、そこをめぐって長年腹をくくれずにきたのだと思う。

今回取材した人びとはみな「価値がある」とする人たちだった。アーティストも、アーティストを裏でサポートする人も、新しい音楽サーヴィスを開発する人も、メディアの人も、ショップの人も、インタヴューに答える際、みな一様に「音楽が社会にとっていかに大事か」を語るところから始めていたのが印象的だった。

音楽のイノヴェイションはリスクとともにしかないということを改めて確認し、そういう音楽こそが社会に価値をもたらすと確信するに至った、というのが取材を通して見た「音楽の現在」だった。その背後には、自由でフレッシュで勇敢な音楽をいまほどリスナーが求めている時代はないという認識がある。ビジネス、というのなら、音楽の価値をそういうリスナーとともにサポートしていくメカニズムのことを、それは指している。

音楽で金儲けしたいわけじゃないんだ。そのことばを取材中に何度聞いたことだろう。リスクを冒す勇気を守り、育てるエコシステム。それを必要としているのは、音楽ばかりじゃないはずだ。

2013.06.10 – wired.jp

アー・ユー・エクスペリエンスト？

これも音楽特集に寄せて書いたものだ。「これからは体験の時代だ」とかいうフレーズを、この数年間、それこそ耳にタコができるほど聞かされてきたけれど、誰かが、そこで言う「体験」をキチンと定義するのを聞いた試しがない（四一一頁）。

どこで読んだのか探してみたけれど見つからない。アメリカの詩人・哲学者エマーソンのことばだったと思う。いたく感激したのだけれども正確には覚えていない。大意だけ言うと、「自分が心を動かされた本と同じようなやり方で、自分の本も読まれたい」といった内容だ。

言われてみれば、こうして原稿を書いているとき、おそらく自分も、（僭越とは承知のうえ、それでも）遠い昔になにかを読んで感銘を受けたときの感覚をもって人に読まれたいと思っているような気がしなくもない。逆に言うと、なんらかの表現を通して、人になにかを伝えようとするとき、誰もが過去に自分の心が動いたときの感覚をなぞりながら、なんとかそれを自分の手でほかの人にもたらすことができないかと四苦八苦しているのだということを、このことばは教えてくれているように思う。

音楽の世界でもそれは変わらない。今回の特集で会ったり、PCの画面越しに話した多くの音楽関係者は、みなそれぞれ過去に「自分が心を動かされたなにか」を大事に抱えているような人たちだった。ドン・ウォズがウェイン・ショーターについて、ジェフ・バスカーがデイヴ・リー・ロスについて、あるいは「Pitchfork」の編集長がルー・リードについてほくほくしながら語るのを聞きながら、ぼくはすっかり嬉しい気分になった。それなら自分にだって覚えがある。子どものころからずっとレコードやCDを買い続けてきたのは、おそらくその原初に得た甘美な気分を追体験したくてのことだと思う。ぼくが嬉しくなったのは、音楽家を裏で支えるバックヤードにいる人たちも、またそういう人たちだったことだ。

音楽業界のこの数年にわたる厳しい状況は、デジタルテクノロジーがもたらした混乱に負うところは大きい。けれども事態をもっと悪くしたのは「そういう人たち」じゃない人たちが、その状況を動かし、牛耳ろうとしていたことにあったのだと改めて思う。音楽ファンが大手レコード会社を「Evil Empire」(悪の帝国)と目の敵にしたのは、彼らのなかに、音楽ファンなら誰しもがもっている共通体験がみじんも感じられなかったからだろう。愛のないヤツがファンを無視して、なんのビジネスか、と。

音楽好きは、音楽好きを敏感に察知する。音楽ファンが、アーティストのみならず、レコード会社なり、オンライン／オフライン問わずショップなり、新しいメディアやデジタルサーヴィスなりのなにに注視しているのかと言えば、結局のところ、「こいつら、ホントに音楽好きなのかな？　愛、あんのかな？」というところでしかない。

古いシステムと格闘するプロデューサーたちも、新しいサーヴィスを立ち上げて業界を刷新しようとするイノヴェイターたちも、ともに薄暗いレコード屋で何時間も飽くことなく時間を過ごせる根っからの音楽ファンにぼくには見えた。音楽に限らず、文化というものは、人生のなによりもそれを面白いと思っている、そんな人たちの献身によって守られ、前に進んできたはずだ。ネットの時代になったからと言って、それがおいそれと変わるとも思えない。むしろ、あらゆることが透明化し、どんな商品やサーヴィスであれ、その背後にいる人びとの態度や姿勢がかえって厳しく問われるようになっているいまだからこそ、なおさらそういう人たちによって守られ、導かれなくてはならないと認識するにいたったのが取材を通して感じた世界の音楽の現状だった。

自分になんの感動の体験もない人間が、もっともらしく「ユーザー・エクスペリエンス」を語り、数字しかあてにできない人間がしたり顔で「顧客満足」を論ずる。それによっていかに多くの現場がモチヴェーションを奪われ、クリエイティヴィティが削がれ、結果どれだけ多くのリスナーが離れていったことだろう。そりゃそうだ。そんな連中がつくったものにいったい誰が感動なんかするもんか。

人を動かす新しい体験をつくろうとするとき、人は「動かされた自分」の体験を基準にしてしか、それをつくることはできない。未来を切り開くことと「自分が心を動かされたなにか」を継承し伝えることは同義だろう、とぼくは思っている。

2013.06.10 – WIRED, Vol. 8

氷の島と音の巡礼

いいスタジオ、いいエンジニア、いいミュージシャン、つまりは、いい制作環境をつくり出すことで、アイスランドは世界中のクリエイターを呼び寄せることに成功した。レイキャヴィックは「なにかを生み出すために訪れる場所」だ。翻って日本の都市はどうだろう。そこを消費空間として編成することにばかり執心したせいで、ただひたすら「お金を使ってくださいよ」と囁きかけるものになってしまってはいないか。「なにか一緒に新しいものつくりましょうよ」と誘うレイキャヴィックと較べてどっちが楽しそうだろう。観光立国。なんて物欲しげで浅ましく聞こえるコンセプトだろう。

レイキャヴィックの町を見下ろす教会に向かう目抜き通りの左手に、小さなコテージのようなレコードショップがある。緑の屋根、白い壁、大きな窓。四月の朝の光を受けて、建物そのものが眩しく見える。「12 Tónar」は世界で最も愛らしいレコードショップのひとつかもしれない。ここは世界中のアイスランド音楽好きが必ず訪れる巡礼地でもある。

ビョークが世界的なスターダムにのし上がって以来、アイスランドは一部の音楽愛好家にとって不思議と気になる場所だった。ビョーク以降もシガー・ロス、ムームといった異色のアーティストを輩出し、近年でもオブ・モンスターズ・アンド・メンが欧米でブレイクするなど、一風変わったその音楽テイストは着実にグローバルな音楽市場でプレゼンスを高めてきた。

「メランコリー、ですかね」。12 Tónar のオーナーのララス・ヨハネッソンは言う。「アイスランドの音楽の特徴を一言で言うなら、おそらくそういうことだと思います。それは風土に根ざした気質なのかもしれませんが、当事者であるわたしたちにはよくわかりません。お店に来る海外のお客さんに訊くと、彼らが期待するのはどうもそれみたいです」。ショップの奥にあるソファでエスプレッソを飲みながらのんびりと応えてくれる。このソファは、本来はお客さんがCDを試聴するのに使うためのものだ。

アイスランドの人口は約三五万人。首都レイキャヴィックとその近郊に一五万人が暮らす。沖縄の那覇市よりいくぶんか大きい程度の人口規模の国が、いかにして強力なグローバルミュージックを生み出すに至ったのか。単純な人口比で言えば、日本には四〇〇人のビョークがいたっていいはずなのだ。ヨハネッソンが続ける。

「現在のアイスランドの音楽シーンは、実質一九八一年に始まりました。『Rokk í Reykjavík』という映画があって、そこに当時のアンダーグラウンドの音楽シーンの勃興の瞬間が収められています。それまでの音楽は欧米の音楽の模倣にすぎませんでしたが、八一年に生まれ出た音楽シーンは、自分たちのアイデンティティがなにかという問いかけと、ＤＩＹ精神を音楽にもたらしたのです。いまのアイスランド音楽は、すべて、そこから派生したものです」

　ビョークが在籍していたことで知られるバンド、シュガーキューブスのファウンダーでもあるヴォーカルのエイナル・オウルン・ベネディクトソンは、当時の気風をこんなふうに回想する。「自分たちがやりたい音楽をやっていたらたまたまイギリスでブレイクすることになった。お金は儲かったけれど、地元のバンドを育てるためにレーベルを立ち上げて、それに全部使っちゃったし、バンドが大きくなるにつれてやりたくないことをレコード会社が押しつけてきたのにうんざりして解散した」。ベネディクトソンは現在もGhostigitalというユニットで活躍する傍らレイキャヴィック市議会議員も務めている。「アイスランド人は言ってみればケアフリーなんです。実験したり、新しいことを試したりすることを恐れません。そういうスピリットをもった音楽家が小さい町のなかでひしめきあって暮らしているわけですから、お互いがお互いを刺激しあってどんどん面白いものが生まれてきます。音楽のシリコンヴアレーみたいなものですよ(笑)。当然コンペティションは激しいですが、同時に親密なコラボレーションもたくさんあります」と語るのは12 Tónarの共同設立者ヨハネス・アグスツソンだ。

　地理的な要因も大きい。「アイスランドは孤絶した島のように思うかもしれません。けれども実はヨーロッパとアメリカをつなぐ格好のミーティングポイントでもあるんです。だからアイスランドにはランダムなアイデアが常にうずまいてて、かつそれをゆっくりと咀嚼し育てる空間もたっぷりある。これは大きな利点だと思います」。ビョークの懐刀として長らくエンジニアリングおよびスタジオ、録音周辺をケアしてきた音楽家、プロデューサーのヴァルゲイル・シグルズソンは、そう明かす。彼が主宰するスタジオ Greenhouse Studios はレイキャヴィック郊外(といってもダウンタウンからクルマで一五分)の閑静な住宅街に建つ一軒家にあるが、ここには、彼のスタジオとエンジニアとしての手腕、また豊かな自然に囲まれた贅沢な制作環境を頼みに、世界中から多くのアーティストがやってくる。

ニューヨークを拠点に、現代音楽からグリズリー・ベア、アッシャーまで、あらゆるジャンルを横断しながら活動する一九八一年生まれの鬼才作曲家、ニコ・ミューリー(一九〇頁)は年に数度はアイスランドを訪れる。ミューリーは、シグルズソンと意気投合し、アイスランドの音楽レーベル「Bedroom Community」を立ち上げた共同設立者でもある。彼はアイスランドに魅せられた理由をこう明かす。

「アイスランドで仕事をするのが楽しいのは、ここでは、音楽をつくることが仕事としてきちんと価値づけされているように感じるからです。仕事を終えてバーに行くと、その日一日、作曲に没頭してたなんて人たちに出会うんです。彼らとビールを酌み交わすのは嬉しいことですよ」

近年になって、アイスランドはとりわけ社会全体が音楽フレンドリーになっているのだそうだ。過去において音楽は、社会からドロップアウトした人がやるものだと思われてきたけれど、音楽は社会に財政的な富と豊かさをもたらすことに市民のみならず政府も含めて気づくようになったと、12 Tónar のヨハネッソンは言う。

「二〇〇八年の金融破綻によってハイパーインフレが起こったときに、実は、音楽や本の売上がさほど下がらなかったんです。むしろみんなが生活に欠かすことのできないものとしてそうしたものを強く求めたのです。もともとアイスランドの人にとって、本や音楽は最もポピュラーなクリスマスギフトだったりします。本や音楽を大事にしてきた気風があるのです。もちろんそれでも公共予算を文化に投資することに反発する人はいますが、音楽が産業としてどれほどの経済効果をもつかを見れば、そうした声もやがてなくなっていくでしょう」

一〇月に行なわれる音楽フェスティヴァル「Iceland Airwaves」には国外から多くの客が足を運び、近年市内に建設された音楽ホール「Harpa」ができたことで、二〇一三年には音楽と映像の祭典「Sonar」の誘致にも成功。坂本龍一をはじめ国内外の先鋭的なアーティストが顔を揃えた。音楽はすでにアルミと並ぶほどの輸出品目になっているとベネディクトソンは誇らしげに語ってくれた。12 Tónarをはじめとするレコードショップは、音楽ファンにとって外すことのできない観光アトラクションでもあることも忘れてはいけない。

ニコ・ミューリーは言う。「アイスランド人の賢いところは、音楽が最も価値のある輸出品だということに気づいたことだよ」。

にしても国外で、アイスランドの音楽がこれほどの商品力をもつのはなぜなのか? シグルズソンが教えてくれる。「大きな要因は、そもそも国内のマーケットが小さいことですね。音楽を志す人は、みな前提として北欧やその他のヨーロッパを目指すほかないということがあります。また、同じ理由から、それで儲けなきゃという圧迫が少ないのです。二万枚売れればメガヒットという国では、マーケティング先行で音楽をつくることにほとんど意味がありません。ですからアーティストは自由に音楽をつくることができるのです」。

「面白いのは、そうした自由な音楽こそが海外で評価されるということです。アイスランドにもポップスターはいますが、海外ではまったく知られていません。当然だと思うんです。どこの国にもその国のポップスターはいるわけで、なにもアイスランドから似たようなものを輸入して聴きたいなんて誰も思いませんよね。アイスランドの音楽が世界的に評価されているのは、それがほかのどこにもない音楽だからだと思うんです。そしてそれを生み出すために大資本は必要ないのです」

シグルズソンは、自身が経営するレーベルを「家内制手工業みたいなもの」と語る。世界的に音楽業界が不振に見舞われるなか、音楽家もレーベルもレコードショップも、苦しい状況にあるのは皆認めるところだが悲愴感はない。

「音楽家はツアーや出版などから、複合的に収入を得る手だてがあります。難しいのはレーベルでしょう。わたしたちはスタジオをもっていますから、その収益からレーベルの運営費用をまかなうことができます。本来的にはレーベルの収益だけで運営していくことができればいいのでしょうが、二〇〇五年の設立以来リリースした一八の作品で、コストの回収が済んだものはまだ半数程度です。ただ、わたしたちは儲けたいから作品をリリースしているわけではありません。音楽家も同様です。作品は商品というよりも、むしろ「ステイトメント」とでも言うべきものになってきていると思います。同じようにレーベルは、アーティストを財政的に援助するためというよりも、ステイトメントをより強固なものにするための「クリエイティヴ・プラットフォーム」になってきているのです。レーベルやレコード会社がアーティストの敵だというのは間違った考えです。もちろん大手メジャーがアーティストを搾取してきたようなことはかつてはあったでしょうけれど、それを可能にしたモデルはもはや通用しません。レーベルは音楽家にとってのサポートメカニズムとして機能すべきものなのですし、そうなりつつあります」

ビョークが最近作の『バイオフィリア』をレコーディングした灯台が町外れにある。そのすぐそばの港の工場跡に音楽スタジオがある。Medialux Music Productionsという制作会社／レーベルが経営するものだが、一五ほどあるスタジオのうち八つは、常駐するミュージシャン／プロデューサーによって占められている。そのうちのひとつはテクノ／エレクトロニカユニットGusGusのメンバー、別のものはいま世界中で注目を集める作曲家オーラヴル・アーナルズが使用している。

「この会社は、わたしが設立したものですが、わたしを含め八人の音楽プロデューサーを抱えています。彼らは社員ではありません。言うなればゆるやかなコレクティヴとして互いの仕事を手伝ったりしています。たとえばわたしがあるクライアントのために手がけたＣＭ音楽はオーラヴルに作曲をお願いしてここで録音しました。そんなふうに八人それぞれが互いの音楽づくりをサポートしているのです」

そう語るのは、自身がギタリストでもあるペトゥール・ヨンセンだ。Medialuxでは若手バンドのプロデュースからコマーシャルな仕事まで多種多様な仕事を手がける。ビョークが灯台のなかで録音するというアイデアを実現しようとした際に、録音機材を提供し、それをリヤカーに積んで運んだのもここのメンバーのひとりであるマスタリングエンジニアだった。ヨンセンは続ける。

「わたしたちはアーティストの作品であろうと、コマーシャルミュージックであろうと分け隔てすることなく携わっています。わたしたちは機材から人材まで、いい音楽をつくることのできるアセットをもっていますから、それを全方位的に活用しているだけなのです。音楽の仕事というのは聴く人のエモーションに訴えかけるものだと思っています。ＣＭや映画音楽も、アーティストの作品も、その部分においては共通しているというのがわたしの考えです。クライアントは、お客さんのエモーショナルな部分に働きかけたいと思っています。それはアーティストの作品でも同じですよね」

音楽にかかわることであれば、ジャンルを問わず手がけるという彼らのアプローチは、仕事を分業化できるほどマーケットが大きくないアイスランドでは、やむにやまれぬ必要から生まれたものでもあった。レコードレーベルがショップやスタジオを兼ね、アーティストがエンジニアリングやプロデュースを手がけ、ほかのアーティストの手伝いをしながら、音楽づくりの仕事に勤しむのも同じ理由からだ。けれども、そのおかげでスタジオのなかは、いつも異なったジャンルや分野の音楽関係者でごったがえすこととなる。それが新しい仕事を生み、また音楽家同士を刺激するいい効果を産んでいる、とヨンセンは言う。

元シュガーキューブス／現市議会議員のベネディクトソンはこう語る。「自分にしたって音楽だけをやっていたことなんて一回もない。音楽だけで生計を立てていた唯一の時期はシュガーキューブスがブレイクしてからの数年だけで、いまに至るまで音楽だけをやっていたことはない。いまは市議をやってるしね。そもそも、アイスランドにおいては仕事を掛けもちするのはとりたてて珍しいことじゃないんだよ」。

さかのぼって一九八六年にレーベルを設立していることを思い起こせば、ベネディクトソンはレイキャヴィックにおけるＤＩＹビジネスの先駆者的存在とみなすことさえできる。シュガーキューブスを解散したあとは、レイキャヴィック初のインターネットカフェを立ち上げたりもしている。その彼が八〇年代に立ち上げたレーベル「Smekkleysa SM」(別名Bad Taste)は、驚くなかれ、いまも健在だ。レーベルに資金を提供してきたシュガーキューブスが九二年に解散したあと、経営的に困難な局面もあったと言われるが、九四年にシガー・ロスを発掘し、最初の契約を結んだのも彼らだった。現在はレーベルを営む傍ら、レコードショップを営んでいる。ショップの地下室で、オーナーのアスムンドゥール・ヨンソンに話を訊いた。

「Smekkleysa はレーベルとして始まりましたが、

その後、国外のＣＤのディストリビュートをやるようになり、売上を安定的に確保するためにレコードショップもオープンしました。自分たちの作品を販売できる場所が減ってきちゃいましたからね。九〇年代のアイスランドのＣＤの販売枚数は、だいたい年間で一〇〇万枚くらいで、そのうちローカルリリースが二五万枚、輸入盤が七五万枚くらいでした。いまは国内の作品は三〇万枚くらいと増えていますが、輸入盤が一〇万枚くらいになってしまっています。減ってしまった分はデジタルのセールスに取って代わられているということになります」

　アイスランド国内でリリースされている作品は年間で一五〇〜二〇〇タイトルほどと言われているが、自主制作によるものが年々増えてきたという。それでも、レーベルの存在意義は、昔と変わることなくあるのだとヨンソンは語る。

「誰でもインターネットを通じて作品を発表することができますが、結局ほとんどのものが埋もれてしまいます。流通や宣伝の部分だけでなく、海外との契約といった面においてレーベルが役に立つことはまだまだたくさんあると思っています。ただ作品のリリースという面では、ここ数年はかつてのように多くのタイトルを出すことは難しくなっているのは事実です。わたしは三〇年以上にわたってレイキャヴィックの音楽シーンを見てきましたが、にもかかわらずシーン自体は変わらずに活況です。若いバンドを見ていると、ＤＩＹ精神は八〇年代のころと変わりませんが、演奏能力や作曲のスキルなどは年々上がってきていますし、音楽性という意味でもヴァラエティがどんどん広がっています。シガー・ロスが与えた影響が大きいのだと思いますが、ジャズやクラシックのバックグラウンドをもった音楽家と実験的なエレクトロニカやダンスミュージックの音楽家が親密に交わっています。レイキャヴィックは音楽のメルティングポットなのです」

ぼくがアイスランドの地を踏んだのは、折しもSpotifyのサーヴィスがローンチした日だった。誰もが一様に、その話題を口にはするが、それによる焦燥感もなければ、過度な期待もない。

「この先音楽産業がどのように変わっていくことになるのかは定かではありませんが、ひとつだけはっきりしていることがあるとすれば、みんなお金儲けをしたくて音楽をつくっているわけではない、ということです」。Bedroom Communityのシグルズソンは再度強調する。「レーベルを無理に大きくする必要もありませんし、そのために巨額の資金調達を行なう必要もありません。自分たちがいいと思う音楽を中心に小さくビジネスを始めて、それがオーガニックに育っていけばいいと思っています」。
12 Tónarのヨハネッソンに言わせるとこうなる。
「資本主義的な要請に従ってどんどんビジネスを大きくしようという考えは、少なくともわたしたちがやっている仕事においては不必要なものです。音楽は、どっちにせよそんなに儲かる商売じゃありません。会計士が見たらうちの店はきっと失敗だって言うでしょう。けれども、わたしたちは自分たちが暮らせればビジネスとしてはそれで十分なんです。それがわたしたちにとっての「成功」なんです」

「この先、音楽で食っていけなくなったらどうします?」と訊いてみた。「そうだなあ、この店をそのまま博物館にでもしようかな。「昔のレコード屋っていうのはこういうものでしたってね」(笑)」。

2013.06.10 – WIRED, Vol. 8

「シベリアのイエス」の理想郷

この記事をつくるために、佐藤優さんにお話を聞きに行った。そこで佐藤さんが語った一言が忘れられない。「中産階級っていうのはなにに対しても不満を持つ人たちなんですよ」。たしかに。上も気に入らなきゃ下も気に食わない。中産階級には文句しかない。その人たちが群れをなして没落するとなったら、そりゃ世は随分ガサツなものになるだろう。ブレグジットやトランプをめぐる騒動からヘイトの蔓延まで、没落に怯える中産階級のあがきに見えてしまうのは、このことばに負うところが大きい。

海外の写真エージェントから届いた一通のメールがきっかけだった。ロシアのとあるカルト教団を撮影した作品があるという。いまここ(誌面)に掲載しているのがその写真だ。冬はマイナス五〇度にまで凍てつくシベリアの森のなかで肩を寄せ合って信仰に生きる人びと。一見してロシア正教の影響を見てとることができる。正確には、そのなかでも分離派と呼ばれる一派の痕跡が入り込んでいるとも推察されるが、伝統的会派というわけではない。エイリアンの存在を信じ、救世主を名乗る男「ヴィサリオン」(本名はセルゲイ・トロップ)が著す『成約聖書』と向き合いながら、世界の終末を待っている。典型的な新興宗教にはちがいない。だが、彼らは世界征服をたくらむわけでも、テロルをもって世界の「救済」に乗り出すこともない。そのコミュニティはごく穏やかで、どこか懐かしいもののようにさえ見える。信者は全世界で五〇〇〇人と言われる。

これらの写真をひと目見て「面白い」と思ったのはいったいなにが作用してのことだっただろうか。シベリアの奥地でひっそりと営まれる孤絶した暮らしを、こうして日本人であるぼくらが覗き見ることにいったいどんな意味、どんな現代性があるのだろう。

いずれにしたって、ヴィサリオンの教団はなにも最近になって生まれたものではない。教団の正式名称は「Church of Last Testament」。設立は一九九〇年にさかのぼる。八八年にキリスト教宣教一〇〇〇年祭を祝ったロシアは、折しもゴルバチョフ政権下、ペレストロイカの最中にあった。共産党の締め付けから解放され、世俗化、資本主義化された世界にむき身で晒されることになった人びとのなかには、宗教に癒やしを求めたものが少なくなかったという。

ヴィサリオンが啓示を受けたクラスノヤルスク地方、ミヌシンスクの町から東に一四〇km、チベルクリ湖にほど近い小村ペトロパブロフカに教団は最初の教会を構える。鬱蒼としたタイガのなか、自らをイエスの生まれ変わりと称する元交通警察官のトロップは、彼に付き従う約二〇〇〇人もの信者と暮らしをともにする。その生活は、完全菜食主義で酒やタバコはもちろん禁止、お金を使うことさえできない。広大な敷地をもつコミュニティのなかには、菜園もある、学校もある、雑貨屋もある。世俗世界から離れ、完璧な調和を遂げた(ように見える)完結した社会がそこにはある。

「写真を見る限り、彼らが果たして伝統的なキリスト教なのか、あるいは新興宗教なのかわからないですよね。ヴィサリオンの強みはそこにあるんですよ。当時のソヴィエトでは、人びとを支えるべき価値観が本当になくなってしまった。マルクス主義という価値観――未来を約束するという意味では、それ自体がひとつの宗教だったとも言えますが――がなくなり、その隙間に新しい宗教が入っていったんですが、ロシア正教というのは、日本人にとっての神道に近いところがあって、年中行事を主体としていますし精霊の存在に重きをおくなど土着的な要素も強いんです。そうした心性にうまくはまったんでしょうね」

そう解説してくれたのは元・外務省主任分析官の佐藤優だ。さらに佐藤は、中途半端な経済政策の末に深刻な物不足に陥った、ソヴィエト末期の経済状況が人びとの先行きの不安感にいっそうの拍車をかけたとも語る。

「あれから二〇年。ロシアの精神的な風景もいまは変わってきています。ひとつには中産階級というきわめて世俗主義的な階層がその後台頭してきたからです。中産階級は信仰をもちません。自分たちの生活が第一で、なにに対しても不満をもちます。これは世界的な傾向ということができるでしょう。けれどもその一方で、そうした中産階級層がなくなりつつあるという傾向も、いま世界的には起こっています。高給取りになるか、低所得者層になるか、そうした二極化がどこでも起きている。ユニクロの柳井社長の言う「年収一億か一〇〇万か」の世界です。国や会社はもはやあてにならない。そんななか、自分の収入が一億か一〇〇万かと言われればほとんどの人が、一〇〇万円になるかもしれないという恐れを抱きますよね。そうすると身近な人同士お互い助け合うところに行きつきます。そう思う感覚とヴィサリオンの世界は、あるいはどこかで通じ合っているのかもしれません」

ヴィサリオンの教団の大きな特徴は、その非拡大志向にある、と佐藤は指摘する。彼らは政治活動を行なわない。社会を改造することによって人間が救われると考えるよりも、互いの気持ちを理解して助け合える空間をつくり、それを守りながらひたすらこの世の終わりを待つ。そうした教団の志向性を佐藤は「反社会的」ではなく、「非社会的」と呼ぶ。

「言ってみれば、これは社会から降りてしまった人たちのストーリーなんです。雇用も確保されず、年金も払ってもらえない。不安ばかりが募る出口なしの状況にある日本においても、社会から降りてしまうことを夢想したことのある人は少なくないはずですが、そうした人たちが、地縁的な集合体である「コミュニティ」ではなく、自発的に集まったメンバーによって構成される「アソシエーション」を通じて自分たちの未来を守っていくことを考えるのは、ごく自然な流れではないでしょうか」

近年、ヴィサリオンへの注目は、海外でも高まっている。二〇一〇年に英国のChannel 4が教団を取り上げたドキュメンタリーを制作し、一二年にはアメリカのウェブメディア「ＶＩＣＥ」がヴィサリオン本人にインタヴューを行なった。彼はその動画のなかで、視聴者に向けて「自分が人より優れていると考えることをやめるべきです。その考えがこの世の諸悪の根源なのです」との〝アドヴァイス〟を授けている。

「いままで信じていたシステムが崩壊したときに人はなにを信じ、なににすがるのかに興味があるんです」。ここに掲載した写真を撮影したダヴィデ・モンテレオネは、撮影の動機をそう語っている。

2013.09.10 – WIRED, Vol. 9

お上を待ちながら

さいとう・たかをの「池波もの」(鬼平・梅安・剣客商売)を、日々の気休めにしょっちゅう読むのだが、そのなかに「サムライの世ももう長くはあるまい」というセリフが繰り返し出てくる。本家の小説のほうにそういったセリフが出てくるのか実はさだかではないのだが、サラリーマン化した武家衆のありように呆れ、鬼平や秋山小兵衛が遠くを見ながら嘆息するさまには、いつも共感させられる。ちなみに、本稿が掲載されたのは「オープンガヴァメント」の特集号だ。

子どものころから時代劇が好きでよく観ていた。ただ『水戸黄門』も『大岡越前』もあんまし好きでなく、恥を承知で言えば、お気に入りは『三匹が斬る!』というヤツだった。ダメな番組なのはよく知っている。正直、たいして面白くもなかったと思う。けれども、『水戸黄門』とかよりはマシだと、いまでも強く思う。

そもそも主人公が国家権力の高位にいる人物、という点からして多くの時代劇は納得がいかない。「先の副将軍」とか「南町奉行」とか、ひどいときには「上さま」が、番組の最後に至って身分を明かし悪人どもがひれ伏すという構図は、それはそれでカタルシスがあるのは認めこそすれ、いったいどういうドラマツルギーに基づくものかと首をかしげたくなる。

この手のドラマのメッセージが、終局的に「お上は見ていてくれる」ということに尽きるのだとすれば、民衆というのは、なんと無力なものだろう。諸国漫遊している黄門さまがたまたま通りかかったおかげで救われた民は幸運かな。裏を返せば、われらが黄門さまや吉宗公を待ち続けながらいたぶられ続ける民が、その背後には無尽蔵にいるということになりはしまいか。そして、その人たちのもとに、おそらく黄門さまは現れないのだ。お上の善意と気まぐれに依存するそれを、公正なガヴァナンスと言えるのかどうか。

その点、『三匹が斬る!』は、主人公が「素浪人」である。剣客ではあってもサムライではない。自由人である。なんのうしろだてもないけれど、民衆をいたぶる悪人を当人に代わって斬るのである。非合法ではあるけれど、法が民衆の味方でないときに、彼らはその不条理に敢然と挑む。そこには、おおげさに言えば自治の萌芽がある。お上はあてにしない独立心がある。リスクを自分で負う気概がある(おおげさに言うと、である、あくまでも)。

そもそも「サムライ」をやたらともち上げる風潮は、いつごろから一般化したものだろう。戦国時代ならいざ知らず、江戸時代のある時期を過ぎたあと、サムライは、ほぼ「官僚」と同義だったはずで、その官僚機構は、いつの時点からか組織防衛を旨とする、保身と形式主義の権化と化したというのがぼくのうがった歴史認識で(そうした状況をうがつファンタジーとして『葉隠』が書かれたのだとぼくは理解している)、そんなものを後生大事にありがたがっているのは、どういう種類の欺瞞かといつも首をひねってしまう。

江戸末期になって新しい時代の到来を見据えたとき、坂本龍馬がまずしたのは脱藩することではなかったか。形式としての武士を捨てることが、龍馬の新時代のサヴァイヴァルの第一歩だった。サムライであることに龍馬はなんの価値も見出せない。明治という時代はそこから始まったんではなかったっけか。

時代劇の話に戻るなら、ぼくらはそれを通して「お上は見てくれている」「お上は正しい」という認識をそれとなく刷り込まれているような気がしてならない。そしてそれとセットでサムライという存在に根拠ないロマンを感じるようなんとなく仕向けられてきた気がする。ガヴァナンスについて言えば、ぼくらは無邪気に「お上」を信じ続け、その信託をアリバイとしながら、結局のところそれを他人任せにすることを自分に許してきたということなのかもしれない。明治以降それが果たして大きく変わったのかどうか。

ガヴァナンスには「統治」という訳語が充てられる。そのことばに、ぼくらはいまどんな感覚を抱くだろう。相変わらずそれは「お上がやること」を意味し、ぼくらは一方的に「統治される側」なのだという感覚を抜きがたくもちはしないだろうか。『三匹が斬る！』は、それはそれで他愛のないロマンだ。けれども、お上があてにならず、誰かがそれをただし、社会生活を公平なものへと修正しなくてはならないとき、それを自分たちの手で成し遂げるというメッセージは、「お上」が善に目覚めるのを待てというよりは健全だろう。いまどきの「ガヴァナンス」は「統治」ではなく「自治」という方向へと姿を変えつつある。非合法のビジネスが、あるいは地域やコミュニティを救うことになるかもしれない、というのは、この号でぼくらが財政破綻したデトロイトで見てきた光景だ。水戸黄門は来ない。暴れん坊将軍も来ない。なら自分たちでやる。それは、案外風通しのいい世界なのかもしれない。

2013.09.10 – wired.jp

「隣の家にお醤油を借りにいくことがもっと気軽にできるような社会」の話

この頃から、プリント版が出るたびに本誌内に掲載したものとは別に、ウェブ用に「エディターズレター」を書くようになった。毎号なんで二本もステイトメントを出さなきゃいけないのか、自分でもよく分からないまま慣例化してしまったが、それだけ言いたいことが増えてきたのだろう。これも前稿と同様「オープンガヴァメント」の特集に寄せて書いたものだが、原稿にある通り、コミュニティデザインやアーバンデザインをも内包する特集となった。

コミュニティデザインをなりわいとしている知人にこんなことを言われたことがある。一言一句正確なわけではなく、曖昧な記憶に基づく再現なので、相手の名前や所属は念のため伏せておく。

「若林さんね。地域活性とかってよくいうじゃないですか。でも、仮に世界遺産登録を受けたところで、その近隣のコミュニティが潤うのって、実際は三年くらいなもんなんです。その後は、また元通りになってしまうんですよ。地域振興とか地域活性っていうと、みんな右肩上がりの成長を期待するんです。でも、それはほとんどが幻想なんですね。だからわたしたちがコミュニティデザインの仕事で、ある地域にかかわる際にまずやらなきゃいけないのは、その「右肩上がり幻想」を取り除くことなんです」

なるほど。けど、それって結構身もふたもない話ですよね。

「身もふたもないんですよ。でも、現実はそうなんです。産業もなく、行政サーヴィスを支える税収もジリ貧の自治体は、地方に行けばいくらでもあるわけですよね。そこに向けて絵に描いた餅のような「振興策」はかえって危険なんですよ。じゃあ、行政ができなきゃ民間でやればいいじゃないかって話もあるんですけど、そんな地域では商売にならないから、民間の業者もなかなか入ってこないんですよ」

うーむ。だいぶ暗黒な未来図じゃないですか、それって。

「若林さんね、暗黒なんですよ。冗談抜きで」

えーと、うーん、そうなのか。じゃあ、どうするんですか？

「つまらない話なんですけどね、その地域の人たちがお互いちゃんとコミュニケーションできて、助け合えるような場所をつくってあげるってことがなによりも大事なんですよ。それを一番最初にやらないとダメなんです。そこで隣近所の人たち同士だけでなく、民間の業者さんや行政の人たちが、ちゃんと出会って対話できる場所が必要なんです」

その場所をつくり、市民と行政と民間業者とを取りもつ媒介となるのが、彼女らの仕事、というわけだ。それは、なんとも根気と覚悟のいる仕事にちがいない。正直いって、ぼくは「コミュニティデザイン」という肩書きを、たとえば「コンサルタント」ってのと同じくらいマユツバだと思っていたのだ。けれども、あちこちの現場で見てきた経験をもとに彼女が語ることばは、説得力をもってぼくには響いたのだ。そうか、ホントに暗黒かも。

行政が産業復興を目論んで必死に工場誘致などをしている間にも、そこに暮らす人びとは確実に歳をとって死んでいく。老いや死は、いつやってくるかもわからない工場を、つまりは「絵に描いたような計画」を悠長には待っていてくれない。「過疎化し高齢化した共同体を「閉じる」ことを、時には考えなきゃいけない」といったことを、著名なコミュニティデザイナーがテレビで語っていて、ぼくは「安楽死」ということばを思い浮かべた。

「ガヴァメントの特集やるんですよ」というと、「あ、「ネット選挙」ですね」というのが大方の答えで、ぼくらは「ガヴァメント」というとなんとなく「政治」や「お上」の話、政治参加といえば選挙の話、くらいに思ってしまっているけれど、この特集をハナから政治に関する話だと考えないでつくったのは、コミュニティデザイナーの彼女の話がずっとアタマの片隅にあったからだ。

むしろそれは、コミュニティや地域社会の運営の話で、ぼくは勝手にそれを「隣の家にお醬油を借りにいくことがもっと気軽にできるような社会」の話だと思っていて、そこにデジタルツールがどうかかわっていくのかが、ひとつの大きな焦点なんだろうと思っている。

そうこうしているうちに、アメリカのデトロイト市で行政府が財政破綻した。ぼくらは急遽取材に出向いてみることにしたのは、行政が破綻したその後、市民の暮らしはどう続いていくのか、その実際を知りたかったからだ。結果ぼくらは、そこに小さいながらも再生への希望をみつけることができて、少し安堵した。

　一方日本で起きたのは、山口の限界集落での連続殺人・放火事件だった。まさに「暗黒」な事件だったが、事件の詳細を知るにつれてアタマに浮かんだのは、またもや「安楽死」ということばだった。あるいは「無理心中」といったほうが正しかったろうか。共同体を閉じること。それを最も暴力的なやり方で実行しようとしたのが、この事件だったように思えてならなかった。

2013.11.25 – WIRED, Vol. 10

テレビ電話とローマ字入力

『WIRED』というメディアがグローバルに標榜する隠れタグラインは「Future is Already Here」というウィリアム・ギブソンのことばで、訳すと「未来はすでにここにある」となる。このあとに「けれども、それは均等には配分されてはいない」との保留がつくのがこのフレーズのミソなのだが、このことばが面白いのは、未来というものが時間軸においてではなく、空間軸において捉えられているように読めることだ。つまり未来は、いますでに「どこかに」あるのだ。未来を考えるということは「いまとちがう時間」ではなく「いまとちがう場所」を探すことなのかもしれない。

「テレビ電話」というものが、未来の暮らしのひとつの象徴的アイテムとして世に登場したのがいつのことだったかは知らない。思い返せば子どものころからちょいちょいテレビやらなんやらで、それが登場する未来図を見せられてきたような気がするのだけれど、子ども心にも「こんなもんいったい誰が使うんだ?」と思っていたことを思い出した。

そんなことを思い出したのは、この特集をつくるにあたってボストンやら深圳(しんせん)やらの建築家とSkype

でインタヴューをしていたからで、あんなにどうでもいいと思っていた「テレビ電話的なもの」を、いつの間にか自分がまったく意識もしないまま使ってることに改めて驚いたからだ。ただし、「的なもの」と保留があるのがここでは重要で、よくよく考えるまでもなく、それは「テレビ」でも「電話」でもないのだった。

というわけで、ぼくはハタと、「未来」というもののいわくいいがたい不思議なやってき方に思い至ることになる。「未来都市」なんていうと、昔から高層ビルの間を空飛ぶクルマやらが飛び回るSF的な絵図がすっかり定着しているけれども、いつまで待っててもそれがやってくる気配はなく、ぼくらはそのこと自体にもすでに慣れっこになってしまっている。けれども、とはいえ、その一方で、ぼくらの現実はとっくにSF的な領域に足を突っ込んでいるというのもまた事実なのだ。

本号の特集は、「未来都市」をお題目にしているけれども、登場する何人かの建築家やアーバニストたちが口を揃えて言うのは、「未来の都市の外見上の姿は、いまの姿とそんなに変わらないと思う」ということだった。ただし、「外見は変わらないけれども、中身は劇的に変わる」というただし書きがつく。そして、ぼくは、かつて描かれた「未来都市」を「テレビ電話」と同じようなものか、と理解するに至る。つまり、それは確実に現実になるのだけれども、ぼくらが想像してるようなやり方とはちがうやり方で現実化するということだ。

外見上は同じでも、その役割や属しているシステムが、まったく別のものに置き換えられていく、というかたちでおそらく「未来」というのはやってくるのだろう。たとえばクルマというものは「道路」や

「交通」という領域に属するものとこれまで考えられてきたけれど、今後は「情報」や「通信」のシステムの一環としてその役割や意味を書き換えられていくかもしれない。そしてふと気づくと、「空飛ぶクルマ」というコンセプトが、予想外のあり方で身近なものになっていることも、大いにありうるのだ。

武田泰淳だっただろうか、終戦直後に書かれたと記憶する文章のなかで、ある大作家が(ある種の諧謔を込めて)「これからは日本語もアルファベット表記にすればいい」なんてことを言っていて、果たしてその提言が失笑を買ったのか黙殺されたのかは知らないけれど、それから七〇年近く経ったぼくらは、アルファベットの並ぶキーボードを使いながら「ローマ字」で日本語を書いているのだから、文脈やコンテクストがずれていたとしても、終局的な見通しとして作家が語ったことはあながち間違いではなかったともいえる。そしてぼくらはそのことをつゆほども不自然なことだと思っていないのだ。

本号の表紙や特集巻頭のヴィジュアルページで、いかにも未来都市然としたステレオタイプなイメージを使うのがためらわれたのには、おそらくこうした理由があってのことだ。未来ってのは、いかにも面妖なやり方で姿を現すもので、それがいつの間にか目の前にあっても案外気づかない。都市においてもそれは同様で、日々の暮らしに近いところから未来へ向けた組み替えがとうに進行しているのだとすれば、未来都市とはなんのことはない、ぼくらが見えてないだけの、いまここにある都市にほかならないのだ。

2013.11.25 – wired.jp

誰がオリンピックを要求したのか？

ロンドン五輪を開催するにあたって、ロンドン市がその成果の指標としたのは、観光客数でも、経済効果でもなく、実は「ロンドン市民のスポーツ人口」だったということを聞いて感心した。都市を、よりスポーツのしやすい空間とするためのテコとしてのオリンピック。先進国っていうのは、なるほど賢いものだ。

金井美恵子さんの『目白雑録5 小さいもの、大きいこと』（朝日新聞出版）は、ここ数年読んだなかでも最も胸のすく一冊で、二〇一一年以降に作家、詩人、批評家、ジャーナリスト、アーティスト、学者、政治家といった人びとが放った「ことば」を取り上げては徹底的にあげつらい、あてこすり、あざける、あけすけで容赦のない本なのだけれど、その「ことば」というのは「非常時のことば」というヤツで、つまるところこれは震災および原発にまつわる言説にまつわる本なのだ。

その内容を煎じ詰めてここで概説する力量は到底ないので、震災／原発に関するさまざまな言論に総じて白々しさを感じぬでもなかった人はぜひご一読を！とだけお伝えするとして、この快著（怪著といってもいい）のなかで、一番気になった一節はといえば、歴史学者の加藤陽子先生の「ことば」へのカウンターとして、金井さんがさりげなく註釈のなかで紹介した、無職七四歳の女性によるものだった。ちょっと長いのだけれども引用してみたい。

加藤陽子は知的階級の責任を深く自覚して原発を「私は許容していた」と書くのだが、’11年5月2日の朝日新聞の投書欄には、「私は原発造らせた覚えない」という東京都の無職七四歳の女性の投書が掲載されている。先行する「事故の一因、我々の生活にも」という投書の「自販機もネオンも高速道路の電灯もみな、私たちが要求し続けた結果だ」という自省的内容に対する「反発」を感じる女性は、昨夏の猛暑で高齢者が亡くなったが、私たちはエアコンなしでは暮せない都会の家に住まざるを得なくてエアコンを買わされ、地デジテレビを要求したことはなく、布団カバーやシーツ以外は手洗いだから二槽式洗濯機で十分なのに、壊れたので買い換えようとしたら、ほとんどが全自動で乾燥機付き、「業界の思惑で、ぜいたくな家電だらけの生活に追い込まれていると痛感」する。しかし、この、今になってやっと「声」を出して「要求したことなどない」と書いた女性も含めて加藤的には、「許容していた私」という範疇に入るわけである。

思い返せば、地デジ騒動のさなか「なんで行政と家電業界の都合でこっちがテレビを買い替えなきゃいけないんだ」と強い反発を感じたもので、七四歳無職の女性のこの反発、怒りは、少なくともその部分においてだけでもよくわかる。そしてそこから改めて考え込んでしまった。結局のところ、ぼくらは本当になにかを「要求」したことなんかあったんだっけか？　ホントにその結果がこの暮らしなんだっけか？

アベノミクスのおかげなのかどうなのかよく知らないけれど、東京では新しいビルが結構な勢いで建っていて、おそらくオフィスビルなのだろうけれど、そんなにオフィスをつくったところで入居する会社があんの？　と、いつも見ていて不思議な気分になる。出来上がってみるとなんのことはない、あっちにあった企業がこっちに移っただけで、それだけのフロアを埋めることができる大企業がこの数年でそれほど生まれているとも思えないので、それもまあ当然なのだろう。供給によって需要が喚起されるんですよ、という理屈もあるのかもしれないけれど、その理屈が原発を乱立させたのだとすれば、七四歳の女性がしたようにその論法自体きっぱりと拒絶したほうがいいのかもしれない。

今号の『ＷＩＲＥＤ』は「未来の都市」をテーマにした特集で、年初にやることを決めたものだったのでオリンピックの開催が決まるなどとはつゆ知らず、大規模なテナントスペースが量産されていく一方でシェアオフィスなんかが増えている状況を睨みながら、いずれ「二〇世紀的」と呼ばれることになるような都市開発は、やっぱりもういらないんじゃないかという気分で企画したのだけれど、オリンピックが決まってにわかに土建業界が活気づくのを報道などで目の当たりにして、さらにげんなりしてしまった。

特集のためにインタヴューをした深圳やイスタンブールの建築家たちは、トップダウンの開発は時代遅れ、ボトムアップの都市づくりをいかに実現するかが重要で、そのときデザインすべき対象は都市のハードウェアではなく、ソフトウェアのほうだと口を揃えて語る。都市生活者の「要求」を効果的に拾い上げ、素早くソリューションを提供する仕組みの設計にこそ都市の未来はかかっているというのが彼らの考えだ。特集の巻頭に作品を提供してくれたオランダの建築・都市写真家バス・プリンセンは、東京という街についてこんなことを語っている。

「都市というものは、政治、経済などの要請に基づくさまざまな判断(decision)のうえに成り立っているものだけれども、東京はとりわけそうした判断の痕跡が明確に現れていると思う。面白いのは、それらの判断が、ぼくの目からすると、なにひとつ合理的には見えないということだね」

思わず苦笑してしまった。埋まるあてのなさそうなビルをとりあえずつくってみる。そんなには使われなさそうな高速道路をとりあえずつくってみる。それがどういった合理性のもとに行なわれているのか、たしかにぼくにもさっぱりわからない。なんらかの合理的な判断はあったとしても、それはぼくらのあずかり知らぬ誰かの判断のはずだ。

未来都市のための奇抜なアイデアをイラストや文章で数多く残した昭和の異才・真鍋博(星新一の小説の挿画でそのイラストを目にしているはずだ)は、「大風呂敷をひろげ、予算獲得の華々しいその場限りのアイデアを振りまくプラン屋」を「未来屋」ということばで揶揄するが、高度経済成長期からいまに至るまで、東京という街は、こうした「未来屋」の「判断」に委ねられてきたということになるのだろうか。

いずれにせよ、今後の見通しを語ってしまえば、都市部への一層の人口の集中と、それにつれての高齢化は世界的に確実な傾向とみなされていて、ＷＨＯをはじめとする保健機関は、今後の人口動態の変化を考えたとき、都市部を豊かにすることが最良の解だという見解を出している。とするなら、その未来像を思い描く際に、東京のみならず世界中の都市が、いま誰に耳を傾けなければいけないのかは火を見るより明らかなはずだ。それはオリンピックに狂喜乱舞する未来屋の「その場限りのプラン」などではなく、むしろん「エアコンなしでは暮せない都会の家に住まざるを得なく」なった無職七四歳の女性の声なき「要求」のほうだろう。

2013.11 — IMA, Vol.6

問いがわからない

五五頁で紹介した写真家・アーティストのタリン・サイモンの作品解説として書いたものだが、サイモンはここでは「アーカイブ」というものを面白い視点から問題にしている。データ解析というのは膨大なローデータのアーカイブのなかになんらかの分類や連関を見出そうとするものだが、放っておくと人はそこに無理やり因果を見出そうとして、下手な陰謀論に行き着いたりする。それは本当に正しく因果関係を成しているのか。それとも恣意的なストーリーにすぎないのか。よく吟味しよう。

七〇年代のウォーターゲート事件と〇〇年代に起こったエンロン事件。ふたつの事件のちがいを説明する文章を読んで、なるほどと思ったことがある。前者の場合、スキャンダルの種は隠されていて、記者は危ない橋を渡って関係組織の内部に入り込み、情報を物理的に掘りださねばならなかった。逆にエンロン事件においては、隠された秘密はなく情報はすべて公開されていた。スキャンダルをすっぱ抜いた記者は、公開されていたデータを読み解き、つなぎ合わせることで粉飾決済の実相を浮かびあがらせたというのだ。なるほど、ぼくらはこれ以上ないほど多くの情報にアクセスできる世界に生きている。あらゆる情報が即座にアーカイブ化されていくデジタル空間のなかには、誰にも気づかれていないような「秘密」がおそらくたくさん眠っている。ウィキリークスやエドワード・スノーデンは、本来なら門外不出のアーカイブにアクセスし、それを白日の下に晒したがそれらの情報の多くはあくまでも不活性な「ローデータ」であって、その多くはぱっと見たところ分類すら不明瞭で、なにを明らかにしているものなのかすらわからない。それを読み解き、活性化するためにはエンロン事件を暴いた記者の地道な読解を要した。

タリン・サイモンは、最新作の「Black Square」に寄せてこんなことを言っている。

「アーカイブというものは、説明や分類できないものがあるからこそ存在する。アーカイブ化された情報と情報の隙間に、おそらくなにかが語られている」

彼女は、そうした視点から、説明や分類を拒む「なにか」を収集して写真に収め、とりあえずアーカイブ化して並べてみる。ひとつひとつのモノは無関係だ。だが、それらの間になにかえもいわれぬ因果が読み取れそうな気配はしなくもない。

サイモンのコトバを逆から読めば、あらゆる情報がやみくもにアーカイブ化されていく世界は、あらゆる情報が説明や分類できないものとなっていく世界だ、ということでもあろう。二〇世紀の世界には、それを支える大きな枠組としてたとえば国家、たとえば宗教、たとえば科学といったものが存在した。枠組は、説明や分類を可能にする。サイモンはそこから微妙にハミ出したものをあえて選びだし、アーカイブ化することで「枠組」では語れない世界を露わにしていく。

東日本大震災の際に養老孟司が、「答えはすべて目の前にある。わたしたちが知らないのは「問い」のほうだ」といったことを書いていたのを思い出す。震災を前に「問い」を失ったように、ぼくらはサイモンの作品を前に「問い」を失う。答えは、それ、それ、としてきわめて具体的に、そこ、にあるにもかかわらず、ぼくらは、それを理解するための正しい問いを見出せない。答えを探すことよりも、それはおそらくはるかに苦しい状況だろう。そして二一世紀という時代が抱える問題には、常にこの苦しさがまとわりついている。

2013.10.31 – wired.jp

「いま、ここ」につながる線

スティーブ・ジョブズが亡くなったのに便乗して『ＷＩＲＥＤ』で特別号を制作した。ジョブズ信者でも、熱心なアップル愛好者でもないので、本号をつくるためには別の動機を必要とした。それは九〇年代に小林弘人さんが編集長をされていた頃の『ＷＩＲＥＤ』を掘り起こして再訪してみようということだった。「結果」が出る前のジョブズの浮沈と、共感をこめてそれを見つめ続けたメディアの姿が、とかく結果がわかってから勝ち馬にタダ乗りしようとするフリーライダーたちへのアンチテーゼとならんことを願って。

いつだか『ミュージック・マガジン』だか『レコード・コレクターズ』だかのバックナンバーを古本屋で買ったことがあって、それは一九八二〜八三年当時に発行されたものなのだが、ぱらぱらとめくっていたらマイケル・ジャクソンの『スリラー』のディスクレヴューがうしろのほうに地味に載っていて、これが面白かった。

まず扱いからして、とりたてての注目盤というわけでもなく（ちなみにこの号の特集はホール＆オーツだったような気がするが、ちがうかもしれない）、ほかの新譜にまぎれるように、いかにもひっそりとした紹介で、その内容も（執筆者もあいにく覚えていないけれど、ここで言及されたとてご本人も特段喜ぶまい）、前作『オフ・ザ・ウォール』の路線を踏襲してるよね、より洗練はされてるけどね、といった体で、張り切っているそぶりもないのだ。その後、この作品が数億枚売り上げる超ド級のモンスターヒットとなるなんていったい誰が知ろう。というわけで同時代性というのは面白いものなのである。

誰だったかある歴史家が、「歴史というのはすべからく現代史である」といったようなことを言っていたはずだが、なるほど、言われてみればたしかにその通りで、ぼくらは歴史というものを（国家の歴史であれ、つつましやかな自分史であれ）、「いま立っているここ」から書くわけで、最終的にそれが一本の線として「いま、ここ」にたどりつくにせよ、その線が経由する点は作為的に「いま、ここ」からしか決定されないことに気がつく。

ぼくは小学生のころサッカーをやっていたけれども、その歴史上の事実は雑誌編集者として歩んできた「自分史」のなかでは言及されても意味のない、せいぜい脚注くらいの瑣末事であって、むしろぼくが雑誌編集者として自分史を書くならば（書かないけど）、クローズアップされるべきは、そのことよりも、中学時代に夢中になってヘビメタ雑誌を読んでいたことになるはずだ。けれどもぼくがサッカー選手になっていたなら、今度はそっちが脚注にしかならない。

歴史はすべからく勝者の歴史である、なんていうもの言いもこれと近い話かもしれない。スティーブ・ジョブズくらい神話化された存在にもなると、これはもう紛れもない勝者の歴史であって、そこでは、クソ野郎だった事実すらも重大な価値をもつ。クソ野郎だったにもかかわらずあそこまでいけた、とするのか、クソ野郎だったからこそあそこまでいけた、とするのか、議論は世にあまたいるジョブズ論者にお任せするけれど、いずれにせよその因果を論ずることができるのも、ジョブズという人が、まずは「あそこまでいけた」事実をこっちが知っているからで、その事実がなかったら、ジョブズがクソ野郎だったかどうかなんて問題にすらならない。そして、ジョブズにももちろん「あそこまでいけない」可能性だってあったのだ。

今回、『ＷＩＲＥＤ』日本版が映画『スティーブ・ジョブズ』の公開に合わせたスピンオフ企画として、ジョブズを振り返るにあたって表明したかったのは、つまりはそういうことだ。いい話にせよ、悪い話にせよ、「いま、ここ」から語られるジョブズは、どんな内容であってもジョブズ神話を補強するものであって、それはそれで構わないけれど、熱心な信者というわけでもないぼくにしてみれば、全面的にそこに与しなければいけない義理はない。

むしろ、ぼくはリアルタイムでジョブズがどう見えていたのかのほうに興味があって、そこが浮き彫りになってこそ、なにかをジョブズに学ぶというのなら学ぶことも見えてくる気がする。出来上がったプロダクトの完成度とビジネス上の成功をみたうえで、ジョブズの「完全主義」の価値を論ずるのはたやすいことだ。まったく成功しなかった商品において、いくら「完全主義」を貫いたところで、それは「完全主義」とはみなされない。こだわったわりにはイマイチだったね、で終わりだろう。だからこそ歴史が確定していないときにそれをつくることにはとんでもない勇気がいる。ついでにいえばそれを評価することもそうだ。

成功するかしないかは結局のところ誰にもわからない。ジョブズが九七年にアップルに復帰したときに、神と称されることになるのちの自分の姿が見えていたわけではないのは言わずもがなのことだ。そして、なにが成功するかわからないときに「完全主義」を貫くということが、どこまで困難でパラノイアックな執着を要するのかは結果を知った目からはなかなか見えてこない。

今回のジョブズ特別号で、かつて出版されていた『ＷＩＲＥＤ』日本版の記事を、当時の誌面をそのままに掲載したのは、編集作業的にはだいぶ楽したようにみえるかもしれないけれど、明確な意図があってのことだ（もちろん）。ジョブズやアップルについて、哀れみをこめて「救う方法」が論じられていた時代があったことを、いま改めて知ることに価値があるとするのは、結局のところイノヴェイションには勇気がいるということがそこから明らかになろうと思うからで、そこからさらに、あるモノや事柄を論じ、伝えるという行為に要される勇気をも同時に感じ取ってもらいたいからだ。

先行きがみえないこういうご時世にあっては、結果論ばかりをみていても、さしてためにはなるまい。結果論から見過ごされた脚注のような事実のなかに、「未来」はむしろ隠れていたりもする。とはいえ、こうした特集号の存在自体が結果論の産物だろうといわれればその通りで、この号がなにかしらの意味をもつかどうかは、結局のところ未来が決めることになる。脚注として時に参照される程度でも意味はあろう。なんなら大きめの脚注であるといいのだけれど。

2014.03.10 – WIRED, Vol. 11

コンヴィヴィアリティのための道具

「便利」は便利なことばで、それを持ち出されると、うっかりありがたがってしまったりする。それに乗じて「不便なことが便利になること」をもって「課題解決」としがちな製品はあとを絶たないが、海外のサービスや製品が「便利」を謳うことは、実は稀だ。ただし「効率化」の語は頻出する。本来「efficiency」や「economical」といったことばには「だぶついているものをシュッとさせる」というニュアンスがあって、ここでいう「分散」とも案外相性がいい。なんならefficiencyは新しいLuxuryだとする価値観すら生まれつつあるくらいだが、「便利」にはもはやなんのイメージも感覚も宿らない。「便利になる」って、ぶっちゃけなにが価値なんだろうか。

二〇〇七年にニューヨークで開催されたその展覧会は、日本に巡回した折に「世界を変えるデザイン展」というタイトルに変わっていたけれど、原題は「Design for the other 90%」というものだった。世界の貧しい「九〇%」の人たちの暮らしをよくするツールのデザインを考えようということなのだけれども、これを日本で見るぼくらは、前提として、自分たちがその九〇%のうちに入っているとは考えないのだろうと思う。

展覧会で紹介されているプロダクトのなかに「LifeStraw」というのがあって、これは、泥水を啜って飲むと、プラスチック製のストローのなかで泥水が濾過され、啜ったものが口に届くころには真水になっているというもので、写真でしか見たことがないのだけれども、とあるアフリカの女性が水たまりの前にしゃがみ込んで泥に濁った水を啜っている姿は、ちょっと衝撃的なものだった。使ってみろ、と言われたら少しばかり躊躇すると思う。

3・11が起きて、水道水が放射能汚染のリスクにさらされ、飲み水の確保が背に腹は替えられない問題となり、スーパーやらコンビニにミネラルウォーターを買いに走ったはいいけれどどこも売り切れで「さあ困った」となったことをいまでも思い出す。ぼくらのライフラインは盤石に見えてもろく、しかもぼくらを生かすも殺すもその一存は、あてにならない公共だったり企業というものが握っているということの怖さを改めて実感したのだった。彼らがなんらかの意図をもって価格を吊り上げたり、出荷を差し止めるようなことがあったなら、ぼくらは飲み水を求めてどこぞの川に水をくみに行くハメになるのだろうか(ま、それが放射能を浴びていたらもとより意味もないのだが)。

震災直後、ぼくはオーストリア出身の思想家イヴァン・イリイチの本を片っ端から読みながら、あの陰鬱な時期をやりすごしたのだけれど、彼は市場経済や公共の制度というものが、いかに人の「自立・自存」を奪っているのかといったことを詳細に論じていて、そういわれて周りを見回してみると、たしかに、ぼくらは生活のほぼすべてを「市場」に差し出しては、お金でそれを買い戻すなんてことをしているうちに、強制的に市場経済に「依存」させられてしまっている(イリイチは、そうした様相を「近代化された貧困」と呼んでいる)。

　お茶なら自分で淹れればいいものを、ぼくらが生きている社会は、その「淹れる」というちょっとした手間をすら市場化し、ペットボトル入りの商品に変えてしまう。「手間いらずで便利でしょ」というのは、本来は企業側の論理でしかないにもかかわらず「なんでも買える」は「便利な社会」で、それが「高度に発達した社会のありよう」なのだ、と、ぼくらはうかつにも、うすぼんやりとそう思い込んで、そうこうしている間に「自立・自存」の手だてを失っているのだ。といったイリイチの指摘に、飲み水を探して右往左往した末にぼくは激しく同意したのだった。

　「世界の九〇%」の生活を向上させるという地球規模の大テーマを貫くのは、おそらく、いかに彼らの「自立・自存」を実現するかという命題であって、市場経済や政府主導の大規模インフラに依存することなく暮らせることに、その主眼は置かれているはずだ。先に挙げたストローをはじめ、本号で紹介したような多種多様な道具類の開発に世界中のイノヴェイターたちが力を注いでいるのは、そうした器具をいったん入手しさえすれば、おそらくいまよりはマシな状況のなかでつつましやかに(サステイナブルに、と言い換えてもいい)、周囲の環境に適合しながら生きていくことが可能になる、と考えられているからだろう。そして、それはデジタル革命がもたらした「民主化」「脱中心化」という理念にも合致しているはずだ。

　イリイチは、周囲の環境を抑圧することのない「自立・自存」した暮らしを助けてくれる道具を、「コンヴィヴィアリティのための道具」と名付けていて(「自立共生」「自律共働」などと訳される)、LifeStraw のみならず、本特集内のプロダクトたちを見て、ぼくは、「もしかすると、これこそがイリイチのいっていた「道具」か」とひとりで合点して、ことばは悪いけれど、ちょっとわくわくしたのだ(『コンヴィヴィアリティのための道具』渡辺京二ほか訳、ちくま学芸文庫)。

BoPビジネスや社会起業なんてことばがさかんに取り上げられるようになって、低開発国をターゲットにしたイノヴェイションは、たしかに熱いことになっているけれど、ぼくはそれが貧しい人たちを、一〇%の人たちが生きているよりよい(とされる)仕組みのなかに取り込むことを目指して構想されてはいけないのだろうと思う。

時代遅れな巨大インフラや市場原理とやらにがんじがらめになったぼくらが失って久しい「自立・自存」した暮らしを、貧しい地域の人たちは、こうしたイノヴェイションのおかげで、ぼくらよりも早く手にすることになるのかもしれない。いや、むしろそうなって欲しいとぼくは切に思っていて、それは人道的な理由からではまったくなく、ぼくらの未来がそこに映し出されるだろうと思うからだ。

2014.03.16 – wired.jp

音楽に産業は必要か？

ここで書いたのとはまったく別の、大阪で行なわれたアニメーション映像に関するイベントで、主催者のおじさんがこんなことを語っていた。「これまでは文化を産業化してきましたが、これからあらゆる産業が文化化しないといけないのです」。「ん、なんかすごいことを言ったな」と、びっくりして以来ずっと忘れられないことばとなっているのだが、正直「あらゆる産業が文化化する」がどういう状態を指すのか、像を結ばぬままいる。でも、そのことばは間違っていないような気はするのだ。そのことばとこの原稿は、もしかしたら関係があるかもしれない。ないかもしれない。

その日の那覇は朝から雨で、体調もいまひとつだったこともあって、ろくに観光もせずに早々に帰りの空港に向かった。つかまえたタクシーに乗ると、ひっそりとした音量で、三線（さんしん）に乗せて歌われる民謡の弾き語りが流れていて、雨の沖縄によく似合っていた。「やっぱり地元の音楽は、景色に合いますね」と運転手さんに話しかけてみると「そりゃそうだ。景色に合わせてつくられた音楽だからね」と言われた。

「こういうの家でも聞くんですか」と、ぼくが重ねて聞いたのは、こうした音楽を流すのが観光客向けのサーヴィスなのか、と疑うところもあったからだが、「お酒飲みながらね」と、おじさんはその時間がいかにも至福という体で答えてくれた。おじさんは上原正吉という歌い手が一番好きなのだそうだ。「昔の歌を歌わせたら右に出るものはいない」。さらに聞くと運転手さん自身も三線を弾いたりするのだという。

こうした話が、失われゆく伝統や文化に対するノスタルジーなのかというとそうとばかりも言えず、沖縄では小学校から三線を習うんだよとも、おじさんは教えてくれた。若い子らにも(一応)伝統はちゃんと継承されているらしい。リタイアしたお年寄りが公民館などで新たに手ほどきを受けたりすることも多いとか。いまさらながらに「へえ」と感心して、ぼくは、「それでいいじゃん」と思ったのだ。


この前日、沖縄県の主催するイヴェントにパネリストのひとりとして参加した。沖縄音楽産業シンポジウム「MUSIC ATLAS 2014〜ローカルの力を活かす知恵」というのがそれで、主催は県の文化振興課。およそ「音楽」とも「ローカル」とも(あまり)関係のない(少なくともそのプロパーでもなんでもない)雑誌の編集者になにが期待されていたのかは定かではないにせよ、昨年つくった音楽特集(八八・九一頁)の話題などを引き合いに出しながら、音楽産業の抱えている現状の課題やらについて思うところを語ってきた。

イヴェント自体はとても面白かった。tofubeats さん、福岡のライヴハウス「SHIKIORI」を主宰するジャズベーシストの松永誠剛さん、岡山でカフェ／バー／ライヴスペースなどを経営しつつ市議も務める森山幸治さん、OTOTOY 編集長、BOROFESTA 主宰にして Limited Express(has gone?)のメンバーである飯田仁一郎さん、そして、フリー音楽プロデューサーの永田純さん、とスピーチ／パネルの参加者は猛者ぞろい、それぞれのフロントラインで体張ってる人たちなので、どこに行っても第三者面の編集者なぞには持ちようもない説得力があっておおいに感化された。

ただ、正直言ってしまうと、なんというか「沖縄の音楽産業をいかに振興するのか?」という大枠のテーマ設定自体がなんとなく最後までしっくりとこなかった。

ぼくは日本における「音楽」の大きな問題は、「そもそも音楽ってなんで必要なんだっけ?」「ってかホントに必要なんだっけ?」「必要だとするならどうしてなんだっけ?」ってことが、社会全体としてよくわからなくなっていることにあるような気がしている。だからこそ音楽とは関係のないバックストーリーがないと安心して音楽と向き合えない事態が起きているように思えてならず、耳が聴こえない人がつくった音楽だから、あるいはガンを克服した人の音楽だからという理由で聴いてみよう、もしくは、そうであるから感動したというような人が相当数いるということは、おそらく「音楽」になにを求めるのかという点において多くの人が自信を持てずにいるということにちがいなく、その自信のなさにつけこんで、抜け目のない「産業」は、「音楽」を「感動」の名のもとうまいことパッケージして売りつけているというのが、まあ、最も穿った目で見た現状なのだろうと思う。

パネルディスカッションの席でSHIKIORIの松永誠剛さんが紹介してくれた、宮古島で出会ったというある女性のことばがとても印象的だった。「音楽というとおばあさんが歌っていた唄のことなので、産業ということばとうまく結びつかないんです」。実は、これと同じようなことばが同じ席で飛び出していたのだけれど、発したのは意外にもインターネット出身の音楽家tofubeatsさんだった。「親からもらったパソコンで音楽をつくるのが楽しくてはじめて、それをネット上で人が聴いてくれるのが嬉しくてつくり続けてきただけなんで、そもそもこれがお金になることの意味がわかんない」。

宮古島でおばあさんの唄を音楽として生きてきた女性と、高度に情報化・ネットワーク化された環境のなかで音楽をつくり続けてきた青年。およそ時代の両端にあるようなふたりが、揃って「産業」としての音楽に、ある種のとまどいを感じていることを、ぼくはとても面白いことだと思い、なにか問題の根本を象徴しているような気さえした。音楽が暮らしのなかに自然に存在する状況があって、その唄なり、曲なりが経済を介さずに交換（交感？ 交歓？）できるのに、なんだってそれをわざわざ産業や市場の手にゆだねなくてはならないのか。ということをふたりは問うているようにぼくには聞こえた。

空港に連れていってくれたタクシー運転手さんにしたって、三線をぽろんぽろん弾きながらお酒を飲む楽しみがある以上、音楽に経済を介在させる必要はないはずで、せいぜいあるとしても、たまに上原正吉さんの営む民謡酒場に出向くくらいで、それは、おそらく沖縄の風土においては、「ライヴ」という経済活動であるよりも「おばあさんの唄を聴く」ことにはるかに近いものなのだろうと思う。

昨年『ＷＩＲＥＤ』の音楽特集のためにアイスランドを訪ね、レーベルやＣＤショップやミュージシャン、さらに行政（シュガーキューブスの元メンバーだ）の方々の話を聞いた（九四頁）。そこで金融破綻が起きたときの暮らしぶりがどんなだったかを教えてもらったのだが、ハイパーインフレにもかかわらずＣＤや本の売上は落ちなかった、いやむしろ伸びたくらいだったと聞かされて驚いた。あるＣＤショップのオーナーは誇らしげにこう語ってくれた。「苦しいときにこそアイスランド人は、もっと音楽を求めたんだ」。

音楽は、ここでは経済をドライヴさせる「商材」としてではなく、むしろ不況下の暮らしをサヴァイヴするための必需品、もっと言うならライフラインとして機能したということか。なるほど。豊かさとはこういうものか。

音楽が人に、なにをどれだけもたらしてくれるのかを定量化することは難しい。それを自治体や国、もしくは社会といったレヴェルで定量化しようと思えばなおさらで、産業化され、お金となって還流してくることでしかその価値を明示することができないというのなら、それはそうかもしれない。けれど、音楽と「豊かさ」(Quality of Life)の相関は、個々人のレヴェルにおいてはそんなに難しい話でもないはずで、宮古の女性は「おばあさんの唄」が自分の暮らしの不可欠な実質であることは言われなくとも感じているだろうし、それはタクシーの運転手さんにしたって、アイスランドの人たちにしたってきっとそうで、ついでに言うなら tofubeats さんは「音楽で食えなくたって、音楽つくっていられれば幸せですよ」と断言している。

そんなことならとっくにわかってるよ、ということで沖縄の人たちは子どもたちに三線を学ばせたりしているのだろう。たとえ何十人の安室奈美恵を、何十組の BEGIN や Kiroro を輩出することが経済にとっていいことだったとしても、「すべてのひとが楽器が弾ける県」であることのほうが、たしかに、ずっと豊かだろうし、はるかにカッコいい。なんなら新しい感じさえしてくるほどだ。それでいいじゃん。タクシーのなかで思ったのは、そういうことだ。音楽を、無理に経済に従属させなきゃいけない理由なんて、実際のところ、どこにもない。

「音楽産業をいかに振興するか？」ではなく、「そもそも音楽に産業は必要なのか？」を、そろそろ本気で問わなきゃいけない時期が来ているのだろう。これは沖縄だけに限った話ではないし、なにも目新しい議論というわけでもない。音楽がインターネットと関わるようになって以来ずっと問われてきたことだ。

ただ、フィジカルな世界において、風土や暮らしとの関わりのなかでその問いがリアリティをもって迫ってきたのは、ぼくには初めてのことだった。産業が存在するはるか以前からずっと音楽はあったし、産業がなくても音楽は残るのだ。

2014.5 – IMA, Vol. 8

隠し撮りの正義の話をしよう

メディアの仕事は多かれ少なかれ「覗き」だ。会ったこともない他人のところに出向いて「いまなにを考えてるか話しなさいよ、正直に」と迫るわけだから随分と乱暴な話で、普通に考えれば最もノーマルな反応は「なんでだよ」「オマエ、誰だよ」となるはずだ。なんの資格があって、そんな乱暴が許されるのか。社会のため？　正義のため？　公序良俗のため？　そんな大義名分なら警察だって使うだろう。

Google ストリートビューの映像を使うという鮮やかな戦略によって「ストリートフォト」の概念を見事に換骨奪胎してみせた写真家・映像アーカイビストのダグ・リカード。新作『ＴＯＭ』でテーマに選んだのは「覗き」だ。

五〇～六〇年代と思しきカリフォルニアの路上。ミニスカートのスタイリッシュな女性ばかりを、本人に悟られぬよう捉えた写真群。撮影者は明らかではない。「覗き」という表現が不適切なら、素人相手のパパラッチと言うべきか。望遠レンズを使って、建物のなかから撮られたものが多くを占める。街行くファッショナブルな女性たちを、撮影者の視線はじっとりと追う。なかなかにフェティッシュだ。ちょっとした変態行為ともみなされかねない写真ではある。

これらがどのような経緯でリカードの手に落ちたかは定かではない。けれど、リカードがこれに興味を抱いたことにはなんの不思議もない。ストリートビューを一企業による公然たる「覗き行為」とみなすことは決して困難なことではない。それどころか「勝手に撮影するな」といった騒ぎは、たしかに方々で起こったのだった。ぼくらは、世界中のありとあらゆるストリートを「覗き見」することができる。便利な時代だ。けれども、それが意味するところには裏もある。ぼくらは、ぼくら自身が絶えず「覗き見されている」時代を生きている。

日本ではさほど大きくは騒がれなかったが、NSA（アメリカ国家安全保障局）がインターネット上でやりとりされるありとあらゆるデータを傍受・解析・アーカイブしていた事実を暴露した「スノーデン事件」は、ネット時代の社会における監視の実相を明らかにした。ぼくらのネット上のアクティビティは、すべて当局に筒抜けだったのだ。加えて、Facebook や Google や Amazon といった企業は、ぼくらのあらゆるデータを解析して、それを最大限に利用することで収益を得ている。あなたが次に欲しがる服や本やCDやサービスを、それらの企業は、おそらく「あなたよりも先に」知っている。ジョージ・オーウェルが『一九八四年』で描いた監視システム「ビッグ・ブラザー」に寄せて、リカード自身こんなコメントを発している。

「ビッグ・ブラザーは現実のものだ。それはぼくらの指先に埋め込まれている。ぼくらが監視する相手の指先にも埋め込まれているし、上からぼくらを監視しようとする者たちにも埋め込まれている。ウェブの恐るべき力によるプライバシーの破壊は現実のものだ」

ところでタイトルに引用された、「覗き」の代名詞とされる名前「トム」は英国中世の伝説に由来する。こんな話だ。領主の圧政を諫めるために、領主夫人であるゴダイヴァは、民を救いたくば素裸の姿で町を横断せよという夫の理不尽な要求を受け入れる。慈悲深い夫人を哀れに思った町民は、その姿を見ないよう取り決めをした。しかし、ただひとり取り決めを守らず裸の夫人の姿を覗き見した男がいた。その男の名がトム。以来「ピーピング・トム」は覗き見する人間の代名詞となったのだが、伝説は、それ以後のことはさしては語っていない。トムは、死刑になったとも、天罰で盲目になったとも、町民によって視力を奪われたとも言われる。

トムはたしかに取り決めを破った「反社会的人物」ではあったかもしれないけれど、実際に裸で町をゆく夫人の姿を後世に伝えられる者がいたとしたら、そのトムひとりだったはずだ。その意味ではトムは果敢なジャーナリストであったかもしれない。パパラッチは対象がセレブであればパパラッチと呼ばれるが、対象が社会的な事件であれば真正なジャーナリストとなる。トムは果たしてどっちだっただろうか。

いまさらいうまでもないことかもしれないが、写真は多かれ少なかれ「覗き」だ。そして、その動機と目的によって、社会的に許容されるものとそうでないものとに恣意的に振り分けられる。『ＴＯＭ』で使用された写真が、ある孤独な男のフェティッシュな夢想の果実であるとするならば、「ヘンタイ！」と唾棄してもいいが、これを「お洒落（しゃれ）スナップ」とみなせば、ロサンゼルスのトムは都市風俗の観察者として過去のストリートスナップの大家と同列に置けるかもしれない。

もっと言えば、これらの写真がＣＩＡやＦＢＩによって撮影されたものでないと、誰が言えるだろう。

あるいはどこぞの企業がマーケティング資料として撮影したものだったとしたらどうだろう。ひとりのプチ変態のエロティックな「覗き」と、理由が明かされることのないなんらかの目的に従って撮影された組織的な「覗き」と、果たしてどっちが薄気味悪いだろう。いずれにせよ気味悪さは、その写真を撮る行為そのものではなく、それを「なんのために使うのか」に宿る。写真の使い道は、実際いくらでもある。性的欲求を満たすため、国家公安のため……しかし、それを決めるのは撮られた側ではない。撮った側だ。だからこそ写真は常に監視であり、侵犯であり、暴力なのだ。リカードは言う。

「わたしたちの誰もが、侵略し、徴用し、支配することができる。それを蓄積し、操作し、ふるいにかけ、取り込み、吐き出すことができるのだ」

フレッシュコーヒー・マニフェスト

2014.06.10 – WIRED, Vol. 12

この原稿はコーヒー特集の巻頭言として書いたもので、ブルーボトルコーヒーの創業者が表紙を飾る号だった。東京進出のための場所を探しに経営陣が来日した際、彼らはよさ気な喫茶店をみつけるたびに「いくら?」と聞いていたという。コーヒーの値段ではなく、店を買収する値段だ。その三年後の二〇一七年、当のブルーボトルコーヒーはあっさりとネスレに身売りをした。あの狂騒はいったいなんだったのかと思わなくもなかったが、そのドライさにかえって迫力を感じもした。

お酒がダメなので、昼でも夜でもやたらとコーヒーを飲む。スタバはタバコを吸えないし、深夜はやってないので却下。深夜であれば何杯でもおかわりできるファミレスが望ましい。そこで、友人と延々与太話をしたりする。ほとんどはロクでもない内容だけれども、四、五時間話し続けたあげく、面白い地点に到達することがある。おおげさに言えば、いままでお互いが考えてもみなかった新しい認識にたどりつくようなことがある。気になりつつも放置していた情報やアイデアが思わぬところで結びついたり、ぼんやりしていた企画がくっきりと像を結んだり。新たなパースペクティヴが生まれる、とでも言おうか。

コーヒーがその本質において一種の覚醒剤で、常習性のあるソフトな麻薬だとするなら、カフェがその発生当初から当局／権力の目の敵にされてきたことは、それだけで説明がつく（中世時代のカイロ、メッカ、コンスタンチノープルなどでの話だ）。けれども、カフェやコーヒーショップが酒場と決定的にちがうことがあるとすれば、そこで人は正体を失うのではなく、文字通り覚醒してしまうところで、そうであるがゆえにコーヒーはさらに権力にとって危険なものとなる。

多種多様な人がそこに寄り合って情報を交換する。そしてそれについて会話する。断片化されていた情報が整理された思考として編成される。支配する側からしてみれば都合の悪いことだ。民衆はむしろ現実から目を背けて酩酊してくれていたほうがはるかに好都合。しかし、コーヒーは逆の作用をもたらす。コーヒーは、そういう意味において常に反社会的な存在であり続けてきた。

反社会的というのは批判的ということだ。しかも人を覚醒させながらもハイにしないのがコーヒーの持ち味。コーヒーの批判力はあくまでもクールだ。熱狂は似合わない。であるからこそカフェは、文学、音楽、科学の揺籃地（ようらんち）となりえた。

それだけではない。近代保険制度を生み出し（ロイズは元々カフェとして始まった）、金融市場を胚胎させた（ニューヨーク証券取引所はカフェの二階で始まった）ことを思えば、コーヒー／カフェは、近代社会を駆動させる必要不可欠なインフラであったことにさえ気がつく。

デジタルテクノロジーがあらゆる人の手にわたっていくなかで、社会を革新していく主体は、国家、大学、大企業といった大組織から、個人、もしくは小さな組織へと着実に移りつつある。そのとき、新しい思考をもたらす媒介としてのコーヒー／カフェをいま以上に望むことになるのだとすれば、そこでみなが求めるのは、産業化されたコーヒーチェーンではないはずだ。ニューヨークのインディペンデントなカフェの数は、すでに大手チェーンの店舗数を上回っている。そんなことを教えてくれたのはスクエアのジャック・ドーシーだった。

「サードウェイヴ」と呼ばれるトレンドの真相は、おそらくこんなところにもある。「サードプレイス」と呼ばれる社会学の概念ともどこかで通じ合っていることだろう。大きな時代の変革期にあって、社会が現状の課題を乗り越えてゆくためのアイデアとイノヴェイションを必要とし、そのプラットフォームとして、人が、社会が、クールな覚醒をコーヒーに求めるのであれば、コーヒーもまた原初にあった批判精神と独立心とを取り戻さねばならない。

「フレッシュコーヒー」は、本来は単に「淹れたて」を意味するだけだけれど、それだけで済ませておくにはもったいないことばでもある。それは、覚醒しながら自己刷新を繰り返す冷ややかなアタマと、昨日よりはちょっとマシな世界を静かに夢見続ける温かい心の象徴であるかのように、ぼくには聞こえる。なんて、つつましやかで、清々しい響きだろう。フレッシュなコーヒー。なんと身の丈にあった革新のマニフェストだろう。

2014.06.10 – WIRED, Vol. 12

一六五二年のソーシャルネットワーク

神田の珈琲館で、このコメントを書いている。木曜日の四時半。斜め前に座っているおじさんが両手を広げて新聞を読んでいる。新聞のよさは両手を大きく広げるその所作にある。視野いっぱいに陳列された「世界」を縦横無尽にスキャンしていく。スマホやSNSによって損なわれたのは、そこで得られる「大局観」だ。それがかりそめのものであったとしても「一通り全部目を通した」という感覚は人を安心させる。自分だけが見落としている大事な情報があるのではないかという不安は、取り残されている感覚を助長する。SNSが最も得意とするのは、それを人に与えることだ。

ソーシャルネットワークへのよくある批判は、それが「時間の無駄だ」というものだと思う。ソーシャル上でアツくなってる人を見て「ヒマなヤツだ」とか、「働けよ」とか、おそらく誰しもが思ったことがあるはずだ。同時に、自分がそう思われてると知りながらも、うっかりアツくなってしまったことも、きっと誰しもあるだろう。非生産的なヒマ潰し。それはそうなのかもしれない。しかし、と、『エコノミスト』のデジタル・エディターのトム・スタンデイジは、『ニューヨーク・タイムズ』に寄せたコラム（二〇一三年六月二二日)で異議を唱えている。人類をあげての壮大なヒマつぶし、と非難されるのは、なにもソーシャルメディアが初めてというわけではない。

「一六〇〇年代の後半、イギリスにコーヒーハウス(要は「カフェ」「喫茶店」のことだが、道行く人にコーヒーを販売する「コーヒーショップ」と区別するためにこの語が使われる)が広まった際に、同じような非難がコーヒーハウスに寄せられた」とスタンデイジは書く。一六七三年にケンブリッジの法律家のロジャー・ノースは、コーヒーハウスは「真摯で有望な若い紳士や商人の荒廃を招いている」と書き、七七年にはオックスフォード大学の学者のアンソニー・ウッドという人物は、「なぜ硬質で真率な学びは衰退しているのか。コーヒーハウスにみなが入り浸っているせいだ」とまで断罪した。実際に七五年には、コーヒーやコーヒーハウスに反対するご婦人方から、当時の国王チャールズ二世に対して、コーヒーの禁止を求める請願が出されているほどだ。その理由というのも、殿方たちがコーヒーハウスに入り浸って、家にちっとも帰ってこないことに業を煮やしたことにある。

その底流には、コーヒーは反社会的かつ反キリスト教的な「麻薬」である、という認識も深くあったようで、調べてみるとそれはなにもイギリスで始まった話ではない。コーヒーが中東一帯、もしくはトルコへと広まっていった際に大きな抵抗をしめしたのは、厳格なイスラム教徒たちだったというから、コーヒーは、なぜか潜在的に、宗教とは折り合いが悪そうで、宗教と折り合いが悪いということは、ややもすると伝統的な社会制度や価値観と折り合いが悪いとみなされることになるのだろう。「非生産的」と非難されることの背後には、おそらくそのことへの懸念もあったはずだ。

では、実際のところコーヒーハウスは果たして本当に非生産的な場所だったのだろうか？　スタンデイジはいやいや、と首を横に振る。彼は言う。英国の科学者のメンバー組織である「ロイヤル・ソサエティ」の面々は、コーヒーハウスでしばし熱い議論を繰り広げたものであり、異分野の人たちが集まって意見交換、議論を行なう場としてのコーヒーハウスは、やがてその愛用者たちから「ペニー・ユニヴァーシティ」(一銭大学とでも訳そうか)と褒めそやされることになるのだと。アイザック・ニュートンが『プリンキピア』(自然哲学の数学的原理)のなかで披露したさまざまなアイデアは、コーヒーハウスで胚胎されたものであったし、アダム・スミスが『国富論』を書いたのは、スコットランドの知識人がよくたむろしていたとされる「British Coffee House」だった。さらに、商人たちが秘密の取引を行なうことで知られた「Jonathan's」は、やがてロンドン証券取引場へと発展し、世界最大の保険会社「Lloyd's」もコーヒーハウスを経営するところから始まった。例証はいくらでもある。

非生産的だなんてとんでもない。むしろコーヒーハウスは、クリエイティヴな発想を生み出す場所であり、そこから、新しい科学論、社会論、ビジネスモデル、そして時代を更新する新しい企業などが生み出されていったのだ。コーヒーハウスは、時代を刷新するクリエイティヴなプラットフォームだったのだ。そしてそれはソーシャルネットワークも同じではないか、というのがスタンデイジの論点だ。

『エコノミスト』に掲載された「Internet in a cup」(一杯のなかのインターネット)という二〇〇三年一二月一八日の記事は、「最新のビジネスニュースを知りたいとき、生活必需品の値段を知りたいとき、政治のゴシップを耳に入れておきたいとき、話題の新刊の評判を知りたいとき、あるいは最新科学の情報をアップデートしておきたいとき、あなたはどこにそれを求めるだろう？　答えは簡単。インターネットだ。三〇〇年前だったらどうだろう？　同じように答えは簡単。コーヒーハウスに行くのである」と書いている。ソーシャルネットワーク登場以前に書かれた記事ではあるけれど、言いたいことは同じだ。ネット空間は、それ自体がヴァーチャルなコーヒーハウスなのだ。

ある資料は、Twitter や Facebook に人びとが時間とエネルギーを浪費していることで米国経済が蒙っている損失は、実に年間六五〇〇億ドルにも上ると伝えているが、スタンデイジは二〇一二年にコンサルティングの最大手マッキンゼーが発表をした報告をもって反論する。曰く、会社内でソーシャルネットワークを利用することで「ナレッジ・ワーカー」たちの生産効率は二〇～二五％もあがっている。

スタンデイジは、ソーシャルメディアへの批判はコーヒーハウスがそうであったように、新しい技術や仕組みが社会に導入されるときには必ず起こる類のものにすぎず、それらが引き起こす恐怖や疑念はやがて解消していくという楽観的な予測を語っている。いまではコーヒーハウスを社会の敵とみなす人はいないはずだ。たしかにそうだ。というわけでソーシャルメディアは二一世紀のコーヒーハウスなのである。はい。おしまい。

となってもいいのだが、そうはいかない。ちょっと待て。と反論する向きもある。

疑義は『Forbes』の記者アンソニー・コスナーから呈せられる。スタンデイジのコラムの二日後に、『Forbes』のウェブサイトにこの記事はアップされる。「たしかにスタンデイジの言うところにうなずくところは多い」。彼は率直に認める。コーヒーハウスが異なる人やアイデアを交流させ、社会をイノヴェイトした点はたしかにそうだ。「しかし、三五〇年前にロンドンで起こったことと、いまデジタルネットワークのなかで起こっていることは明確にちがっている」。彼はジャーロン・ラニエの最新刊『Who Owns The Future』(未来は誰の手に)を引き合いに出しながら、GoogleやTwitterやFacebookといった一企業がプラットフォームを掌握している状況は、コーヒーハウスにあったような活き活きとした交流を阻害するもので、結果として経済を羽ばたかせるのではなく、萎縮させていくことになるだろうと語っている。

コスナーは問う。「ニュートンの『プリンキピア』がソーシャルネットワーク上の単なるコンテンツに過ぎなかったとしたら？　もしLloyd'sが、Facebookの規約変更によってシャットダウンされてしまうとしたら？　そこから利潤を生んでいるのがコーヒーハウスばかりであったとしたら、どうだろう？」。さらに彼はジャーロン・ラニエが『エコノミスト』が主催した「The Economist's Technology Frontiers 2013 summit」で語ったこんなことばを紹介する(このイヴェントのホストを務めたのはスタンデイジだ)。「デジタル経済のなかで、情報を無料で提供することは自分の首を締め、経済の縮小と多くの失業を招くことになるだろう」。

ロンドンのコーヒーハウスの話に戻るなら、人は一杯のコーヒーの代金を払いさえすれば、そこで行なう活動について店に干渉されることはなかった。つまりは自由だった。しかし、いま、デジタルネットワークのなかで起こっていることは真逆だとコスナーは言う。「まるでコーヒーハウスがそこで行なわれるすべての活動を監視し、そこで生産されるものの所有者であるかのようではないか。あなたがそこでつくったコンテンツはテクニカルにはあなたに帰属しているけれど、それが生み出した価値を利用して儲けるのは、彼らなのである」。

ソーシャルネットワークに対する批判は、ここでは「壮大なヒマつぶし」であることではなく、そこが「自由なプラットフォーム」であると見せかけて、広大なマーケティングプラットフォームと化しているところに向けられる。コーヒーはタダだけれども、会話を全部記録し、それを顧客情報として売りに出すようなカフェに誰が行きたがるだろう？ コーヒーを頼むたびに、一五秒のＣＭを見ることを強要するカフェにいったい誰が行きたいだろう？ それなら、いっそ潔くコーヒー代をとってくれたほうがはるかにマシ。そんなことをコスナーは問うている。

家でもなく、仕事場でもない。その中間にあって、個人として多種多様な人と交流をし、より活力のある「自分」を取り戻す空間としてのコーヒーハウスは、都市社会学において「サードプレイス」という名で、その機能や役割に新たな光があてられている。そこで人は、家からも職場からも開放されて「個人」であることができ、人との新しい繋がりのなかから社会への新しい関わり方をみつけることができる。さらにそこは子どもや若者を鷹揚に迎え入れることで、あるいは教育の場ともなりうるかもしれない。『サードプレイス』（忠平美幸訳、みすず書房）の著者であるアメリカの社会学者レイ・オルデンバーグは、「サードプレイス」において見出された新しい個人のありようをこんな風に語っている。

「私的市民（プライベート・シチズン）――いかにもアメリカらしい名辞矛盾――の時代は、公共に関心がある個人、または公共心に富む個人に取って代わられるだろう。わたしたちの希望はその人とともにある」

オルデンバーグの希望は、そうした人たちが集う場所としての「サードプレイス」に寄せる希望でもあるわけだが、近年たとえばポートランドのような町で、新しいカフェ文化がひらいていくのと並行して、新しい都市設計や公共政策が考察され、実験されていることは決して偶然ではない。都市やコミュニティをデザインするうえで、コーヒーハウスは、いまきわめて戦略的に、これまで以上に重要な役割を担わされている。

果たしてソーシャルネットワークは、そうした「サードプレイス」たりえているのか？　コスナーが問おうとしているのはこのことだろう。「家からも職場からも開放されて、「個人」であることができ」、かつ、「人との新しい繋がりのなかから、社会への新しい関わり方をみつけることができ」、さらに「教育の場ともなりうる」ような空間。そういうものとしてソーシャルネットワークは育っているだろうか。

活発な議論の場であったり、クリエイティヴな発想を生み出すためのプラットフォームとして、いまどれだけソーシャルメディアは有効だろう。それが特定の巨大企業によって掌握されてしまっていることはさておいても自分たちがそこをどんなふうに使っているか、いま一度検証してみるのもいいかもしれない。自分と自分に近しい意見の仲間が集って憂さを晴らすだけの場所になってはいないか。自分のドグマを一方的に喧伝するための場所になってはいないか。そこは新しい「公共」を担う人たちが集う「希望の場所」になっているだろうか。

ソーシャルネットワークを「コーヒーハウス」とのアナロジーでその機能や役割やその未来を考えるのであれば、デジタルの世界は、まだまだこの「黒い液体」に学ぶことが多いのかもしれない。デジタルアントレプレナーたちがコーヒーに魅せられる一因は、そんなところにもあるのではないか。

2014.06.10 – WIRED, Vol. 12

ヴィンセント・ムーンの小さな地球

この文章のなかで言及される映画『ステップ・アクロス・ザ・ボーダー』は、六本木の映画館で公開初日に観た思い出深いものだ。主演のフレッド・フリスの特別パフォーマンスもあった。八〇年代後半~九〇年代初頭のノイズ・アバンギャルドシーンは、ここ日本でも活況で、世界的なネットワークのなかで日本が重要な位置を占めていたことは当の映画からも見て取れる。それがインターネットの普及と入れ替わるようにして存在感を失っていったのはなぜだろう。「二〇〇〇年あたりを境に日本の情報って入ってこなくなったなあ」。アメリカの音楽メディア「Pitchfork」の編集長(ボアダムス好き)も言っていた。

この一〇年のカルチャーシーンにおいて、最も重要なアーティストのひとりにちがいない。ヴィンセント・ムーン(以下、ＶＭ)。フランス出身の映像作家。代表作は……どれだろう? 本人のウェブサイトから自分の好きな映像作品を探して、それを代表作と決めればいい。そこにアップされた動画の総数は優に五〇〇を超える。

いったいなにがＶＭをそこまで重要たらしめるのか? まず、その作品がＰＣでの視聴を前提としていることだ。ＶＭの名が世に広く知られるようになったのは、二〇〇六年に始まったウェブ向けの音楽シリーズ「Take Away Show」によってだった。インディロックのアーティストが、ときに路上で、ときにホテルの部屋で演奏するのを一テイクで収めた映像がこのシリーズの売りだ。ＶＭはそのメインのディレクターだった。

錚々たるアーティストがＶＭの映像アーカイヴには名を連ねる。アーケイド・ファイア、ヴァンパイア・ウィークエンド、グリズリー・ベア、フェニックス、セイント・ヴィンセント、ベイルート、ザ・ナショナル、シガー・ロス、フリート・フォクシーズ、ボン・イヴェール……この一〇年のインディロックの歴史がここに詰まっているといっても過言ではない。

ＶＭの映像は、しかし、いわゆるミュージックヴィデオではない。日常の延長線上においてアーティストの音楽を捉えたリアルな映像だった。予め決定された演出やコンテはない。演奏が紡ぎ出されていく一瞬ごとのアーティストの息づかいやその場その瞬間の空気の振動にＶＭはフォーカスする。

ぶれて、ピントはあわず、肝腎の被写体はときにフレームからハミ出していく。ＶＭが「Take Away Show」で開発した生々しい文体は、リアルさこそがモノを言うインターネット、そしてインディロックの世界が待ち焦がれたものだった。その手法は、すぐさまウェブ音楽動画において一般化する。そしてＶＭは、R.E.M. をはじめとする大物アーティストからのコミッションワークを依頼されるようになる。

しかしＶＭは、大規模な予算とクルーによってコントロールされた現場にすぐさま嫌悪感を覚え、商業的な映像制作の世界から身を隠す。二〇一〇年以降、ＶＭは「Take Away Show」の制作からも徐々に身を引くようになり、世界中を旅するようになる。そして旅先で撮影され、現地で編集された映像が次々と本人のサイトにアップされるようになる（すべてクリエイティヴ・コモンズ・ライセンス付き）。「無銭旅行」と本人は言う。「収入もないから支出もない」。VMは世界中にいる友人たちの家を寝床としながら、アジアへ、ロシアへ、アフリカへ、南米へ、アイスランドへ、転々と旅を続ける。そしてそこで出会った音楽を映像へと収めていく。「ノマドフィルムメイキング」と呼ばれる所以（ゆえん）だ。放浪の果てに生み出された映像はミュージックヴィデオと言うよりまるで人類学のフィールドワークのようだ。スーフィー教徒たちの儀式や北方ロシアの密やかな礼拝、コーカサス地方のフォルクロア……VMはこれらを「伝統音楽」とは呼ばない。「ローカル・ミュージック」と呼ぶ。「ローカルな音楽は音楽以上のことを語りかける。人が、その土地でどのように暮らしているのかが映し出される」。

VMは新しい土地を訪れる際に、その土地のことを予め学ぶことはしない。「予備知識をもたないというのは美しいことだ。すべてが新鮮だから。驚きも多い。そしてその驚きにすぐさま反応することで映像作品が生まれる。即興のシネマといってもいい」。

VMはもともとパリで写真を学んでいた。しかし、写真のなかに自分の文体を見出すことができずにいた。そこから映像のほうへとシフトしていく。「過去の映像作品がどうやって音楽を扱ってきたか、あらゆる作品を観まくった。そのなかに「これだ！」というものがあった。『Step Across the Border』という映画だった」。

監督はニコラス・フンベルトとヴェルナー・ペンツェル。主演はノイズ・即興演奏の重鎮フレッド・フリス。一九九〇年に公開された本作はフレッド・フリスが、それこそノマドのように世界中の都市をめぐり、行った先々でローカルのアーティストと即興演奏を重ねる姿をざらついたモノクロ映像で追ったものだ。

アンダーグラウンドミュージックのグローバルなネットワークのなかで、ローカリティをもった個人と個人が出会い、そのとき、その場所でしか生まれ得ない音楽を生み出していく。インターネットが一般化する以前の作品でありながら、そこに映し出された感受性は、コミュニケーションがボーダーレスになり、人の流動性が高まった現在の世界と響きあう。

ＶＭはこの作品が体現していた「ノマド」と「即興」の精神をアフターインターネットの世界にいま一度持続してみせた。

「伝統的な音楽や宗教音楽を追いかけているのは、過去や伝統に興味があるからじゃない。未来がそこに映し出されていなければ意味がない。純粋なかたちで残っている伝統なんていうものは、もはや存在しない。アマゾンの奥地に行ったっていまは誰もがスマートフォンをもっている。そういうなかから新しい文化、新しいアイデンティティを打ち立てようとしている人たちが世界にはいる。そこに興味がある」

思えば『Step Across The Border』が描いていたのも、根っこが失われつつある世界で新しいアイデンティティを模索しながら越境を繰り返す人びとのありようだった。

「ぼくは日本のノイズや実験音楽を長らく好んで聴いてきた。アーティストで言えば、灰野敬二、メルツバウ、Sachiko M、大友良英、アシッド・マザーズ・テンプル、あふりらんぽ、それからもちろんボアダムスだ。世界に類を見ないこうした独自の文化を生み出してきた日本を、その歴史的なところからたどり直してみたい」

日本のシャーマニズムや伝統音楽を追いかけるプロジェクトは「響 ＨＩＢＩＫＩ」という名で来年から制作がスタートする。クラウドファンディングによって、目下制作費の募集が始まっている。

ＶＭは語る。「インターネットの登場によって、映像はテレビの呪縛からようやく解き放たれることができると思った。テレビの映像は、それを見て二秒で、その映像がなにを意味しているのかがわからないといけない。とにかく経済性がそこでは優先される。ぼくの映像はそれがどんな音楽であるかに従って長さも変わる。映っているのがなにであるかの説明もロクにない。失敗すらも映像のなかに収められている」。それはもはや単なる音楽映像ではない。音楽は導入でしかなく、映像は人と風土を訪ねる旅そのものとなる。

「そこでなにが起こっているのかわからないというのは素晴らしいことだ。そのほうが人の暮らしのありように近いし、人生の本質に近い。テレビは、長らくそういうものを締め出してきた。観る側もそれに慣れ親しんでしまっている。けれどもぼくは観る人に向けてハードルを下げてやろうなんて思わない。観る人も自分のアタマと心を使って、その映像にたどり着かなくてはいけない。自分をアクティヴェイトしなくてはならない。ぼくが自分の作品をことさらに宣伝しないのは、好奇心をもった人に、自分の力で映像を見つけて欲しいからだ」

ＶＭの映像を観ることは、それ自体が体験だ。しかも、その映像は自分の眼から五〇㎝ほどの距離にあるＰＣの画面で展開される。インターネットを介してぼくらが見出すＶＭの地球は、広大で未知なるものに溢れ、同時に、とても近い。

「親密さが大事なんだ」とＶＭは語る。ＶＭのアーカイヴを丹念にたどっていくだけで、ぼくらは遠いどこかで遠い風に吹かれてきたような気持ちになる。

ＶＭは決して自分が見てきたものを押しつけようとはしない。自分自身の体験としてその映像に接するように促す。だから余分な説明や能書きもない。ナレーションすらない。

「視聴者のモノの見方を変えてやろうなんて思わない。答えは自分で探すものだ。ぼくは答えを差し出すつもりはない」。自分の代わりに誰かに旅してもらっても意味がない。ＶＭの映像は自分の足で見つけ出し、自分の眼で触れなくてはならない。

2014.09.10 – WIRED, Vol. 13

マッスルショールズの物語

写真家の大森克己さんとともにミシシッピ、テネシー、アラバマとめぐった、雑誌『Esquire』のための取材旅行は忘れられないもので、後ほど登場するナッシュビルのレズビアンクラブの話(二〇九頁)も同じ旅のエピソードだ。嬉しいことに、ファッション特集の巻頭言として以下の原稿を書いてから数年経ついまもアラバマのビリー・リードは健在で、つい最近もパーカーを買った。この数年でサイトのUIも格段に良くなり、デリバリーもすいすい。いつかマッスルショールズの本社を訪ねてみたいと思いつつも、行かなくていいかとも思ったりする。パーカーを着るたびに想像するだけで十分な気もする。

アメリカのアラバマ州にマッスルショールズという町がある。語るべきところのない本当にしけた田舎町で、昔取材で訪れたとき、ライヴでも聴こうと夜の町に繰り出したはいいけれど、音楽の聴けそうなところはみつからず、なんとか探し当てた「ヴェニュー」は、ヴェニューというよりはファミレスのような場所で、結婚式とかにお声の掛かりそうなトリオ(忘れもしない、イグアナ・パーティという名前だ)がビートルズかなんかを演奏していた。

音楽記事の取材でこの地を訪れたのにはわけがあって、マッスルショールズにはかつて泣く子も黙る名門レコーディングスタジオがあったのだ（いまは博物館）。アリサ・フランクリン、ウィルソン・ピケットといったR&Bレジェンドから、ストーンズ、ディラン、ポール・サイモンなどのロックレジェンドまでもが、こぞってここで歴史的名作をつくった。近年ではザ・ブラック・キーズがグラミー受賞作『ブラザーズ』をここで録音している。というわけで、音楽好きにとってマッスルショールズは特別な思いをもたらしてくれる地名なのだ。このスタジオをテーマにしたドキュメンタリー映画もちょっと話題になった。

ビリー・リードは全米各都市に店舗を構える、それなりに大きなファッションブランドで、ファッション業界のなかでどういう位置づけにあるのかよくは知らないのだけれど、ぼくがこのブランドが好きなのは、なによりもまず彼らがヘッドクォーターを、ここマッスルショールズに置いているからだ。

ネットで知る情報によれば、『GQ』やCFDA（アメリカファッション協議会）などがベストメンズウェア・デザイナーに選出するなど、中央の業界内でもそれなりに力はあるらしいのだけれど、ファッション門外漢のぼくが惹かれるのはそこじゃない。

地元マッスルショールズのインディレーベルと一緒に音楽イヴェントを開催したり、南部のイカしたバンドやご近所のブランドをウェブサイトで紹介したりするところに、むしろぐっとくる。たしかアラバマ出身のバンド、アラバマ・シェイクスのTシャツなんかもつくっていたはずだ。

ルイジアナ育ちのビリー・リードは、自分の好きな風土、好きなカルチャーのなかに、自分がつくるプロダクトを置く。なので、そのプロダクトを買うとき、その風土や文化もセットで買っているような気分になる。アメリカ南部のちょっと泥臭いカルチャーは、それ自体もちろんカッコいいのだけれども、そうやってメインストリームから遠く離れた場所にいながらメインストリームとしても存在しうる、そのあり方（ビジネスモデル、と言ってもいい）こそが、ぼくにはなににもましてクールに見える。

メインストリームでもインディでもなく、それでいてその両方でもあるような、新しいブランドのあり方が、きっとそこにはある。それはことばの最もシンプルな意味で「インディペンデント」と呼ぶべきもので、本特集で紹介したニューヨーク発の三つのブランド同様、「スマート・インディ」と呼びたくなるようなあり方だ。

南部仕様のジャケットやシャツはたいていいつもオーヴァーサイズ気味でたいして似合いもしないし、ECサイトのオペレーションはずさんで、購入するたびにメールで担当者（いつも同じMattというヤツだ）とやり合うハメになる。それでも、サイトを覗くたびに、ついついなにか欲しくなってしまう。昨今、ブランドマーケティングの話が出るたびに、「ストーリーテリング」なんてことがよく言われるけれど、ぼくはいつも彼らのやり方を思い浮かべながら実感とともに頷くことになる。

その「物語」に、自分の思い入れや思い出を重ねあわせながらブランドとつながるのは楽しい。マッスルショールズという土地にまつわる思い出を媒介にして日々身にまとう服と出会う。従来の「業界」のしきたりやヒエラルキーに捉われることのないそうした交流は、ブランドの側にもきっと大きな自由をもたらす。

これをデジタルコミュニケーションの恩恵というならもちろんそうなのだけれども、そのなにが素晴らしいかと言えば、「シンプルに、自分たちが信じる価値をかたちにすること」こそが価値であるということを、つくり手たちがまた信じられるようになってきたことだと思う。

2014.11.25 – wired.jp

死体はでっかい生ゴミなんですか？

ウェルネスという語は案外拡張性があるもので、身体の話から、たとえば組織やコミュニティ、ひいては都市にまで敷衍（ふえん）できるキーワードになりうると思う。ただ「生」のところだけをみてしまうと、せっかくの面白い視点も台無し、この文章で書いたのと同じ悩みに逢着してしまいかねないのが落とし穴だ。生のウェルネスを考えるなら、それと対であるはずの「死のウェルネス」は欠かせない論点だ。そこがいい具合にイメージされない限り、生のクオリティはどうやったって上がらない。

「死」の特集をやりたい、と前々から言っていたらしい。「いよいよやるんですね！」と知人に言われて、さも死に執着しているかのように見えてた自分がいささか気恥ずかしい。むしろ逆なのだ。死はよくわからない。葬式はいつだって苦手。できれば近寄りたくないのが正直なところ。

自分の祖父の兄が亡くなったとき、それを聞いたうちの祖父はただ一言「あ、そう」とだけ答えたのだという。居合わせた母が「もうちょっと言いようがあるでしょうに」と憤慨していたのを覚えている。「どうもうちの家系はそういうことに淡白なのよ！」。というわけで、ぼくはきっと自分も「そういうこと」には淡白なんだろうと勝手に思いこんでいるのだが、実際にどうなのかはよくわからない。

なんにせよ、そんな人間だからこそ、こんなうかつな特集がやれるのだということは言えるかもしれない。死をめぐる哲学や、生命倫理などをめぐる議論も、それがとても大事なものであることはわかるけれど深くは知らない。「死」というものを軽々しく扱いすぎていると見えたなら黙って頭を垂れるしかない。

とはいえ、死というものがいたるところで問題化しているのは知っている。孤独死とか、住宅街に遺体安置所ができて近隣住人とモメているとか、亡くなった人のネット上のアカウントはどうなるの？ とか。現代社会と、その行く末を考える上で、これは実に大きな問題だ。世界規模の話で言えば、人口の増加は当然死者の増加をも意味するし、日本の話で言えば、この先ぼくらを待ち受けているのは超高齢化する社会だ。

いつだかとある都市開発業者に新しいプロジェクトの話を聞かされて、聞けば聞くほど疑問に思えてきたのは、「この街で人は、どうやって死ぬことになるのだろう？」ということだった。新しい街を開発する人たちは、新しくて楽しい「生」の希望は描いてくれるけど、よりよい「死」については思いを馳せてはくれない。

思うに近代社会は、できるだけそれをコンパクトに取りまとめて遠ざけておくべく死を管理し、制度化してきたのだろう。死体は、要はでっかい生ゴミなのだ。とっとと焼いて、とっとと埋める。魂とか天国とかを信じなくなった社会において、「遺体」に意味はなく、合理主義と経済の理屈においては、素早い「処理」が正しいソリューションとなる。死体安置所を巡るモメごとは、原理的にはゴミや下水処理のそれと等価にある。出家をした人ですら結局は「施設」で最後を迎えることになる、とかいう話を聞いて、なんだか残念な気がするのはぼくだけではないはずだ。

そんなふうにして、死は最も遠ざけたいもののひとつとして現代社会に取り憑いている。とりわけ日本ではそうだ。「死を考えること」が日本人は世界に較べて突出して多いらしい。けれども、そこで言う「死」は、死後の後始末であったりお金の算段を指している。死は人生最大の厄介ごとであるという、なんとも釈然としない矛盾。幸福な死を考えることができるのは裕福な人ばかり、なんて議論もそこからは出てくるだろう。

死というテーマは、あまりに広く、そして摑みどころがない。加えて特権的な人が、特権的なことばで小難しく語ったりするものでもある。しかし、だからといって遠ざけてばかりでは不幸な「死」が累々と積み重なっていくばかりだ。自分の行く末を案じてみても、安心して死ねる気がとてもしないのは、いかにも気が重い。いま社会は「死」というものを考えるための新しい枠組や手だてを必要としているはずなのだ。

ぼくはこの特集を、仕事帰りの飲み屋で、自分なりの想像や思いを重ね合わせながら、うんちくまじりに語れる「ネタ集」のようなものとして構想した。表紙もあるまじきおとぼけぶりだ。死を自分たちのいまの暮らしのなかにちゃんと位置づけるために、ぼくらは身構えることなくフラットにそれと向き合う必要がある。先端科学はいまだ「生」も「死」も定義できていないし、研究が進めば進むほどその境界がなにやら曖昧模糊としてきているというのもホントで、最もぶっとんだ科学は「魂は量子の世界を永遠にさまようのかもしれない」なんてことをマジメに言い出していたりもする。神様や天国をみんなが信じていた時代のほうが、はるかにみんながちゃんと死を理解し、共有していたと言いうるなら、死について、ぼくらはかつてないほどなにも知らず、かつなにも共有できない時代を生きていると言ってもいいのかもしれない。

死はみんなのところに平等にやってくるのだから(少なくともいまのところは)、誰にでもそれを語る権利はきっとある。ヨーロッパには、人びとが集って自分たちの死んだ後についてあれこれ雑談する「デス・カフェ」なるものがあるという。お茶とともにひとしきり「デストーク」に花を咲かせてカフェを後にする人びとは、なぜだか、みんな、とても晴れやかな顔をしているのだそうだ。

2012.11.24–2013.01.28 – Blog

CeeDee Off セレクション

ネット上での個人アクティビティはおよそほとんどしていないのだが、一時期ほんの二カ月ほどブログを書いていたことがある。ブックオフで五〇〇円以下のCDをレビューするという、およそ世になんの益もない内容で、四〇本ほどのレビューを書いたまま放置。非公開にしていたわけではないが、二、三人の友人にリンクをお知らせしただけ、ほぼスタンドアローンの状態でいまもネット空間を漂っている。それをわざわざここに引っ張りだしたのは、気に入っている原稿が結構あるからというのが大きな理由だが、新譜でもない、取り上げる理由もさしてない非名盤について、いったいなにをどの程度語りうるのかというチャレンジとして、少しは面白いかなと思わなくもないからだ。いずれにせよ、音楽に限らず文化プロダクトというのは、どんなものであれ、社会のなにかを反映した豊かな情報体で、そこからどれだけアクチュアルな情報を取り出せるかは、ひとえに聴く側＝読み解く側にかかっている。なんて威張るほど立派なものというわけでもないのだが。文末の数字は、一〇点満点による採点。

2012.11.24

Laurie Anderson
Life On A String
2012.11.22, Shibuya Center-Gai, ¥500

学生の頃に『Strange Angels』をよく聴いてたんですが、以来まったくちゃんとフォローしてませんでした。二〇〇一年に出た本作も、ぼんやりと出てたのは知ってましたが結局スルー。一〇年の最新作もまったく視野に入れてませんでした。が、変わらず健在なんですね。ってか、これ、めっちゃいいじゃないですか。って、だいぶいまさらで恥ずかしいんですが。

ローリー・アンダーソンといえば、典型的なニューヨークのアーティストという印象で、しかも、一貫してずっと「アメリカ」を題材にその独特のナラティブを発動してきた作家だけに、本当だったら9・11が起こった時点ですぐさまその動向を参照すべきだったと思うんですが、なにをぼけっとしてたのか、このアルバムを買ってみて、ようやくいまさら、そっかローリー・アンダーソンがいたんだったなあ、9・11以降なにを語ってきたんだろう、と気になった次第。ちなみに本作は、その9・11が起こる直前の二〇〇一年八月二一日に発売されているんですね。USのAmazonのユーザーコメントを見てみると、発売直後から投稿されはじめたコメントが「その日」を挟んで一種の緊迫感と悲壮感をともなって書き込まれるようになるのが、いま読んでもスリリングです。で、何人かの人が「しばらくは音楽を聴けなかったけれども、これは聴けた」と書いてたりします。

『Strange Angels』もそうでしたが、本作でも「天使」というモチーフが何度か出てきます。「一八四二年、アラバマのプランテーションで発見された巨大な鯨の骨を、奴隷たちは、天使の骨にちがいないと語った」「見捨てられた街に暗い天使が降りてきて、鉛筆で誰も書いたことのないなにかを書きなさいと語った」といった歌詞が出てきます。彼女が語る「天使」ってのはいったいなんなんでしょうか。「物語」を発動させるなにかといった感じがちょっとします。いずれにせよ、その天使のモチーフと、天から降ってくるような浮遊感のあるサウンドはとっても相性がよく(本作でのヴァン・ダイク・パークスの〝反重力的〟ストリングス・アレンジは特筆ものです)、それが9・11の際に、聴き手になんらかのインスピレーションを与えたであろうことは容易に想像ができました。まるで事件を予言していたかのようだという言い方もあったりして、9・11直後は、彼女の一九八一年の代表曲「O Superman」の一節「飛行機が飛んでくる／アメリカの飛行機が」が、かなり参照されたようですが、本作にもぎくりとするような歌詞があります。「自由の女神」(Statue Of Liberty)という曲にある一節。「自由っていうのはおっかない／たくさんの人がそれを本当には望んでいない」。

YouTubeにあがってる最近(二〇一一年)のインタビューなんかを見てみると(歳とっても実にチャーミングです)、彼女は「いいジャーナリストでありたいだけなのよ」と語っています。ぼくらは彼女に合わせて「ジャーナリスト」の定義を変えたほうがいいかもしんないですね。その彼女の最新のレポートであろうところの二〇一〇年作『Homeland』も、いまさらですが購入しました。(8.6)

2012.11.29

Lina Nyberg, Esbjörn Svensson
Close

2012.11.28, Koto-Monzen-nakacho, ¥250

こういうもんがしれっとクラシックコーナーにまぎれて売ってるから面白いんですね、ブックオフ。しかも二五〇円で。どういう人が売り飛ばすんでしょうね。ちょいちょい北欧ジャズもの、見かけるんですよね。というわけで、本作はスウェーデン産ですが、ここでピアノを弾いてるエスビョルン・スヴェンソンはそれなりに知られた人かと思います。E.S.T. というユニットで活動してきて、日本にも何度も来てましたが、惜しくも二〇〇八年に四四歳の若さで亡くなっています。とはいえ、本盤における私の興味は、どちらかといえば、歌を歌っているリナ・ニーベリさんのほうにありまして。好きなんですよお。北欧のシンガーのなかでも最もイノベイティブ&クリエイティブな存在だと思ってます(トロピカリアの名曲群をビッグバンドでアレンジした風変わりな名作なんかがあります)。

その彼女の声と、若きスヴェンソンのピアノが、一対一で相まみえるという、なかなかの優良盤です。リナ嬢はまっすぐでクセのない歌い方が持ち味ですが、デビュー作となる今作では若さゆえか少しばかり硬さが残っているのも、それがかえっていいです。赤くなる前のリンゴって感じですかね。とはいえ、本作で感心させられたのは、スヴェンソン氏です。いやあ、洒落たピアノが弾けるんですね。知りませんでした。すみません。ビートルズの「Here, There and Everywhere」やモンクの「Ruby My Dear」なんか、アレンジを含め冴えてます。ふたりの「声」の間に張られた糸は緩むことなくぴんと張りつめ、どちらが前に出るともなく、いい距離感を保ちながら互いを支えあう感じが美しいです。

北欧で歌とピアノのデュオというと、ラドカ・トネフ/スティーブ・ドブロゴスの名盤が思い浮かびますが、どうしてどうして、これも捨てがたい。聴くほどに味わいが増しそうです。ソング社長(ジャズレーベル「SONG X JAZZ」を主宰する宮野川社長。事務所を一緒にシェアしている)も横で絶賛してますので、思い切りハイスコアをつけときます。費用対効果という観点から言えば、これでも低いくらいかもしれません。(9.2)

2012.11.29

The Best of Teddy Pendergrass

Turn Off The Lights

2012.11.28, Koto-Monzen-nakacho, ¥500

テディ・ペンダーグラスというと、映画『ナッティ・プロフェッサー』の一シーンを思い出します。エディ・マーフィーが演じるところの太ったお人好しの大学教授が、好きな女性を家に迎える準備をしているシーンで、彼はうきうきしながら「Teddy P, Teddy P」と口ずさみながら、そのCDをステレオにいそいそとセットするわけです。なるほど、と思ったのは、黒人だからといって、みんながみんな女とみれば誰彼なく「メス犬」呼ばわりしたりするわけではなく、当然、ジェントルな人もいれば奥手な人もいるわけで、そういう人たちにとって、「テディP」は、格好の、そして頼もしい味方なんだ、ということでした。

思い返してみると、初めてテディPの存在を知ったのは中学の頃で、その頃、彼はすでに自動車事故のせいで車椅子に乗っていました。なもんで、当時MTVでメタルに夢中だった私としては、それがイケてる音楽とは到底思えなかったわけです。誰がこんなもん聴くんだ、と。イカした音楽はとにかくBadじゃないとね、と。車椅子に乗ったオッサンが歌うメロウなR&Bなんぞ、辛気くさいにもほどがある、演歌にも等しいものだったのです。

しかしながら。歳は取ってみるもので、気づくとこういうものがホント良くなってくるんですね。子どもの頃に憧れたようなBadな大人になれてるわけでもなし（って、その頃憧れた生き方ってのは、とにかく二六歳までに死ぬことだったわけですが）、まっとうな大人かどうかはさておくにしてもそれなりに保守的にもなってたりして、デイヴ・リー・ロスやらスヌープ・ドッグがPVのなかで生きていた桃源郷は、どうあがいても他人事。そこで、がぜんテディPのリアリティは増してくるということになるわけです。

わかりやすく健全にロマンチックで、言っても太った大学教授の、甘く、あわよくば官能的な夜のお供になってくれるわけですから、たぶん誰が聴いてもそういう甘やかな気分になれるはずです。なんにせよ、きちっとした良識ある大人が甘い気分になれる、こういう音楽があるってのは大事なことですよね（自分が良識あると言ってるわけではありませんよ）。最近だと、グレゴリー・ポーターなんていう歌手が、その系譜にあるかと思いますが（顔と佇まいほどに音楽は似てませんけど）、逆に言うなら、お堅い常識人さえをも身悶えさせるこうした音楽は、やたらと動物的ないまどきのR＆Bよりも、はるかに効力が強く、汎用性も高いということになるのかもしれません。ひとりでは聴くのはむしろこっちのほうが体に毒、とも言えるでしょうか。（8.0）

2012.12.03

Gary Burr
Stop Me If You've Heard This One...

2012.12.1, Kiba-Kasaibashi, ¥500

このゲイリー・バーって人、名前も聞いたことありません。ないのですが、二五〇円棚でみつけた、この人の別のアルバムに「Songs by Joe Henry & Gary Burr」と銘打たれたものがあって、「ん？」と思ったわけです。あの、プロデューサーとして有名なジョー・ヘンリー？と。にしては、ダメなジャケットだし、大体クラシックコーナーにそんなアメリカーナな作品あるのもおかしいし、と思っていったんはスルーしたのですが、五〇〇円棚のほうに移ったら、このバーさん、また出てきまして。裏ジャケを見てみると、ギターを手にした髭面のおっさんで、どうもSSW（シンガーソングライター）かカントリー系の人だな、というのがわかって、となると、あのジョー・ヘンリーとのコラボもあり得るかと、とりあえず両方買ってみることにしたのです。

結論から言うと、ジョー・ヘンリーは、あのジョー・ヘンリーではなかったようで、その点はがっかりはしたのですが、ネットで調べてみると、バーさん、なかなかのやり手だということが判明。キャロル・キングやオリビア・ニュートン＝ジョンなんかとのツアー経験もあり、ジュース・ニュートン、ランディ・トラヴィス、コリン・レイといった数多くのカントリー歌手のヒット曲を手がけたソングライターでもあり、近年では、ケリー・クラークソンの「Before Your Love」なんて曲を書いてヒットさせてます(横で聴いてたソング社長が「いいメロディじゃん」って言ってます)。

で、まあ、このクラークソンの曲をまずは聴いていただけるとわかるんですが、とにかくべたべたなカントリーポップなんですね。先に挙げたジュース・ニュートンとか、ランディ・トラヴィスとか、私はまったく聴いたことなくて、せっかくなんでいま聴いてみましたが、まあ、わりとしょうもない音楽です。テイラー・スウィフトがやってる音楽がこの部類に近いんだろうと思うんですが、最も凡庸な保守系白人の音楽という印象で、とはいえだからといってバカにしたもんでもなさそうで、相変わらずアメリカではこういうものに一定の支持が根強くあるんだと思います。しょうもないな、とは思いつつも、テイラー・スウィフトだって曲によっちゃ結構聴けますしね。嫌いじゃないんですよ、私は。で、こうした音楽において重要なのは、音楽そのものよりも実際は歌詞なんですよね。

というわけで、バーさんのこの作品(ライブ盤です)を聴いてみるわけですが、いきなり一曲目から、フラれた男がひとりキッチンでビールを吸っては、寂しさを紛らわすために夜中に友だちに電話して迷惑がられる、といった歌なんですよね。いやあ、女々しい。女々しいんですけど、これを聴くような男はきっとマッチョなタイプでしょうから、普段は強がってるんですね。でも家に帰ると寂しいわけです。その辺の機微を、なるほど、こういう歌はうまくすくいあげているような気はします。諦めと後悔と自己憐憫と。不器用な男のためのエレジーとでもいいましょうか。ピックアップトラックに乗ってて、くたびれたキャップをかぶってて、家でいつもバドワイザーを飲んでて、テレビでNASCARを観てるような、しがないおっさん。そういう人がおそらく主人公なんですよね。そりゃ需要ありますわな。

　というわけで、聴きようによっては、いい曲がたくさん入ってるアルバムでして、嫌いじゃないです。こういうカントリー歌謡のラブソングはとにかくセンチメンタルなんですが、誰しも、センチメンタルになりたい夜はあるはずで、それのどこが悪い、と開き直りたいときにはうってつけです。歌謡曲ってのは、そういうときのためにあると言ってもいいくらいのものでしょうし。

　ところで、このバーさん、最近はケニー・ロギンズ（『フットルース』や『トップガン』の主題歌でおなじみの）とユニットを組んでツアーしたりしてるみたいです。あと、「Huffington Post」になぜかコラムを書いていて、それも結構面白いです。（7.1）

2012.12.03

Patti Austin

Every Home Should Have One

2012.12.28, Koto-Monzen-nakacho, ¥500

たぶんその筋の人からすると、なにをいまさら、な名盤だと思うんですが、仰るとおり、たしかに名盤ですね。プロデュースがクインシー・ジョーンズで、八一年発表。MJ暦にのっとって振り返ってみると、『オフ・ザ・ウォール』と『スリラー』の間の時期で、クインシー先生としても乗りに乗ってた時期とみなすことができるんだと思います。パーソネル的に期待したのは、ルーファスの面々の参加だったのですが、本作は、LA、NYのフュージョン系の人で固められてます(スタッフ!の面々とか)。さすがに手堅い演奏です。全編めっちゃアーバンで「上質」の一言。特筆すべきはやはり曲のよさでしょうね。マイケルの「Rock With You」や「スリラー」を書いたロッド・テンパートンのほか、エリック・カズ、トム・ベルなんかも参加。ホント捨て曲ないです。

で、せっかくなんで、本作に四曲提供しているロッド・テンパートンについてちょっと調べてみたんですが、ああ、MJの「Baby Be Mine」もこの人なんですね。スリラーで一番好きな曲です。ってなことはわかったものの、案外このイギリス人音楽家についての情報は少ないんです。Heatwaveというバンドの一員だった過去はそれなりにフォローされてますが、根っからのメディア嫌いで、ほとんど表舞台には出てこないらしく(何本か音声インタビューがYouTubeに上がってますが)、その謎めいた人物像についてわざわざ『ガーディアン』が「どなたかロッド・テンパートンを見かけてませんか?」というブログ記事を二〇〇九年に掲載しているくらいです。さすがに大金持ちらしく、フランス、フィジー、ケント、そしてマルホランド・ドライブにもお屋敷を構えているらしい、というところまで『ガーディアン』は追いかけていますが、そこから先はまったく不明、とか。

ファンサイトなどを見ても似たような情報があるばかりで、あとは「喫煙は風邪の予防になる、と信じている」といったトリビアのみ。ふむ。変わりモンなんですかね。会ってみたくなりました。(8.4)

2012.12.03

Tom Petty And The Heartbreakers

2012.11.28, Koto-Monzen-nakacho, ¥500

トム・ペティは基本大ファンなんです。なのに、なんでこのファーストアルバムを持ってないんだ、と言われると面目ないんですが、聴きはじめたのが

『サザン・アクセンツ』からなんで、とここでは一応言い訳しておきます。それと、ライブ盤とかベスト盤に頼ってことを済ましてきたということも白状しておきます。なんせ、楽なので、ベスト盤。で、ついでに一番よく聴いたのが『彼女は最高』のサントラです、とか言ってしまうと、コアなファンからは破門されること必至ですが、実は私とトム・ペティ、誕生日が一緒なんです。なので誰がなんと言おうと、私的には、特別な親近感を持っているわけです。ちなみに同じ誕生日には美智子妃、スヌープ・ドッグ、チャールズ・アイヴズ、アルチュール・ランボーがいたりします(スヌープは同い年だし)。

ま、そんなことはいいんですが、結構どきどきするもんですね、二〇年以上聴いてきたアーティストのファーストアルバムを改まって聴くというのは。とはいえ、いまさら新たな衝撃があるわけでもなく、なるほどー、若いなあ、くらいの感想しかないのは情けないもんではありますが(なんだかんだ言って結構曲は知ってますし)、これが出た一九七六年当時、このサウンドが、パンクとロックンロールを橋渡しした、などと解釈されていたのは面白いもので、言われれば、パンキッシュな部分はなくはないですが、それも「ガレージ感」と言い換えてみるとあるいはしっくり来るかもしれません。家のガレージとか地下室に仲間を集めてバンドを始める。アメリカの少年にとって、それもまたひとつの原風景と言えるなら、このアルバムは、その景色を濃密に映し出しているように思えます。

考えてみれば、トム・ペティとそのバンドは不思議な立ち位置にあって、ルーツロックどっぷりというほどには渋くもなく、といって、おバカロックというわけでもなく、とはいえほどよくポップで変に文学的なところもなく、つまるところ見ようによってはどこまでも凡庸に見えるんですね(歌詞も曲もホントは最高なんですが、誰も彼を「詩人」とか「天才ソングライター」とか呼ばないんです、不思議なことに)。

色んな意味で中庸なところがあって、その中庸さをもって、ロックとかロックバンドっていうものの本質にあるなにかを体現してるんでないか、という感じがします。

本作の締めは、稀代の名曲「American Girl」ですが、この曲を聴くと、私なんかは、「最高のロックチューンって、こういうもんだよな」と勝手に合点してしまうんですが、結局、この曲の一番ぐっとくるところでなにが歌われているかと言えば、「Oh yeah, Alright, Take It Easy Baby」くらいなことだけなんですよね。そこにぐっと来るってよくわからないじゃないですか。でも、そこでみんな、わっと盛り上がるわけで、そこをみんな歌いたいんですよね(この曲をカバーしてる人は、テイラー・スウィフトからデフ・レパードまで結構な数います。かのエディ・ヴェッダーもこれを歌ってるときばかりは、バンド始めたばかりのダサいティーンエイジャーみたいです)。

だからなんなんだよ、って内容ですから、誰もそれを解釈したりしようとしないところこそミソで、そこにこそロックの醍醐味は宿るんだろうって、この曲聴きながらいつも思います(AC/DCを聴いても同じことを思いますが)。変な音楽ですよね、ロックって。(8.0)

2012.12.08

Duran Duran

2012.12.6, Kiba-Monzen-nakacho, ¥500

大好きなヘビーロックバンドのDeftonesが、80's のポップスのカバーをやっているのが秀逸でよく聴くのですが、カーズの「ドライヴ」やシャーデーの「ノー・オーディナリー・ラブ」に並んで、デュラン・デュランの「ザ・ショーファァー」と「ナイト・ボート」をやっているのが、個人的にはとてもポイントが高いです。メロディはダークでカッコいいし、それも単にカッコいいだけでなく、すぐにそれとわかる独特のメロディ感覚があって、そうやって聴いてみると、デュラン・デュランが実は高いオリジナリティをもった、いいバンドだということがわかって、「ニュー・ロマンティック」などと十把ひとからげな括りのなかのとりあえず一番売れたバンドとしてしか認知されていないのは、不当な気もします。

と、曲名もカッコいいんですよね。「ナイト・ボート」とか「テルアヴィヴ」とか。「ザ・ショーファー」とか「ユニオン・オブ・ザ・スネイク」とか。「ザ・リフレックス」とか。グラマラス、かつミステリアスで、個人的にはタイトルだけでぐっときます。

バンド名からして映画『バーバレラ』の登場人物から取っていることでもわかるように、SF的な世界観の建てつけが、うまい具合にポップでセクシーなんですよね。ついでに言うと、「ニュー・ロマンティック」ということば自体、デビューシングルの「プラネット・アース」の一節だったりするわけで、そのことをもって、彼らがいかに自身の世界観を的確に表すことばのセンスをもっていたかの証にすることすらできるのかもしれません。

演奏も非常にシリアスで、よく考えて真面目につくられたことが改めてよくわかるアルバムです。アイドルバンドとして扱われるようになったのはあくまでも結果論で、演奏、作曲をすべて自前できっちりこなしているのはいまにしてみると実に見上げたもので、デビュー前の期待値が実際どの辺にあったのか、単にアイドルバンドとして売りだそうとしたのかどうか、あやしくなってくる気さえします。デビューのタイミングがほんの数年前か後であったなら、あるいはバンドの見え方もちがうものになっていたかもしれません。

ちなみに彼らの出身地であるところのバーミンガムは、かのブラック・サバスを、後にナパーム・デスを生み出すことになります。暗く寂れた工業都市という印象ですが、そのイメージを背景に置いて聴いてみると、このアルバムも、「ニュー・ロマンティック」という語も、ちょっとちがった陰影を帯びて響いてきます。Deftonesがカバーするなかで切り取ろうとしたのは、そのあたりの感触だったのかもしれません。(8.0)

2012.12.08
The Jacksons
Destiny
2012.12.06, Kiba-Monzen-nakacho, ¥500

二〇〇八年にリイシューされた一九七八年のアルバムです。MJ崩御にかこつけてうっかりこの辺まで手を出してはみたものの、結局ヒット曲以外はそんなに聴かないことに気づいたどこかの誰かが手放したのではないか、と勝手な推察をしながら買ってみました。

ジャクソン5ならいざ知らず、いまさらなかなか手は出さないですよね、ザ・ジャクソンズ。大人になりかけのマイケル、二〇歳のときの作品です。古巣のモータウン・レコーズから離れ、CBS/エピックと契約して三枚目となりますが、前作、前々作のセールスがいまひとつで、本作は、ある意味起死回生を狙った作品ということになるようです。ジャクソン兄弟がすべての曲のソングライティングを手がけ、自身でプロデュースも行なった点で画期的だった、と。

で、それが功を奏しちゃうんですね。発売翌年にビルボードのポップチャートで一一位にランクインすることになります。『スリラー』以降のマイケル人気を考えれば、なんとも慎ましやかな〝カムバック〟ではありますが、これが売れなかったら、その後のMJのキャリアだってどうなったか知れたものではなかったわけです、実際。

とはいえ、聴いてみると本作が売れたのも必然だったと思いたくもなります。すでにこの時点で、リードボーカルのマイケルの後のトレードマークとなるコンポーネント(「だっ」とか「ひーっひ」とかそういう)は大方出揃っていますし、ソングライティングの部分でも、ソロ作に引き継がれていくセンスや方法論は出来上がりつつあると感じられます。

結構ごつごつもっこりしたサウンドなのが、いま聴くと新鮮かつ意外ではありますが、クインシー・ジョーンズは、このサウンドを、しゅっとスリムにリファインすればよかっただけと言えるくらいには洗練されていて、ストリングス、ホーン、ボーカルのアレンジいずれも相当上質なものだと思います。クレア・フィッシャーがストリングス・アレンジを手がけた「Push Me Away」なんか、うっとりしますね。

というわけで、基本『オフ・ザ・ウォール』とセットで聴いてなんら遜色のないアルバムだと思います。とにかくマイケルの歌はすごい、の一言。その後あまり見せないような、ちょっと「若気」な部分もありますが、そこをむしろ愛でるのが正しい聴き方でしょう。

いったい誰が、なんで、これを手放しちゃったのか。首をかしげたくなりますね。(8.2)

2012.12.11

Tony Bennett & k.d. Lang
A Wonderful World
2012.12.06, Kiba-Monzen-nakacho, ¥500

かけた瞬間から、いきなりクリスマス気分が溢れ出ます。シナトラとか、このトニー・ベネットとか、朗々とした男性ジャズボーカルを聴くとクリスマスの気分になるのはなんでなんでしょうね。どういう刷り込みによるのか。個人的には『ダイ・ハード』のラストシーンをいつも思い出すのですが。

とはいえ、無駄に賑々しいアルバムというわけではありません。二曲目の「ラ・ヴィ・アン・ローズ」で、k.d.ラングの歌声がトニーの声に重なってくるの聴くにつけ、作品の印象はぐっとマイルドかつ、陰影豊かなものになってきます。トニーの変わることなき陽性のダンディズムも、k.d.の両性具有な声がからみつくことで、がぜん現代性を帯びて聴こえてくるというわけです。キャスティングの妙というのはこういうものでしょうね。A&Rに拍手を。

アルバム全体はサッチモの名演で知られる曲ばかりを集めたもので、「素晴らしき世界」なども入っていて、これまた曲名に違わぬワンダフルな出来映えです。プロデューサーのT・ボーン・バーネットも音づくりの面では凝ったことはせず、手練れの職人カルテットとこってりしすぎない流麗な弦を配して上品なサポートに徹します。

なんにしてもトニー・ベネットはすごいです。どんな歌を歌っても、生まれたときから歌ってます、といった風で楽々。一方のk.d.は、見事な歌唱にはちがいありませんが、さすがに入念にリハーサルを重ねてきたなといった感じがします。あるいは多少の緊張もあったかもしれません。キャリアの差ってのはこういうもんなのでしょうか。

その後、大ヒットしたトニー・ベネットの『デュエッツ』のコンセプトは、このアルバムから生まれたものかもしれません(本作は二〇〇二年の作品)。誰と絡んでも、大樹のごとく。揺らぐことなし。『セサミ・ストリート』のエルモと組んでさえ、しみじみと泣かせてくれるのですから、組む相手にしてみたら大船に乗ったも同然の気分でしょう。

あと機会があったらぜひ裏ジャケ見てみてください。ジャケットを脱ぎ、Yシャツの腕をまくって、ネクタイを緩めて歌うトニーの姿のカッコいいこと。リラックスしたアフターアワーの雰囲気のなかに、かえって仕事一筋で生きてきた男の重みが宿るという。「歌」はその昔、ちゃんとした大人の仕事だったんですね。歌のプロとして、こんな風に人生をまっとうする歌手は、果たして今後出てくるんでしょうか。(8.6)

2012.12.13

Bobby Short

Guess Who's In Town: Bobby Short Performs The Songs of Andy Razaf

2012.12.10, Akihabara, ¥250

ボビー・ショートというキャバレー／ジャズ・シンガーの名は、なんとなくうっすらと聞いたことはあるような気がしなくもないのですが、本作で取り上げられているアンディ・ラザフという名は初耳で、「ハ「誰？」とジャケをひっくり返してみたところ、「ハニーサックル・ローズ」とか「エイント・ミスビヘイヴィン」といった有名スタンダードが収録されていて、そんな名前の作曲家だったっけな？と思いはしたものの、なんとなく面白そうなので買ってみました。

ライナーを読み、ネットなどでも調べてみたところ、アンディ・ラザフは作曲家ではなく、作詞家であることが判明し、腑に落ちたわけですが、さらに調べていくと、この人、面白いです。まず本名がすごい。Andriamanantena Paul Razafinkarefo。いったいどこの出身よ、って話なんですが、なんとマダガスカルだそうです。ちょっと驚くべきライフストーリーなのでざっと紹介します。

父上はマダガスカル（当時はメリナ王国という名だったそうです）の女王ラナヴァロナ三世の甥にあたる人で、母上はアメリカ領事の娘さんだそうです。一八九四年にはじまったフランス軍のマダガスカル侵攻の最中に父上が亡くなり、当時一五歳、身重だった母上は追われるようにアメリカに亡命。ワシントンDCで、アンディを生むこととなります。

その後、母子はハーレムに移住。アンディは一六歳で学校をドロップアウトし、エレベーターボーイとして音楽出版社が集っていたティン・パン・アレイのビルで働くこととなります。そして作詞を始めることになったというのです。その後、作詞家としてのキャリアを歩むようになっても、タイムズスクエアのバスターミナルでアンディは寝起きしていたと言いますから、黒人で移民の作詞家は、決して生きやすい環境にあったというわけではなさそうです。アザフは、二〇年代の「ニュー・ネグロ・ムーブメント」の一翼を担う存在ではあったとも言われています。

　本作に収められた一一曲で、彼がコラボレイトした作曲家を見てみますとファッツ・ウォーラー、ユービー・ブレイク、ジェームズ・P・ジョンソンなど黒人が名を連ねますが、ハリー・ブルックス、ポール・デニカー、J・C・ジョンソンなど白人のコラボレイターも少なくなく、ティン・パン・アレイというと、とかく名が上がるのは白人の作曲家ばかりという印象ですが、実際のところ、人種を超えたコラボは珍しくはなかったのかもしれませんね。

　それにしても、この作詞家にあえてスポットを当てたというのは、二〇～三〇年代のキャバレー文化の名残を継承し伝えたボビー・ショートのような人にしかもちえない慧眼だろうと思います。録音は一九八七年で、そんな時代によくこんな企画が通ったな、という気もしますが、かけたすぐそばから、ギャングが跋扈する二〇世紀初頭のニューヨークの路地の活気が立ち上ってくる素敵な一枚になってます。マダガスカルからニューヨークへ。一〇〇年以上も前の、まるで映画のような苦難の旅に思いを馳せながら。（8.2）

2012.12.17

Sexsmith & Kerr
Destination Unknown
2012.12.10, Akihabara, ¥500

二〇〇五年にリリースされた当時に買って愛聴してたんですが、気づいたら盤だけが行方不明になってしまい。いずれ買い直さなきゃと思っていたのが、五〇〇円だったので購入しました。

　これは、ホントに名盤だと思います。当代随一と言ってもいいメロディメイカーのロン・セクスミスが地元カナダの盟友ドナルド・カーとふたりで、つくりあげたＤＩＹ感満載の作品で、美しいメロディを全編ロンとドンのハモりで聴かせるという、「平成のエヴァァリー・ブラザーズ」とでも言うべき内容になってます。いまどきのインディっぽいフォーキーさとオールディーズ感とが絶妙にブレンドされて、まさにタイムレスな一枚となってるわけです。

お気に入りは三曲目の「レモネード・スタンド」という曲なんですが、レモネードを家の庭先で道行く人に売るというのは、アメリカの郊外暮らしの子どもたちが、人生において一番最初にやる「ビジネス」なんですね。夏休みの風物詩になってたりして、アメリカン・スピリットのひとつの原風景と言っていいものかもしれません(カナダにこのような文化があるのかどうかは知りませんが、たぶんあるんでしょう……)。

歌詞はこうです。「若い起業家精神が／小銭を稼ごうと張り切る夏／人生っていいもんだよね／人生はひとつの大きなレモネード・スタンド」。日銭を求めてあくせくしているうちに過ぎていく、それが人生だ、というわけですが、それだけを言ってしまうとなんとまあ、せちがらく聞こえますが、そんな人生もひとつの大きな「レモネード・スタンド」だと思えば、ちょっとなんだか心も浮き立つ感じがします。夏の日差しと芝生の匂い。甘酸っぱいレモネード。ポエジーですなあ。

「それはビタースウィートな歌／レモネード・スタンドの歌」。慎ましやかで甘酸っぱい人生賛歌。そんなこんなな気の利いた歌が全一三曲。おすすめします。(8.9)

2012.12.17

The Vince Guaraldi Trio

A Flower Is A Lovesome Thing...

2012.12.16, Akihabara, ¥500

ヴィンス・ガラルディといえば、スヌーピーですね。アニメ版の『ピーナッツ』の、ちょっとモコモコしてて、でもよく聴くと結構ファンキーなサウンド。あれをやってたお方です。なので名前は知らずともどこかで聴いてる方も多かろうと思います。

サンフランシスコ出身で西海岸のジャズシーンで活躍した人ですが、もともとはブギウギピアノの弾き手だったそうです。その後、自身のトリオやさまざまな客演で名を馳せることになりますが、ブルージーな部分とメロディアスな部分とがほどよくマッチして、それでいて中途半端なBGMに堕してしまうことなくきりっとしたジャズになっているのが持ち味と言えるでしょうか。加えて温もりとユーモアがそこはかとなく漂うという。『ピーナッツ』のサウンドトラックにこれ以上うってつけな人もいないでしょう。

本盤は、ドラム抜きのトリオで、ヴィンスのピアノ、そしてベース、ギターの編成。ですので全編ひっそりと穏やかな気分に包まれた作品になっています。一曲目の表題曲はビリー・ストレイホーンの官能的なチューンですが、官能的とは言っても、ここで愛でられているのはジャケットにあるような野の花で、そこにひそやかに雨が滴り落ちているといった風情です。スタンダード中のスタンダード「枯葉」も、しみじみ聴かせてくれます。

個人的にはアルバム終盤の二曲、「ひとりぼっちの娘」(Lonely Girl)と「柳よ、泣いておくれ」(Willow Weep For Me)がお気に入りで、ブギウギ由来のブルージーな演奏が心地よく、チャーリー・ブラウン的な悲哀と孤独がすっと心に染みいるようです。深夜に聴いても、明け方に聴いても、ゆっくりと静かないい時間が流れます。いい買い物をしました。入手

してから朝晩ずっと聴いてます。(8.7)

2012.12.25
René Urtreger
Jazzman
2012.12.10, Akihabara, ¥500

大体まず名字からして読めません。ネットで調べると「ウルトレジェ」「ウルトルジェ」「ユルトレジエ」と出てきてどうも定かじゃありません。ここではルネさんと呼んでおきます。

ルネさん、フランスのジャズピアニストです。五〇年代にセーヌ左岸はサンジェルマン・デプレあたりで弾いていた方で、マイルス・デイヴィスが音楽を担当した『死刑台のエレベーター』のセッションに参加していたそうですが、名前を覚えてる人、どの程度いますでしょうか。とはいえ私的にはちょっとばかり気になる人で、というのも、ダニエル・ユメールという大好きなドラマーがフランスにいるのですが、その人とトリオを組んでいたことがありまして、そんなご縁でルネさんの演奏はほんの少しは知っていたわけです。

本作は、そんな彼が一九八六年に録音したソロピアノ作品です。ソロピアノって、そもそもそんなには聴かないので、無理に評価してみたところでアテにならないのですが、これは、なかなかよさそうです。ソロピアノってのは、あんまりがつがつ弾かれても鬱陶しいですし、変に隙間だらけでも落ち着かないですし、といってあまりに流ちょうに弾かれてもホテルのバーみたいだしで案外難しいものだと思います。聴く側にとっても。

ルネさんのピアノは、うっかりすると聴き流してしまいそうな流麗さはあるんですが、ところどころ変にぞんざいなところもあって、それがかえっていいです。あんまし「巧い」って感じはしないんですが、おしゃべり好きではありそうで、それなりに語りかけるんですが、聴いていいて不思議と疲れないんですね。大したことのない話を、すごく面白く話すわけでもないんですが思わず聞き耳たてちゃうような、そんな独特の語り口です。

妙に叙情的なところもあったりするんですが、真面目なのか不真面目なのかいまひとつわからないのもいいですし、なんだか気まぐれに弾いてそうな部分があるのも楽しいです。裏ジャケの写真を見ると、大層真面目そうに見えるんですけどね。真顔で平気で嘘がつけるタイプかもしれません。ノンシャランなんてことばを久々に思い出しました。(8.0)

2012.12.25

Ahmad Jamal Trio
Cross Country Tour; 1958–61
date unknown, Akihabara, ¥500

随分前に買って放置したままになっていたのを、ふと家でかけてみたらびっくりするほど良かったので敗者復活的に取り上げることにしました。ので、買った日付は覚えてません。

そもそも、そんなに興味があったわけじゃないんです。アーマッド・ジャマル。でもジャケがカッコいいじゃないですか。ピアノを前にしたジャマル氏の写真が抜群にカッコいいので、うっかり欲しくなっちゃったんですね。で、聴いてみたら、わりと普通なジャズ・ピアノトリオに感じられて、うーん、ちょっとちがうか、と思ったわけです。いや、浅はかの極み。

聴き直してみると、これがなんとも得も言われぬ精妙な演奏でして。タッチの軽さ、その押し引きが絶妙で、大胆な飛躍をしてもひたすら軽やかなので、そうとは聴こえません。奔放なのにすべてが理にかなって自然。かつどこを切り取ってもグルーヴしてます。さらっと軽やかに、でも深々と揺れるんですね。って、ことばにすればするだけ野暮ったくて歯がゆいんですが。

本作は一九五八年から六一年の間に録音され、A

RGOから発売されていたライブアルバムを五つほど、CD二枚に押し込んだコンピなんですが、飽きることはありません。ベースにイスラエル・クロスビー、ドラムにヴァーネル・フルニエと、お二方も(お恥ずかしながら)初めて聞くお名前なんですが、ジャマル氏本人もとりわけこのトリオでの演奏は気に入ってたそうで、なかでもCD1の前半を占める『At The Pershing』を本人は「完璧なレコード」と呼んでいたそうです。

なんともごきげんな演奏なので、うっかりするとカクテルピアノっぽいものとして理解する人も過去にはいたそうですが、ご本人は「オレをエンタテイナーと呼ぶヤツには、いつも喧嘩売ってた」と語っています。シリアスなアーティストなんですね。でも、そう聴こえないっていうのは、これ本物の才能の証というべきで、実際多くの人が彼の演奏に憧れたと言われています。かのマイルス・デイヴィスも、五〇年代にその影響を公言していたそうで、とくに間の使い方をジャマルから学んだ、とライナーは記しています。

隣のソング社長に聴かせたら、はじめ「なんかラテンな感じだな」と言ったかと思ったら、しばらく黙って聴いていた後「なんかPooさん(日本が生んだ不世出のジャズピアニスト、故・菊地雅章のこと)を思い出すな」と難しいことを仰る。でも言われてみるとなんだか両方とも当たってる感じがするんですね。

フレーズというフレーズから次々と新しい風景が浮かび出るようで、こういうスウィンギーなピアノ・トリオの演奏で、そんな体験をするのは初めてな気がします。本物の詩人なのでしょう。めくるめく演奏。とにかく最高です。うまくことばにできなくて申し訳ない。(9.3)

2012.12.27

Nico Muhly
Mothertongue
2012.12.26, Akihabara, ¥250

こういう才人がいるんですね、世の中には。一九八一年生まれ。ニコ・ミューリーと読むみたいです。まったく知らない名前ではあったんですが、なんか引っかかるところがあって、棚の前でスマホでググってみました。

まず最初に、アメリカ出身の現代作曲家と出てきまして、メトロポリタン歌劇場、カーネギーホール、ニューヨークフィルを含む膨大な数のコミッションワークを手がけてる旨などがわかってきます。加えて、ロック、ポップス方面での活動も活発で、ビョークやらグリズリー・ベアやらアントニー&ザ・ジョンソンズやらヨンシーやらと絡んでいたりすることが判明。さらにアイスランドのレーベル／コレクティブ「Bedroom Community」(九七頁)の設立者でもあることも知らされます(レーベルの共同設立者ヴァルゲイル・シグルズソンって人もやばいですね)。これで興味持つなというほうが難しい。クラシックの聖地から最果ての辺境インディレーベルまで。それだけですでに凄まじく素敵な活動領域・守備範囲。

で、聴いてみました。すごいです。冒頭の四部構成の表題曲は、メゾソプラノの音声を電子的に切り刻んでパッチワーク状のレイヤーにしたものに、美しいピアノ、ストリングス、オーボエ等の音色や電子音が絡んでくるというもので(ぶぃーんというベース音がたまらんです)、エレクトロニカともミニマル音楽とも言えない聴いたことのないものになっています。次の組曲ではハープシコード、最後の曲ではバンジョーと、メインの楽器を変えつつも、文脈の特定できない不思議な音楽をこれでもかと紡ぎだします。

国籍も不明ですし、音楽的な参照もよくわかりません。謎。ニューヨーク／レイキャヴィックにて録音ということで「北」の印象はありますが、いったいどういう頭からこういうものが生まれてくるのか。でも、ことばの正しい意味において「現代／音楽」という感じはします。電子や音響、アンビエンスってものに対する鋭敏さは、いままでの現代音楽家にはなかったものじゃないでしょうか。のくせ、いわゆる伝統的な現代音楽の作法も、それとしてしっかり抑えているような。なんにせよ定義は難しいです。むしろこういう音楽や音楽家をもって時代を定義するのが正しい道筋かと。

こいつ、ちょっとホントにスゴイんじゃないかと思って、事務所に戻って今度はパソコンの前でじっくり調べてみたんですが、結構作品出てるんですね。最近はコラールばかりを集めた作品集なんかも出してて、これまたよさげ。映画『朗読者』のサントラを手がけたりもしています。まとめて旧作を何枚か注文しちゃったんですが、一番嬉しい発見は、今年の夏やたらと聴きまくったUsherの美曲「Climax」のストリングアレンジを、この方が担当してたことでした。グッジョブ。（8.7）

2012.12.31

Djavan
Vaidade
2012.12.25, Shinjuku–Yasukuni–Dori, ¥500

ジャヴァンって、そりゃあブラジルでは大物中の大物なはずで、泣く子も黙る名曲も数多くあるはずなんですが、これぞ決定盤というアルバムがあるかというと案外なさそうなのが、なんとも不思議で。探せば家にも数枚あるはずなんですが、タイトルすら覚えてないんですよね。で、結局一番よく聴いてるのはベスト盤かライブ盤だという。

本作は二〇〇四年の作品で、がっちりした、でもシンプルなバンドサウンドで聴かせる、かなりソリッドなもので、聴きようによってはかなりいい内容だとは思います。とにかく曲は最高にいいですし。

が、これをして「名盤！」と称賛する人はあんましいないんだろうと思います。

「コンセプト」とかそういうものに興味がないんだろうという気がします。いい曲が書けたらそれでよし。あとはそれをざっと並べて一丁あがり。そんな感じでもトップスター、ブラジルのポピュラー音楽シーンの至宝なわけですから、端的に言って天才なんだろうと思います。とにかくこの人の書く曲ときたら、唯我独尊、どこの誰にも似ていなくて、ときに「どっからこんな曲が出てきたんだろう」と訝しみたくなるような複雑不可思議な曲があります。それでいて滅法美しいんですから、カエターノ・ヴェローゾやガル・コスタといったブラジル音楽の第一線で活躍する大物たちが彼の曲を取り上げるのもむべなるかな。ことによっては、曲づくりにおけるひらめきといった部分では「あいつにゃ叶わない」と、心のうちでシャッポを脱いでるかもしれません。

　孤高とかいうとちょっとカッコつけすぎで、その音楽にめんどくさいところは一切ありません。ツボに入れば、これほど気持ちいい音楽もないです。ただ、ジャヴァンの音楽はジャヴァンしかつくれないという意味では完全に独創の人で、聴くたびに、なんかこの人宇宙人っぽいなあ、といつも思っちゃいます。(8.0)

2012.12.31

Vince Guaraldi
A Charlie Brown Christmas
2012.12.31, Kiba-Kasaibashi-dori, ¥500

大晦日の日にクリスマスアルバムを聴くほど季節外れなこともなかろうかと思いますが、ホリデーシーズンということで無理矢理。というのも、冬に聴くジャズとしてはこれ最高の部類に入ろうかと思いますので。

　ちょっと前に紹介したヴィンス・ガラルディによる『ピーナッツ』のサントラです。定番クリスマスキャロル「もみの木」や「リトル・ドラマー・ボーイ」などをアレンジしたものもあって、たしかにクリスマス感は満載なんですが、アレンジが実に洒落てまして、ここまで洒落てると季節感はぐっと後退して、普通によく耳にしたいいメロディっていう風にしか聴こえません。「リトル・ドラマー・ボーイ」の翻案であるところの、「My Little Drum」なんか、コーラスのアレンジとピアノの絡み合いが素晴らしく、ほかのジャズではおよそ聴けないような美しいポエムになってます。

ハイライトはなんといってもガラルディ氏のペンによる「Christmas Time is Here」だと思いますが、しかし、テレビ向けのアニメ映画のサントラに、これほど哀愁に満ちたジャズバラードが使われていたことにいまさらながら驚きます。初放映の一九六五年当時、これはあり得ない決断だったと番組プロデューサーはライナーのなかで語っていますが、いまとなっては、こんなハイセンスな音楽の使い方はますますできないでしょうね。

プロデューサー氏は当初デイヴ・ブルーベックをキャスティングしたかったそうだんですが、たまたまラジオでガラルディの「Cast Your Fate To The Wind」という曲を聴き、「こいつだ！」と決めたそうです。素晴らしい勘ですね。バラードにおける素朴な哀愁、楽し気な曲での浮き立つようなグルーヴ、そして全編を覆う遊び心。ブルーベックにはたしてそれをすべて満たすことができたかどうか。チャーリー・ブラウンの役どころ演ずるにどっちが適任か、と考えてみたら、やはり見た目からしてお茶目で楽しげなガラルディに一票を入れたくなりますよね。

(8.2)

2013.01.01

Edu Lobo e Maria Bethânia

Edu e Bethania

2012.12.28, Sumida-Ryogoku, ¥500

いまでもＣＤで普通に買えるんだろうと思ってましたが、どうも廃盤のようですね。新品のＣＤがAmazonで六万円近い値段がついてました。中古は二八〇〇円ほどですが。

一九六七年の作品でボサノヴァの名門レーベル、エレンコに吹き込まれた作品です。エドゥ・ロボとしては細かく言うと四～五枚目のリリースになるようですが、六五年のデビューですので、いずれにせよ初期の作品。ポスト・ボサノヴァの新世代を代表する才能としてめきめきと頭角を現しはじめた頃ってことになりましょうか。

お相手に抜擢されたのは、これまたブラジル音楽の期待の異才として同年にデビューしたカエターノ・ヴェローゾの妹君であるところのマリア・ベターニア嬢です。本当は、カエターノとデビュー盤でマッチアップした天下の美声の持ち主ガル・コスタを起用したかったのだけれども実現できず、代わりにベターニア嬢に白羽の矢が立ったと言われたりもしているようですが、真偽のほどはさだかではありません。

しかしながら怪我の功名というのか、これがかえってハマりました。ボサからの離脱を図ったのか、音づくりはシネマティックで曲想もドラマチックですから、ベターニア嬢の深々とした歌声が実によくマッチします（あるいは彼女の声を生かすべく、あえてそうしたのか）。また、リバーブの使い方などには、のちのサイケサウンドの気配も漂ってきていますが、そうしたサウンドで増幅された彼女の声の仄暗さ、重さ、激しさに、後にブラジルでも爆発することとなる若者たちの政治的ラジカリズムがひそかに忍び込んでいたことも伺われます。

カエターノ＋ガル・コスタ組の「ドミンゴ」も決

して明るいとは言えない、どこか不穏さが漂う作品でしたが、「裏ドミンゴ」とも称される本作には一層その気配が濃厚です。ボサノヴァは、その発明当初からきわめて私的で文学的に見える運動でしたが、六〇年代の後半に至って自らを新しい価値観に向けて脱皮させようともがいていたのかもしれません。

エドゥ・ロボは後年になってもボサノヴァとの縁を引く継ぐかたちでキャリアを築いていくことになりますが、カエターノもベターニアもボサとはまったく別のブラジル音楽のかたちを模索する至ったことを思うと、「ドミンゴ」と本作は、ある意味ボサノヴァの曲がり角を象徴する作品だったと言えそうです。

もはや屈託なくボサノヴァを歌うことができない、そのこと自体が彼らにしてみたらどうにも悲しくてやりきれないことだったのかもしれません。カエターノの「コラソン・ヴァガブンド」なんて聴きようによってはボサノヴァそのものへの鎮魂歌のようです。本作もそうした世代的な苦渋とでもいうべきものが、はからずもにじみ出ているような気がしてなりません。あくまでも勝手な思い込みではありますが。(8.2)

2013.01.02

Triumph
Thunder Seven
2013.01.01, Lotte City Kinshi-cho, ¥500

カナダのハードロックバンドといえば、一にRush、二にRush、三、四がなくて五にRushというのがおそらく相場で、もっと言えばRush以外のバンドなんて聞いたこともないというほうがむしろ世間一般の常識だろうとは思いますが、八〇年代半ばのアメリカでは、トライアンフというこの三人組が大人気だったんです。正真正銘のアリーナアクト。ビッグロック。当時のハードロック、メタル系メディアの人気投票では、Triumphのギタリスト、リック・エメットが必ず上位に食い込んでたもんです。実際、アコギなんか弾かせても相当うまい人でして、とにかくハードロック好きの間では超リスペクト。

かくいう私は当時出たライブ盤を一枚買ったきり、スタジオ盤には手を出さずじまいになってました。ときにジャーニーっぽかったり、デフ・レパードっぽかったり、あるいはツェッペリンっぽかったりして、少し散漫なバンドという印象があったんだと思います。と、ルックスがいまいちもさかったというのもマイナス要因でした。着てる服とか変だし。ベースの人とか柔道着みたいなの着てるし。

本作はバンドの七枚目の作品で一番売れたアルバムのはずです。持ってたライブ盤のなかでも好きだった「Spellbound」「Follow Your Heart」といった曲が収録されてるので、久々に聴くのを楽しみにして買いましたが、いや、二〇年以上ぶりとはいうものの、それでも結構盛り上がりましたよ、私は。

それこそジャーニーに代表されるような八〇年代のハードロック／産業ロックはたしかに思想も哲学もない、そりゃ浅薄な音楽だというのは重々わかってますが、それでも高いプレイヤビリティがあって、がつんとスタジアムやアリーナを熱狂させるギターリフがあって、泣きのパワーバラードがあって、という以外に、ロックコンサートになにをそんなに多く求めますかね、という見地から言えば、こういうバンドこそロックのよさを体現してたところもあると思うんですよね。

そういう意味でいうと、本作は当時のハードロックのなかでは最良の部類に入るんじゃないかと思います。全一〇曲、飽きずに全部聴けました。実は、いま聴いたらだいぶきついかなとも思ってたんです。どうしてどうして、音はぶっとく演奏はタイトだし、曲もバラエティに富んでいてボーカルも熱い。生真面目に「ハードロックかくあるべし」を追求した堂々たる力作です。(8.0)

2013.01.02

Martha Wainwright
Sans Fusils, Ni Souliers, à Paris: Martha Wainwright's Piaf Record
2013.01.01, Kameido-eki-Higashiguchi, ¥500

二〇〇九年の発売当時、これは良さそうだと注目していたんですが、すっかり買うのを忘れてました。カナダの女性シンガーソングライターによるエディット・ピアフ曲集です。

　まず驚いたのが、全編フランス語だったことです。題材がピアフならそりゃそうだろと言われればそりゃそうなんですが、まったく想定してなかったんですよね。しかも、まったくなんの苦もなさそうにフランス語の歌詞を歌ってることに再び驚いたんですが、そこで「そういえばマーサ・ウェインライトってカナダ人だったな」と改めて思い起こしたわけで。カナダといってもケベック州なのでフランス語圏なんですね。

　このお方の母上というのは、泣く子も黙る不世出のシンガーソングライター姉妹ユニット、ケイト&アンナ・マクギャリグルのケイトさん(RIP)なのですが、思えば、彼女らも全編フランス語のアルバムを残していたのでした。カナダというとうっかり北米圏＝英語と思いがちなんですが、そうじゃない文化がしっかりあって、そこがカナダの面白さだろうし、ひいてはそこにケイト&アンナの音楽の面白さが宿ってたんだろうと思います。

　一九七六年生まれのマーサ・ウェインライトは、おそらくこのお母さんの影響からピアフの音楽に慣れ親しむようになったのではないかと思います。たしかに演奏やアレンジはそれなりにシャンソン感があってピアフの世界をきちんとなぞってはいるんですが、聴いてるとふいにお母さん＋叔母の音楽を聴いてるような気にさせられてしまうところがあって、なるほど、これはお母さんというフィルターを通して解釈されたピアフなんだろうと思えてきます。

ケイト&アンナ・マクギャリグルの音楽は、ルーツにしっかり根ざしていながらも不思議な浮遊感と無国籍感とがあって、そこがひたすらチャーミングだったのですが、マーサのピアフにもそうした気配が濃厚です。

　もちろん、ニューヨークの名プロデューサー、ハル・ウィルナーが編成した、いかにも根なし草的なバンドのサウンド／アレンジに負うところも大きいのですが、それでも全体を通して描かれる世界はパリの路地でもニューヨークの路地でもなく、もっと雄大で未開拓な新大陸でありそうなのは、やはり彼女を育てた家や風土、文化のせいではないかと思います。

　マーサの英語作品はあまり熱心には聴いてなくて、なんだか陰気な印象があるばかりなのですが（誤解かもしれません）、本作でのマーサは饒舌で快活、ユーモアも芝居気もたっぷりで、とても魅力的。あるいはフランス語で歌うほうがより自分をストレートに表現ができるということもあるのかもしれません。お母さんはこのアルバムをことのほか喜んだんじゃないかという気がします。っていうかそうであって欲しいです。

　全編ライブ録音ですがバックの演奏は精緻にして溌剌、ダイナミックな歌を見事にサポートしてます。ピアノはDovemanこと、トマス・バートレットが務めています。（8.3）

2013.01.04

Billy Strayhorn
Lush Life
2013.01.03, Asakusa-Inaricho, ¥500

　長らくデューク・エリントンの右腕として活躍した作曲家・ピアニスト、ビリー・ストレイホーンの作品を取り上げた企画盤で、二〇〇七年にブルーノートからリリースされたものです。ビル・シャーラップ、ジョー・ロヴァーノ、ハンク・ジョーンズ、ダイアン・リーヴスにエルビス・コステロの名前がジャケットには記されています。だいぶ保守的だなあ、という気にさせられるラインナップではありますが、聴いた結果からいいますと、いい具合に正統的で端正な作品には仕上がってるかと思います。

　ハンク・ジョーンズ＋ジョー・ロヴァーノ＋ジョージ・ムラーツ＋ポール・モチアンのカルテットとダイアン・リーヴスが率いる自前のトリオの演奏が交互に登場し、合間合間にシャーラップのピアノソロやコステロ＋ロヴァーノ＋シャーラップのトリオ演奏などが挟み込まれるといった構成です。一見バラバラに聴こえかねないところですが、演奏のトーン、解釈もそろっていて、流れもいいのでバラエティありつつ一体感があります。するっと聴けます。

　ストレイホーン曲集って過去にもたくさんあるかと思うのですが、「Lush Life」ってタイトルがついてるものが結構あります。それほどまでに、この曲がストレイホーンという作曲家を象徴してるということになるんでしょうが、この「Lush」ということば、翻訳難しいですね。ネットで辞書を引くとざっとこう出てきます。

「〈植物が〉青々と茂った、みずみずしい、〈色・音・香り・味などが〉感覚的に快い、豊満な、なまめかしい、豪勢な、ぜいたくな、凝りすぎた、こくのある、こってりした」。加えて動詞には「〈酒〉を飲む、〈人〉を酔わせる」の意もあって、かつ「酔っ払い、アル中、酒」という意味で名詞としても使われたりもする、と。

　つまり、ふくよかな満ち足りたイメージがある一方で、どこか頽廃の匂いも漂うところがミソで、ストレイホーンの魅力ってその二面性にあるんだろうという気がします。ゲイだったことでも知られていますが、それを踏まえて両性具有的、なんてことばを使ってもいいのかもしれません。

　「Blood Count」「Lotus Blossom」「The Flowers Die of Love」等々、曲名からしてすでにどきっと

するような美しさなんですが、「Satin Doll」なんてよく知られたタイトルも、そうやって改めて眺めてみると、なんだか随分デカダンなイメージですね。

さきほど端正と評しましたが、本作の演奏はそういう意味ではわりとさっぱりしたもので、ストレイホーンの「頽廃」「毒」の部分はあまり描出されなかったとは言えるかもしれません。生真面目な演奏なんですね。セクシーさが足んない部分はあるかもしれません。って考えると、ストレイホーンはやっぱりとりあげるのが難しいチャレンジングな対象なのかもしれず、そこで翻って改めて思うのは、エリントンって人はとんでもなくセクシーなヤツだったんだな、ということです。

とはいえ、ギターとのデュオで仕立てあげたダイアン・リーヴスの「Lush Life」は素敵です。ラッセル・マローンのギターはさりげなく艶っぽいところがあって、ちょいとLushな気分は出てるかと。

(7.6)

2013.01.04

Johnny Cash
American V: A Hundred Highways
2013.01.01, Lotte City Kinshi-cho, ¥500

カントリー音楽の巨匠ジョニー・キャッシュが送った晩年は、音楽家のそれとしてはきわめて幸福なものだったように思えます。幸福だっただけでなく、音楽家にとってひとつの雛形となるような最期だったのではないかと、そんなふうにも思います。

リック・ルービンという良きプロデューサーを得て、ジョニー・キャッシュはその晩年を自分が愛した新旧の「アメリカの歌」を地道に歌い録ることに費やしたのでした。名付けて「American Recordings」。無駄な虚飾を一切省いて、曲とそれを歌う彼の声にのみフォーカスした、世界で最もハードボイルドでハードコアなアメリカンソングブック。このシリーズをもって何十年にわたるキャリアを総括したただけでなく、彼にしかつくれない「歌」のアーカイブを後世に残してくれたという意味では、世界遺産級のシリーズと言ってしまいたいほどです。

本作は、その第五作目にあたるもので、アルバムのリリースの前、二〇〇三年に七一歳でキャッシュは亡くなっています。生前に録られたのはボーカルトラックのみ。ギターやオルガンなどの伴奏は後に重ねたものだそうですので、本人が最終形を承認していなかったという意味では真正のアルバムと呼べるかどうか議論は分かれそうですが、内容はやっぱりすごいです。

前作は「明日にかける橋」をはじめ、知られた名曲が含まれていたのに較べると本作は自作曲も多く一見地味ですが、ゴードン・ライトフットの「If You Could Read My Mind」といった、ちょっとベタなフォークバラードなんかが実に哀切。ハードボイルドでありながらも、ここに至ってまだ男のダメさ加減を表現できるあたりかえって男らしいというべきで、ちなみにU2のボノは「ジョニー・キャッシュと比べたら、どんな男でさえ女々しい」という名言を残しています。

上記のような理由からか、演奏もシンとした気配があって、喪に服するようなところもあったのでしょう、無駄なことは一切しないと心に決めて決然とそれを実行して見せたとでも言うような潔さが感じられます。ちょっと不思議な聴こえ方もしますが、事情を知るとそれはそれで凄みがあります。ホントに無駄がないんですよね。

表現を超えた表現とでもいいましょうか。おれがおれがの季節はとうに過ぎて、ただただ無心に「歌」と向き合う。人は死んでも音楽は生き続ける。永遠は「歌」の側にある。なんの変哲もないラブソングが、まるでゴスペルのように聴こえてくるのです。アーメン。(8.8)

2013.01.07

Carpenters
Passage

2013.01.06, Koto-Monzen-Nakacho, ¥500

カーペンターズの音楽は基本嫌いではないのですが、アルバム単位で聴こうという気にはなかなかならないもので、とはいえせっかくいまになって聴くのであればあえてオリジナルアルバムを聴くべきだろう、なんてぐずぐずしているうちに買う機会をすっかり失してしまっていました。で、ようやく買う気になって買ったアルバムが、「こんなジャケット初めて見たわ」というくらいに、おそらく抜群に知名度の低い『Passage』なる作品だったわけですが、これにはまた理由がありまして。

ちょっと前に宇宙をテーマにした音楽、もっというとUFOに関する音楽について調べていたところカーペンターズの曲に出くわして、それ以来、その曲がずっと気になっていたんですね。「Calling Occupants Of Interplanetary Craft」という曲です。訳すと、「惑星間飛行船の乗組員たちに告ぐ」といった感じのタイトルになりますが(邦題は「星空に愛を」)、アルバムの最後に、この曲が収録されていたので買ってみたというわけです。

この曲は、「World Contact Day」といういまとなってはなんのことやらよく意味のわからない日の「アンセム」ということになってるみたいです。調べてみたところ、この「World Contact Day」というのは、国際空飛ぶ円盤局(International Flying Saucer Bureau)なる機関が、一九五三年三月一五日に行なった宇宙人との接触の試みで、その日を彼らはこう名付けたんですね。いまでもこの日を記念して似たような会合が散発的に行なわれていたりするようですが、五三年のこの交信実験の際にＩＦＳＢが宇宙に向けて発したメッセージの冒頭の一行が、「Calling Occupants Of Interplanetary Craft」というフレーズだったそうです。いうなれば歴史的な文言なんですね。

カーペンターズが取り上げたこの曲のオリジナルはKlaatuというカナダのサイケバンドによるもので、この人たちはデビュー当時にビートルズの覆面バンドじゃないかなどと噂されたそうです。ネットで聴いた範囲では、結構よさそう。

いずれにしましても、なんでまたカーペンターズがわざわざこんな曲を取り上げなきゃいけなかったのか、わかりにくいところはあります。リチャード・カーペンターは、「ぼくはビートルズ好きで、Klaatu好きで、かつSF好きなんだ」と語っていたとライナーにはありますが、あまり答えにはなってませんね。

このアルバムが発表されたのは一九七七年で、スピルバーグの「未知との遭遇」が公開されたのと同年。加えて、同じくUFOをモチーフとしたパーラメント(三五二頁)の『P-Funk Earth Tour』というライブ盤が発売されたのもこの年ですので、よくわかりませんが、全米あげてのUFOブームだったと考えるほかなさそうです。もちろん多くの人は半信半疑というか、面白半分で楽しんでたにはちがいないとは思うのですが、それでも、宇宙人との「コンタクト」が妙に差し迫ったリアリティをもって感じられたんじゃないかという気がしないでもありません。

アメリカにおいてUFOというテーマは、どうもなんだかいつも政治が絡むようで、「UFOの存在を政府(あるいは軍隊)が隠ぺいしている」という具合でUFOが論じられるのって、よくよく考えてみるとアメリカだけなんですね。少なくとも日本で政府と関連づけてUFOを論ずるような議論は聞いたことない気がします。その意味で、社会的な不満とか政治不信とかいうものとUFOの到来はアメリカではなんとなく連関があると考えられそうです。

もっというとUFOは二〇世紀アメリカの大切な「神話」のひとつだったんじゃないかと思ったりもするんですが、七〇年代後半のこのブームのなかにあって、その一番無垢な、あるいは無邪気な発露として、カーペンターズのこの曲を聴くことができるんじゃないかと思います。

『未知との遭遇』はどうもユダヤ教的な色合いが濃そうですし、P Funk は黒人ならではの独特の宗教性に彩られて難解そのもの。較べると、カレンが歌うＵＦＯのアンセムには、中流白人の地球というものに対する漠然とした不安と、宇宙というものへの無邪気なロマンがはからずも映し出されているようで、いまとなっては間抜けな心情かもしれませんが、それはそれとして共感できなくもない切実さはあったりします。

本作にはマドンナも後にカバーしたミュージカル『エビータ』の代表曲「ドント・クライ・フォー・ミー・アルゼンティーナ」も収録されていますが、貧窮のどん底から這い上がって大統領夫人へと成り上がり、民衆のカリスマとなった「聖女」エヴァ・ペロンをカレン・カーペンターが演じるのはやはり無理というもので、漠然とした期待と不安に駆られてＵＦＯの降臨を見物にやってくる『未知との遭遇』の登場人物のような無邪気でお人よしなアメリカ人がやはりどうしたって似つかわしいよな、と思わずにはいられませんでした。

その結果、本人たちにはまったくそのつもりはなかったと思うのですが、カーペンターズのレパートリーのなかでは群を抜いて時代性・社会性の強い曲になっているように思います。皮肉にもエヴァ・ペロンよりもＵＦＯのほうに政治性が宿るという。面白いものです。

にしても、いまどきＵＦＯってなんだか流行らないですね。時代が知らないうちに大きく変わってＵＦＯが求められなくなってるのかもしれないという気もしますが、だからといって社会不安や政治不信がなくなったというわけでもなさそうです。（7.3）

2013.01.08

Dorival Caymmi + Antonio Carlos Jobim
Caymmi Visita Tom
2013.01.13, Shimizu-Okamachi, ¥500

ブラジル音楽を聴きはじめたわりと最初の頃に、ドリヴァル・カイミのアルバムを買ったことがあります。それが日本盤では「海の歌／おいらは宿無し」というタイトルで売られてることは後で知ったのですが、ここにおいては名は体を表すという通り、いわく言い難い野性味に富んだ音楽で、もうちょっとライトでカジュアルな音楽を想像していたので、こりゃハードコアだな、と仰天したものです。

とりわけ「海の歌」はギター一本の弾き語りで朗々と海を歌った作品で、ブラジルの海というと広く長い海岸線に美しい青空、美しい女性たちというイメージですが、この海は猛々しい波の音ばかりが寄せては返す夜の海という印象を受けたものです。ちょっとこわいんですよね。「海」というモチーフにはとかく母性というものを重ねがちですが、ドリヴァル・カイミが野太い声で歌うのは、おっさんの海、父なる海なんですね。

そのカイミ翁が、一九六四年、ボサノヴァの第一人者であるアントニオ・カルロス・ジョビンと相まみえたのが本作で、作品の妙としては、野趣に満ちたドリヴァルと、その対極にあるような繊細さこそが身上のジョビンがどう絡むのかというところにあり、歴史的にみれば旧世代のサンバ・カンサォンと新世代のボサノヴァの対決という図式でもありますが、結果として紡ぎだされた音楽は、骨太でいて洒脱な歯ごたえのあるものになっていて素晴らしいの一言です。

たとえば、個人的にはベストトラックと言ってもいいバーデン・パウエルの名曲「ビリンバウ」は、テンポをぐっとスローにした腰の据わったアレンジでインスト曲として演奏されますが、ブルージーといってもいいアーシーな味わいはいわゆるボサではなかなか聴けなさそうなもので、歌こそ歌ってはいないものの、大先達ドリヴァルの存在感がぶっとい木の幹のように音楽を貫いているように感じられます。

カイミ翁の娘であるナナ嬢が親父さん譲りのどすの聴いた歌唱を聴かせ、ラストではカイミ翁の妻のステラさんも登場、カイミ家が総出演といった具合ですが、海のそばで歌を歌い継いできた音楽一家のディープな土着性のようなものが滲みでて味わい深いです。それを損なうことなく、しれっとえぐみを抑えて差し出すジョビンの手腕については、これはもうさすがとしか言いようがありません。(8.4)

2013.01.24

The Consort of Musicke
Cor Mio, Deh Non Languire 21 Settings of Guarini
2013.01.23, Kiba-Kasaibashi-Dori, ¥250

変わったアルバムです。ジャケもひどいですし。とはいえ非常に面白い内容です。一七世紀初頭、バロック期のイタリアの作曲家の作品を集めたものなんですが、裏ジャケを見ても、カッチーニとかスカルラッティといった作曲家の名前が列挙されてるだけで、曲名がないんです。どういうことなのか意味不明だったんですが、ライナーを読んでやっとわかりました。

まずタイトルにあるGuariniというのは、正確にはジョヴァンニ・バチスタ・グァリーニという名前の詩人でして、一五三八年生まれ、一六一二年に没しています。この人が一五九八年に書いた詩がありまして、それがアルバムの表題となっている「Cor Mio, Deh Non Languire」の一節で始まるものなんですが、この詩、書かれた後わずか六〇年ほどの間にさまざまな音楽家によって曲がつけられ、そのバリエーションが実に三〇種類に及ぶのだそうです。

その三〇種におよぶバリエーションのなかから二一曲をセレクトして演奏したのが本作。つまるところ、このアルバムに収録されている二一曲、歌詞はすべて同じなのです。なので曲名をわざわざ表記するまでもない、というだいぶ変な趣向の作品になっちゃってるんです。面白い。

なんでこんな事態が出来したのかはよくわかりませんが、作曲家という作曲家が競ってメロディをつけたくなるほどにこの詩は当時のイタリアで大人気だったらしいのですが、それほどまでに凄い詩とも思えないのだが、とライナーノートを書いた人はやんわりけなしたりしています。

とはいえ、その程度のものがこうやって二一個ものメロディちがいのバージョンが揃うほどに人気があったというのは面白いもので、さらに面白いのは、ある時代に圧倒的な人気を誇ったものが必ずしも歴史に残るわけでもないという点で、グァリーニなんて詩人も、ここに収録されてる作曲家もほとんど現代では無名に等しい存在です。でも、だからといって、これが無価値な音楽かと言うときっとそんなこともないはずで、遠い国の、ある特定の時間の記憶をとどめたものと考えるなら、かえって歴史に残る名作なんかよりもかえって色濃く時代性を反映しているのかもしれません。

音楽的には、当時流行ったマドリガーレの様式にのっとったものになるんだろうと思います。男女混声の六人の合唱によってすべて歌われています。さすが巨匠として歴史に名を残すスカルラッティのバージョンは一頭地を抜くできばえで、それ以外はよくいえば親しみやすくて素朴、悪くいうなら個性がなくて凡庸ってことにはなるんでしょうが、ソプラノにエマ・カークビーさんを擁する合唱隊は、全編すっきりと端正に歌い上げてイヤになることはありません。メロディにもそれなりにバリエーションがあってそんなに飽きないですし。

ちなみに、タイトルは「心よ、お願い、私を捨てないで」といった意味のようです。(7.3)

2013.01.28

Concerto Palatino
Il Concerto Palatino Di Bologna
2013.01.03, Asakusa-Inaricho, ¥500

演奏者とアルバムタイトルの関係性がちょっと厄介なので、まずは演奏者名から。コンチェルト・パラティーノは、ブルース・ディッキーというコルネット演奏の第一人者とされる御仁が率いる金管楽器によるアンサンブルで、バロック好きには知られた存在です。なんせバロック音楽に特化した金管アンサンブルは、そうたくさんはありませんから、結構ひっぱりだこなのです。で、この楽団名ですが、ルネッサンス期から一八世紀まで、北イタリアのボローニャにあった実在の金管アンサンブル「イル・コンチェルト・パラティーノ・ディ・ボローニャ」から採られています。

本作はディッキーの「コンチェルト・パラティーノ」が、一種の先祖返りを果たしたというか、自分たちの由来を改めて明らかにしたと言うべき作品で、要は、かつてボローニャで愛された元祖「コンチェルト・パラティーノ」が演奏していただろう音楽を「復元」したものです。バロック期の金管音楽というニッチな世界を知るうえではあるいは結構重要な作品といえるかもしれません。ディッキー本人によるライナーノートはこんな書き出しで始まります。

「一五三〇年から一七七九年にかけてボローニャを訪れた者は誰であれ、コンチェルト・パラティーノ・デッラ・シニョーリア・ディ・ボローニャを聴くために朝な夕なに中央広場(ピアッツァ・マッジョーレ)を訪れないわけにはいかなかった。そこで彼は、八人のトランペット奏者とひとりの太鼓奏者がパラッツォ・デッリ・アンツィアーニのバルコンの上でファンファーレを奏でるのを聴いたのである。その八人の音楽家たちは四本のコルネットと四本のトロンボーンで複合唱編成による一曲のモテットを演奏した。ボローニャ人たちはこのずば抜けたクオリティをもった演奏に誇りをもっていた」

　ボローニャ人が愛したというこの楽団は、君主お抱えの官職にあるもので、朝夕にファンファーレを奏ずるばかりでなく、君主がミサに参加するといえば君主の入退場のために演奏したり、君主の朝餉のためのＢＧＭを演奏したりとなかなか忙しい役回りにありまして、演奏も金管のみであったり、オルガンやキタローネの伴奏を伴ったりします。このＣＤは朝夕のファンファーレのみならず、さまざまな場面で演奏されたであろう彼らのレパートリーを再現していますが、とはいうものの実際のところいったいどんな曲が演奏されていたかはさだかではないそうです。

　ディッキーはさまざまな考証を経て、ボローニャの作曲家によるモテットのほか、北イタリアの巨匠の手になるカンツォーナやソナタをセレクトし演奏しています。バロック期の金管の魅力は、艶やかでありながらも木管楽器を思わせるような素朴で優しいテクスチャーにあるように思いますが、四本のコルネットと四本のトロンボーンによるこの演奏は、これ本当に金管？　きっと驚くような柔らかさです。気品があって、晴れやかで、柔らかい。

　イタリアは、わずか一日だけローマに滞在したことがあるばかりですが、その一日の滞在だけでも光の独特の美しさは強く印象に残っています。イタリアの朝の光におそらく最もよく似合う音なのではないでしょうか。（8.5）

2013.01.28

Mary Gauthier
Mercy Now
2013.01.13, Shimizu-Okamachi, ¥500

　実力派女性ＳＳＷとして、ルシンダ・ウィリアムスなんかとよく比較されるメアリー・ゴーシェイさん。本作に収録されている「I Drink」という曲には、ちょっとした思い出があります。

もう七～八年くらい前になりましょうか、仕事でナッシュビルに行ったんです。昼間の仕事を終えて、夜、どこかに音楽でも聴きにいこうと地元誌でライブ情報をチェックしたら、ちょうどその日、街で彼女が演奏することがわかり、出かけてみたのでした。街はずれの住宅街にある「ザ・リップスティック・ラウンジ」というカフェみたいな場所。

着いたらちょうど前座の女性ばかりのバンドがAC／DCのカヴァーを演奏してやんやの喝采を浴びているところでした。席について飲み物を頼んで人心地ついたところで、一緒にいた写真家のOさんがふいに言うのでした。「ここ、レズビアンの店じゃない?」「……」。言われてみれば。

壁にはやたらとマレーネ・ディートリッヒの写真がかかってるし、店員のお姉ちゃんはTシャツのそでをまくってキャップを後ろ向きかぶってトラックの運転手みたいにやたらとガタイがいいし、なによりもお客さんが女性のカップルばっかなんですね。しかも結構熟年の。はたと気づけばステージで準備してるゴーシェイさんも短髪でごつくてその気配が濃厚。なるほどー、そうだったのか、とようやく事態を理解した次第。

それにしてもアメリカのなかでも保守的といわれる南部の町で出会う熟年のレズビアンというのはなかなかにディープなものがあって、そこにはおそらくリベラルな「北」の都会にはなさそうな屈託がありそうに推察しました。ゴーシェイのステージが始まると一言も歌詞を聞き漏らすまいと聴き入ってるふうでした。ゴーシェイのぶっきらぼうでいて繊細な声がことばにならない彼女らの胸の内を代わりに明かしてくれていたのかもしれません。

「魚は泳ぎ／鳥は飛ぶ／父は怒鳴り／母は泣く／年寄りは座って思いにふける／私は酒を呑む」

「I Drink」という曲のサビはこんな歌詞ですが、このサビの部分で、客席からは呻き声のような、自虐めいた笑い声が洩れたのでした。

おそらく客席にいた人はそれぞれに自分の境遇を重ね合わせながら彼女の歌を聴いたのでしょう。みんながそれぞれ自分の悩みや痛みを持ち寄り、歌のなかにそれを溶かしこんでは、それをほんのひと時の間だけでも昇華／消化したんだろうと思います。

改めて歌の力ってすごいなと思いましたが、そんなふうに聴く人の思いを受け止め背負う歌うたいってのはホントに重たい仕事だなということを改めて感じました。歌うたいにして世俗詩人、すなわち真正のフォークシンガー。タフでないとつとまりません。メアリー姐さんのたくましさに胸が熱くなったのでした。（8.2）

2015.01.01 – wired.jp

未来地図なんかいらない

頭が柔らかい時期に受験勉強に汚染されたせいなのか、あらゆることには「答え」があると思っている人が多いことにあるとき気づいてちょっとびっくりした。というのも、ある時期から「未来メディアの編集長なら未来がわかるにちがいない」といった誤解に基づく問い合わせを企業などからいただくようになったからなのだが、「うちの業界の未来、どうなるんすかね？」って真顔で聞かれるたびに、大丈夫か？と問い返したくなった。「未来」というものと向き合うことの日本人の不得手さには、なにか思考上の重大な欠陥が隠されているような気がしてならない。

Uberが世界各国でさまざまな問題を引き起こしていることが、最近わりとよく報道される。そのたびにサーヴィス上のさまざまな不備が指摘されることになるわけだが、ぼくはそうやって新しいサーヴィスがさまざまな批判にさらされるたびにメタリカのことを思い出す。

メタリカがNapsterを相手どって訴訟を起こしたことは若い世代にはもはや遠い過去のことかもしれず、すでに「U2って誰？」な時代ともなれば、「メタリカ、なにするものぞ」という手合もいるはずだ。

なので簡単に説明しておくと、ユーザー間で音楽ファイルを自由にシェアできるサーヴィスとしてまたたく間に世界中に広がったNapsterは、それこそ世界中の音楽愛好家にとって夢のようなサーヴィスだったのだが、あろうことか、それが著作権の侵害にあたるとの理由から、メタリカというヘビメタバンド（厳密にいうとスラッシュメタルということになろうが、まあ、ここではそこに拘泥しないでいただきたい）がNapsterを訴えたのだった。

このことによってメタリカはいかにも音楽産業の既得権益にぶらさがった守旧派に見えてしまったわけで、自由で無料、すなわちフリーな音楽のありようを愛してしまったファンからは「もうメタリカの音楽なんか聴かない！」なんていうヒステリックな反応があがったりした。

うろんなぼくはといえば、メタリカは好きだったから、彼らが怒っているのにもそれなりに理由はあるはずでそれはそれでわかってあげるべきなんじゃないか、と日和ったことを思いつつも、「ナップスター便利だしなあ、なくなったらイヤだなあ」とか、いかにも本来は反体制であるはずのロックミュージシャンがなんとなく体制の擁護をしているように見えたことにいくばくかの失望なぞも覚えながら、結局のところ割り切れない気分を抱きつつ風見鶏を決め込んだのだった。

メタリカの功績もあったのだろう、ほどなくしてNapsterは倒産に追い込まれ、売却された後は有料サーヴィスとしてここ日本でも展開されたけれど、いつの間にか消えてなくなってしまった。Napsterの首謀者であったショーン・パーカーは後にFacebookの飛躍において重要な役割を果たし、その後Spotifyのアメリカ進出においても大きな役割を果たすことになる。

以前『ＷＩＲＥＤ』日本版において、そのショーン・パーカーの記事を掲載したことがあるが、そのなかに彼がSpotifyの創業者であるダニエル・エクに熱いラヴレターを送ったことが語られている。パーカーはこう書いたのだそうだ。

「デジタルミュージックの世界に新たな革命を起こすには一〇年前にNapsterが築いたハードルに届くだけじゃなく、それを乗り越えなければならないとぼくは思っている。〔略〕それを君たちがついに成し遂げた」

パーカーのそんな熱烈な後押しもあって、Spotifyは順調に販路を拡大し、いまや(日本は含まない)世界中で利用されるサーヴィスとなっている。が、世の中というヤツは、やはり一筋縄ではいかない。

Spotifyもまた少なからず批判にさらされている。しかし、それはナップスターのときとは真逆の批判だ。欧米などでもっぱら聞かれるのは「Spotifyは売上をミュージシャンに十分に還元していない」という批判だ。批判はなにもミュージシャンたちからばかりではない。リスナーもそれに同調するようなかたちで「Spotifyイマイチかも」と感じるような空気が出来上がっている節もある。

メタリカはこれを見て喜んでいるだろうか。Napsterを相手どって彼らが展開した批判を、今度はミュージシャンのみならずリスナーさえもがこぞってしている。「ミュージシャンに正当な分配を!」とメタリカが叫んだ一五年前、その主張は猛烈な非難をもって迎え入れられたものだったのだが。というわけで、メタリカはやっぱり正しかった。「メタル・ジャスティス」は成されたのだ、といまになってメタリカの肩をもって威張ろうというわけではない。ぼくはむしろこうした経緯というものの上に、ぼくらが生きている社会というものが成り立っていることにえも言われぬ感慨を覚える、ということを言いたかったりする。ある革命的なサーヴィスをめぐって一時右に振れた世論が、今度は時間を経て左に振れる。そしておそらくそのあと、左に振れた針は行き過ぎないほどに右にもう一度振れることになる。

世論なんていい加減なものだ、なんて言って片付ける話ではない。Napster が Spotify へと受け継がれていく過程で、リスナーやミュージシャンやその間にいる／いたすべてのステークホルダーが、新しいテクノロジーを前にときに怒り、悩み、そして社会を巻き込んで議論を重ねるなかで、なにかいい解決策がないかと前に進んできた軌跡そのものを、ぼくは美しいものだと感じる。

Spotify を批判するのは簡単だ。けれども Napster が投げかけた問題系に対して、Spotify が最上のやり方ではないかもしれないにせよ、ひとつの解決を果敢に提供しようとしていること、そしてそれが少なからぬ前進であったということまでをも否定することはできない。残念なことがあるとするなら、その Spotify が待てど暮らせど日本にはやって来ないことだが、そのなにが残念かといえば、サーヴィスが使えないことよりもなによりも、そうやって音楽(産業)の未来を考えるという、世界を巻き込んだ、ある意味壮大な取り組みから日本社会全体がこぼれ落ちてしまっていることだ。Napster/Spotify を主軸とした、音楽をめぐる現在進行形の顚末を遠い島国から眺めるにつけ思うのは、そうした経緯を実地で生きてきた社会は、そのテーマに関するリテラシーもまた上がっているにちがいなく、そのリテラシーを背景にさらに新しいテクノロジーやサーヴィスが産まれているということだ。そうやって右に左に振れながら悩み、三歩進んで二歩下がっては議論をし、デジタルテクノロジーは深みをまし、同時に社会は少しずつ姿を変えていく。望むらくはいいほうに。

二〇一四年はWorld Wide Webが考案されて二五年という節目の年だった。そのアニヴァーサリー・イヤーに海外で喧しく議論されていたのは、スノーデン事件以降のインターネットやオープンウェブのありようだった。自由な対話のプラットフォームでありながら、権力の監視装置としてこの上なく有用でもあるインターネットという両刃の剣の運用をめぐる問題は、二五年目にしてかつてないほど重大な局面を迎えるにいたった。そして言うまでもなく、そこには一朝一夕に導き出せる「正解」なんてないのだ。

ぼくらは、おそらく想像以上に大きな転換を生きている。それは、たとえば向こう一〇年もたてば大方の趨勢が決するような転換ではなく、五〇年たってもまだじりじりじりじりと前進を続けなければいけないような転換かもしれない(と言いながら、そもそも人類史全体が、ずっと不断の過渡期にほかならなかったという気もしなくもないのだけれども、とするなら、ぼくらの社会は、そして自分も、いつからこんなに「変化」というものが苦手になってしまったのだろう)。

『WIRED』なんていうメディアに関わっているおかげで、「未来はどうなりますか?」といった類の質問をされることがままある。謙遜でもなんでもなく、「未来」なんてわかるはずもない。わかるわけがない。

それでも、ヒントでもいいからなにかしら答えめいたものを知りたいと思うのが人の常というのなら、自分だってそうだ。けれども、すべてを首尾よく解決してくれる「正解」なんていうものは、おそらく探してもみつからないだろうし、せいぜいのところ、前よりは少しはマシかもと思える答えでまずは良しとするくらいで満足しないといけないのだろう、というのが、ぼくがメタリカから得る教訓だ。

Uber の話に戻ると、まあ、これだけ急激に拡大すれば、そりゃいろんなところでいろんな問題は起きるでしょうよというのが率直な感想で、それによってかたや Uber はサーヴィスの改善に乗り出すだろうし、一方、Uber に脅かされつつある旧来のタクシー業界や運送業界は負けじと Uber を批判するだろうし、批判するだけでなく自分たちのサーヴィスの見直しを迫られる。そのことで、ぼくらユーザーは、Uber 以前には体験することのできなかった新しいなにかを得ることになる。

もちろん Uber を信頼して乗ったにもかかわらずレイプ被害にあった人を、前進のためには必要な犠牲だったと言うつもりはない。けれど、それをもって「やっぱり Uber はダメだね」としてしまうのもまた意味がないだろう。Uber や Airbnb といったサーヴィスが関連業界や法規制との軋轢を生むことを承知で、あえてグレーゾーンを狙ってビジネスを展開しているのは明らかだ。そのことをそれ自体として問題にすることは意味あることだとしても、忘れてはならないのは世界はすでに Uber や Airbnb がなかった世界とは異なるものになってしまっているということだ。Uber や Airbnb が Napster のように消え去ったとしても、おそらく「配車サーヴィスやハウスシェアの Spotify」はいずれ出てくる。そのとき、それぞれのサーヴィスやそれを受け入れる社会も少しはこなれたものとなっているはずで、そのとき世論は、というか、ぼくらは、いましている批判とは真逆の批判をしていたりするのかもしれないのだ。

完全無欠にして最終的な「正解」が未来にはある、と考えることこそ最も危険な未来論である、というのが最近のぼくのお気に入りの未来論だ。長い過渡期にあってすべては過渡的だ。なので、どこまで行っても問題は常にある。ということは見出されるべき解決策もその都度あるということだ。そしてそれを探すのは、ほかでもない、ぼくら自身なのだ。

「地図ではなく、コンパスを持て」

そう言ったのは、ＭＩＴメディアラボ所長の伊藤穰一さんだ。ぼくは、そこに「よりよく迷え」というメッセージを読み取る。今年もまたこの名言を噛み締めながら暮らすことになりそうだ。

2015.03.10 — WIRED, Vol. 15

見えない世界を見る方法

デザインの世界でよく使われる「人間中心デザイン」ということばがよくわからない。「人間の欲望やエゴが地球環境をこれだけダメにした」なんてことがさかんに言われ、「エコロジーやサステイナビリティって重要だよね」といったことが一応は大方のコンセンサスとなっているようなご時世にあって、なんでデザインだけ「人間中心」を大声で謳ってるんだろうか。それってほんとに近代初期のコンセプトじゃんか、と思ってたらとある本にそうだと書いてあった。やめたらいいと思うんだけどなあ。人間中心。語感からして悪すぎる。

UXなんてことばがさかんに人の口にのぼるようになって以来、デザインということばがずいぶんと拡大解釈されるようになった。ユーザー・エクスペリエンス、すなわち「体験」がデザインの対象になったおかげで、それこそ働き方からコミュニケーションまで、ありとあらゆる行動が「デザイン」されるようになった。結果、デザイナーの職域は、これまでのように、椅子の背やポットの取っ手の精妙な曲線を描くのみならず、それらにまつわる「体験」全般の設計に及ぶに至っている、というわけだ。

しかし、よくよく考えてみれば、〝古典的〟デザイナーの手になる精妙なる椅子やポットは、それ自体が体験と呼ぶべきものであったはずで、なんのことはない、かつて金科玉条のごとく用いられてきた「用の美」なんてことばも、ユーザー・エクスペリエンスと形態美とが合致した、の意だったと思えば、なにかをかたちにする限りにおいては、どこまで行っても精妙なる線の価値は変わっていないとも言える。どれだけロジカルに体験を「設計」してみたところで、それがかたちとなって現れていなければ意味がない。というわけで、デザイナーの仕事の軸足は相変わらず、審美性というところに少なからず根ざしており、また、そうあるべきなのだ。

とはいえ、そういう文脈でデザインを扱うのは骨の折れることでもある。専門の訓練を受けたわけでもない自分が審美性を軸に「デザインのいま」を語るのは荷が重い。センスや趣味なんて基準をもち込んで負け戦に挑むほど自信家でもない。

というわけで「デザイン特集やる！」と決めたまではよかったけれど、そこからあとは苦労した。なんせ焦点が定まらない。結論としては焦点を定めないことにしたものの、それでも方向性というものは必要で、それを決めるヒントになってくれたのはドミニク・ウィルコックスの『Variations on Normal』とシリコンヴァレーの鬼才VCピーター・ティールの『ゼロ・トゥ・ワン』（関美和訳、NHK出版）という二冊の本だった。

たまたま同時期に読んだ、なんの関係もない本が発しているメッセージはほぼ同じと読めた。あたりまえを疑え。前者はデザイン、後者はビジネスという領域において、その重要性、価値、そして方法論とを語っている。

昨今「課題解決」なんてことがさかんに言われて、デザインもまた、そのための便利なツールとされている節があるけれど、ぼくがこの二冊に感銘を受けたのは、そうした風潮に真っ向から抗っていると読めたからだ。いま目に見えている課題を解決するなんて志が低い、そんなのは小さなビジネスしか生まないとティールは喝破し、ウィルコックスは、くすくすと笑いながら優等生的な「課題解決」を茶化してみせる。そしてともに、「答え＝ソリューション」ではなく、「問い」の重要性に思い至らせてくれるのだ。

この特集の焦点は、どうやらあたりまえを疑う方法としての「デザイン」といったあたりにありそうだ。「問いのデザイン」とでも言おうか。それは、あまりに素朴な疑問やバカげた視点を見出すことで、見えなかった現実を見せてくれる実験のようなものだ。

見え方においてはアートや発明といったものと隣接し、機能としては批評やジャーナリズム、詩や演劇のように振る舞い、感情においてはユーモアやノスタルジアなどと結びつく。問いのデザインは単なるソリューションビジネスを超えた、(哲学的な、とも言える)固有の領土を獲得しはじめているように見える(専門家の言う「スペキュラティヴデザイン」は、これにあたるのだろうか)。

しかし、それが果たして新しいことなのかどうかは知らない。縄文人やダ・ヴィンチが稀代のデザイナーであったというのなら、デザインは単に原点回帰を果たしているだけかもしれず、デザインを「見えていない世界を見ようとする人間の根源的な衝動」と見るのであれば、それを、ぼくらが、いま、なぜ、これほどまでに必要としているのかを問うことこそが、いまどきのデザイン論の本義なのかもしれない。

2015.03.10 – wired.jp

デザインは新しい時代の哲学なのか

ある企業のデザイン部門の社員を相手に講演をする機会をいただいてなにを話すか考えていたときに気づいたのは、企業ってもののなかには人文的な視点を担保する仕組みがまったくないということだ。社長や経営陣にそういう素養のある人がいれば幸い（昔はそういう人しか上に行けなかった、と思うのは幻想だろうか）、さもなくば会社経営において人文知が公式に割って入る余地は失われる。というわけで、デザインを扱う部署の責任は重い。そこが唯一「数値では測れない価値」を扱える部門だからだ。前稿同様、デザイン特集のために書いた原稿。

『ロングテール』『フリー』『メイカーズ』のクリス・アンダーソンが『ＷＩＲＥＤ』ＵＳ版の編集長を退任したのは二〇一二年秋のことだった。その任を引き継いだスコット・ダディッチは、ジャーナリスト出身のクリスとはうってかわって、デザイン畑の出身だ。iPad が登場したとき、それにいち早く対応するかたちで『ＷＩＲＥＤ』のデジタルマガジンの制作を主導したのがダディッチだった。その彼がエディター・イン・チーフとして『ＷＩＲＥＤ』を引き継いだことで、その内容もだいぶ様変わりした。

スコット・ダディッチが主導するようになって、『ＷＩＲＥＤ』ＵＳ版は、当然のことながら、よりデザインコンシャスな雑誌へと変貌していった。それはもちろん編集長の嗜好を反映したありうべき方針転換ではあるものの、ことは単に嗜好のちがいということには終わらないように感じる。

クリス・アンダーソンが主導していた『WIRED』は、一言で言うならばテクノロジー・ドリヴンなイノヴェイションを主題にしていた。本人自体が最終的にひとりの「メイカー」として会社を設立し、『WIRED』を卒業していった経緯を見れば、テクノロジーとアントレプレナーシップこそがクリス・アンダーソンをドライヴしていたテーマだったことがわかる。そして時代もまたそれを求めていた。

クリスが編集長を務めた十余年は、ドットコム・バブルの灰燼のなかからアップルが再び飛翔を遂げ、Googleがその領土を世界規模に拡張し、TwitterやFacebookがぼくらの生活の一部を決定的に変えていき、3Dプリンターやらドローンやらの商用化によってビットの世界がアトムの世界をも変えはじめる端緒についた、いってみれば激動の十余年にぴったりと重なる。それはテクノロジーのイノヴェイションと破壊的なイノヴェイターたちが猛然と新しい地平を切り開いていった時代だった(余談だが、その激動の間、日本に『WIRED』が存在しなかったことが、どんな意味をもつのかは一考に値することかもしれない)。

いまもなお、ぼくらは、そうした画期的なイノヴェイションが生まれ出ているのを日々目の当たりにしてはいる。けれども、それがいつからか、これまでの一〇年とはちょっとちがう様相を呈しはじめていることに気づくことになる。

ソーシャルメディアひとつとっても、TumblrからInstagramへ、といったようにその選択肢は絶えず広がり、専門化と多様化とが起きている。この数年で最もイノヴェイティヴなサーヴィスのひとつと目されるAirbnbのイノヴェイションにしたって、その革新性がテクノロジーそのものではなく、その使い方の妙に宿っているのは明らかだ。Airbnbのファウンダーのブライアン・チェスキーがデザイン学校出身のデザイナーであることは、象徴的な意味をもっているかもしれない。

ある時期からイノヴェイションは、プログラマードリヴンなものから、デザイナードリヴンなものへと、たしかに変化（進化？）している。

クリス・アンダーソンからスコット・ダディッチへの転換は、この変化にぴたりと符号する。加えてこの変化は「デザイン・シンキング」なんてことばが多用され、「これからの起業家・経営者はデザインがわからないといけない」「ＣＥＯからＤＥＯへ」なんてことがさかんに言われるようになっていったこととも符号する。猫も杓子も「デザイン」を語るいまどきの時代の趨勢は、単なるトレンドというわけではなく、それを要請する実体的な課題があるということを意味しているにちがいない。

昨年の秋に『ＷＩＲＥＤ』ＵＳ版が主催した「WXD–WIRED BY DESIGN」というイヴェントは、その意味でいうと、デザインドリヴンなイノヴェイションの時代を高らかに宣言したものだったと見ることができる。現代美術家、料理人、建築家、ファッションデザイナー、インタラクティヴデザイナー、映画監督など、それぞれの分野の第一線にいる大物たちが集い、「デザイン」という領域を新たに策定し直す、それは非常にユニークな試みだった。

そこで想定された「デザイン」は、ある独立したジャンルとしてあるのではなく、あらゆる分野に遍在している。映画のなかにあるデザイン、現代美術のなかにあるデザイン、建築のなかにあるデザイン、料理のなかにあるデザイン、ゲームのなかにあるデザイン等々。それらをもちよることで、そこに通底する思考の方式を探ること。それは「デザイン・シンキング」という名の新奇なビジネスソリューション・マニュアルをつくるためのものではなく、それをはるかに超えた新しい時代のエトスを探る営為だったのだ、とおおげさを承知で言ってみたい気持ちになる。

つい最近、『ＷＩＲＥＤ』ＵＳ版のウェブサイトのインタヴューで、MoMA のキュレーターのパオラ・アントネッリが、「未来のデザイナーは、哲学者のようなものになっていく」と語っていたのはこれと関係があるかもしれないし、ないかもしれない。ただ、デザインというものが時代のなかにあって根源的な役割を担うことになるという趨勢はどうやら決定的なものと見える。

「時代のエトスとしてのデザイン」や「哲学としてのデザイン」というものが、いったいどういうものなのかを明示するのは難しい。ぶっちゃけ、それを一介の雑誌をもって定義せよと言われても困る。とはいえ、拡張し、深化しながらあらゆるところに遍在しはじめるデザインというものの新しい領土がどんなところにあるのか、そのサンプルを拾い集めて並べて概観してみることならできそうだ。今号の特集の目指したのはそんなところだ。

五月から六月にかけて開催するイヴェントシリーズも、同様の主旨をもって開催する予定だ。

2015.05.11 – WIRED, Vol. 16

お金は「いいね！」である。その逆もまた。

お金というものは実は「ことば」に似ているんじゃないかと思いはじめたのは、この原稿を寄せた「お金の未来」という特集をやったおかげだ。どちらも「それが流通するから流通するのである」という不思議な根拠の上に立脚しており、成り立ちの起源もよくわからない。もしかしたら音楽というのも似たようなものかと思い、知人に「音楽ってのは商品ではなくて、実は通貨なんだよ」としたり顔で吹いてみたら、「たしかにそうだ！」と大きな賛同を得ることができた。そうなのか。自分では、よく意味がわかっていないのだが。

住まいのそばに神社がある。日曜日になると月に数回骨董市が立つので出向いてみたりする。ぶらぶらと冷やかしつつ、たまには面白いと思うものを買ってみたりするわけだが、なにかを買うたびに「ものを買う」って不思議だな、といつも思う。

なじみの骨董屋さんは、田舎をクルマで回って古そうな蔵をみつけると、飛び込みでお願いして、許可をもらえれば、その蔵をあさってくるのだそうだ。その家の先代が残した仕事の書類一式やら、その家の息子が子どものころに描いたのだろう、なぐり描きのような絵なんかも骨董屋さんはあらいざらいさらってくる。本当ならとっくにゴミになっているようなものが、市にもちこまれ物好きの目に止まると、それが「価値」をもったりする。そのとき「価値」というものが発生する瞬間に立ち会っているような不思議な気持ちになる。

骨董屋というのは奇妙な商売で、ゴミのようなものでも平気で値段をつけて売る。「え、こんなモンがこんな値段すんの？」と驚くことは少なくない。原価はあるようでなく、その価格の根拠はといえば、煎じ詰めれば「おれが、そういう値付けをしたからだ」ということになる。どこぞの子どもがなぐり描きした絵に「適正価格」は存在しない。というより、そのものを介してなんらかの交感が成立した瞬間に「価値」が立ち上がり、「価格」が発生するというのがおそらくの順序だろう。

そのやりとりはきっと「会話」に似ている。会話は発する人と受け取る人の間でなんらかの交感／交換が成立して初めて価値となる。そこでの通貨はことばだが、問題は、その通貨には定量化できる単位がないということだ。そこで、はたと「いいね！」に思いいたる。

たしかに「いいね！」は、ひとりあたり「1いいね！」しか割り当てがない。けれど、もし、たくさんの「いいね！」を集めた人が集めた分だけ、それを自由に使えたりしたら「いいね！」はそのまま「通貨」になるのかもしれない。ペイメントがデジタル化し、その実体がどんどん失われていく様相は、そう考えると「お金の「いいね！」化」なんじゃないかと思えてくる。

交換したくなるからお金が生まれるのか、お金があるから交換が生まれるのか。鶏が先か卵が先かという話のようだけれど、なんにせよ人間は、なにかと「交換」したがる生き物だ。そしてデジタルネットワークは、そのチャンスをおそらく無限に広げてゆく。「交換」が成立しちゃえば「通貨」はなんでもありうるというのが、これから先に広がっている未来のようで、そのとき「お金」は「国が発行する通貨」とはまったくちがったものを意味しているはずだ。

「exchange」(交換)という語をGoogleでラテン語に翻訳してみたら「commutatione」という語が出てきた。その語を、もう一度英語に翻訳したら、出てきた語は「price」(価格)だった。ふむ。これはいったいなにを意味するのか。

2015.05.11 — wired.jp

お金の民主化と新しい信頼

前稿同様「お金の未来」という特集のために書いたものだが、この解説を書いているのとちょうど時を同じくして、とあるビットコイン企業が事件になっているが、マウントゴックスのときと同様さして興味をもてずにいる。仮想通貨って言うけどお金ってハナから仮想じゃんか、と思う次第なのでそれ自体の新しさがどこにあるのか正直よくわからない。国が発行する通貨が時代遅れになるというのであれば、問題とすべきは「お金」ではなくむしろ「国家」だろう、とか。エストニアという国が面白いのは、実はその辺なのだ(四三七頁)。

マウントゴックスが経営破綻をし、世界中の注目を浴びたのが、一年ほど前のこと。事件の舞台となった本社オフィスがあったビルは、なにを隠そう(隠してはいないが)『WIRED』擁するコンデナスト・ジャパン社擁するビルのおとなりさまで、その話題がメディアを賑わせていたころ、ぼくはといえば、編集部の最上階にある(おそらく渋谷一素敵な)屋外喫煙所で、他部署のスタッフから「おとなりさん取材に行ったほうがいいんじゃない?」などと唆されつつも、「んー、そーねー」などと適当なことを言ってお茶を濁していたのだった。

有り体に言うと、ビットコインというものがよくわかっていなかったし(いまもおぼろげだ)、マウントゴックスの破綻がビットコインやお金というものをめぐって面白いテーマを投げかけていたようにも思えず、なんとなく(そう、ただなんとなく)、勘で(そう、勘で)、深く考えることもなく、まずはうっちゃっておくことにしたのだ。「なんとなくうさんくさいよね」という感じだけを残してビットコインなる野望は消え去ったかと、ぼくもまた、おそらく多くの人が思ったように感じていたというわけだ。

今回、お金の特集をやろうと思い立ったのはそういうこととはあんまり関係がない。『WIRED』日本版では、これまでさまざまな話題を特集として取り上げてきたが、「会社」にせよ、「ゲーム」にせよ、「教育」にせよ、「音楽」にせよ、「行政」にせよなんにせよ、基本的なモチーフは「そこにデジタルが介入することで、それまでその「業界」を構成してきた中央集権的なヒエラルキーは解体(は言い過ぎなら再編成)を求められるようになる」というもので、それはどんな分野を扱っても判を押したように同じだったりする。

そうなってくると今度は逆に、「従来のヒエラルキーがなかなか壊れなさそうなところってどこだろう」と目配せをするようになっていく。参入障壁がことさら高く、「中央の権威」というものがガチガチに堅牢で「民主化」がなかなか起きなさそうなところを探してあたりを見回してみると、ありましたありました。「お金」と「医療」。これでしょう。

そんなところから、まずは「お金」を特集してみよう、となったわけだが、浅はかなぼくはといえば、なんとなく「銀行」というものが中央集権の権化として「民主化」のターゲットになっていくんではないかとうっすらと見通しを立てていた。けれども色々と調べたりしていくうちに、どうも興味の焦点はそこではないことがわかってきた。じゃあ、どこがターゲットなのかというと、どうやら「通貨」という概念そのものだったのだ。

本特集に寄稿してくださった池田純一さんの文章から引用させていただくとこういうことになる。

暗号通貨もペイメントも、昔からあったマネーの扱い方への願望を、見事に実現しようとする。その点ではきわめて社会的に意義があるものだ。ただ、それらが「マネーの未来」のすべてかというと、どうも違和感がある。たぶん、その違和感の理由のひとつは、暗号通貨にしてもペイメントにしても「マネーの未来」といいながら、その実「通貨の未来」だからなのだろう。「マネーが流れる仕組み」の変容としてマネーの未来を捉えている。つまり、もっぱら「フロー＝流れ」として扱っている。〔略〕しかし、それだけなのだろうか。マネーの未来とは、通貨の未来しかないのだろうか。

いうまでもなくビットコインに代表される暗号通貨は、「一国一通貨」という制度に対する挑戦とみなすことができる。そこから「ビット国家（ネーション）」などという勇ましい構想さえもが呼び起こされることになるわけだが、いったん既存の「通貨」という概念に疑問が呈されはじめると、ことはかなり大掛かりに厄介になってくる。つまり「お金」ってそもそもなんだったんだっけ？という話に行き着いてしまうのだ。

ビットコインなどの暗号通貨を、ときに「仮想通貨」なんて呼ぶが、よくよく考えてみれば単なる紙切れをいそいそと交換していることからしてすでにヴァーチャルな営為であって、「お金」というもののヴァーチャル性の本性をつきつめていこうとすると、話は古代史よりももっと古い人類史へと分け入っていかねばならぬ事態になる。人はなぜお金を必要としたのだろう？ その起源は？ なんてことを考えることは、人間社会、組織、共同体、国家といったものの成り立ちを考えることにも等しい。

こうしたことを踏まえつつ、現在「お金」というものをめぐって起きている（または起こりうる）さまざまな事象を眺めていくと、どうやら、ぼくらは人類がそもそも「お金」というものを生み出すにいたった動機をいま改めて追体験しながら、人と人との間を流れてゆく「お金」という得体の知れないなにかと、それが流れていくための仕組みを（局所的にではあれ）いま一度再定義しうる局面にあるようにだんだん思えてくる。

ビットコインの話も、そうした大転換の端緒として見るなら、なるほどたしかに面白い。図らずも特集を貫くキーワードは、「信頼」ということばだったりするのだが、暗号通貨のありようを「信頼」と「認証」のまったく新しい仕組みづくりだと見れば、シリコンヴァレーあたりの大物たちがいま改めてビットコインの重要性を喧伝している理由も納得いくかもしれない（つい最近、あのウォズがビットコイン・スタートアップに参画したなんてニュースも入ってきた）。

マウントゴックス事件なんかとは関係なしに、「お金」というものが、ぼくらのよく見えないところで根本的に変わりはじめているのだとしたら、それは取りも直さず、ぼくらの社会、いや世界が根底から変わることを意味する。こんな重大事を前にすれば、マウントゴックスの破綻があくまで副次的なイシューだったことは、おのずと知れてくる。「お金」と「通貨」はもはやイコールではない。なんと奇妙な世界の入り口にぼくらは立っていることだろう。

2015.05.11 – WIRED, Vol. 16

戦うなとティールは言った

いわゆるアントレプレナーが書いた本はほとんど読まないのだが、数少ない例外がここで紹介したピーター・ティールの『ゼロ・トゥ・ワン』(ピーター・ティール、ブレイク・マスターズ／関美和訳、NHK出版)だ。ティールはそのなかで「未来に価値があるのは、それがいまとちがうからだ」というようなことを言っていて、それを自分なりに翻案し、あるイベントのパネルの席で「未来というのは「いま」との差分なんですよ」とカッコつけて言ってみたら、「いまとの差分って、映画がまさにそれなんだよ」と親切にも拾ってくださったのは、誰あろう押井守監督だった。

あのティールが来る。しかも、イヴェントで対談しろという。厚顔無恥が売りとはいえ、さすがにビビる。なんせ怖いという印象しかないあのティールだ。思い起こせば、いつだか本誌で教育特集をやった際にインタヴューを申し込んだことがある。当時ティールは Thiel Fellowship というアントレプレナープログラムをスタートさせ、それとセットで「学校不要論」をメディアで言いまくっていた。好戦的な物言いに無愛想な面構えとが相まって、ハードコアなリバタリアンというイメージがイヤでも定着する。加えてその頃、PayPal 時代の盟友にして LinkedIn 創業者のリード・ホフマンにインタヴューする機会があったのだが、そこで語られた内容をもってぼくのティール像は決定した。

「おふたりは正反対の思想の持ち主ですよね?」

そう問うてみたところ、ホフマンの答えはこうだった。

「ピーターはいつもわたしのことを「社会主義者」と呼びます(笑)。ピーターが徹底したリバタリアンだというのはその通りです。ピーターに言わせると、社会なんていうものは存在しません。であるからして社会投資というものは存在しないし、政府も無用ということになります。一方でわたしは政府は存在すべきだと思いますし、みんなで自分たちがつくりたいと思う社会を協働してつくっていくことは大事なことだと思っています」

「かなり白熱した議論になりそうですね」

「わたしたちふたりの関係は、九〇%が議論に費やされます(笑)」

「最近した議論は、どんな話題のものですか?」

「つい最近はこういう話題でした。ピーターは、資本家の唯一のゴールは市場を独占するところにあると言うんです。競争/競合というのはコミュニストのコンセプトで、正しく考える資本家であれば目指すべきは市場の独占だ、と。わたしは逆で、独占は社会にとってよくないし社会はそれを許すべきでないと考えます」

「それだけ意見が対立して、よく友達でいられますね(笑)」

「たしかに(笑)」

めちゃくちゃ頭が切れて意地悪なことをあえて言うタイプ。それが会う前のティールの印象だった。しかも、ぼくが送ったインタヴューの依頼は、ホフマンが間を取り持ってくれたにもかかわらずガン無視されたのだ。

イヴェント当日（結局対談相手ではなくモデレーターという穏便な役どころに落ち着いた。一安心である）、緊張して楽屋で待っていると、ティールが取り巻きを連れてゆらりと姿を現す。取り巻きは、東欧もしくはロシア出身っぽい背の高い若者たちで、どこかナカトミプラザを占拠したハンス一味を思わせる。やっぱり怖い。けれども、ティール本人を見た瞬間、なにをもってそう思ったのか、僭越ながら「あ、話せる人だ」と思ってしまった。

それは、実は『ゼロ・トゥ・ワン』という本を読んで感じたことでもあった。エクストリームなリバタリアンの独白が戦闘的に綴られているかと思いきや、随分と誠実な本に読めた。ホフマンと白熱議論を戦わせたという「すべての企業は独占を目指すべき」というくだりも「んなバカな」と思っていたぼくの誤読だったことが判明。戦闘的とも思えたティールは、意外にも賢い「不戦論者」だったのだ。

イヴェントのなかで彼はこんなことを語ってくれた。

「人が争いあうのは、大概の場合、利害が一致しないからではなく、それが一致しているからなんです。ふたりの人間があるポストをめぐって争っているとしたら、ふたりの欲求が一致しているからで、そういう争いは極力避けるべきです。世間は「競争」というものを過大評価しすぎているのです」

というわけで、ティールの「独占論」は「ひとのやってないことをやれ」という、至極まっとうな、でもいざやろうとすると困難なメッセージとなる(このことばを聞いて、PayPal創業時、競合と目されるイーロン・マスクとあっさり手を組んだ『ゼロ・トゥ・ワン』において最も印象的な逸話を思い出した)。

ティールが「独占を目指せ」というとき、それは「あたりまえを疑え」を意味する。本人はとてつもなく「いいアイデア」だと思っているものが、うんざりするほど退屈なものだというのはビジネスピッチ流行りの昨今よく見る一幕だ。Facebookや Airbnbのような「鮮やかなアイデア」は、実際そうそうない。そして、ティールに言わせれば、こうした優れたアイデアも、初めは世間にはまったく受け入れられないアイデアだったりする。だから「あたりまえを疑え」、なのだ。

ティールはVCとしての自身の強みを「ブラインドスポットを探り当てること」にあると語る。「世間には見えておらず、自分に見えていることはなにか」を正確に判定する能力ということだ。世間を的確に値踏みしながら、自分の判断のどこに落とし穴があるのかを徹底検証する。ティールが青年期チェスの名手だったというのも頷ける話だ。『ゴルゴ13』のなかに、しばしばデューク東郷が自身の生き残りの秘訣を「臆病さ」に求めるシーンが出てくるのを思い出す。ティールのビジネス論はどこかそれに似てる。「化ける」スタートアップを的確に仕留めるティールの技芸は、徹底して戦わない、その臆病さに求めることができるのかもしれない。そしてそれは、実は派手に戦うよりもはるかに困難な道筋なのだ。

そうとまでわかったところで、ぼくは、しかし、本当はもうひとつ聞いてみたいことがあった。世間を徹底的に懐疑しながら、返す刀で自分自身をも懐疑し、その上で、自分をとことんまで信じ続けられることがイノヴェイターの資質であるというのなら、イノヴェイターって、とんでもなく孤独なんじゃないだろうか？

その質問を投げかける時間は、残念ながら、なかった。

ティールは果たしてどう答えたろう。少なくともぼくが見たティールは、孤独を正しく愛することのできる、そういう類の大人だった。

2015.07.13 – wired.jp

おいしいはフラット化にあらがう

デジタルテクノロジーと食はとても相性がいい。ということはもっとちゃんと認識されていいはずだ。なぜ人はSNSに食べ物の写真を投稿するのか。食べログやクックパッドはなぜ機能する（した）のか。「食の未来」をテーマにした特集に寄せた本稿で自分なりの仮説を綴ってみたが、このことが重要だと思うのは「食でうまくできてるんだから他のものでも同じようなやり方でうまく行くんじゃないか」といったことをまま耳にするからだ。「食」こそむしろ例外、なのではないか、と。

食というものに滅法興味がある、というわけでもないが、「食」の特集をやろうと思い至ったのは、建築家の重松象平さんのプレゼンテーションを聞いたのがきっかけだった。

それは、彼がハーヴァード大学のデザイン学部大学院で、ここ数年にわたって主宰しているクラスで行なっているリサーチを紹介するプレゼンだったのだが、これが滅法面白い。「それをそのまま誌面で紹介したら特集になるじゃん」。というわけで本号が出来上がった次第。

重松さんが語るに、衣食住という人間生活の根本に関わる三要素において、食だけは異質だ。衣服と建築は、グローバル化が進み、どんどん均質化されているけれど、食という分野においては「グローバル化とエクストリームなローカル化が同時に起こっている」と重松さんはみる。

言うまでもなく、ぼくらの食生活はグローバル規模で生産されたなにかを猛然と食い散らかすかたちで成り立っているわけだけれども、その一方で、ごくごく近場で穫れた野菜や魚などを日本人なら日本人特有のやり方で食べていたりもしているわけで、なるほどグローバル化によるフラット化が一〇〇％完遂することがおそらく起こり得ないだろうという意味において、「食」はたしかに面白い視座を与えてくれる。

それは別の言い方をするなら「食」は、ほかの分野で極端なかたちで起こったような欧米主導の「近代化」が起こりにくい領域だったということなのかもしれない。

たしかに冷蔵庫や冷凍食といったイノヴェイションがファストフードやコンビニといった新しい食料インフラをつくり上げはした。それによって世界中の食生活がドラスティックに変わっていったのは間違いないものの、ハンバーガーがいつの間にかキンピラバーガーに変容していたり、コンビニでの主力商品がおにぎりや日本茶であったりするのを見るにつけ、西洋近代発のテクノロジーやインフラがもつ強制力が必ずしも、均質な「食」を世界にもたらすかたちで広がらず、むしろ新しいヴァナキュラー（その土地にかかわりのあるもの）とでも言うべきものを生むに至っているのは、痛快なことなのかもしれない。

生産から物流、小売におけるさまざまなテクノロジーの結晶としてある「コンビニ」というシステムが、結局のところ、昔ながらのおにぎりやお茶を飲み食いしたい、という欲求に奉仕しているのだと考えると、ぼくは少し愉快な気分になる。

服も建築も、ヴァナキュラーなものはほとんどが西洋発のそれに駆逐されてしまったけれども、食ばかりはそうはいかない。なんならアメリカやイギリスなんてのは、食べ物に限ってはおそまつなくらいの後進国にすぎず、フランスにしたって、食の大国なんて威張っていられるのはせいぜいここ数百年くらいの話、ルイ王朝以前にはフォークやナイフで食べる習慣すらなかったといわれるではないか。

比べて、中国、インド、トルコあたりの洗練を見てみよ。日本の食文化の奥深さときたらどうよ。と、ちょっとは威張りたくもなるわけで、少なくとも食文化に関しては、西洋のいいなりになる理由はどこにもないというのが世界的な相場であるならば、たしかに食という領域はグローバル化が西洋化を意味する世界にあって特殊なありようを呈している。

いま、デジタルの領域ではマスカスタマイゼーションなんていうことがさかんに言われているけれども、食は調理や料理という行為を通して常にカスタマイズされてきたものだったし、ハックやＤＩＹといったようなことばをもち出すなら、食のハックなんてことは日々台所で世界中のお母さんがやっていることだったりする。食にはそれを価値付ける統一規格もなければ、原理化されたコードもない。寿司やハンバーガーに著作権はない。それはオープンで、民主的で、誰もが自分たちの味覚にあわせて改変可能なものだ(そう考えると料理レシピや食情報がデジタルネットワークと滅法相性いいのも合点がいく)。

思い返せば、病院なり学校なりで出される「制度化された食事」というのは大体うまくなかったもので(いまはちがうのだろうか)、いまにして思えば、それこそが西洋近代に由来する「産業社会の味」だったのかと思わなくもないけれど、そうした制度化されたマズい食事にあらがっていくところに今後の「食」のイノヴェイションは起きていくのだろう。「食のモダニズム」の極点というべきソイレントですら、それをいかに美味しく食すかということについては、さまざまなレシピがユーザーたちの間で開発され、シェアされ、すでにして、均質化からの逸脱が始まっている。

食の面白さはここにある。どんなにテクノロジーが発展しようとも、食のイノヴェイションは、それが「うまいもの」をもたらしてくれるものでなければなんの意味もない。「うまさ」は絶対的な基準かもしれない。けれども、いざ「なにがうまいか」となると、その基準は、どこまで行っても、行った先々でてんでばらばらなのである。

2015.09.10 – WIRED, Vol. 18

イマジネーション・スタートアップ

『スターウォーズ』は『アラビアのロレンス』の影響を大きく受けているように思えるが、その『アラビアのロレンス』のメイキングに面白いエピソードが出てくる。この映画は初めて七〇㎜のテクニカラーフィルムで野外ロケを敢行した作品で、その結果世界で初めて「蜃気楼」の映像を捉えることに成功したというのだ。つまり、それは気象観測映像史上(?)のエポックだったわけで、なるほどハリウッドマネーは科学の進展にも寄与していたのかと思い至った。テクノロジーの進化のドライバーといえば軍隊、宇宙開発がいの一番に挙がるが、エンタメや文化産業も本来そうした役割を担ってもいたのだ。本稿は『フォースの覚醒』の公開を睨んだスターウォーズ特集号の巻頭言だ。

J・J・エイブラムスの映画のなにが面白いって、メイキング映像だ。回してるカメラをガンガン横から叩いたり、カメラの脇から懐中電灯を当ててわざとハレーションを起こしたり。撮影現場は、アナログでフィジカルな創意工夫に満ちている。お気に入りは『スター・トレック』のなかで若きカークが、真逆さまに宇宙からとある惑星に向かってダイヴするシーン。エイブラムスはこれを、地べたに置いた鏡に俳優を立たせて上から撮影している。なんてことはないトリックだけれども、ぼくはそういうＤＩＹなアイデアの発露に映画そのものと同じくらい興奮する。

思い返せば、最初に観た映画のメイキング映像が『スター・ウォーズ』のそれだった。ルークが故郷の星タトゥイーンで乗っていたふたり乗りのホヴァークラフト「ランドスピーダー」が砂漠を行くシーンを、棒のついた乗り物をメリーゴーラウンドよろしく、ぐるぐるまわして撮影していたのを観て、六歳だったぼくは死ぬほどびっくりしたのだった。「スゴイ！　天才！」と、おそらくはまだキレイだった目をキラキラさせながら魅了されたのだった。

『ジェダイの帰還』のあるシーンも覚えている。惑星エンドアで、スピーダーに乗ったルークが敵兵に追われるシーンの、高速で流れていく背景の森の映像は、半分の速度で撮影したフィルムを通常の速度で再生したものだとメイキングでは解説されていたはずだ。なるほどー。というわけで、ぼくは小学生の間ずっと「将来の夢」を書かせられるたびに、恥ずかしながら「映画監督」と答えていた。

Ｊ・Ｊ・エイブラムスのメイキング映像を観て嬉しくなってしまうのは、こうした原体験のせいなのではないかと思う。スター・ウォーズのメイキングを食い入るように見、ジョン・ウィリアムズのサントラ盤を繰り返し聴いていた少年時代の思い出をエイブラムスは本号で語っている。それはまさに自分の思い出でもある。だからこそ『フォースの覚醒』の予告編には興奮した。そこには、あのとき（えーと、およそ四〇年前ですかね）の、アナログでフィジカルなＤＩＹスピリットが漲っているのだ。

テックイノヴェイションを語る際によく引かれることばに「If you can imagine it, you can achieve it」

（想像できることは創造できる）というのがあって、ぼくは今号の特集を編集しながら、そのフレーズをずっとアタマに思い浮かべていた。ＳＦはテックイノヴェイションの宝庫だとよく言われる。たとえば今年は『バック・トゥ・ザ・フューチャー』のメモリアルイヤーで、ホヴァーボードの「現実化」が話題になった。『ＷＩＲＥＤ』でも、そうした映画発のイノヴェイションをテーマにした連載を掲載している。

もちろん「あの映画のあの技術が現実に！」は興奮を催させる事態だ。けれども、ぼくは、そのことよりもなぜか「なにかを思いついて映像化してみた」ことのほうにむしろ興奮してしまう。それは具体世界のイノヴェイションではないかもしれないけれど、間違いなくイマジネーションの革新ではあって、先の引用に即して言えば「Imagine」を実践したという意味において莫大な価値をもつと感じる。想像がなければ創造もないのだ。

ルーカスのＳＦＸラボ、ＩＬＭの四〇年を綴った記事内にスピルバーグのことばがある。「ＩＬＭが宇宙開発をやっていたら、もういまごろは火星に入植してたんじゃないか」。ＩＬＭが自前で火星を目指さなかったのは、おそらく現実が追いつくスピードの遅さが彼らには耐えられなかったからだ、とぼくは思いたい。彼らは間違いなく最高峰のテックスタートアップだ。ただしその領土は「イマジネーション」で、そうであるがゆえにことばの真の意味において〝ヴィジョナリー〟なのだ。

2015.09.09 – wired.jp

BB-8の親和力

これまたスターウォーズ特集に寄せた原稿で、ロボットデザインに関するものだ。かねてから日本のロボットデザインはヒト型とかイヌ型とか、既存の生き物に無駄にこだわるあたりがダメなんじゃないかと思っているが、『最後のジェダイ』におけるBB-8の活躍をみるにつけ、その思いを新たにする。ただのボールにしてあれだけの表現域。そもそもこの世に存在しないものをつくる自由が与えられてるところで、なんでわざわざ既存の生物に似せなきゃいけないのか。意味がわからん。

『スター・ウォーズ／フォースの覚醒』に登場する、コロコロ走るロボット「BB-8」のオモチャが編集部に届いたので早速遊んでみた。コロコロとサッカーボールのように本体を転がしながら、マグネットでくっついたアタマがゆらゆら揺れるのがかわいい。実にかわいい。スマホで制御するオモチャにはちがいないけれど、もうあと一歩の努力で立派にそのままロボットと呼べるものになりそうだ。

ＭＩＴで開発された卓上型のコミュニケーションロボットに「Jibo」というのがある。そのデモンストレーション動画に、さまざまな映画からロボットの映像が挿入されるのだけれど、そこにスター・ウォーズシリーズきっての人気者であるR2-D2やら、ピクサーのウォーリーの姿なんかがあって、「ああ、そうか」と思ったのだった。なるほど、お手本はやっぱりそこにあったのね(どちらかというと、Jiboはウォーリーの恋のお相手であるイヴに似ているのだが)。

いま、シレっと「シリーズきっての人気者」と書いたけれど、本当は、もっとこのことに驚いていいはずだ。R2-D2と言えば、音声に表情と呼べるものはあるものの、基本なんのことばも発しない。明示的なコミュニケーションといえば、せいぜいピコピコ光るのと首を左右に振るくらい。ウォーリーにしたって、手と眼があるのでもう少し表情豊かだが、基本的な建てつけはあんまり変わらない。そのくせ大の人気者なのだ。

ここで、ＩＬＭやピクサーがやったことは、実際はとてもチャレンジングなことではなかったのだろうか。つまり、ただその辺をウロウロしてるだけのことばも発しない人工物を、どうやって、人が共感し、もっと言えば愛しうるものとして存在させるのか。聞けばなんてことはない問いかもしれない。しかし、果たしてそれは(フィクションとしてであっても)本当に易しいお題なのだろうか。たとえば、ドラえもんがことばをもたず、顔や手の表情もなかったとしたらどうだろう。それに「主役を張らせる」ことには、やはりそれなりに困難がつきまとったのではないだろうか。

映画『ウォーリー』は、冒頭約一五分近くにわたって、ロボットのウォーリーが誰もいない惑星でたったひとりでゴミの片付けに勤しんでいるシーンが続く。その間、当然セリフはひとつもない。しかし、その時点ですでにいじらしさを感じて泣けてくる。なんだってたったこれだけで泣けてくるのか。そこには単に作画上・演出上の技巧と片付けてしまうわけにはいかないなにかがある。

より効果的に、より効率的に人の感情を動かすために、ロボットの外見や挙動をどのようにデザインするか。それを追求することは、人がなにに対してどのように「親和性」(affinity)を感じるのかを知ることでもあるはずだ。それは認知と共感の構造をめぐる科学的探究ですらあるかもしれない。J・J・エイブラムスは、本特集のなかでＩＬＭを「アーティストであると同時にプロのリサーチャーで科学者でもある集団」と呼んでいるが、ピクサーもまたそうなのだろう。

もちろん、これらのキャラクターの「好感度」によって興行の成否が決まる以上、徹底した分析や検証がなされるのはあたりまえだ。けれども、これは逆に言えば、物言わぬロボットへの共感がビジネスのすべてを決めてしまうからこそ、「好感度」のデザインには、ほかのあらゆるデザインと較べてさらに厳しい要件が課せられるということでもある(だってそいつには観客を「共感させる」以外にはなんの機能も使命もないのだ)。

ぼくの知人はお掃除ロボットのルンバが大好きで、なんなら結婚したいくらいだと冗談めかして言っている。人間はそんなものにすら共感を抱くことのできる不思議な動物だ。そしてその不思議を通して、映画のなかの物も言わない鉄の塊に心情的にコミットする。ルンバがR2-D2を参照しつつ設計＝デザインされたかどうかは知らないけれど、それは間違いなくR2-D2と同じ回路を通して人の感情になにかを訴えかけている。

ＭＩＴ発のコミュニケーションロボットが、R2-D2を参照したのは、その意味でも間違いなく正解だ(ことばを話すのがやや興ざめだが)。コミュニケーションロボットの使命が、人からその親和力を引き出すことなのであれば、四〇年にわたって世界中の人びとから共感を引き出してきたR2-D2の実力は、とっくに証明済みといっていい。

特集の巻頭で音楽家のグライムスが寄せたスター・ウォーズへの「ラヴレター」のなかで、彼女は、戦争や暴力を包み込む「癒やし」として、C-3POとR2-D2の存在を語っている。彼らの存在なくして、ぼくらは果たしてこの映画にこれほど共感できただろうか。グライムスの言う通り、この「ふたり」の存在は映画のナラティヴの観点から言っても必要不可欠なまでに効果的だ。人から親和力を引き出すスター・ウォーズのデザインと、それが可能にしたストーリーテリングに、いま改めて学ぶことは多い。

たえず揺れ動く人の感情や思いをつかまえてそれに正しく寄り添うことがいまテクノロジーのデザインに求められているならば、そのヒントを映画から学ぶことは的外れでもなんでもない。なんといってもそこは、人間の感情や共感という得体のしれないなにかを扱うことにかけてはずっと主戦場のひとつであり続けてきたわけだし、それを通して「共感」をめぐる表現や、それがもたらす感覚を常に拡張してきたのだ。

どだい見たこともない架空の場所を一からでっち上げ、見たことのない生き物や物体をそこに放り込んで、それでもってリアルに人の感情を動かすというのは、とんでもなくイノヴェイティヴな行為だ。本特集でＩＬＭ（ピクサーはここから生まれた。ついでに言うとPhotoshopもだ）の四〇年にわたる歴史と、Ｊ・Ｊ・エイブラムスの作劇法やナラティヴについて多くの誌面を割いているのは、そのことをことさら称揚したかったからだ。

コロコロと走り回るロボットに、ぼくらはきっとくすりと笑わされ、うっかりしたら涙をしぼりとられることにだってなるかもしれない。J・J・エイブラムスのスター・ウォーズに期待しているのは、ナラティヴとデザインとが絶妙に交差するところから生まれる、そういう新しい「共感」なのだろうと思っている。

2015.11.10 – WIRED, Vol. 19

ことばに囚われて

ことばをテーマとしたこの号で、ちょうど『忘れられた巨人』(土屋政雄訳、早川書房)を刊行し、プロモーション来日したカズオ・イシグロ先生をインタビューした。ある環境のなかに登場人物を放り込んで、その人物たちの動きを追っていく「小説」というものは、ある意味科学実験のようなものとは言えないですか？ というような質問をしたら、気色ばんで身を乗り出し、真っ向から否定された。アートと科学を一緒にするな、という感じの剣幕だった。

「概念」というものは、近代科学ではうまく説明できないものなんです。

たとえば「野球」って概念がありますよね。それを、それを構成している要素に細かく分解していくとするじゃないですか。「スタジアム」とか「バット」とか「長嶋茂雄」とか……延々と羅列していって、「野球」という概念をつくりあげている構成要素をすべて洗いだし、それで、「野球」という概念を定義できたとします。

で、今度は「バット」という概念で同じことをしてみたとします。すると、ここでおかしなことが起きちゃうんです。というのも、その構成要素のひとつとして「野球」ってものが入ってきちゃうんです。「バット」は「野球」という概念内においてはそれよりも小さな一構成単位なのに、その「野球」が、一方では、同時に「バット」という概念の構成単位となってしまうわけです。

ここに「概念」というものの不思議さがあって、この相互入れ子状態とでも言うべきものを、三次元の物理空間において記述しようとすると、非常にやっかいなことになってしまうわけです。

（と、ここまでは、人に聞いた話）

おそらく、ここで語られた「概念」という語は、そのまま「ことば」というものに置き換えても同じ問題を引き起こすはずです。

「ことば」というものには、それを形成している無数の「意味」のコンテクストが内包されていて、じゃあ、そのコンテクストをすべて洗い出せば、ある「ことば」を定義できるのかというと、そうはいかないんですね。そのコンテクストを定義するためにはそのことば自体が必要になるということもあって、そう考えると、ことばの体系というのは、巨大なメビウスの輪のようなもので、それは実に精妙なというか危うい均衡のうえに成り立っているものにちがいないのです。

こんなことも言えます。

文章というものは、それを構成する語によって組み上がっているわけですが、それぞれの語の「意味」

は文章のコンテクストに従って決定されるものの、そのコンテクストを決定するためには、それぞれの語が定義されなくてはならないという矛盾を来します。つまり、文とそれを構成している語とは、互いが互いを定義しあう関係にあって、しかも、どっちが先に定義されるでもなく、それが同時に行なわれて初めて「文章」という均衡が生まれるというようなものなのではないかと、そんな気がします。

ことばというものは、よくよく科学的思考を裏切る振る舞いをするものです。「ことば」は、絶えず変化する、総体のつかめない、謎めいた生命体のようで、ちょっと怖いほどです。文法の策定をはじめとする、ことばを科学的に割り切ってそこに法則性を見出そうとする営為が、どうしたって後付けの理屈にならざるをえないのもむべなることかなとも思います。

ことばはツールだとよくいわれます。ヒトがことばというものを使うのだ、と。けれども、事はむしろ逆で、ことばというものにヒトは使われているのかもしれません。ことばとはなにか、ということを一生懸命考えるときに、わたしたちがことばを使ってそれをやっている以上、わたしたちは囚われの身にすぎないのではないか。

ことばの外に出ることがわたしたちには不可能で、それを外から眺めることが、どうしてもできないのだとすれば、頼みはコンピューターにある、というのは特集の冒頭で理論物理学者のマイケル・ニールセンの語る通りかもしれず、そうまでして、ことばというものの秘密に迫りたいとわたしたちが考えるのは、そこにわたしが生きる世界のすべてがきっと含まれているからにちがいないのです。

2015.11.10 – wired.jp

ことばは社会そのもの

主観と客観というものが、こと「ことば」というものが関わる領域においては、決して明確には分離できない。主観と客観、個と世界とが相互入れ子状態になっている状態を、国文学者の西郷信綱さんは「包みあっている」状態と呼んだが、これを三次元の物理空間において記述することが困難であるのは前稿で触れた通りで、ことばというもののこうした不可思議さを思えば文学という学問がいかに高度で難解なサイエンスであるか知れるはず。というのが、「ことばの未来」という特集に込めた思いだった。

こうやって文章を書いているときいったい誰に向けて書いているのかというのは、答えるのがとても難しい質問だ。手紙ではないのである特定の個人に向けて書いているわけでもないのは当然だが、といって不特定多数に向けて書いているのかというとそういうわけでもない。

この問いがどうもしっくりこないのには理由があって、それはこの質問の背後にある前提のせいではないかと思う。一方に「言いたいこと(のようなもの)」のある「書く主体」がいて、もう一方に「読む主体」がいる。で、ものを書くという行為は、「書く主体」が、その「言いたいこと(のようなもの)」を「読む主体」に向けて通達することである、というのが、どうやらここにある前提のようなのだけれども、これがどうにもしっくり来ない。

こんなぼんやりとした話題は日々暮らしていくうえでは、どうでもいいもののように思われるかもしれないけれど、ことばというものを主力メディアのひとつとして扱う「メディア」の制作に携わる身としては、「誰に向けて書いてるんですか?」が、そのまま「誰に向けてメディアをつくってるんですか?」になる以上、こうしたことは日々の暮らしに直結した、あまり知らん顔してるわけにもいかない由々しき問題であったりする。誰のためにやってるんですかね、いったい、メディアって? さあ。よくわかりません。苦笑。

というわけで、「メディアってなんだ」「編集ってなんだ」「情報ってなんだ」といったことを、日頃からもやもやした問いとして抱えているわけなのだけれども、その問いは、おそらく「ことば」というものをめぐる問題に帰着するのだろうとアタリをつけて、ぼつぼつとことばに関する本を読んできたなかに哲学者の鶴見俊輔さんの『文章心得帖』(ちくま学芸文庫)という本があって、これが抱えていたもやもやを見事に整理してくれたのだった。ちょっと長いけれど引用してみたい。

文章をまとめてゆく段階を考えてみると――

(1)思いつき

(2)裏づけ

(3)うったえ

これは表現という行動の三つの段階だと考えましょう。〈思いつき〉というのは、各個人の心の内部にあるものです。〈裏づけ〉はどういう言葉を使っているか、その言葉がどの程度に定義されているか、どの程度に整理されているか、どの程度に事実に合っているか、どの程度に資料の裏づけがあるか、という用意。〈うったえ〉は、ある社会、ある状況のなかに、文章あるいは言葉を投げ入れることです。

そのとき、読者とそれをとりまく人に、なかなかうまく伝わらずに、何か残ってしまう。そうすると、それはまた振り出しに戻る。こうやって無限の循環をする。それが表現というものなんです。完全に伝わるということはない。だから一種の無窮運動だというふうに考えられます。

この〈うったえ〉のところで、社会に向かって、たとえば手紙で相手にだすとか、活字になって人が読むとか、いろんなことがあるわけですが、そのときになってはじめて社会とかかわるかというと、そうではない。実ははじめに自分が内部に思いつくということは、自分のなかに社会が入ってくるということなんです。

もしわれわれが一人だけで生活しているとしたら、われわれは言葉なんてもつことはない。言葉をもつということは、外側の社会がわれわれのなかに入りこんできたことで、内面化された会話です。他人とのやりとりが内面化されて、自分一人でそれをもういっぺん演じている。ですから、思いつきそのもののなかに、すでに社会というものがある。

こういう図式を考えてみると、文章を書くことは他人に対して自分が何かを言うという、ここで始まるものではない。実は自分自身が何事かを思いつき、考える、その支えになるものが文章であって、文章が自分の考え方をつくる。自分の考えを可能にする。だから、自分にはずみをつけてよく考えさせる文章を書くとすれば、それがいい文章です。

自分の文章は、自分の思いつきを可能にする。それは自分の文章でなくても、人の書いた文章でも、それを読んでいると思いつき、はずみがついてくるというのはいい文章でしょう。自分の思いつきのもとになる、それが文章の役割だと思います。

なるほどと思うのは、ことばというものを通して、社会がわれわれのなかに入りこんできて、それが内面化された対話を生み出すというところだ。つまり、ぼくらはことばという道具を使って、あらかじめ設定された「社会」という「外側」(＝読む主体)とやりとりしているのではなく、ことばを使うという行為によって、自分のなかに「社会」を呼び込むことをしている。言うなれば、ことばのなかに「社会」というものが含まれていて、ことばと向き合うことは、そのまま社会と向き合うことでもある、というわけだ(少なくともぼくはそういうふうに理解した)。

自分がこうやって文章を書いているとき、ことばというものを通して自分のなかに入ってきた「社会」と対話をしているのだ、と言われるとたしかにそうかもという気がする。特定の個人や、あらかじめ外在化された「社会」と対話するのではなく、「ことば」と対話することで自分のなかに「社会」が立ち上がってきて、それと対話する。カッコつけているように聞こえるかもしれないけれど、それは、間違いなくなにかを書いているときの実感に近い。このときことばは単なる道具なんかではなく、対峙し対話すべき

「社会」そのものなのだ。

近頃よく思うのは、書くという行為は、読むという行為と常にセットになっていて、文章の上手な人というのは、おそらく自分の書いた文章をよりよく読める人なのだろうということだ。自分で書いた文章を自分で読む。そこに自分と社会との対話が生まれ、思考にさらなる「はずみがつく」。そうした思考の「無窮運動」の軌跡を「文章」と呼んだとするなら、それは通常考えられているように主客が明確に分離したシンプルな「伝達」ではなく、むしろ主客が融け合ってしまうような説明不能なメカニズムの上に成り立っているなにかなのだ。

いま、人工知能の世界では、機械にことばを読ませたり、書かせたりしようという研究がさかんに行なわれている。本号の特集のなかにも最先端の研究者たちが登場するけれど、彼らのような天才たちをしてさえ「ことば」というものが困難なのは、おそらく、「ことば」のなかに、社会というものがすっぽり収まっていて、それを「ことば」そのものと切り離すことが、おそらく不可能だからだ。別の言い方をするなら、読む機械や書く機械をめぐる探究は、人工知能のなかに「社会を呼びこむ」企てと言い換えることもできるのかもしれない。

ことばというものは、考えれば考えるほどに、不思議で厄介なものだ。特集が出来上がったいまも、これがいったいなにをテーマとして扱っているのかいまひとつよくわからない。それでも「ことばの特集ですよ！」と言うと、なぜか多くの人が「面白そう！」と答えてくれる。社交辞令半分としても、人がなにをそんなに「面白そう！」と思うのか、実際のところ謎だ。

「ことばの未来」なんていうタイトルを謳ってみたものの、こと「ことば」というものに限っては、直線の先にあるような未来はないようにも思える。「無限の循環」というのが、ここでは一番ふさわしい時間の流れ方なのかもしれない。

2015.12.01 – WIRED, Vol. 20

静けさとカオス

「WIRED CITY」というカンファレンスで、tofubeatsさんに「未来都市のサウンドスケープ」をテーマに楽曲をつくっていただいた。「未来」をどう表象するのかは、未来を考えるうえできわめて重要なテーマなはずだが、陳腐化したイメージを再生産したものばかりが相も変わらず目につく。まさに想像力の貧困。tofubeatsさんが音で描いた「未来」には、未来の都市の温度や湿度、地面の固さや光の感触、風の吹き方、さらには歩くときの足音とそこで感じる孤独の種類までもが映し込まれていた。

本号に連なるふたつのカンファレンス「WIRED A.I.」と「WIRED CITY」を通じて、ずっと考えていたのは、センサーが張り巡らされ、そこから吸い上げたデータを人工知能が音もなく解析しているような、そんな高度にデジタル化された都市においてぼくらはいったいどんな暮らしを送ることになるのだろうということだ。

街はおそらくとても静かなものになるはずだ。自動走行車が音も立てずに整然と道路を走っている。より効率化された都市にはこれまで以上に緑が多いかもしれず、その木々や道路は、それ自体が発光するようなものとなって、街灯はノスタルジアを喚起するためだけの道具となっているかもしれない。街の見た目はもしかしたらいまとさほど変わらない。けれども静けさはおそらく決定的にちがっている。その街は近代都市が目指したような画一的な「効率化」を目指してはきっと編成されない。個人の欲求に合わせて、すべてがカスタマイズされ、街のさまざまなアセットはUber化、もしくはAirbnb化され、オーガナイズされたカオスといったものを生み出してゆく。そうした仕組みを通じて人は改めて人とつながるチャンスを探すことになるだろう。

今号の表紙のイラストを描いてくれた森本翔平さんの作品は、ぼくがぼんやりと思い描くそんな未来の暮らしの輪郭を、ご本人の意図はいざ知らず、映し出していると感じる。それはいまと変わらぬ風景のようでいて、どこかがちょっと歪んでいる。いないはずの人の気配。動いていないはずの景色の脈動。誰だったか、未来はきっと懐かしいものになると言っていたのを思い出す。それが仕組まれた懐かしさであれば不穏さが漂うこともあるだろう。

いずれにせよ、ぼくらは一足飛びに未来に行くことはない。ユートピアもディストピアも突然には出現しない。それは絶え間ない変化の蓄積の結果、気づいたらそこに現れているものだろう。その変化の間、日常レヴェルにおいてもさまざまな軋轢や摩擦を起こしながら、時代の歯車は進んでいく。という意味で言えば、ぼくらはみなが全員、未来というものに対して多かれ少なかれ責任を負っている。こうなればいいのに、も、こんなものいらない、も、重大な判断、決断となる。そのときぼくらは、なにを見ながら、その判断を下すことになるのだろう。

ぼくはといえば、いままで生きてきたなかで大事だと思ったり、好きだと思ったものが失われないで欲しいと思っている。その中身は、当然人それぞれによってちがうものであって、それはちがっていればちがっているほどいいと思う。ぼくは、未来の暮らしがその振れ幅と多様性とを許容するものであって欲しいと思う。

2015.12.01 – wired.jp

なぜぼくらには人工知能が必要なのか

この稿を寄せたＡＩ特集号で、囲碁ＡＩの研究者たちは、ＡＩがトッププロを敗るにはあと一〇年かかるという予測をしていたのだが、そのわずか数カ月後にAlphaGoがイ・セドルを敗って、編集部に文字通り衝撃が走った。予測が九年も前倒しにされてしまったのだ。スケジュールが引いたそばから無効化されていく。ＡＩの普及によるレイオフは大手ＩＴ企業ですでに始まろうとしていると聞くし、一〇年で数千人の雇用削減をするという大手銀行も果たして一〇年かける余裕があるのかどうか。予測されうる事態は明日にでも起こる。そう心しておいたほうが良さそうだ。

今号の『ＷＩＲＥＤ』日本版は、通常とはイレギュラーな体裁を取っている。一一月一〇日に発売された「ことばの未来」号から、ひと月も立たないうちに刊行というスケジュールもイレギュラーだし、サイズも（通常はＡ４変形、今号はＢ５判）、ヴォリュームも（通常号の約二倍）、定価も（一二〇〇円！）、すべてがイレギュラーだ。ムックっぽい仕上りの特別保存版というのが本号の体裁となっている。

二〇一五年秋に主催したふたつのカンファレンス「WIRED A.I.」と「WIRED CITY」を、これまでやってきたようなかたちで「誌面レポート」するだけでは飽き足らず、そこで語られた内容や知見を元に、さらに一歩踏み込んだ内容の誌面を構成することができないかというのがこの特別号の発端だ。これまで『ＷＩＲＥＤ』では数多くのイヴェントを開催してきたものの、それをうまく二次元コンテンツとして展開することができずにいたことを常にもったいないと感じていたこともあり、今回このようなかたちでイヴェントとプリント版の誌面の間に新しい連関をつくり出すようなことができたことは、それ自体が編集部としてはまずは面白い試みだった。

加えて、第一特集の「人工知能」に一五〇ページ、「都市」をテーマにした第二特集に八〇ページと、かつてないほどの分量をもって、のびのびと贅沢に誌面をつくることができたのも楽しかった。ページ数という容量の限界から、泣く泣くテキストや写真を割愛したりするストレス（もちろん、それがいい方向に働くことも多いのだけれど）から開放されたことは、なによりも精神衛生上よいことなのだった。

たとえば、第一特集の巻頭を飾るケヴィン・ケリー（問題作『テクニウム』〈服部桂訳、みすず書房〉の著者であり、『ＷＩＲＥＤ』US版初代編集長だった人物だ）のエッセイ「コグニファイ　なぜぼくらにはＡＩが必要なのか」は、ヴィジュアル含めて二〇ページにわたって展開される。三万字近いテキスト（二〇一六年に米国で発売される最新刊『The Inevitable』〈不可避のもの〉からの一章を、ケリー氏本人の厚意で「先出し」したものだ）を、そのままどどっとお届けできることは、ぼくらにとっても贅沢なことだし、読者のみなさんにとってもきっとそうにちがいない（と願っている）（『The Inevitable』は二〇一六年七月に『〈インターネット〉

の次に来るもの』と題され日本語版がＮＨＫ出版より刊行された)。

なにせ「人工知能」はさまざまな問題系を孕む大きなテーマだ。そうそう簡単に結論を出してしまうわけにはいかない。ケヴィン・ケリーが、三万字を割いてゆるゆるゆるゆると、そのテーマのなかへと分け入っていくさまは、とかく性急に善悪を論じてしまいがちな人工知能というものをめぐる態度としては、ユニークかつ貴重なものと言える。

人工知能の世界では、「人間のような汎用性をもった知性」といった言い回しがよくされるが、ケリーは、「そもそも人間の知性って汎用性のあるものだっけ？」と混ぜっ返してみたりする。彼の言に従うなら「人間の思考には汎用性がまるでない」。そして、人間自身が人間自身の「知性」の本当の姿、その固有のありようを見出すことこそが、人工知能がもたらす最大の恩恵となるはずだ、と語るのだ。

ケリーのテキストは、「二〇四五年問題」や「機械との競争」といったいまどきの未来の問題を、ちょっと斜めから、クールかつ(ある意味)スローな目線で捉えている。が、なにもそれは彼だけに限ったことではない。

Googleが四億ドルとも言われる大枚をはたいて買収した天才集団「DeepMind」の創業メンバー三人の出自から思想に迫ったストーリーのなかで、ＣＥＯのデミス・ハサビスは、現在の人工知能研究は、まだ「梯子の一段目を上ったところ」でしかないと語り、しかも「その梯子が全部で何段あるのか」もわからないと語っている。

さらに、別の記事では「囲碁」で人間に勝つことを夢見るAI研究者たちの物語を紹介しているが、チェスやオセロ、スクラブルといった競技で次々と人間を打ち負かしてきた人工知能が、囲碁に限っては勝つための糸口さえつかむことすらできないことの不思議に挑む彼らは、一〇年後にはAIが人間を打ち負かすという予測ですら楽観的なものだと言っている。

こうした記事を通して気づくのは、もしかしたら、ぼくらは人工知能について、なんらかの結論を出すにいたるはるか手前にいるのかもしれないということだ。そして、だからなおさらぼくらはその現状に目を凝らす必要がある。それは、必ずしも「AIの暴走を防ぐため」というばかりでなく、むしろ人工知能の進化は、絶えず「人間とは?」「人間の知性とは?」というなにやら根源的な問いへとぼくらを深く引き戻していくからだ。

『WIRED』を編集するなかで、新しいテクノロジーのもたらす意義や影響といったことを考えるにつけ、それがどんなテーマであってもいつも気づかされてしまうのは、それまでの「あたりまえ」が、実は「あたりまえ」でもなんでもなく「ただその時代にあたりまえとされていただけ」のことだったということだ。「お金」「学校」「ことば」「政府」「会社」、どんなテーマでもそうだ。新しいテクノロジーは、過去の「あたりまえ」を、どんどん相対化していってしまう。人工知能もきっとそうだ。ぼくらは、人工知能というものを通して、新たに「人間」というものをこれから再発見していくことになるにちがいなく、それはつまり、人間をめぐる思いもよらなかった新たな「問い」(「答え」ではなく)が、むしろこれからわんさかと出てくるということを意味するはずだ。

それまで「本」といえば、製本された紙の印刷物しかなかったところに、電子書籍のようなものが出てきたことで「紙の本」は相対化され、それをそれ自体の価値として捉え直す必要が出てきてしまったわけだけれど、少なくとも、そのことによって「紙の本」の価値をもう一度真剣に考えざるを得なくしてくれたことは、デジタルテクノロジーがもたらした大きな恩恵だった。たしかに目下の趨勢では、デジタルコンテンツは着実に紙を駆逐しつつはあるのだけれども、それでも「紙の本」というものの価値をうまく再発見することができれば、全面的な「死」は免れうるような気はしなくもない。

つまるところ、ぼくは「デジタルコンテンツを考えることは、紙の本というものを改めて考えることである」ということと、「人工知能を考えることは、人間というものを改めて考えることである」ということを、なんとなくパラレルに考えているわけなのだけれど、その線で、人工知能の進化に連れて、人間が頑張ってうまいこと人間自身を再発見していくことができるのであれば、全的な滅亡なんていうこともないだろう、というのがいまのところのぼくの楽観論となる。

本号の第一特集、第二特集を通して、映画『her／世界でひとつの彼女』が要所々々で言及されることになるのは、本作が、人工知能とヒトとの関係や、未来都市のありように新しい視点を投げ掛けているからなのだけれども、思い返してみると舞台となった未来のロサンゼルスの生活のなかにも、紙の本はしっかり生き延びていたはずで、つまらないことのようだけれども、ぼくにしてみればこれはよい兆候なのだ。

2015.12.01 – wired.jp

都市は自由を手放すのか？

ケヴィン・ケリーは都市というものを「人類最大にして、最も複雑なテクノロジー」と呼んだが、それをいかに制御するかというのはいまもこれからも大問題だ。それを制御し「計画」をトップダウンで遂行するためには、その計画に関わるあらゆる情報を誰かが持っていなくてはならないが、そんなことは原理的に不可能と指摘し「自生的秩序」に期待をかけたのはハイエクという経済学者だ。一方で、巨大な監視AIがあれば「あらゆる情報は入手可能」との見立てから、全監視都市で起きうる出来事をシミュレートしたのは『パーソン・オブ・インタレスト』というドラマ(三七六頁)だ。

パリの同時多発テロに関する一報が入ってきたのは、本号の最終校了日の前々日にあたる土曜日だった。折しも本号の第二特集が「都市」をテーマにしたものだったため、それまでつくってきた記事が、この事件によって「平時」の脳天気な話に思えてしまわないか。事件の悲惨さはもとより、そのことでも暗鬱な気分になった。

都市は自由でオープンで余白のなかに遊びが満ちてくるようなものとして構想されねばならない。というのが、ざっくり言ってこの特集のテーマだ。そして、そうした例としてアメリカやロンドン、パリなどの都市の事例が少なからず紹介されている。二〇世紀型の「管理」をもって都市を運営するのではなく、より可変性が高く、柔軟で、スピーディな、より「レスポンシヴ」な都市のありようが、いま世界中では構想されている。

Uber や Airbnb に代表されるようなレスポンシヴ・ビジネスによって都市空間は、「住居は住居」「オフィスはオフィス」、もしくは「タクシーはタクシー」「配送車は配送車」といった明確な分類をもたないものに変容し、使う人のニーズによって絶えず姿や目的を変える複合的なものとなっていく。それは、ハードウェアインフラによって規定されてきたいままでの都市のつくり方を根本から変え、もっと複雑で錯綜した、言い方によってはよりしなやかなものへと変えていき、それが都市をより一層多様化させ、その多様性が都市をドライヴするエネルギーになっていく……はずだった。

しかし、都市のど真ん中で起きた今回のテロ事件は、そうした融通無碍な新しい都市の内に本質的な脆弱性が潜むことを改めて明らかにする。オープンな空間は、善意に対してのみ開かれるわけではない。それは悪意や暴力をも引き入れることになる。本号のなかで、ポジティヴに、明るい期待をもって語られた未来の都市は、このような事件を受けてセンサーによって絶え間なく市民が監視されるディストピアへと傾斜していくことになるのだろうか。

デジタルネットワークは、中央集権的に編成されてきたヒエラルキーを解体し、より分散型でデモクラティックな組織構成やネットワークの編成を可能にした。上述した都市のありようは、まさにこうしたモデルを背景に構想されてきたものだ。そして、デジタルネットワークの融通無碍な自在さは、そのままあらゆる社会組織に適応される。テロ組織の活動もまたこうしたモデルにのっとって行なわれることになる。

彼らは、超大国の並みいる諜報機関や国境の概念をあざ笑いながら、変幻自在に地球上を移動する。オンラインゲームを使って情報をやりとりし、SNSを用いて自らの活動を喧伝する。彼らは、ぼくらが普段生きているデジタルライフを、そのまま、あるいははるかに高度なやり方で、ある意図に向けてきわめて効率的に作動させる。スマホがぼくらの暮らしを飛躍的にモバイル化したのであれば、テロ組織だってそうだ。「シェアリングエコノミー」はテロ組織のなかでだって立派に成り立つだろう。

都市をテーマに常に鋭い批評を投げかけるマイク・デイヴィスの本に『自動車爆弾の歴史』（金田智之ほか訳、河出書房新社）というものがある。テロ組織や反政府・反対制ゲリラたちが、いかに都市のなかでクルマというものを「兵器」として使用してきたかを綴った興味深い本だが、そこで、クルマは「貧者の空軍」と呼ばれている。国家が有する軍隊・警察の強大な武力に対して、クルマは一般市民の手に届く格好の兵器となる。しかも、誰もがもっているという意味で、その存在はきわめてステルスなものだ。クルマというテクノロジーの「想定された」使い方ではないが、そのテクノロジーが民主化され、一般化されたことの帰結として自動車は爆弾になる。どんなテクノロジーだって、ちょっとしたハック＝工夫によってたやすく兵器となる。

最新の技術はそれが開発された当初は製作に手間もコストもかかり、ゆえに強大な権力を持つ者（国家とか巨大企業とかお金持ちとか）の管理下にある。けれども、それが広まってゆけば次第にコストは下がり、より多くの人の手にわたる。『テクニウム』という本のなかで、ケヴィン・ケリーは、そうした一般化の趨勢を「テクノロジーというものの本性＝欲望」（『テクニウム』の原題は『What Technology Wants?』〈テクノロジーはなにを求めているか？〉だ）とみなしているが、テクノロジーというものがもつそうした性向は、使用する相手を選ぶことなく、人の社会に入り込んでは、ただ広まることを目的としてのみ広まってゆく。そして、その趨勢をとどめることはとても難しい。かつては一部の空軍の持ち物だったドローンがもはや軍隊にのみ許された「贅沢」ではなく誰にでも購入可能なものであるのはいい例かもしれない（これこそ、きっと「貧者の空軍」の名にふさわしい）。なんにせよテクノロジーは、使う人も使われ方も選ばない。人がテクノロジーを選び、その使い方を決めるのだ。

デジタルテクノロジーの恩恵は、しばしば「民主化」ということばで語られる。アラン・ケイからスティーブ・ジョブズへといたる、デジタルテクノロジーの偉大な先達たちの構想は、中央集権的に組み上げられた産業社会に抗って、自分たちの手に「力」を取り戻すことを願った。それはアメリカの根本の理念としてある「民主主義」と、もちろんシンクロしている。けれども、テクノロジーの「民主化」は彼らが考えていたものよりも、はるかにラディカルなものだ。テクノロジーの「民主性」は、政治理念としての「民主主義」などにはお構いなしに、あらゆる政治理念に対して開かれる。スマホやＳＮＳは自明のこととして「民主主義」に結びついているわけではない。スマホやＳＮＳのラディカルさは、いとも簡単に「民主主義」を打倒する道具としても使われてしまうところにある。

テクノロジーには、節操もなければ理念もない。そして、ぼくらは、そういうものを銘々、自分の手のなかにもっている。

本号の都市の特集のなかに、ニューヨークのタイムズスクエアの活性化を図る組織「タイムズスクエア・アライアンス」の代表を務めるティム・トンプキンズが登場する。彼が主導したイヴェントに、タイムズスクエアで数千人の市民が一斉にヨガを楽しむというものがある。今回のパリでの事件を受けて、たとえばそんなイヴェントがテロのターゲットになったことを想像してゾッとした。

ケヴィン・ケリーをして人類最大にして最も複雑と言わしめた「都市」というテクノロジーが、その本性としてさらにオープンかつ民主的なものとなり、管理の眼がますます行き届かなくなるのであれば、それは、今後一層無防備なものになっていくのかもしれない。そのときテクノロジーは、おそらくそこを行き交う人びとの安全を見守る上で多大な貢献をすることができるはずだ。しかしやり方次第では、都市はかつてよりももっと管理された、行き詰まるような空間となってしまうこともありうる。

いずれにせよ、タイムズスクエア・アライアンスの活動が、9・11以降のニューヨークで生まれたものであることを忘れてはいけない。未曽有の惨劇に見舞われた都市は、一〇年以上もの苦悶の結果として、みんなで、街中で、ヨガをしたりオペラを観たりすることを選んだ。それはもちろん、強大な軍事力の庇護のもとに行なわれる安全なアクティヴィティではあるかもしれない。けれども、都市におけるリスクマネージメントの新たな試みとしての意義が、ひとつのテロによって失われたわけではないと思いたい。

「テロ撲滅」と引き換えに、都市は「自由」を手放すことになるのだろうか。

夜明け

2016.02.10 – WIRED, Vol. 21

「音楽の学校」という特集は、音楽の特集でもあり教育の特集でもある不思議なものとなってしまい、おかげさまであまり売れなかったのだが、経済というものから離れたところで「学ぶこと」を考えるのに音楽という空間はうってつけと思えたのだ。経済合理性以外の根拠から「学び」や「成長」をどう前向きに定義できるのか。つくっていて結構苦しい特集だった。なんにせよ、不用意に日常生活のなかに経済用語やＩＴ用語を持ち込むことは慎みたいものだ。

「これからの音楽を支えるのは、どんな人材だと思いますか?」という問いに、Albino Sound こと梅谷裕貴さんは「人材というと部品みたいに聞こえてしまいますが」と前置きをしてから答えてくれた。この前置きに、なによりもはっとさせられた。そして恥じた。なんと浅はかな問いをしたものだろう。

「人材」「資源」「開発」「投資」といった経済用語をもって人を語ることにますます慣れていく世の中に、いい加減辟易していたはずだった。それは、文化的、社会的なあらゆるものごとを商品化し、市場経済内のことばと指標で評価し、それでもって評価できないものはないものとしようとする(なぜか加速している)趨勢と呼応しあって、ますます反感を募らせる。

ウェブメディアに携わる立場で言うなら、それは「PV」とかいう「KPI」とかいうものへの根源的な不信であり、「文化」なるものの意義をもって「経済」の論理に十分に対抗できずにいることへの苛立ちでもある。

にしても、なぜ、いつから、こんなことになってしまったのだろう。鬱々と思いをさまよわせるなか、カール・ポランニーという人の本に(いまとなって)流れつき、こんな苛立ちにも歴史的根拠があるのだと教えられて救われた気持ちになった。

「社会における経済の位置」ということを考えてきたポランニーという人は、本来は社会というもののなかにエンベッドされていた(埋め込まれていた)「経済」というものが、産業革命以降、社会から「ディスエンベッド」し(「離床」という訳語があてられる)、肥大化することで、逆に、経済システムのなかに社会を埋め込んでしまったと説明する。それは産業革命以前の人類史には存在しなかった倒錯で、その過程で人間や自然は、労働や土地の名のもとに「それ自体で商品となるよう仕立てられ」てしまったのだ。しかし、と彼は言う。

「両者ともに実際には商品でないことは言うまでもありません。それらは(土地のように)生産されたのでは全くないし、仮にそうであったとしても、(労働の場合のように)売買を目的として生産されたものではないからです」(『経済と自由』福田邦夫ほか訳、ちくま学芸文庫)

ああ。そうだ。その通りだ。人間は商品ではないし、「投資」して「開発」すべき「材」でもない。けれども経済システムにしっかり埋め込まれてしまった学校や教育というものは、終局的にはいつだってそのシステムに適応すべき「部品」を「開発」し「生産」すべく方向づけられている。

だから、いま「音楽の学校」を語るのであれば、そうした方向づけに逆らって、それが経済のためでも産業のためでもなく、まずは人が人として育まれる場として語られねばならないはずだ。そこで扱われる音楽というものもまた、その本然として、おそらく、人間や自然と同じように「売買を目的として生産されたものではない」からだ。

音楽はその意味でいま希望の最先端にいる。市場価格の崩壊と産業の没落によって「商品」であることから決定的に離脱しようとしている音楽は、経済システムそのものから解放されようとしているとも言える。「私が願うのは〔略〕経済システムを再び社会のなかに吸収することであり、われわれの生活様式を産業的な環境に創造的に適応させることである」（『経済の文明史』玉野井芳郎ほか訳、ちくま学芸文庫）と語ったポランニーのヴィジョンは、音楽を通して、すでに進行しつつあるのかもしれない。

冒頭に紹介した梅谷さんは、こちらの愚問を愚問と見越したうえで、先の質問にこう答えてくれた。「ビジネス先行型の音楽フォームから脱却していく人が、つくる側にも広げる側にも必要で、個人としても越境的な人が多くいればと思います」。

そうやって、願わくば音楽は「経済」から奪還され、それを商品としてではなく愛することのできる人たちの手に戻される。そして、その音楽を通じて「経済化されない」あらゆるものが自らの存在を回復することが、この特集から見えてきた夢だった。

死の一週間前、デヴィッド・ボウイは、盟友ブライアン・イーノにあてて一通のメールを送ったという。

「楽しい時間をありがとう、ブライアン。それは決して朽ちることはない」と書かれたそのメールは、「Dawn」（夜明け）と署名されていたそうだ。

2016.02.10 – wired.jp

音楽にぼくらは勇気を学ぶ

前稿でも書いた通り「音楽の学校」というこの特集はつくるのがしんどい特集で、そのさなかに本稿で触れている一冊の本と出会って文字通り救われた。感動のあまり著者の對馬達雄先生に倉敷まで即行会いに行ったほどだ。「いっぱい勉強するようになると、それだけ人びとを助けることができるようになるのです」。なんで学校でこのことを教わらなかったんだろう。なんで誰も教えてくれなかったんだろう。

昨年末に、「デジタルファブリケーション」と「教育」をテーマにしたカンファレンスに参加した。そこで、日本の先進的な高校が、どのように「ファブ」や「ＩＣＴ」を導入して成果をあげているかといったプレゼンを見た。率直な感想は「いまの子は学ぶことが多くて大変だなあ」というものだったが、それでも学校の評価はうなぎのぼり、一時激減していた生徒数もV字回復を遂げているのだという。経営的観点から言えば「ファブ」や「ＩＣＴ」は効くらしい。

とはいえ、釈然としないものも感じたので、大人気ないとは知りながら「そこでいう評価とはなんのことですか?」とパネルディスカッションの席で先生方に問うてみた。答えは即座に「受験ですね」だった。

『ＷＩＲＥＤ』で三年半くらい前に「未来の学校」という特集をやったとき、そこで語られていたヴィジョンは、デジタルネットワークによって学校という権威は解体されていくことになるだろう、というものだった。有り体に言えば「学校に行かなくても、学びはできる」、極端に言えば、「学校に行かなくても生きていける」。そのときファブやプログラミングは、それを実現するための民主的なツールとして語られていたはずで、メイカーズということばは、そんなＤＩＹな生き方の指針、もしくは理念として語られていたはずだった。

けれども、気づけば、それらもすっかりしっかり受験科目。学校が大事にしてやまない「評価」とは相変わらず「いい大学に入ること」に尽きている。「ファブって結局受験科目なんですか？」と、重ねて突っ込んでみたところ、スタンフォードだったか、どこかのアメリカの名門大学の先生は、「近年では、ファブの評価だけで入学した学生もいます」と仰っていたが、それってただの一芸入試じゃんか（とは、あえて言わなかった）。

結局のところ、東大はエライままだし、スタンフォードやハーヴァードはエライままなのだ。で、その人たちがファブを「評価」しましょうとなれば、そこにぶらさがった高校以下、中学校、小学校に至るまでが、それをカリキュラムに組み込むこととなる。

もっとも、大学だって、教育機関としてのその評価が「就職」にあることを思えば、言っても経済や産業というものの言いなりで、終局的には「お金をもたらしてくれる「人材」を求む」という経済の要請に従っているにすぎない。その「人材」の内実は刻々と変化するにしたって評価軸自体は変わってはいない。

学校ってのは、実際、経済的な指標でしか評価をされない、とても残念な空間なのかもしれない。かつてもそうだったし、いまでもそうなのだろう。経済にしか興味がない社会では、教育空間は、利潤を生むための部品をつくる工場でしかない。より有能な部品とするために、子どもたちにいまなにをプログラミングすべきか、という議論に喜んで参加する気にはどうしてもなれない。やれ英語だ、やれプログラミングだ、やれＩＣＴだ、やれファブだ。お好きにどうぞ。

いずれにせよ、学校というもののこうした「残念さ」は、社会そのものの「残念さ」の反映にほかならない。学校における生徒の評価は、そのまま社会における「人材」の評価と直結している。そして、この社会における「いい人材」は、いまなお程度の差こそあれ、結局のところ「お金」という指標でしか定量化されない。子どもに「なぜ勉強しなきゃいけないの?」と聞かれても、あらゆることを数字でしか測れない社会は、ロクな答えを出すことができないだろう。

昨今、いろんな会社に呼ばれて話をする機会をもらう。依頼の多くは「どうやってイノヴェイションを起こしたらいいですか?」というもので、「イノヴェイションを起こせ」という上司の命を受けて立ち上がった新規事業開発担当者にお願いされることも多い。もちろん、こちらは、そんな都合のいい答えをもちあわせているわけもなく、思うことを雑に話して帰ってくることになるのだけれど、話を聞いていて感じる大きな問題は、社員が一生懸命考えた「イノヴェイションの芽」を、その当の上司は、いったいどうやって、なにをもって評価するんだろう? ということだ。

イノヴェイション担当者の悩みは、常にここにある。これまでにない斬新なアイデアでブレイクスルーを起こせと命令されつつも、なにかアイデアをもっていくと上司に「で、それはどんだけ儲かるんだ?」と聞かれる、という矛盾。

斬新でDifferentなアイデアは、斬新でDifferentであるがゆえに予測がつかず、予測がつかないからこそ、斬新でDifferentなのだといえる。そこに、かりそめの売上予測はできたとしても、終局的には「賭け」になるというのが、そうしたものの宿命だ。だからこそ、イノヴェイションというものの評価は難しい(し、だからスゴいVCはスゴいのだ)。その宿命を受け入れずに、従来の企業の価値軸に従うなら、あらゆる斬新なことちがったことは、「やらなくていい」という結論が出てしまう。そういう社会における教育の第一義は「新しいことなんかやるな」となる。冒険しない社会は、冒険しない人を優遇する。

かつて、カート・ローゼンウィンケルというジャズギタリストを取材したときに「一番好きなアーティストって誰ですか?」と聞いたところ、「デヴィッド・ボウイ」という答えが返ってきて驚いた。ジャズミュージシャンには珍しい答えだと思って、なんでですか?と問い返したら「勇気があったから」という答えが返ってきて、さらに驚いた。「自分をとことんまでさらけ出す勇気があった」。その理由をもってローゼンウィンケルは、ボウイを最上位に置く。

ボウイが「イノヴェイティヴ」であった根拠は、おそらく経済的にも、社会的にも、文化的にもたくさん語ることができるはずだ。けれども、そうした根拠は、どこまでいっても後付けの結果論でしかない。それは、どんなイノヴェイターにしたってそうだ。あとから、その人や、その人のアイデアを評価することはたやすい。しかし、それをリアルタイムで評価するためには、別の評価軸が必要となる。仮に売れなかったとしたら、ボウイという人の価値はないものになってしまうのだろうか、と問うてみればいい。ボウイをボウイたらしめているのは、彼がもたらした「結果」ではない。ボウイが亡くなった際、カニエ・ウェストも、やはりなによりも先に「Fearless」(恐れをしらない)ということばを用いて賛辞としたのだった。

なにか新しいこと、人とちがったことをするには勇気がいる。それは、なにか新しいアイデアをもった人だけに限らず、それをともにつくったり、それを伝えたり、あるいはそれを享受する側にも、勇気を強いる。どんなイノヴェイションも、おそらくひとりでは具現化できない。さっきの「新規事業開発」の部門について言えば、おそらく一番勇気を必要とするのは部下の勇気を評価する上司だ。冒険を尊ぶ社会では、みなが冒険をしなくてはならない。勇気には、勇気をもって応えよ。

音楽にしろ、映画にしろ、ビジネスにしろ、これまでとはちがったものが世に出てくるたびに、ぼくは、これにハンコを押したヤツはスゴいな、といつも感心する。そして自分だったらそれにGoサインを出せただろうかと自問する。新しいことをやらないでいる理由を見つけるのは常にたやすい。音楽プロデューサーのドン・ウォズはこう語る。

「金融屋や銀行屋は「リスク」ってものが理解できないんだ。音楽ってのは、そもそもがギャンブルなんだ。「結果はわからないけど、面白いからやってみよう」。そうやって音楽は領域を拡大し、進化を遂げてきた」

今回の特集は、つまるところ、「人はなぜ学ばねばならないのか」という問いの答えを探しつつ、誰しもが「金融屋や銀行屋」のようにしかものごとを評価できない世の中にあって、経済の指標に対抗するオルタナティヴな価値基準ってのはなんだろうと考えるものとなった。それをうだうだ考えながらつくりあげていく途上で、音楽とも学校とも、ほとんど関係のない一冊の本と出会って、ぼくは「勇気」と「学び」について、ひとつ大きな答えをもらった。

『ヒトラーに抵抗した人々』(對馬達雄、中公新書)は、ナチスの圧政に逆らってユダヤ人の逃走を手助けしたり、抗議運動をしたり、反ナチのクーデターを画策した「ふつうの市民」の姿を描いた本だ。そのなかに、教育者として知られたアドルフ・ライヒヴァインという人物の、一一歳の娘に宛てた手紙が紹介されている。ナチスに処刑される直前に書いたものだ。

いつでも人には親切にしなさい。
助けたり与えたりする必要のある人たちにそうすることが、
人生でいちばん大事なことです。
だんだん自分が強くなり、楽しいこともどんどん増えてきて、
いっぱい勉強するようになると、

それだけ人びとを助けることができるようになるのです。
これから頑張ってね、さようなら。お父さんより

本号で取材した英国のブリットスクールという音楽学校は、音楽の技術や才能なんかよりも、生徒たちの優しさを育むことがなによりも大事だとしている。「Be Kind, Be Original」がこの学校のメッセージだ。「優しさをもて、勇気をもて」、そして音楽がよりよいものとなるよう助け合い、冒険せよ。それが「学び」の価値であり評価の指標である、とそれははっきりと謳っている。

2016.04.09 – WIRED, Vol. 22

わたしはフローラ

「BODY & HEALTH」という特集の巻頭言として書いたもので、日本語のタイトルは「病気にならないカラダ／ようこそ！ 未来のウェルネス」だった。ウェルネスというコンセプトが好きなのは、それが身体の「完全状態」を目指すものではなく、外部と内部がバランスよく均衡する地点を探そうというものだからだ。身体は刻一刻と変化している。その場所、その時間における「固有の状態」をきちんと見ようという視点は、身体だけでなく、組織やコミュニティ、都市にも敷衍できる。特集に掲載した病院デザインの記事は、秀逸な都市論でありコミュニティ論だった。

病院っていうのは、それにしても、なんと屈辱的な空間だろう。昨年、検診を受けるためにイヤイヤ訪れた病院は、特段下等な部類に入るものでもなかったと思う。それでも、作務衣みたいな変な衣装に着替えさせられた瞬間からうんざりしはじめた。そこから各部位の検査を受けるべく診察室から診察室へとたらい回しにされていくなかで、ぼくは自分のカラダが部品として解体されては「検品」されていくのを、不機嫌と不信をもって眺めた。

看護師さんや医師の先生方は親切だったと思う。病院はいまや立派に「サーヴィス業」でもあるわけだ。

ぼくらは検品され、修理される部品であるだけでなく「客」でもある。ぞんざいに扱うわけにはいかない顧客であり、病院は言ってしまえば、その顧客たちのためのカスタマーサポートセンターでもある。

というわけでぼくらは、調子の悪いクルマや起動することを突然拒否したPCと等価のものとして、そこに、ガタが来はじめた「自分という機械」を差し出すことになる。そこで扱われる身体は、あらかじめ決められたパーツが設計指示書通りに組み立てられたものでなくてはならず、そのために個々のパーツや機構は「普遍的」なものでなくてはならない。それが病院というものを背後で支えているところの近代医療の考え方だろう。そして、その考えはどこかで「完全なる身体」というものを想定している。パーフェクトボディ。つまりは新品のカラダ。

それがきっとどこかにある、とあてどのない彷徨を繰り返してきたのが、おそらくは「健康」というキーワードをめぐる世の動きなのだろう。そう考えると健康ブームやフィットネスブームなんていうものは、さしていいものとも思えなくなる。完全の追求は必ず不完全を排除しようとするからだ。そして完全／不完全という対比は、単なる対比ではなくヒエラルキーとなる。

だからこそ、ぼくは腸内フローラといったコンセプトを大いに歓迎する。ぼくらのカラダには一〇〇兆だかの細菌が巣食っていて、それがうようよと自分のなかを動きまわっているという身体像は、なんとも言えない安堵感を与えてくれる。自分という存在は閉じた静的な機械ではなく、有機的にからまりあっては絶えず変化する動的な開放系、つまりはエコシステムなのだ。世界＝環境から孤絶したスタンドアローン・マシンではなく、それ自体がひとつの森や山のようなものだとするなら、言うまでもなく、そこには目指すべき「完全な状態」はないし、世界のどこを見回しても、ひとつとして同じものを見つけることはできない。

近代医療に対するぼくの引っ掛かりは、もしかしたら「固有性」というものをめぐってのことなのかもしれない。病院に入った瞬間、自分のカラダが、自分が信じたがっている自分の固有性というものを剝奪され、互換性のある物質へと還元されてしまうことへの反発。「カラダにいいこと」と「自分が幸せであること」とが必ずしも一致しないというありがちな矛盾は、「カラダ」と「自分」は切り離すことができるという前提への異議申し立てでもある。

というわけで、自分から切り離されてしまった「カラダ」というものを、もう一度自分に取り戻すことをテーマとしたくてこの特集を企画した。ぼくらは一〇〇兆もの細菌とともに生きて、彼らとともに死んでいくのだ。そう思えば、せっかく自分に宿ってくれた微生物たちをちょっとは慈しもうという気持ちにもなるじゃないか。ヒトは叢＝フローラなのだ。寂しくないじゃないか。

2016.04.09 – wired.jp

複雑さを複雑さのまま抱きしめるということ

近代医学はひとのカラダを交換可能な機械であるという前提の上に立っている、というようなことを前稿で書いたが、そのクセ近代は、ひとは精神においては固有の自我を持った固有の存在だというのだから混乱するなというほうが難しい。本稿も同じウェルネス特集に寄せて書いたものだが、本書の最後のほうに出てくる「最適化されてはいけない」(四八四頁)という文章と内容が似ている。そっちの原稿はアイデンティティ特集のために書いたものだ。

「レコメンデーションエンジン」というものがどうしても好きになれない。信用する気になれない。アルゴリズムのいいなりになってたまるか。予測不能な選択をして攪乱してやろうか。と思ったりする。ところが敵もさるもの、それは自分のなかのランダム性さえをも捉えて、ある傾向を導き出しモデル化しては予測可能なものへと変えていく。

データが増えていけばいっただけ、ほどなくヤツは、偽装したランダム性にさえも傾向があることを見抜くだろう。個人の打てる手の数なんてたかが知れている。かくて、ぼくは、やがてきっとあっさりとアルゴリズムの軍門に下ることになる。偽装したランダムネスと偽装されたセレンディピティーとの戦い。われながらなんと不毛な。

ウェアラブルデヴァイスが可能にした身体センシングの技術も、あるいはこれに似たものかもしれない。これまで感知されることのなかった身体の傾向を二四時間三六五日監視しながら、それはぼくらの知覚の一歩先を行こうとする。「三〇分後にあなたは眠くなります」とか「ほどなく血糖値が下がりますよ」とか。遺伝子解析を使うなら「いつかアルツハイマーになりますよ」とか。未病のためのレコメンデーションエンジン。それは有用なものだろうか。間違いなく有用だ。人のためになるだろうか。間違いなくなる。人を幸せにだってするだろう。けれどもけれども。どこかが腑に落ちない。

センシングテクノロジーの進化と解析能力の爆発的な向上は、これまで見えなかった「動態」を可視化し、これまで見えなかった因果を導き出すことを可能にする。そこから見えてくるのは、ぼくらの身体であったり心であったり、ぼくらが暮らす社会であったりが、驚くほど多様で、錯綜して、複雑だということだ。見えない相関の発見は、それまでの機械論的モデルによって規定されていた因果を突き崩しては、新たな仮説を浮上させる。

近年流行りの腸内フローラといったものをめぐるマイクロバイオームの研究は、まだまだ発展途上にあるとはいえ、ぼくらの身体や世界についてたしかに新たな像を見せてくれる。ぼくらの身体は一〇〇兆もの微生物がそこに寄生して生きるエコシステムなのだと、その道の権威であるマーティン・J・ブレイザー教授は本号の特集のなかで語る。体内から微生物の多様性が失われると身体は失調すると彼が言うとき、身体はそのまま、失われゆく珊瑚礁や熱帯雨林と同じものとなる。

それは単なるアナロジーではなく、身体というものが微生物を介してそのまま環境とつながっていることを考えれば、それらは実際遠くで連関しあっていると言えるし、比喩として見ても「叢＝フローラ」という概念は「都市」や「コミュニティー」といったものの有りようを考える上でも有用なヒントを授けてくれる。なにがどういう作用をなにに対して与えているのか、その因果が見えないほど複雑に絡まりあったエコシステムとしての身体、社会、もしくは世界。

その世界の魅力は、ある種の不確実性と予測不能性にある。絶えず流動しては変転し、予期せぬことが不可解な因果によって引き起こされる世界。偶然性と一回性が支配する世界。まさに自然が、そのままの姿においてそうであるようなイメージは、すべてが分節化され断片化されては解析され、構造化されては抽象化されて合理化される、なんとも窮屈な世界に対する素晴らしい解毒剤になる。けれども、科学やテクノロジーはそれすらもきっと追い詰めて、予測可能な、確実性のある世界へと収斂させようと目論んでいるにちがいないのだ。

予測可能性は、安全、安定を手に入れるために必要不可欠な要件だったはずだ。西洋発のものに限らず、あらゆる学問は、おそらくそれを手に入れるために、星空や草木や人体を熱心に見つめては理解しようと努めてきた。そして、そこに「文化」と呼べるものを織りなしていった。

昨年刊行した「ことばの未来」という特集のなかに、絶滅危惧言語のストーリーがあって、そこには、失われつつある言語のなかに動植物相に関して西洋科学よりも何百種類も多い分類があるものがあったり、ある東南アジアのヒーラーが六五〇〇種類もの薬効成分を特定している、といったことが書かれている。分節化や合理化、分類と構造化は、なにも西洋科学の特権というわけではない。けれども、どういうわけだか、六五〇〇もの薬効を知り尽くしたヒーラーの「科学」には豊かさを感じるのに、西洋科学が目指してきたそれは、ただ世界をつまらないものへと痩せ細らせているようにしか感じられなかったりする。前者と後者を分かつものがなんなのか、ぼくにはいまのところよく分からない。

予測可能性が高まれば高まるほど人は予測不可能性を求めるのかもしれず、逆にそれが高まれば高まるほど今度は予測可能性を欲するようになる。ヒトというものはおそらく、そういう意味においてはきわめて天邪鬼な両義的な生き物で、そうした矛盾こそがぼくらの本質であるならば、それをそれとして慈しむことができなければ、きっと寂しいことになる。そして実際ぼくらはどこかで寂しがっているのだ。

要はバランスの問題、ということなのかもしれないけれど、複雑さを複雑さのままにおいて保持しておくこと、構造化や抽象化を行なわずに身体や社会や世界の複雑さをすくいあげることが、いま以上に求められている時代はないのではないかという気が強くする。

ウェルネスツーリズムで行こう

2016.04.09 – WIRED, Vol. 22

「BODY & HEALTH」特集のなかでウェルネスリゾートを紹介する記事のために書いた小文で、日本は「観光立国」なんかを目指さないで、行くと健康になる「ウェルネス立国」を目指すべきという内容だ。これを書いて以来、日本中にウェルネスリゾートをバンバンつくって世界のお金持ちを呼んだらいいと提唱しているのだが、失笑を買うばかりなのがまるで解せない。ウェルネスリゾート開発なら、従来の資本主義的ドライブをもってやれるし、寂れた地方にシェアオフィスなんかをつくるよりもはるかに健全な復興にもならないか。ついでにマッサージや整体、鍼灸を義務教育の必修にしたらいい、とさえ思う。

世界の大手ホテルチェーンが「ウェルネス」にますます力を入れはじめている。フィットネス施設の充実にともない、スポーツブランドなどとの提携も活発化している。その一方で、二〇一六年初頭にはEquinoxという大手フィットネスジムチェーンがホテルビジネスへの参入を発表して話題を呼んだ。旅と健康。それはかつてないほど結びつきを強めようとしている。

スパ&ウェルネスリゾート業界最大のメディア＋マーケティング企業Spafinderが毎年行なっているア

ワード「Wellness Travel Awards」の結果を見てみると、世界のあらゆる地域で「ヘルス&ウェルネス」をテーマとした施設が、激しくしのぎを削っていることがわかる。

アジア、アフリカ、ヨーロッパ、北米、南米、オーストラリアのリージョンごとに選出された施設はいずれ劣らぬ魅力的なものばかり。が、日本についてどうかといえば、二〇一四年度版では、国別の部門でわずか一軒「マンダリンオリエンタル東京」が選出されているにすぎない。

ウェルネス／ヘルス施設の開発には、さまざまな条件が必要となる。自然環境、食材、洋の東西を問わぬトリートメント・プログラムやそれを実施する人材、最新のヘルスケアテクノロジー……そうした要件において日本が世界と較べて見劣りするかといえば、そんなことはない。日本にはむしろ「ウェルネス」にはお[illegible]すぎるほどの環境がありそうだ。考えてもみよう。「湯治場」は遠い昔からすでに日本人にとってのウェルネスリゾートだったはずではないか。

日本の「観光」は長らく、そしていまも「観る」にこだわりすぎてきたのかもしれない。「観る」ではなく「健康になる」を基軸に置いてみたなら、「名所」の開発に血道を上げることなく、地域ごとの固有の環境をより豊かに資源とすることができそうだ。

ウェルネス・ツーリズムの世界有数のデスティネーションとしての日本は、さほど悪い未来図ではないように思うのだが、どうだろう。

2016.04.22 – wired.jp

ごめんなさい、プリンス

すでにお気づきかと思うが、プリンスとデヴィッド・ボウイの名は本書中に何度も出てくる。プリンスは、この追悼文に書いた通り大好きなのだが、白状するとボウイはそれほど詳しいわけではない。それでもたびたびセットで言及することになったのはなにか理由があるにちがいない。「音楽の学校」の巻頭言（二七三頁）で書いた通り、ボウイの最後のことばには「夜明け」という署名があった。プリンスも（ぼくの印象では）ずっと「夜明け」を語っていた。

ある世代にとってのデヴィッド・ボウイが、ぼくにとってはプリンスだった。

リアルタイムでは知らないのだが、ボウイがアルバム『レッツ・ダンス』を出したとき「時代がついにボウイに追いついた」と言われたのだと、どこかで読んだことがある。これはもちろん揶揄であって、それまでずっと時代の先端を走ってきたボウイが、ついに時代に追いつかれたという意味だ。

それが誰によって、どんな風に言われたことばなのか、よくは知らない。けれどもそこに大きな幻滅があったことは想像に難くない。というか、むしろ痛いほどよくわかる。それまでの勇猛果敢なボウイを愛すればこそ、ナイル・ロジャースあたりとつるんでちゃらちゃらしているのが度しがたい堕落、裏切りと見えたのだろう。言うまでもなく、それは大きな期待があればこその想いだ。

『パープル・レイン』から始まったプリンスとの付き合いは冷めることなく『アラウンド・ザ・ワールド・イン・ア・デイ』『パレード』あたりまで麗しく続いた。その後二枚組の傑作『Sign "☮" the Times』になると、さすがに難解ではあったけれど、それでもプリンスはアルバムごとに姿を変えながら、常に新しいなにかを見せてくれる存在だった。なにをやってもやすやすと時代が設定したハードルのはるか上を超えていくことができた。彼が、人がそう呼びならわした通りの「天才」であることは、音楽をよく知らないティーンエイジャーですらやすやすと信じることができた。

その次のアルバムが、タイトルもないただ黒一面のジャケットの作品になるということを、雑誌かなんかで読んだのだと思う。ビートルズの『ホワイトアルバム』になぞらえて、『ブラックアルバム』と仮称されることとなっていたアルバムは「プリンスの最高傑作になる」と雑誌に書かれていた(当時、ぼくは『ADLIB』という雑誌を、なぜか毎月買っていた)。試聴をした評者が、一曲ごとに解説を書いていたことを覚えている。

当然、予定されていた発売日に喜び勇んでCD屋に行った。ところが行くと、発売は延期になったという。で、次にアナウンスされていた発売日に行くと、また延期。焦らされれば焦らされるほど、期待は高まる。なにせそれは、あのプリンスの「最高傑作」なのだ。いまかいまかとリリースを待ちわびながら、何度もお店に通った。そして、ついに、ある日、たしか、いつも読んでいた雑誌の最新号によって、その

「最高傑作」が発売中止、お蔵入りになったことを知った。

プリンスは、かの『ブラックアルバム』が自分のなかのネガティヴな感情から生まれ出た作品であることを理由にボツにしたのだということが書かれていた。それが事実なのかどうかは知らないけれど、当時の説明はそうだった。その贖いとして、直後、一転ポジティヴオーラ全開、お花の上に全裸の殿下が鎮座する『ＬＯＶＥＳＥＸＹ』が投下されたのだった。

それは決して悪い作品ではなかった。いやむしろ素晴らしいのだ。ＣＤでは全曲通して一曲扱いになっていたため曲ごとの頭出しができなかったのが鬱陶しかったものの、一生懸命よく聴いた。けれどもなにかがちがう感じがした。「聴きたかったのはこれじゃない」というわだかまりがどうしても抜けなかった。

我慢ならなくなって西新宿あたりに「最高傑作」の海賊盤を探しに出かけた。財布とにらめっこしながら、できるだけ状態の良さそうなものを求めて何軒もお店を回った。ようやく入手した「黒盤」に自分がいくら出したのかはもはや覚えていない。興奮しながら帰宅してレコードに針を落とした。けれど、そこから聴こえてきたのは、やけに小さくくぐもった、まるで隣の家のラジオを壁越しに聴いているようなうにもしょぼい音だった。音楽以前の問題でそれはハズレだった。幻の最高傑作の最高傑作たる所以を、そのブート盤が明かしてくれることはなかった。

それでも、だからと言って、プリンスを信じたい気持ちが失われたというわけではなかった。

その後の『バットマン』『グラフィティ・ブリッジ』も発売と同時に買い求め、飽かずに繰り返し聴いた。けれども、どこかに「あれ？」という気持ちは残った。初めて熱狂した頃の、『パープル・レイン』

に続くあの数枚の頃の、桁違いの異様さと桁違いのマスアピールとポップさを同時にもちあわせていたあの頃のプリンスは、徐々に徐々に失われていっているような気がしたのだ。もちろん、クオリティは相変わらず申し分ないのだ。けれども、なにかがちがう。

そうした疑念が決定的になったのは次のアルバム『ダイアモンズ・アンド・パールズ』だった。これが、ぼくにとっての『レッツ・ダンス』だった。好きになろうと何度も努力したけれど、どうしても好きになれなかった。ヒップホップがメインストリームで勢力を拡大しているなか、プリンスは、そのトレンドになんとかキャッチアップしようともがいていた。時代は、とうにプリンスに追いついて、この頃には、もうすでに追い抜いていたのかもしれない。プリンスは、とっくに時代の先端ではなくなっていた。

一生懸命自分なりのラップをしようとしているプリンスが痛々しかった。時代を軽やかに超越していた天才は、見て見ぬフリができないほどに時代からズレていた。それを認めることは自分なりに結構辛いことだった。

そして、そこからさらなる迷走が始まる。「プリンス」という名を放擲し、変なマークに「改名」するという、いまもって謎な時代へと突入。こうなると、さすがにもうついていけない。「かつてプリンスと呼ばれた男」となってしまった男は、ぼくみたいな「昔のプリンスはどこへ行った?」としつこく想い続けている「かつてプリンスを愛していた男」を、自らの手で拒絶したのだった。

プリンスは死んだのだ。世間的にも、ぼく的にも。『パレード』のなかでプリンス自身が歌った通りだ。

「人生が永遠ならいいのにとときおり思う／けれども素敵なことにはすべて終わりがある」

それでも、折に触れて作品を買い求め続けた。いつか「あのプリンス」が復活するんじゃないかと一抹の期待を込めて。でも、その期待が満たされることはなかった。そのたびに、いったいどこが分岐点になったのだろうと考えては、やっぱりあの「黒盤」の封印がひとつの転回点になったんじゃないかと結論することを、下手すればかれこれもう二〇年以上も繰り返していることになる。

映画『パープル・レイン』はプリンスの半自叙伝のように見せつつ、実際はかなりのフィクションだったと言われる。ストーリーが「史実」に即しているかどうかはここでは置いておくにせよ、嫉妬深い小心者のくせに傲岸不遜な野心家でもある、コンプレックスと自信とが表裏一体となったあの主人公は、ある面でプリンスという人そのものを表していたような気はしなくもない。

プリンスの音楽、とくに『パープル・レイン』を挟んでの前後三作くらいの「一番いい時」のプリンスの音楽は、そうした二面性こそがまさに魅力だった。猥雑さと無垢さ。俗っぽさと高潔さ。醜さと美しさ。強さと弱さ。男らしさと女らしさ。激しさとユーモア。恥じらいと厚顔。善と悪。黒と白。

「革命」と名付けられたバンドについても同様だ。男女混淆の上手いのだか下手なのだかわからないこの奇妙なバンドほどプリンスのビザールな世界観を体現していたものもない。だいたい名前からしておかしい。「王子と革命」。王家と革命勢力は普通対立しあうものではないのか。

矛盾をふんだんに抱え込んだ存在としてのプリンスは、そうであるがゆえに、誰にとっても抗いがたい魅力を放っていたにちがいない。けれども、それはきっと危うい均衡の上に成り立っていたもので、件の

「黒盤」の制作途上で、プリンスはうっかりその均衡を崩してダークサイドの側に堕ちてしまったのだ。
のちに発売された正規盤を聴く限り、たしかに異様なテンションを感じさせる作品ではあるものの、プリンス一流のユーモアや愛らしさはいたるところに感じられるし、直後のライヴツアーでは、プリンス自身、このアルバムからの曲を茶目っ気たっぷりに披露したりもしている。けれども、残念ながら、そこに映し出された自分は、本人からしてみれば、見て欲しい自分ではなかったのだろう。プリンスがある時期から、とある宗教団体に身を置くようなことがあったことはなんとなく知っているが詳しくは知らない。

続くアルバムには、「ＬＯＶＥ」は満ち溢れていたものの、世界中が愛してやまなかった俗っぽくて猥雑な「ＳＥＸＹ」さは感じられなかった。そして、いったん自分のなかの「悪」にブレーキをかけてしまった音楽家は、以後、ぼくが知る限り、あの凶々しいまでの輝きを、熱病にうなされたようなほてりを、生理を逆なでするようなざらつきを、うまく取り戻すことができなかった。

あるジャズトランペッターを取材していたときにプリンスの話になり、「どのアルバムが一番好き？」と訊ねたことがある。彼は「それは夜通し議論できる話だね」と前置きしてこう答えてくれた。「普通に言えば、『アラウンド・ザ・ワールド……』以降の三枚ということになるんだろうし、通ならば『ダーティ・マインド』や『コントラヴァーシー』あたりをあげるにちがいない。もちろん、どっちも大好きなんだけれど、ぼくは、名前が「変なマーク」になっちゃってたあの頃のプリンスが、実は大好きなんだ」
「えー!!　なんでですか!?」「あの頃の、とにかくもがいている感じが、ぼくはたまらなく好きなんだよ」。

ロン・マイルスという名の異能のジャズミュージシャンは、おそらく、音楽家の耳をもって、音楽家プリンスの苦闘をわがことのように聴くことができたのかもしれない。それは、到底ぼくにはできなかったことで、そうやって一番苦しい時期にこそ、真摯にアーティストの表現と対峙しえた彼のような人をして「ファン」と呼ぶなら、ぼくなんかはファンと呼ぶに値しない移り気な浮気者にすぎない。ぼくは率直に、ロンに頭を垂れた。

それでも、いい兆しが見えてはきたところだったと思う。頑なに門扉を閉ざしていたオープンなデジタルプラットフォームに対しても、一時ほど神経質にならなくなってきたのだろう、YouTubeで見かけることができるようになった最近のプリンスは、潑剌と元気そうで、歌声もギタープレイも衰えるどころかますます磨きがかかっていた。ポップアイコンであるよりは一ミュージシャンとしての凄みを湛えたその姿を見るにつけ、「プリンスは後退した」などと一度ならずも思ってしまっていたぼくは、自分が決定的に間違っていたのではないかと思った。そして、内心そう思えたことが嬉しかった。

このわずか一年半の間にプリンスは四枚のアルバムをリリースし、それなりの高評価を得ていた。「これぞ、プリンス！　待ってました！」といった声もあれば「悪くはないけれど、プリンスでなくても……」といった消極的な意見もネット上にはあった。ぼくは、これまでずっとそうだったように、後者の意見に与することになろうという怖さから結局手を出せずじまいだった。

アーティストとともに年をとっていくということができるということは、とても幸せなことだ。けれども、音楽を聴きはじめてすぐのまっさらな状態で出会ったアーティストの眩さは、どうしたって年を経るごとに失われていくということを、ぼくはプリンスを通して哀しみとともに学んだ。それは事実としてアーティストが後退しているということでは一切なく、一方的にこちらがすれっからしになって行ったことの結果でしかないのかもしれないけれど、のちに生み出されたものを一切許容できないほどに、そのときの輝きは圧倒的だったのだ。

　それでも、出会ってから三十年強、継続的にプリンスは聴き続けてきた。それは、残念ながらその都度々の最新作ではなく、どうしたって昔強烈な印象を残してくれた「あの頃」の作品だった。

　無尽蔵にあるだろうと想像される、あらゆる時代の未発表音源やライヴ音源が、プリンスの御殿「ペイズリーパーク」には恐らく山ほど残されていて、それはプリンスが生きている間はまず世にでることがないのは明らかだったので、生前、ぼくは「プリンス、早く逝ってくれないかな」などと冗談めかして話したりしていたものだった。そんな不謹慎な冗談が、思ってたよりもはるかに早くに現実のものとなってしまって、なんともいたたまれない、やましいような気持ちでいる。いいファンじゃなかったぼくは、きっと当時の未発表音源やライヴ盤や、ボックスセットなんかが出てくるたびに、喜び勇んで買うことだろう。

　ディランやビートルズの過去のリマスター盤やボックスセットなんかが出るたびに、大騒ぎしているような未練がましいオールドスクールなロックファンを、ぼくはずっと毛嫌いしてきた。「アーティストのいま」を見てこそ本当のファンだろう、と。でも、プリンスについてだけは、それを実行できなかったし、これからもずっとできないだろう。ごめんなさい。

『パープル・レイン』のレコードのスリーヴには、長い詩のようなものが書かれていて、その最後だったかにたしか「May U live 2 see the dawn」(生きて夜明けを見れますように)という一節があった。プリンスは折に触れて、そのフレーズを使用してきた記憶がある。「プリンス、死す」の一報を受けて、真っ先に思い起こしたのは、そのことばだった。

プリンスは、その「夜明け」を生きているうちに見ることができたのだろうか。

2016.06.10 – WIRED, Vol. 23

ミッションという音楽

答えを先に言ってしまうようで恐縮だが、文章の最後に出てくる「ウォズ」は、アップルの共同設立者だったスティーブ・ウォズニアック、「デイヴ・ムステイン」はメタリカの結成メンバーでのちにメガデスを率いることになるギタリストだ。どちらも天才的な才能の持ち主で、いわばアップルとメタリカの核心をつくりあげた張本人なのだが、組織の存続にあたって不要とされることになる。組織の判断には、たしかに合理性はあったのだろう。けれども心情的な未練や反発はやはり残る。だからだろう、ふたりにはいまなお熱心な信者が滅法多い。

会社ってなんのためにあるんですかね、という問いに対する最も腑に落ちた答えは、ある出版社の社長が語ってくれた、「一人ひとりが平凡で小さな存在でも、みんなで集まってやれば大きなことができるじゃないですか」というものだった。

会社というものが、そうやってみんなで「大きなこと」をやるためのプラットフォームであるというのはおそらくそうで、その「大きなこと」というのは、なにも「世界を変える」とか「人類の未来をつくる」とかいう大それたビッグイシューでなくてもよく、亀の子束子だって、歯磨き粉だって、それをたったひとつでも自分ひとりでつくるのはとんでもなく大変なはずで、しかもそれをみんなの手に行き渡らせようと思えばひとりでやるのは到底無理、となるのがこの世にあるほとんどのものの成り立ちであることを思えば、会社はどんなに規模が小さくても「大きなこと」をやっているはずだ。

「会社」の特集で「ミッション」なんて話をすると、すぐさま「ソーシャルグッド」なんていうことばが思い浮かんで、もちろん、それはそれでいいことなのだけれども、みんなが「地球規模の課題解決」を目指す必要はないはずなので、そこはここではそんなに大事ではない(まあ、少しは気にしたほうがいいとは思うが)。問題は、ぼくらが「会社」というと、どうも膠着して静的な、ダイナミズムがなくてかつ支配的な機構のようにそれを考えてしまうところで、そこに集まっている人たちの思考もそうやって膠着していくと、結局「会社は会社を維持するために存在する」というような、情けない事態に陥ってしまうことになる。

シリコンヴァレーの最強VCのひとりベン・ホロウィッツは、こうした会社という機構そのもののアイデンティティクライシスを「利益は会社にとっては空気のようなもので、それがなければ会社は死んでしまう。けれども、空気を吸うためにぼくらは生きてるわけじゃないだろ」という洒落た言い方でやすやすと超克してみせ、じゃあ、なにが大事かというとやはり「ミッションだ」と言うのだが、ここで言うミッションは、要は、みんなで集まってやりたかった「大きなこと」がなんだったかをいま一度確認しようぜ、ということなのだとぼくは理解する。

いま世界中で、株主利益よりも公益性を優先させる「B-Corp」という会社形態に注目が集まっており、そこに会社の社会性や公共性をめぐるいまどきの問題意識が反映されているのは言うまでもないのだけれど、ここで面白いのは、とくにアメリカの場合「自分がやりたいことを実現するためには新しい会社形態がないと困る」という人が出てくることによって、社会制度（つまりは会社法）をその欲求にしたがってどんどん変えていってしまうことだ。

アメリカでは、株式会社という歴史的に見て比較的新しい組織の形式は、その成り立ちの頃から「危険視」されており、それが暴走するたびに「会社のあり方」は社会制度において更新されてきたのだった。B-Corp は、その最新の進化形態で、そう考えると「会社」は発展途上にある未完のシステムであるどころか、完成がないという前提に立ってしまえば、「時代に合わせて絶えず変化する人の集まり」でしかない。

現状の「会社」というものを自明のものとして考え、それを拠り所にするのがもはや危ういのであれば、その「人の集まり」が拠って立つべきは「なんでオレら集まったんだっけ?」という根本の「理由」であるほかない。そして、そこだけにフォーカスして「会社」の先を目指そうとしているのが、アンディ・ルービンの Playground や、ダーク・アルボーンの JumpStartFund、椎野秀聰の STP Vestax（三一三頁）、ということなのだろう。

こんなことを言うとナメるなと怒られそうだけれど、会社はいろんな意味でバンドに似ていると思う。どういう音楽をやりたくってオレら集まったんだったっけ? その認識が次第にズレていき解散にいたる過程を専門用語では「音楽性の相違」というのだけれど（ウォズとデイヴ・ムステインの共通性を述べよ）、会社もまたきっと自らの「音楽性＝ミッション」を常に自分に向けて問うことなくしては、生き生きとは存続しない。音楽性を見失ったバンドは解散するしかない。いや、必ず解散するのである。

2016.06.10 – wired.jp

レモネード・ガレージ・いい会社

US版の元編集長のクリス・アンダーソンが、学生時代にかの「R.E.M」とバンド名を争ってコンテストをしたというのは大好きなエピソードだ。もちろんクリスのバンドはあっさり破れ、バンドの改名を余儀なくされたのだが、クリスはアントレプレナー精神というものをそのバンド時代に学んだのだとそれはそれは誇らしげに語ってくれたのだった。本稿は「いい会社」というお題のもと、会社というもののミッションや倫理を扱った特集のために書いたものだ。

カナダのシンガーソングライター、ロン・セクスミスが、同じカナダの盟友ドナルド・カーとともに歌っている「レモネード・スタンド」という曲が好きだ(一八四頁)。天下のメロディメイカーとして知られるセクスミスの手にかかればもちろん、どんな曲だって名曲なのだが、この曲はなんといっても歌詞がいい。『WIRED』では、それこそ、なにかとやれスタートアップだ、やれアントレプレナーシップだ、やれヴェンチャーだ、イノヴェイションだ、と起業にまつわるなにかを扱うことになるわけだが、たとえばスタートアップ・マインドのようなものにテーマソングを与えるとしたらどんな曲だろうと、折に触れて思ったりすると、まず真っ先に、このなんとも牧歌的な曲を思い浮かべる。こんな歌詞で始まる。

レモネード・スタンドはすべての善いものの象徴だ
このあくせくしたつくりもののような世の中にあって

「レモネード・スタンド」というのはアメリカ（あるいはカナダ）における夏の風物詩のようなもので、戸建の立ち並ぶ郊外の住宅地で見かけられる光景だ。家の庭先にスタンドを出して、家の子どもたちが自分たちでつくったレモネードをご近所さんに売るという、まあ、言うなればひとつの風習だ。キモはそれを「振る舞う」のではなく「売る」ところにあって、ゆえに歌詞はこう続く。

そこで若き事業家たちが小銭を稼ごうと夏を過ごす

そして、こんなことばで節を締めくくる。

人生って素敵じゃないか
それはおっきなレモネード・スタンド

二番以下はこうだ（多少の意訳はあるがご了承願いたい）。

レモネード・スタンドには時を超えたなにかがある
まるではしごが掛かったままの木の上の家みたいに

そのはしごを登って見つけるのは
少年から大人へ
流れていく時間から逃れるための秘密の隠れ家
ほろ苦い歌　レモネード・スタンドの歌

本気のふたりの少年が太陽を眩しそうに睨む
ぼくはぼくの道をいく
君には君のやるべきことがある
そしてぼくにはぼくの

と、まあ、なんともノスタルジックな歌詞で、実際、少年時代の郷愁の歌以外の何物でもないのだけれども、そうした郷愁と原風景のなかに、enterprise や business といったことばが何気なく差し込まれていることに、聴くたびに新鮮な驚きを感じてしまう。

アメリカでは、子どもたちがお小遣い稼ぎのために近隣の家の落ち葉を掃いたり、雪かきをしたり、あるいは子守をしたりすることがあたりまえにあって、それがひとつの(まぁ、大げさにいえば)小さな経済として成り立っている。それは奉仕活動ではなく、ちゃんとした「仕事」なので、大人は相手が子どもだからって見くびってはいけない、ちゃんと対等に仕事相手として向き合わなきゃいけないというような暗黙の振る舞いもあったりする。

レモネード・スタンドもそれらと同じように立派な「仕事」だ。子どもたちもレモネードの味はもとよりスタンドの意匠に工夫を凝らしてみたりと、いまどきのことばを使うなら「カスタマー・エクスペリエンス」の向上に務めるべく努力をすることになる。それは単に子ども時代の原体験であるだけでなく、ビジネスというものの原体験でもあるわけだ。

そうした子どもらが育って大人になれば、かつての仲良しがそれぞれ異なった道を歩み、「君には君のやるべきこと＝ビジネスがある／そしてぼくにはぼくの」といった風に、それぞれちがった仕事や商売のなかに身を投じていくことになるのだけれども、そこには共通の原点としてレモネード・スタンドでの体験がある。

セクスミスが「人生って素敵じゃないか／それはおっきなレモネード・スタンド」と歌うとき、そこで語られるのは、生きていくためにお金を稼いでいくという営為は、レモネード・スタンドでレモネードを無邪気に売っていた頃から地続きの変わらぬものであって、つまるところ人生そのものがおっきなビジネスだ、ということなのだろう。

と言うとなんだかいかにも世知辛く聞こえるけれども、むしろ歌われているのはその逆、子どもの頃の無邪気さや遊び心の延長としてビジネスというものがある、という伸びやかさなのだとここでは解釈したい。甘やかで感傷的な記憶と結びつくものとしてのビジネス。

スタートアップやアントレプレナーなんていうことばを持ち出されると、ぼくらとしてはどうしても構えてしまうけれど、そうしたものの奥底に眩しい夏の日ざしのなかのレモネード・スタンドが風景としてあると思うと、それが単なる「お金儲けのための事業」ではなく、エモーショナルななにかを宿したものに感じられてこなくもない。アントレプレナーシップというのは案外甘酸っぱいレモンの味がするものなのかもしれない。

ビジネスの原風景ということでいえば、「ガレージ」というものにも同じようなノスタルジアが宿っているようだ。ネットを検索するといまなお「世界を変えたガレージ」なんていうタイトルで、Apple が生まれたガレージ、Amazon が生まれたガレージ、Google が生まれたガレージ、Microsoft が生まれたガレージなどを紹介する記事が写真入りで上がっていたりする。そしてそのリストは、バービー人形が生まれたガレージ、ディズニーが生まれたガレージなどにまで遡ることができる。

さまざまな工具やら機具やらが雑然と置かれたガレージは、そこにこもってなにかを生み出すにはうってつけの場所で、いま流行りのメイカースペースなんていうのも、なんのことはない、かつて誰もが籠ったことのあるガレージの拡大版ということができる。そこはまさに、歌にあるような「木の上の家」にも似た秘密基地と一直線につながる空間なのだ。

ずいぶん昔に、たまたま立ち読みした海外の雑誌に、やはり同じような特集があって、そこにアップルのガレージなどと並んで「バディ・ホリーがロックンロールを発明したガレージ」が載っていていたく感銘を受けたことがある。その感銘とは、「そうか、ロックンロールはヴェンチャーだったのか!」というもので、それこそフォードやディズニーやジョブズと横並びのイノヴェイター/インヴェンターとしてバディ・ホリーが紹介されていたことを、音楽好きとしてはいたく喜んだのだった。

いうまでもなく、並みいるユニコーン企業同様、ビッグネームとなったバンドの多くが自宅のガレージから出発したわけで、その意味でいえば、彼らを分かつものは、書くものがコード(Code)だったかコード(Chord)だったかのちがいしかない。

音楽では、バンドの初期のアルバムなどを評する際に「初期衝動」なんていうことばが、もっぱらいい意味で使われていて、それはまずバンドをやることが楽しくてしょうがなく、表現は拙いけれどエネルギーがあって、やりたいことが真っ直ぐに表出されている体を表すのだけれども、会社というものがバンドと根を同じくするものなのであれば、会社には会社の「初期衝動」がいいかたちで立ち現れる瞬間というものがあるのかもしれない。

ぼく自身はアントレプレナーでもなんでもないので、会社がスタートアップしたばかりの「ガレージ・デイズ」がどういうものなのかは推して知るしかないのだけれども、それはおそらくバンドのメンバーがいい感じで揃って、自分たちがつくる曲にオリジナリティが出てきたりして、デモテープをつくってみたら意外と反応が良くて……といったなかで活動がドライヴしていく感じにきっと似ているんじゃないかと想像する。

『WIRED』US版の前編集長で『メイカーズ』でおなじみのクリス・アンダーソンは、八〇年代初頭にワシントンDCで、いわゆるDCパンクが華やかなりし頃にバンドをやっていたことを語ってくれたことがあるのだけれど(R.E.M. にバンドコンテストで敗北したことがあるそうな)、彼は、自身を起業へと向かわせたDIY精神は、バンド時代に身につけたのだと明かしている。

会社の特集でミッションなんていうことばを使うと、どうも、すぐに「ソーシャルグッド」なんてことばが出てきてぼく自身なんとなく身を引いてしまうのは(もちろん、ソーシャルグッドが悪いわけじゃないが)、「ミッション」っていうことばはなにもそんなに立派で大人びたものでなくてもいいような気がするからだ。ぼくがミッションと言って思い浮かべるのは、『スクール・オブ・ロック』という映画のなかで、おばかなジャック・ブラックが、「ひとつのライヴが世界を変える。それがロックンロールのミッションだ!」と息巻くくだりだ。そこには恥ずかしくも真剣な衝動があって、映画のストーリーに即していえば、その衝動が、結果として世界は変えないまでも周囲の人たちを大いに感化することにはなる。

バンドというものが表現であると同時に事業であるならば、会社というものもまた事業であるだけでなく表現でもあるとは言えないのだろうか。少なくともアップルという会社は、その「表現」の部分をことさら拡大させることで成功した一例と思えるし、過去の日本のビジネス史を飾るレジェンダリーな創業者たちというのは、多かれ少なかれ個々にユニークな表現者だったようにも思える。この号で紹介した会社の起業家や経営者たちもまたそうだろう。

個人のなかで疼くなんらかの原風景と、そこから生まれるパーソナルな衝動が切迫したドライヴとなって表現として結晶化したような会社であるならば、誰に言われなくともそこにミッションはあるだろうし、解決すべき課題もすでに存在するはずだ。必死に探して見つけ出した「課題」の「解決」なんて、やるだけつまらないだろう。

「いい会社」っていうのはミッションや目的が、常に自明のものとしてある会社のことなんじゃないかと思う。そうしたミッションがあればこそ、それを果たすために利益を出し続け、ビジネスを続行させて行くことはとても大きな意味をもつ。けれども、いつしかその関係が逆転し、気づかぬままに続行させていくことだけが目的になってしまったりすることもままあるのだろう。

「このあくせくしたつくりもののような世の中」にあってはミッションなんていうものは、簡単に忘れられてしまうものだ。だからこそ、それを忘れないためにも、繰り返し立ち返るべき場所や風景が必要となる。それは、なんなら、ちょっと素敵な歌のひとつでもいいのだ。

2016.06.10 – WIRED, Vol. 23

ベスタクスの夢

これも「いい会社」特集に掲載したもので、数年来ずっと記事化したいと思いつつできていなかったものだが、音楽に関する特集ではなく「会社」をテーマにした特集に掲載したところに意味があると思っている。椎野さんは『ＷＩＲＥＤ』に関わっていた数年間はおろか、自分の人生で出会った日本人の経営者のなかで最も傑出した人物と思っているので、これほど存在が知られていないことが、いまなお不満で不満で仕方がない。日本のビジネスメディアはいったいなにをやってるのか。

「椎野さんは自分自身もクリエイターでいらっしゃいますが、同時に優れたプロデューサーでありディレクター。クリエイティヴだし、行動力があるし、センスもあるし、人にも慕われる。こういう人はほかにはいないと思います。ものすごくオリジナリティのある方です。「職業：椎野」って言ったほうがいいくらいの方です」

そう語るのは、ブランディングファーム「グラムコ」の創設者・代表の山田敦郎だ。純国産のブランディング専業企業として一九八七年にグラムコを創業した山田は、以後、ガリバー、亀田製菓、プラウド、ローソンプラス、ＪＣＢといった大手ブランドのブランディングを手がけてきた。その山田が「恩師」として筆頭に名を挙げる人物が「椎野秀聰」だ。

山田は、その椎野の右腕として彼が立ち上げてきたさまざまなブランドのネーミングやロゴデザインなどを手がけてきた人物でもある。たとえば「H. S. Anderson」。たとえば「Custom Houston」。知らない？　ならば、「ＥＳＰ」や「Vestax」ならどうだろう？　音楽好き、それも、自称バンドマンもしくは自称ＤＪとして「つくる側」に一瞬でも身をおいた者ならば、知らぬ者はいないはずだ。

そう。ここに案外知られていない事実がある。グローバルブランドとして知られるギターメーカーの「ＥＳＰ」、そしてＤＪ機器メーカーとして全世界のＤＪから絶大なる信頼を集め続けてきた「Vestax」は、ともに椎野秀聰という人物が立ち上げた「純国産ブランド」なのだ。椎野と山田が手がけた天才的とも言えるブランディングによって、その会社は、出自となるナショナリティを一切悟らせぬまま世界中で名を馳せた。同時に、そのことは、両者のマスターマインドであり、日本の「ものづくり」を象徴してもよい存在であるはずのアントレプレナー「シイノ・ヒデサト」を、世間の目から隠すことにもなった(ご本人のシャイな性格に多くは起因するのだが)。

「ものづくり」が、日本のアイデンティティの基軸のひとつとして叫ばれること久しいが、その凋落が叫ばれるいま、椎野に学ぶことは多い。

それにしても、椎野秀聰とはいったい何者なのか？　彼にとって「会社」とはなんだったのか？　そしていま、彼はどんな夢を見ているのか？

本題に行く前に、ひとつだけ補足。先に挙げた「H.S. Anderson」はモリダイラ楽器が椎野とともに立ち上げたギターブランドで、テレキャスターを模した「Mad Cat」というモデルは、かのプリンスが映画『パープル・レイン』のなかで弾いている。椎野の仕事をぼくらはそうとは知らず目にしていたのである。ちなみに故・殿下はMad Catを三本保有していたという。


椎野秀聰は、一九四七年疎開先の茨城県に生まれ、横浜で育った。学生時代以降はいまに至るまで、ずっと東京・世田谷で過ごしている。父方は江戸時代からの貿易商の椎野正兵衛、母方は江戸の農政学者佐藤信淵（のぶひろ）に直系で連なる。名家と言っていい。幼少時からさまざまな音楽が常に身近にあった。中学生のときに椎野は突然ヴァイオリン職人になりたいと言い出したことがあるという。高校時代には、授業をサボって初来日のザ・ベンチャーズの公演に行ったり、ギターやドラムを演奏して、当時の日本の軽音楽を牽引していた渡辺プロ制作のテレビ番組「シャボン玉ホリデー」にハウスバンドのメンバーとして出演したこともある。

そんな椎野は、大学入試で挫折を味わう。実に四年にわたって浪人生活を送ったが、大学はそれでも受け入れてくれない。「勉強してないんだからあたりまえなんだけどさ」と椎野は苦笑まじりに回想する。結局一九六九年に椎野は、「音楽にかかわる仕事をしたい一心で」日本楽器製造（現在のヤマハ）に入社する（椎野の親族は日本楽器製造の創業者にもつながる）。ここははっきりさせておこう。そう。のちの天才起業家は、高卒なのだ。

「ヤマハではいろんなことをやりましたよ。中学生が小学生と同じソプラノのリコーダーを吹いてるのは変だから、中学校相手にアルト・リコーダーを売り出したのはぼくなんです。まあ、飛ぶように売れましたね。それから、ウッドストックに影響を受けてね。音楽は世界を変えるんだって。だって、音楽が戦争を止めることができたわけじゃない。すっかり感化されて、ヤマハの銀座店で映画『ウッドストック』の上映会を企画した。これも長蛇の列ができましたし、ＬＭコンテスト、ポプコンなどのコンテストも担当してたんです」

　椎野は、会社人としても実に優秀だった。冒頭で山田が語った「クリエイティヴィティと行動力」はさまざまなアイデアとして実を結び、しかも売上にもつながった。椎野はアイデアマンであると同時に卓越した営業マンでもあった。しかし、椎野を椎野たらしめたのは、それだけではない。

　ウッドストックのムーヴメントから受けた感化を、彼はこう話す。

「それまで音楽っていうのは特別に訓練された人たちのものだったわけでしょう。でもロックはちがった。エレキギターというのは、誰でも自分のクリエイティヴィティを自由に解放することができるツールなんだって思ったんですよ。これで世界は変わるんだって」

「誰もが創造力を解放することができるツール」。どこかで聞いたことのあるフレーズではないだろうか？　それは、まさに、かのヒッピー崩れのヴィジョナリー、スティーブ・ジョブズがマッキントッシュに託した夢ではなかったか。椎野とジョブズ。二人はともに、ウッドストックへと連なるヒッピームーヴメントの落とし子だった。そして、その二人の軌跡はやがて、ほんの一瞬交錯することになる。が、これはまだあとの話だ。

　椎野は言う。「ぼくは業を起こす「起業」は好きなんだ。でも、業を企てる「企業」ってのはあんまり好きじゃなくてね」。ヤマハ時代、椎野は間違いなく有能な「会社人」ではあった。けれども、長居できるタイプでは決してない。椎野はわずか数年でとくにあてもなくヤマハを退社、大手楽器卸しのひとつだった神田商会の紹介で、楽器製造メーカーだった富士弦楽器製造にデスクを得ることになる。辞めるにいたった経緯について椎野はこんなエピソードを語っている。

「ヤマハ時代にジャズギタリストのバーニー・ケッセルのライヴを観ていたく感動したんです。その ギターの音が本当に美しくて。「世界一」のギターをつくりたい」って思ったんですよ。音楽家のためにものづくりをしたいって」

一九七一年に国産ギターブランドとして知らない者はない「Greco」の代表作とも言えるギブソン・レスポールの精緻なコピーモデル「EG-360」が発売される。「日本のジミー・ペイジ」として知られたドクター・シーゲルこと成毛滋の監修によるレッスンカセットのオマケ付き、深夜の中波ラジオでガンガンスポットを打つという徹底したキャンペーンによって、不良向けのニッチ製品でしかなかったエレキギターは一躍「イケてる」アイテムとなった。さらに椎野は、このキャンペーンの一環として「A ROCK」というバンドコンテストをも企画した。

当時中学生だった音楽プロデューサーの永田純は深夜ラジオからドクター・シーゲルの弾くギターが不意に飛び出してきたときの驚きをいまでも覚えている。

「それを聴いて、誰もがバンドをやりたくなったんです。ぼくもそうでした。日本で初めて、ポップアイコンとしてのエレキギターが生まれた瞬間でした」

記録的なセールスをもたらしたEG-360。この商品企画、製造のための技術指導、販促キャンペーンの立案、成毛滋の起用……これらすべてを主導したのが、一製造会社にすぎなかった富士弦楽器に移ったばかりの二四歳の椎野だった。

これをきっかけに椎野は、本格的に楽器製作を志向する。米国ではギブソンやフェンダーの工場を、ヨーロッパでは匠と呼ばれるギター職人の工房を訪ねた。椎野によれば、このころに、ヴァイオリンの名器ストラディヴァリウスを解体したこともあるという。

並行して、楽器製作や企画開発にかかわる制作会社アイスクリーム・コーポレーションを設立（社名は「すぐに溶けてしまう」の意だったというのが、いかにも椎野らしい）、ここを母体に「Morris」「Aria」「Fernandes」などの国産ギターブランドの立ち上げにかかわり、今日に至る日本のギター産業の礎を築くこととなる。

先に紹介した殿下御用達の「H.S. Anderson」が生まれたのもこの時期だ。「Mad Cat」を筆頭に、椎野は「Houston」「BB-1」など斬新で革新的なデザインのプロダクトを発表。日本の「エレキギター産業」がまだコピーモデルの生産に四苦八苦していた傍らで、椎野は、自身の手によるユニークで完成度の高いオリジナルモデルをすでに実現していた。「世界一」を目指す椎野の決意の最初の結晶としての「H.S. Anderson」は、現在もモリダイラ楽器から折に触れて再製造、再発売されるが、そのたびにすぐ売り切れる。四〇年以上も前の椎野のものづくりの完成度の証である。

設立一年にして多くの利益を出し、〝濡れ手に粟〟体質になったアイスクリーム・コーポレーションを「利益は人間を誤らせる。危険」と考えて解散させた椎野が、次のアクションとして一九七五年に渋谷に立ち上げたのが、日本初のプロショップ「ESPギターサロン」だった。ここでの椎野の大きな功績は「リペア（修理）とカスタマイズ（改造）」を日本で初めてプレイヤーの手の届くところに置き、リペアマンと対面しながら行なえるものとしたことだ。

　六〇年代初頭にアメリカでほぼそのかたちが完成したエレキギターによってもたらされた大変革は、それまでハンドクラフト製品だったギターを大量生産製品にしたことと、これにより楽器としての自由度を高め、ポピュラーミュージックの発展に大きく貢献したことと言われるが、椎野はこれをさらに推し進め日本中に広めた。一方で、ESPはレギュラーラインにはない、いわゆるハイエンドモデルの製造を特注品としてミュージシャンとの対話のなかで実現する役割も担った。

　しかし、あくまでも起業家体質の椎野は、流れができた三年目に、またしても会社を去ってしまう。そして一九七七年に「椎野楽器設計事務所」を設立し、アンプ、エフェクターまでの販売も充実させた直営店「PACO」を渋谷に開店。この「サロン」を拠点に、ミュージシャンの声を吸い上げ、どんどんかたちにしていく。ここからが椎野の第二ステップとなる。

「楽器があって、音楽があって、人の交流の中心となる場所。それが必要だったんだよね」

　プロや同業者からの声を吸い上げながら、販売に留まらず、エフェクター、アンプやスピーカーの企画や製造を始める。近年でこそあたりまえになった、一九インチラックマウント仕様の楽器専用のコンポーネントアンプ(プリアンプ、パワーアンプ、スピーカーなど)を、押さえるべきベーシックな機能だけを搭載させて生産する一方で、音楽制作に必須のギアとして、ミュージシャンが気軽に使えるマルチトラック録音機(当時はオープンリールの八チャンネル)の製造普及にも取り組み、店でも積極的に展開した。

　一九八二年には、上馬の本社にあったスタジオにこれらを常備し、ミュージシャン自らが多重録音することを可能にした。デジタルの音楽制作ソフトとしてPro Toolsが普及したいまとなってはリハーサルスタジオにこうした録音機材を組み込んだものは珍しくないが、あくまでも「ミュージシャン第一」を追求した結果として、三〇年以上も前にそれを実現していたことは驚きだ。椎野が夢とした「音楽の民主化」は、「録音技術の民主化」というかたちをとって、ここでも実現していく。

それにしても、三〇歳前の椎野が、この間に手がけた仕事のアイデアとその量には目を瞠るものがある。椎野本人による「自分がつくったモノリスト」が、手元にあるので、いくつか挙げてみよう。

・PA会社（フィンガー5の公演などで利用）
・世界初のノイズレスケーブル
・肩掛けのギターケース、バッグケース（いわゆるソフトケース）
・日本初のリペアショップ（ESP、PACO）
・アルトベンリー（ギターの弦を張る際に使用するペグの早巻き機）

椎野は常に「音楽ありき、ミュージシャンありき」を旨として仕事をしてきたが、こうして彼の発明品の一端を見てみると、それがいまなおミュージシャンが活動していくうえで不可欠のものであることがわかる。加えて、富士弦楽器製造時代に椎野は、ユーザーが楽器開発にかかわることができるような「オープンイノヴェイション」的な仕組みを考案してもいる。これは詳細なアンケートをユーザーに記入してもらうもので、そこに書かれた意見を、椎野は次のプロダクトにどんどん生かしていった。

「だって嬉しいでしょう。自分がこうして欲しいって思っていることが、商品として出てくるわけだから。それにぼくらが気づかないアイデアを使い手は教えてくれるんですよ」

ユーザーファーストの思想は、後のVestaxにいたるまで、彼のつくりあげてきた事業の根幹を成す理念だ。Vestaxの有名なタグラインは「Give DJ's what they want」を謳っていた。「メーカーの社長が購入者カードを見なくなったら、その会社は終わりなんですよ」と椎野は語る。

七〇年代後半から八〇年代に入ると、単に音楽をかけるだけのＤＪではなく、音楽のつくり手としてＤＪが登場してくる。ターンテーブルをこすることで音楽をつくりあげていくヒップホップの手法が発明されたことで、裏方の道具だったミキサーの需要が高まっていく。ヒップホップには「興味なかった」という椎野だが、彼らが、二台のターンテーブルをミキサーにつないで「演奏」する様を「面白い」と感じた椎野は、一九八一年にＤＪミキサーの製造をヨーロッパ向けに開始する。

「エレキギターもそうなんですけど、楽器って練習しないとダメじゃないですか。誰でも自分のクリエイティヴィティを自由に表現できるツールだったはずなんですけど、練習って結構大変ですよね。でもＤＪだったら、伝統的な音楽の訓練をしなくても、個性的なセンスさえ磨けばできると思ったんですよ」

のちにVestaxはターンテーブルの製作にも乗り出すが、これはＤＪが使うミキサーは一台だけれどターンテーブルは二台必要であることに目をつけた椎野が「うちでもやろう」と言ってはじまったとされる。椎野は抜け目のないビジネスマンでもある。

一九八七年に社名を「Vestax」へと変更した椎野は、同年に第一回の「ＤＪバトルコンテスト」を開催。Grecoでエレキギターの訴求のためにバンドコンテストを開催したアイデアを、時代に合わせるかたちでアップデートしてみせた。当時ＤＪギアを手がけていたのは海外のガレージメーカーばかりで、どの現場でも二台のレコードプレイヤーの間に置かれていたのは、間口の広い一般のサイズのミキサーだった。両手をいっぱいに広げ、なんとかそれらを操作するＤＪたちの姿を見た椎野は一言「幅の狭いのつくってみよう」。八九年に世界初の七インチ幅のＤＪミキサー「PMC-05」を発表し、これが人気を博したことで、Vestax ブランドは世界的に飛躍する。

一九八六年に入社、営業部長・製造部長を歴任して二〇〇六年に退社した金子明宏(現 SOUND ACTIVE 代表取締役)は当時をこう語る。

「多少は知識のあったギターとちがって、ＤＪのことは本当になにも知らなかったから、ゼロから現場で学ぶしかなかったんです。毎晩のようにクラブに通って、ブースの最前列に陣取って、ＤＪの手の動きをずっと見つめていました。あのツマミとあのツマミの間隔はもっと狭いほうがいいな、とか、あそこにスイッチがあったら邪魔だな、とか。で、そういう声をどんどんかたちにしていったんです」

Vestax の商品開発にもかかわった経験をもつＭＣ／プロデューサーの Shing02 は、「ベイエリアの人気ＤＪと組んだことや、ハムスタースクラッチ(逆クロスフェーダー)のスイッチを入れたり、まさに痒い所に手が届くところが「払う価値がある」と思わせ、人気の理由だったと思います」と語る。

徹底して現場の声をかたちにした Vestax の製品は瞬く間に広がり、その後の数年間でヨーロッパのベストプロダクトオブザイヤーやグッドデザイン賞の常連ともなった。ギターづくりにおいては、あくまでも先行していたのは海外で、それを学ぶことで日本の産業は花開いたが、Vestax は間違いなく日本から新しい産業を、文化を、先陣として切り拓いた。Shing02 は、椎野に直接聞いたこんな逸話を紹介する。「Technics の SL-1200 ターンテーブルがアメリカでＤＪに支持されているのを見て、椎野さんが Technics にミキサーをつくったほうがいいと提案したらしいんです。ところが実現しなかったので自社でつくりはじめたと。Technics をアメリカに売り込む動きに Vestax が一役買ったんだなという印象を受けました」

同時に、このころの椎野はＴＥＡＣ、ＡＫＡＩ、ヤマハなどのOEM製造を手がけ、CASIO、JVCでは新製品の企画に参加する一方で、独自のマルチトラックレコーダーを製造するなど、音楽制作にまつわるあらゆる電気機器を手がけている。九二、九四年のアルベールヴィル、リレハンメル五輪のための音響機材を提供し、さらに九一年にはタワーレコードのために「試聴機」の開発もしている。「これはね、ぼくが進言したんですよ。絶対売上伸びるよ。つくってあげるよって」。

それは世界中の店舗に導入されるや瞬く間に、椎野が言った通りの成果をもたらした。

椎野が音楽という分野にもたらした功績は数えればキリがないが、ひとつだけエピソードを紹介するなら、面白いのは椎野が世界初のデジタルハードディスクレコーダーを開発した際の話だろう。当時、大手の音響・電気機器メーカーが、その開発に向けて大量の開発資金を投入しているところだった。

「アメリカ最大の楽器見本市NAMM Showのうちのブースに変な金髪の白人が来たんですよ。ぼくは日本にいたんだけど、現場の担当から「変なヤツが来て、マルチトラックレコーダーを一六台くれって言ってる」と電話があったので、「そいつはどんな見た目だ?」って聞いたんです。そしたら頭ボサボサで鉤鼻の白人だって。アインシュタインと同じユダヤの天才なんじゃないかって思ったら、その通りだったんですよ。なので、とりあえず六台くれてやれって言ったんです。彼は、マルチレコーダーをデジタル同期させるマシンをつくりたかったらしいんですね。

で、しばらくしたら、それをつくって持ってきたんです。そこで「よくできたね。でもこんなものは面白くないから、デジタルレコーダーつくってみないか」ともちかけたんです。技術的な要件を説明して、どうやったら実現できるかを話して「できるか?」って聞いたら、「やってみないとわからない」。

でも、この手の天才エンジニアが「わからない」って言うときって勝算あるときなんですよ(笑)。で、見事数カ月で完成させたわけです。よそが億単位の開発費を使っていたところ、うちは六〇〇万円くらいでやったんですよ。それを見て、スティーブ・ジョブズが「一緒になにかできないか?」って言ってきたんです。ＩＴの人はよくわからないんで、断っちゃったんだけど(笑)」

　椎野には、理工系のエンジニアリングのバックグラウンドがない。ギターづくりもミキサーなどの音響機器の工学上の知識もすべて現場で覚えたという。実際、椎野は自らの手でギターやその他の機器のリペアを行なうことができる。なんせ、かのストラディヴァリウスを分解してみせた人物だ。「ものの仕組み」に対する飽くなき好奇心がある。椎野は、これまで一〇〇台以上もの名車に乗ってきたがそれも自動車各社の「ものづくり」に対する興味からだ。しかし、椎野は実際の設計やデザインは行なわない。椎野は、あくまでもプロデューサー、ディレクター、もしくはことばの真の意味におけるデザイナーなのではないかと自身のことを捉えている。

「世の中には、こいつにしか、これはつくれないっていうものをつくる天才がいるんですよ。ぼくの仕事は、そういう人たちを集めてくることなんです。ＥＳＰで最初につくった「ＴＯＲＯＣＣＯ」というギターは、世界一のギターをつくろうと思っていろんなギター工房をまわって最高の職人を集めてつくったんです。削り出しも塗装も。その職人さんたちは皆もう亡くなってしまいましたから、いまもう一回あれをつくろうと思ってもできないんですよ」

　ヤマハ時代に出会って以来の付き合いとなる、冒頭に紹介したグラムコの山田は、椎野の仕事の仕方をこんなふうに説明する。

「仕事に際しては、いつも具体的な指示があるわけではないんです。こんな世界が欲しいな、という感じで、結構フリーハンドで考えさせてくれるんです。具体的なことは言わないんですが、ロジック面において、なぜそれをつくるんだとか、どう人に受け入れられたいんだといった理念的な部分とか、技術的なことやマーケットのリサーチはきちんとやってくださるので、それを自分なりに解釈してつくりあげていくことができるんです」

Vestaxの本社はずっと世田谷区の上馬にあった。毎日の掃除が椎野の日課だった。

「別に強制というわけではないんですけどね、社長がやってると次第にみんなやるようになるんですよ。それでも、そういう文化が根付くには一〇年くらいかかったかなあ」

「企業はキライ」と語る椎野も、Vestaxでは経営者として、規模は小さいものの海外支社をふたつ抱えるグローバル企業を率いていた。Vestaxは、従業員が闊達で明るい「きちんとした会社」として近隣にも知られていた。一九九九年に、放火によって本社が火事に見舞われたことがある。放火犯の捜査のために近隣を捜査をしてまわった刑事に、椎野は褒められたことがあるという。「近隣の聞き込みをしてきたけれど驚いた。おたくの会社のことを悪く言う人はひとりもいなかったよ」。

椎野が語る「そういう文化」は、椎野の溢れんばかりのクリエイティヴィティとは裏腹に、実に堅実なものだった。

椎野は、Vestaxを「実業」の会社と位置づけていた。椎野が自身の会社論・経営論をまとめた七〇枚にわたるメモがある。一〇万字に及ぶかというその文章を椎野は「仕事とはなにか」という章で始めている。

「ベスタクスは実業である」。そしてこう続く。

「小さなものの積み重ねがだんだん大きくなっていくのが実業の特徴で、必ず理論的な裏付けと経験と実績によって成り立っていくものである。確実にどういう方向でなにをするのかを分かってやっていないとかたちができあがらない。それに比べて虚業というのは、ある一瞬のひらめきとかアイデアが時流に乗ったりすると膨大な規模のことを短期間にできたりする。〔略〕製造メーカーが一カ月に一〇〇〇個つくっていたものを二〇〇〇個つくるためには、必ず倍の器、または時間と労力が必要となるし、次の月にも二〇〇〇個つくろうとしても器がなくてはできないから努力だけではできない。だから、実業と虚業の差を正しく理解していないとダメなのだ」

　だからこそ、椎野は、徹底した生産管理と在庫管理を、経営者としてことさら重視した。また、他社の視察に行くと、必ず工場を見学した。

「まあ、趣味みたいなもんなんですけどね。そこで働いている人の顔を見れば、大体そこがどういう会社かわかるんですよ。だから、ぼくは自分が本当に信頼できる工場としか仕事をしなかったですよ。で、その工場がきちんと存続できるように、ぼくらはちゃんと売れるものをつくらなくてはならないというのが「実業」というもののありようなんです。そこを間違うと会社は基盤を失う」

　Vestaxという会社は、椎野の夢を実現するための装置だったにはちがいない。けれども、そこから生み出されるイノヴェイションは、それを享受するユーザーの利益とそれを実現するサプライチェーンの利益とを一本の太い線としてつなぎあわせることを旨としてきた。簡単に言うならば、彼は、次から次へとアイデアを生み出すことによって、ユーザーを成長させてきただけでなく、それをつくり出す人たち、社員も工場も成長させてきたのだ。椎野は、Vestax社員すべてに、椎野自身がそうであったように「つくって、売れて、直せる」ことを条件として課していた。世界のクラブシーンを支えてきた会社が社員に向けて以下のような「心得」を授けていたと知ったら、きっと意外に思うだろう。

1　音楽に関する製品以外に、また、音に関するマーケット以外に決して手を出してはいけない。

2 社員、会社双方が必然性を感じる仕事の体系づくりを貫く。必然性のない社員はいられない。

3 高品質、高技術の製品をつくり、決して価格で市場をつるような製品をつくってはいけない。誇りをもってつくったものを安売りしない。

4 商売優先ではなく、信用優先。

5 決められた約束は守る。ゆえに時間厳守。

6 正義感をもって会社を創造する。

7 話は素直に、ストレートにものを言う。

8 あきらめず困難に立ち向かう。しかし見切りどきをつけること。

椎野は、Vestaxではマーケティングにほとんど費用を割くことをしなかった。顧客に対する約束を、製品を通して守ることほどのブランディングはないと考えてきたからだ。椎野は世界中のトッププロからこれから音楽を志すアマチュアユーザーまで、あらゆるユーザーと真摯に対話によってのみ世界的ブランドの地位を築いた。商売優先、ではなく信用優先。商品こそが、Vestaxの最大のコミュニケーションチャンネルだった。

椎野は二〇〇二年にVestaxの社長職を引き、後進に社を譲った。そして、日本で初めて国産絹織物で洋服をつくった曽祖父の会社「椎野正兵衛商店」を再興し、ギターや無数の音響機器をつくりあげたのと同じ情熱をもって、国産絹織物の復興を目指した。「絶対に信頼されるものをつくらなくてはいけない。他を圧倒してユニークでなければならない。使う人の身になってやらなければならない」とする、椎野のものづくりは、ここでも着実に成果をあげ、大手百貨店での取り扱いを得るのみならず、そのネクタイやスカーフは政府が国賓に贈る贈答品として用いられることとなる。

その間、椎野が離れたVestaxは困難な時期を迎える。二〇〇七年に椎野は一旦会長として復帰し、デジタルインターフェイス上で音楽制作やリミックスができるPCDJを開発し、世界中で評価を得て〇九年にはアップルとのコラボによる、PCDJ Spinを発表するにいたるが、その翌年、椎野は隠居宣言をしてしまう。そして再び椎野を失ったVestaxは浮揚することのないまま一四年に倒産する。

椎野は、隠居を契機に、一旦音楽への興味を失ったかに見えたが、ブランドの復興と継続を託されていたアメリカの名器「D'Angelico」の最高級ギターを細々と制作・販売し、リペアと販売を行なうショップ「PACO 1977」を二〇一三年にスタートした。本当につくりたかった「世界一のギター」をコツコツとつくりながら、椎野のキャリアは、こうして静かに一巡したかに見えた。「音楽が世界を変えると思ったんだけど、そんなに変わらなかったかもなあ」。一四年、あるイヴェントに登壇した椎野は、少しの幻滅を交えながら壇上で語っていた。

しかし、椎野の夢は消えたわけではなかった。椎野は、Vestaxという会社が扱ってきたプロダクトを「アクティブオーディオ」というカテゴリー名で説明していた。九〇年代末につくった社員向けの「ブランドブック」には、こう書かれている。

「私たちは、「電子楽器、レコーディング機器、オーディオ」はすべてひとつの大きなカテゴリーに収まってしまうだろうと考えています。音の基本にある楽器と、アクティブオーディオの組み合わせによって、新しいマーケットの創造が可能と考えています」

椎野のヴィジョンは、演奏者とリスナーとがシームレスにつながるような「音をめぐる機器のエコシステム」を思い描いていた。実際あまり知られていないが、Vestaxではギターの製造開発なども手がけていた。しかし、道半ばで終わったその夢は、もしかしたらいまの時代、新しいやり方で実現することが可能かもしれない。二〇一五年、そう思い至った椎野はすぐさま新しいプロジェクトに取りかかった。Vestax時代に右腕として椎野とともに歩んできたエンジニアやデザイナーがすぐに集まった。もちろん前述した山田や金子も、協力を申し出た。

「ぼくは、自分はいつも単なる言い出しっぺだと思ってるんです。こういうアイデアあるんですけど、これつくれませんかね、ってエンジニアやデザイナーを巻き込んでいつもつくってきたんです。それとユーザーの声をちゃんと聞きながらつくってきたっていうのも強みだったと思うんです。いまはその両方をインターネットを介して世界中の人とやり取りしながらできるわけじゃないですか。誰かがアイデアを出す。それを面白いと思った人が「おれはこういう技術もってるよ」とか「デザインできるよ」と言って世界中から集まってプロダクトが生まれていく。ぼくらは技術的なことはわかりますし、生産もできるから、それを高品質なものにつくりあげる手伝いができる。個のもつ情熱やポテンシャルをみんなで連合することによるものづくり、つまり会社の壁を取り払ったユナイティング方式のノンプロフィットカンパニー。そういうことをやりたいんです」

「STP Vestax」(STPはSuper Technology Projectの略)の名のもとに椎野は「アクティブオーディオ」という世界を、いまなら「オープンイノヴェイション」とでも呼ぶべき手法によって実現しようとしている。それは、アンディ・ルービンによる会社を超える会社「Playground」さえをも思わせる。設立の趣意書に椎野はこう書く。

「楽器、音楽、オーディオ、プロオーディオ製品などの開発や設計、製造。デザイン、プロトタイピング、工場、マーケティングの指導などを気軽に相談できる受け皿として活動して参ります」

椎野はまず「自分たちの技術の枠を集めた」DJミキサーを約八〇〇〇ドルで販売する。

「ほかのメーカーが絶対にできないことをやらないと意味がないんですよ。今回のミキサーは完全にディスクリートで、四チャンネルのクロスフェイダーがついてる。こんなものはどこもつくらないし、たぶんつくろうと思ってもできない。おかげで価格が随分とはね上がっちゃったけど、まずは自分たちが考える最高の音とはなにかを、得意分野のミキサーでメッセージとして出してやろう、と」

その情報はFacebookに公開されるやいなや、世界から喝采を集めた。が、椎野は、新しいミキサーを生産することで、その過程で過去に販売したミキサーのリペア用の部品をつくれることも大事な裏テーマであることをも明かす。「ユーザーが自分で修理ができること」は、椎野のものづくりにおける変わらぬ信条であり続けている。

椎野のものづくりは約五〇年を経たいまも変わっていない。椎野は、いまもなお音楽が世界を変えることができると信じ続けているし、そのためのやり方も一貫してブレない。

「いつも夢をもって、市場をよく見て、買ってくれる人のことをよく考えて。それで、ここのものはちょっと高いけれどよくできてるというものをつくって、他を圧倒していく力がないとこの仕事は続かない」

その理念が、椎野自身を、そしてVestaxという会社をドライヴしてきた。椎野は言う。

「会社っていうものがどういう構成で進むかと言うと、まず理念があって、その理念に基づく戦略があって、その戦略に基づく戦術があって成り立つわけです。理念がなければ戦略は立たない。よく戦略が立たないとか言う人がいるんですけどね、それは理念がないからなんですよ。目的がないというか」

そして、椎野は強烈に「理念の人」だった。

「なんでVestaxは自分が抜けたらうまくいかなくなっちゃったのかなあ」。取材中に、椎野にそう訊かれたことがある。「椎野さんほどのものづくりへのヴィジョンがなかったんじゃないですか?」。そう返すと、椎野は意外そうに「そうなのかあ」と答えたのだった。

あれだけ伝えたのに、との思いもあったにちがいない。けれども、おそらく理念というものは人に教わったからといっておのずと立ち上がってくるものではない。ものづくりのノウハウを上から下まですべて知り尽くした椎野は、ものづくりの要諦は再現性があって伝達可能なものだと考えていたのかもしれない。けれど、椎野は、もしかしたら決定的なことを見逃した。理念はそうはいかない。

椎野にとってはあたりまえの「理念」は、必ずしも多くの人にとってはそうではない。それをもつこと、まして持続させることは簡単なことではない。実行に移してインパクトをもちうるような「理念」であるならなおさらだ。椎野秀聰という存在はそのことを改めて教えてくれる。強靭な「理念」は、それが貴重でかけがえのないものであるからこそ、人を動かし、ひいては世界を動かすのだ。

2016.06.26 – wired.jp

「お金のため」にもほどがある

オリンパスの不正告発を行なったマイケル・ウッドフォード氏のインタビューは自分でも割とうまくできたと自負するものなのだが、前稿でビジネスメディアを批判したついでに自慢しておくと、ビジネス誌や経済紙よりはるかにマシなインタビューだったとウッドフォードさんにお褒めをいただき、「そっか、自分が企業やビジネスのことを語ってもいいのか」と少し自信を持つ契機となったものでもある。本稿は、二本書いてもまだ言い足りず、「いい会社」号の三本目のエディターズレターとしてウェブに公開したものだ。

ミートホープという会社による食品偽装が問題になったのはもう一〇年も前のことになる。ことの発端は内部告発によるものだったが、二〇〇二年から始まった告発は長年行政やメディアに黙殺され続け、朝日新聞の調査によって事件化したのは〇七年になってからのことだった。

大きな社会問題となった事件の顚末は省くが、事件から数年経ったあとに、たまたま夕刊紙でその告発者のインタヴューを読んだ。そこで語られているのは事件の顚末よりもある意味恐ろしいもので、ゆえに強く印象に残っている。

内部告発をした当時の常務は、告発をしたことによって社員や関係各所から裏切り者扱いをされたのみならず、友人、親戚や家族からも見放され、およそ社会的存在として抹殺されるにいたった。そしてインタヴューの最後で、もう一度同じ立場に自分が置かれたとしたら同じように内部告発をするか？ と問われて、「絶対しない」と語ったのだった。

これもちょっと前の事件だが、オリンパスの不正を告発し、CEO職を解任されたマイケル・ウッドフォードにインタヴューをしたことがある。もし、あなたが一社員だったとしたら内部告発はできたか？ と訊くとウッドフォードは、こう答えた。

「ある事件が闇に葬られそうで、かつわたしにローンがあり、ふたりの子どもがいたならば、たぶんやらなかったでしょう。結局は闇に葬られてしまうことならば、自分のキャリアや家庭をぶちこわしてまで内部告発することになんの意味があるでしょう」

それでも彼を告発に踏み切らせたのは、以下のような条件を備えていたからだと認める。

「わたしはサラリーマン上がりの「生え抜きのガイジン・プレジデント」として世間的な注目もありました。〔略〕加えて、欧米のメディアとのつながりもありました。わたしの知る、ある信頼すべきジャーナリストは、もしわたしが告発資料を日本の大手メディアにもち込んでも彼らは公表しなかっただろうと言っていました。〔略〕さらにわたしは英国のパスポートをもっています。反社会的組織が事件にかかわっているという恐れもあり、なにが起こるかわからなかったなか、これもまたアドヴァンテージでした。〔略〕外国籍をもち、社長であったことは、わたしの行動をやりやすくはしてくれたと思います。中間管理職でしたらこのようには振る舞えなかったでしょう」

実際ウッドフォードは脅迫を受け、警察の保護を必要とし、妻が神経衰弱に陥るなど本人のみならず家族も厳しい状況に追い込まれたことを明かしている。そして、経済的な余裕がなくては身を守ることはできなかっただろうとも語っている。

新聞やメディアなどを通じて、第三者的に事件を見るならば告発者の側に理も義もあることは明らかだ。それを隠蔽し、脅すなどをして告発者を抹殺しようとするなんて、この会社の人たちはどこまで身勝手で理不尽なのだろう。テレビを観ながらぼくらは憤慨するはずだ。誰がみても非がどちらにあるのかは明らかなのだ。けれども、会社を内部から告発することは、経験者が語るところによれば、きわめて、きわめて難しい。それは自分ごととして考えてみたら容易に想像がつくことでもある。

具体的に想像してみよう。自分が勤める会社になんらかの不正や、法的に不正とまで言わないまでも理不尽と思える行為があったとして、それを「おかしいんじゃないか」と糾弾しようと思い、はたまた実行に移すにはよほどの勇気とエネルギーがいる。告発をしない理由はいくらでも見つけることができる。家族のため、同僚のため、会社全体のため、関係会社のため、自分のキャリアや人生のため。告発しないことで守られるものはいくらでもある。そしてそれを守ることに十分すぎるほどの大義もある。結果、おそらくほとんどの場合、見て見ないフリをしてやり過ごすことになるはずだ。

そんな会社辞めちゃえというのが一番の選択肢だとわかっていたとしたって、家族やらローンやら抱えていたら、そんなリスクはとても負えない。同僚も、友人も、親も、配偶者や恋人も、おそらく「よく考える」ようにあなたを諭すことになるだろう。自分が相談される立場だったらやはり同じように言うかもしれない。「賢さ」をいうなら、告発経験者たちが語る通り、そんなことはしないほうが「賢い」のだ。

けれども。と、おそらくは腑に落ちない気持ちも残るはずだ。「生活のためには仕方がない」と自分に言い聞かせながら、社会的に不正義かもしれないことに手を貸し続けることもまた大きなストレスにはちがいなく、それが積もりに積もれば、それはそれで精神衛生上の危機をもたらすことにだってなる。

社会は色んな組織・社会的単位で構成されていて、ぼくらはその数ある組織の一員として生きている。ぼくらはまずもって国民であり県民や都民・府民であり市民・区民であり、マンションの自治会のメンバーや学校のPTAや地元のサッカーチームや、家族という組織・社会的単位の構成員だったりする。そして、社会というものへとつながるそれぞれのチャンネルにおいてそれぞれの権利や義務をもちながら社会にさまざまなかたちで働きかける。いうまでもなく会社もそうしたチャンネルのひとつだ。そして、そこに割いてる時間や労力ということを考えるなら、会社を通じてなされる社会へのコミットメントは、圧倒的に大きい。ぼくらは選挙には年に一、二度も行けばいいほうだけれども、会社には毎日行く。そして、ほかのチャンネルとは比べものにならないほど多くのものをそこに注ぐ。

しかも会社でやることは、ときに個人の一票よりもはるかに大きな影響力をもたらしうる。会社を通じて人や社会に与えるインパクトは、自分が投じたどの一票よりも知人や友人にどんなかたちで与えたものよりも、ときにはるかに大きい。であればこそ、せっかくなら世の中にまともな影響を与えたいと思うのは、まあ、普通に言って人情だ。そういうことをちょっとでも考えずに自分が働く会社を選んだという人はおそらく皆無に近いと思うのだけれど、どうなんだろうか。

ところが社会に出ると、会社というのはそういう甘いものではなく、利益のためなら社会からも従業員からも絞れるだけ絞ろうと目論む収奪マシンであることに気づくことになったりする。会社はたしかに世知辛い。しかし、だからといって、誰しもがおそらくは一度は志向したはずの「せっかくならまともなことをやりたい」は、即座に若気の至りの甘い理想だったということになってしまうのだろうか。

「利益の追求」というお題目のもと、会社は自らの存続のために社会や市民、つまりは消費者・ユーザーを自由に収奪することができるという強硬なロジックは(「市場がそれを望んだ」というのがこのロジックに絶大な根拠を与える)、そこで働く人もまた一消費者であり一ユーザー、一市民であるということをどうも軽く見過ごしてきたように思える。

会社というものが働き手に要求することが、働き手の一市民、もしくは一ユーザーとしての倫理的な感覚と距離があるというのは、なにもいまに始まった話ではないとは思うけれど、「これも生活のためなんで」と自分に言い聞かすことができることにもさすがに限度はある。そして、その乖離、亀裂が抜き差しならなくなったあたりから、いま一度、会社って誰のものだっけ？　なんのためにあるんだっけ？　といった議論が出てくることになる。

高度経済成長期ならいざしらず、郊外の持ち家などをエサに、会社の論理に社員を服従させることはもはやかなわない。物理的待遇は、働くモチヴェーションとしてはとっくに一位の座を明け渡してしまっている。だからこそ、会社というチャンネルに依存しすぎないよう、他の社会チャンネルの拡充に勤しむ人も増えてくる。そんななか、いま会社に求められているのは、一消費者、一市民として自分たちが考える「あたりまえ」に寄り添うようなものであって欲しいということだろう。アメリカあたりで、大企業の高給職を蹴ってNPOやB-Corpに就職したがる若者が増えていると言われているのも、こうした大きな変化の現れといえる。要は「どうせ長い時間と労力を費やすのならマシなことに使いたい」と思うようになっているということで、いまさらあたりまえだけれども、誰も人生の大部分を無価値なことに捧げて無駄にはしたくないのだ。

そんなこんなで「会社っていったいなんなんだ」といったことを考えながら特集をつくり終えたところで、いまさらながら「会社」ということばの語源を調べてみたら面白いことがわかった。「会社」ということばは、もちろん訳語なのだが、実は、「Company」や「Corporation」の訳語でもなく、実は「Society」の訳語だったというのだ。「語源由来辞典」のサイトはこう記している。

会社は、蘭学書を翻訳する際につくられた和製漢語で、当初は、広い意味での「団体」「集団」を表した。

江戸末期から明治初期には、英語「society」の訳語として、「社会」「結社」「仲間」「社中」などとともに使われ、「club」の訳語にも「会社」が当てられた。明治七年(一八七四年)から明治一〇年(一八七七年)にかけ、「society」の訳語として「社会」の語をあてるといったようにことばが徐々に整理されていき、

「会社」の語は現在のような狭い意味で使われるようになった。

ミートホープやオリンパスにおける顚末は、「会社」がいつの間にか「社会」となり、「社会」がすなわち「会社」を意味してしまうような不可解な混同・混乱が映し出されているように思えるのだけれども、その淵源は、実際かなり根深いところにあるのかもしれない。

つい先日、ある家具メーカーの会長さんが、「日本人は会社というフィルターで社会というものを見ちゃうんだよね」と仰っていた。言われてみれば、日本人にとっての「会社」「社会」の観念は、いまだきちんと整理されぬまま、知らぬ間に撞着してしまうようなところがあるのかもしれない（「「アメリカ人が三人集まると教会をつくる。中国人が三人集まると中華街をつくる。日本人が三人集まると会社をつくる」っていうジョークがあるんだよね」と、その会長さんは教えてくれた）。

元オリンパスのウッドフォードは、いい会社、いい経営について、こう結論している。

「いいプロダクトをつくって、倫理的に売ることだけを考えればいいのです。ほかのすべては、それに従って自ずとついてきます」

オリンパスやミートホープの経営陣は、「いいプロダクト」の「いい」やここで言われる「倫理」は本来社会的なものであって、その会社や役員会が自分たちの都合のいいように決めた「いい」や「倫理」ではないということがいつしかわからなくなっていったのだろう。それを責めるのは簡単だ。「会社」の理屈を「社会」に適用して、それが正しいことなのだと知らぬ間に信じてしまう危険は、きっと誰にでもある。「会社」というものが、いつの間にか「社会」とすり替わってしまうことの不気味さ。会社っていうのは、なんとも得体のしれないこわいものだな、と、折に触れてミートホープのことを思い出しては、いつも思う。

2016.08.09 – WIRED, Vol. 24

都会と少年

「NEW CITY」という特集の巻頭言。この解説を書いているちょうど数週間前にパリに行った話は前のほうでも触れたが(六一頁)、相変わらずパリという都市はうろつくだけで楽しかった。久しぶりにCD屋というものに足を踏み入れたが、ご機嫌な黒人のおじさん店員が、ご機嫌なアフリカ音楽をかけていた。これなんですか? と訊ねて、教えてもらったものを購入したのだが、同じ店で、同じおじさんに教えてもらったアフリカ音楽のCDを一〇年前にも買ったことがあるのをハタと思い出した。電気屋のチェーンがやってるCD屋なのだけれど、いい店なんだよなあ。なくならないで欲しい。

「都会は、少年がそこを歩くだけで、一生なにをやって過ごしたいかを教えてくれる場所だ」

そう言ったのはルイス・カーンという建築家で、ぼくはこのことばが大好きだ。都会というものの目の眩むような大きさ、忙しさ、多様性、めくるめく情報量。見るもの見るものが新鮮な都会は、でっかい世界の縮図であり、それ自体が巨大なメディアなのだ。

ぼくはといえば、ローティーンのころ、マンハッタンの郊外にあたるニュージャージーの住宅地に暮らしていて、たまの週末に、親にマンハッタンの四八丁目にあった楽器屋街に連れていってもらった。ずらりウィンドウを飾るエレクトリックギター。なかに入ると、店員があれこれ教えてくれる。「このストラトはジミヘンが実際に弾いてたものだよ」等々。試し弾きしながら、こともなげにエディ・ヴァン・ヘイレンのギターソロを弾いてみせる凄腕のミュージシャン。人種も年齢も多種多様な(とはいえ、いるのは男ばっかりだったが)人びとが真剣かつリラックスした雰囲気のなかを行き交う。まだ、少年と言っていい年だったはずのぼくは、きっと目を丸くして憧れに興奮すると同時に、ビビりまくってもいた。

ヘタレなぼくは、結局本気でミュージシャンを志すなんてこともなく、文字通りの馬齢を重ねることになるわけだけれども「一生それをやって過ごしたいと思わせてくれるなにかが都会にはある」という実感はなんとなくもっている。

それでも、おそらくルイス・カーンが少年だったころの都会と比べれば、ぼくが体感した都会ははるかに刺激が少なかったにちがいない。というのもテレビを第一のメディアとして接してきたぼくは、都会に行く前にすでに都会がどんな姿かたちをしているか知っていたからだ。テレビで観る大都会を舞台にした刺激的なストーリーに比べれば、実際の都会はカーチェイスや銃撃戦や電撃的な恋物語がそうそうあるわけでもなく、いわばだいぶ散文的なものだったりする。

ルイス・カーンが語った都市は、すでにして失われたものなのかもしれない。ぼくらが一生それをやって過ごしたいと思うなにかを教えてくれているのは、実際はテレビなどのマスメディアであって、いまどきの少年であれば、自分の将来の姿をたまたま見たYouTubeの動画のなかにでも見つけるだろう。カーンのことばを逆から読むなら、ネットこそが「都会」で、リアルな都市のメディア性はどんどん目減りしているということなのかもしれない。

出張などで新しい街に行くと、必ずその街のレコード屋やCDショップを訪ねては、地元のミュージシャンの作品などをどっさりと買ってくるのを楽しみにしていたのだけれど、その楽しみはすっかり失われた。いつのころからか、どの街に行っても新しい街に来たという気がしなくなったのはなぜだろう。その価値を広告やマーケティングの指標でしか評価できなくなることで堕落し、つまらなくなっていくのは都会もテレビもきっと変わらない。都市というものも、テレビ同様終わりゆくだけのメディアなのだろうか。

『江戸商売図絵』(三谷一馬、中公文庫)という大好きな本があって、そこには江戸時代の江戸にあった多種多様な職業が絵付きで解説されている。「呉服屋」「八百屋」などいまなおお馴染みのものもあるが「居合抜き」「わいわい天王」「うろうろ舟」「すたすた坊主」など、聞いたことのない謎の職業も多く、読めば読むほどに、江戸は上から下までカラフルな人びとが行き交う、めくるめく情報空間だったことがわかる。職業選択の自由がいまほどなかったとはいえ、そこが少年が目を丸くするには十分な「都会」だったことを、いま改めて羨ましく思ったりする。

2016.08.09 – wired.jp

ピッチフォークとバワリー・ボールルーム

これも「NEW CITY」という特集のために書いたもので、かねてから言いたかったことを回り道を経ながら綴ったものだが、言いたいことを煎じ詰めれば「コンテンツってそういうもんじゃないから」ということになる。多くの場合、人は「コンテンツ」というものと「素材」というものを混同している。料理屋におけるコンテンツは、「寿司」や「イタリアン」といった調理・加工に関わる部分であって、「イワシ」や「牛の頬肉」ではない。この原稿に寄せていうなら、音楽はあくまで素材であり、それをどう調理加工し提供するのかがコンテンツ。そこをなぜ素人にまかせようと思うのか。

仕事のつながりで、なぜか、いろいろな不動産デヴェロッパーの方とお話をする機会があったりする。東京オリンピックとその先を睨んだ東京の新しい開発案件について聞かせていただいたりするのだけれど、だいたいどの物件にも「イノヴェイターやクリエイティヴクラスが集まるようなインキュベイション施設」を入れようというアイデアがあったりする。

「それ、具体的にはなにやるんですか?」と聞くと、とくに明確なアイデアがあるということでもなさそうで、しばらくしてから進捗を小耳に挟むと、よく知った人たちがコンテンツ開発のお手伝いをしているなんてことが開発業者さんへの愚痴(「ほんとなにも考えてないんすよねえ」とか)とともに漏れ聞こえてきて、いったい全体東京はどうなっちゃうのかと首をひねることになる。そもそも、東京にそんなにたくさん新規のオフィスビルを埋めるだけのイノヴェイターやらクリエイターっているんだっけか?

というわけで、なににうんざりするかというと、「インキュベイション」とか言いながら自分たちで「インキュベイトする」つもりなんかは毛頭なく(まずはちゃんと意味を調べよう)、芽がありそうな勝ち馬候補に手っ取り早くツバをつけ、あとは成長するのを願って、成長した暁には晴れて自社が抱える大型の物件へと移っていただければミッション完了、イノヴェイターなんていうのは単なることばのアヤにすぎないところだ。イノヴェイターもクリエイターも、そこではどこまで行っても「テナント」以上の意味をもたない。インキュベイション施設が聞いて呆れる。

ハコモノ、ハコモノと槍玉に上がるのは、たいてい地方だが、なんのことはない東京だって発想は似たりよったりで、そういう意味でいえば、東京はもはや立派な地方都市だ。なんなら一番遅れてきた地方都市ってのが実態に近い気さえするではないか。

いまにして思えば、新国立競技場をめぐるいざこざも議論としては基本「こんなバカでかいハコモノ、どうすんの?」という議論だったと思うのだが、お笑い種なのは、競技場のどのプランにも必ず「ロックコンサートとして使ってます」の図があるのにもかかわらず、「それ、いったい誰のコンサートよ?」と、いざ具体的に想像を巡らせてみても、ロクなコンテンツが思い浮かばないということだ。

考えてみたらいいと思う。六・八〜八万人近いスタジアムをいっぱいにできるアーティスト、どんだけいたっけ？　ついでに同じだけ動員できるスポーツイヴェントって年間に何本ある？　数えてみよう。忘れないようにお伝えしとくと一年は三六五日もあるのだ。

話をアメリカに飛ばすと、音楽に関していえば、相変わらずライヴの集客は悪くないにしても、数千もしくは万単位で人員を収容できるアリーナやアンフィシアター（円形競技場・演技場）の収益は年々減っていることが伝えられている。

Live Nation と並ぶアメリカの二大グローバルプロモーターのひとつＡＥＧは、自身で保有していたこうしたヴェニューを手放し、替わりに、ニューヨークのインディミュージックシーンをこの二〇年に渡って支えてきた「バワリー・プレゼンツ」というインディペンデントのヴェニュー経営＋プロモーター会社を買収した。バワリー・プレゼンツという会社は、一九九三年にマンハッタンのローワーイーストサイドの The Mercury Lounge という二五〇人規模のライヴヴェニューの設立運営から始まったもので、九七年に五〇〇〜六〇〇人収容の Bowery Ballroom を設立し、音のよさとミュージシャンに対する親密なケアを売りに、インディロックのニューヨークにおける牙城となったことで大きく花開いた。

その後、二〇〇三年に Webster Hall（一四〇〇人収容）、〇七年に、Music Hall of Williamsburg（五五〇人収容）と Terminal 5（三〇〇〇人収容）をオープンし、ニューヨークの音楽シーンを文字通り「インキュベイト」し、アクティヴェイトしてきた。

Bowery Ballroom はいまなお、音楽メディアが選ぶ全米のベストヴェニュー・ランキングにおいて常にトップに選出されるが、実際彼らのせいで、前述の二大プロモーターは、ニューヨークでは十全に存在感を発揮できずにいた(ちなみにバワリー・プレゼンツのパートナーのひとりは、以前 Live Nation でニューヨークを統括していた人物だったりする)。

面白いのは、彼らのビジネスの発展が、インディミュージック・メディアの雄「Pitchfork」のそれと、二年ずつずれるようなかたちで、似たような軌跡を描いていることだ。「Pitchfork」の歴史をバワリー・プレゼンツのエポックとなった年とともに振り返るとこうなる。

一九九五年　個人によるレヴューサイトとして始まる
(一九九三年　The Mercury Lounge 開店)
一九九九年　メディアとしての基盤を整えるためにミネアポリスからシカゴに拠点を移す
(一九九七年　Bowery Ballroom 開店)
二〇〇五年　メディアとして大ブレーク、既存の大手音楽メディアをしのぐ影響力をもつ
(二〇〇三年　中規模のヴェニュー Webster Hall 開店)
二〇一五年　大手メディアコングロマリット、コンデナストに買収
(二〇一六年、AEGに買収)

二〇一四年に掲載された『ニューヨーク・タイムズ』の記事で、ヨ・ラ・テンゴやマイ・ブラッディ・ヴァレンタインのプロモーターである人物は、バワリー・プレゼンツのファウンダー、マイケル・スウィアーについて、「マイケルがMercuryやBoweryでやったことこそが、ニューヨークにおける音楽の革命の始まりだった」と語っているが、「Pitchfork」がウェブメディアとして体現しプロモートした、音楽の世界の大規模な地殻変動は、都市レヴェルにおいてはメディアに先んじるかたちで実地に進行していたことが、年譜に沿って見てみると改めてわかってくる。

猛然と進行するデジタル化によって、産業構造自体が大きく変容させられるにいたった音楽業界は、以後ライヴをひとつの安定した収益源として再評価することになるのだが、ひたすらロングテール／インディ化が進む音楽シーンのなかで必要とされたのは、ロングテール／インディ化していくバンドやアーティストの動員規模に合ったヴェニューだった。そして、その適正規模にBowery Ballroomは見事に合致していたということになる。

つまるところ、それは五〇〇〜六〇〇人くらいのサイズの親密性の高いヴェニューで、以後Live NationやAEGも、こうした観客サイドとアーティストサイド双方のマーケット動態に合わせて、小中規模のヴェニューの開発を急ぐことになるし、アーティストも各都市にあるバワリーと同規模のヴェニューをこまめに回るかたちでライヴをビジネス化していくことになる。

わかりやすくするために極端に言うと、それは、五つの大都市で五〇〇〇人ずつ集めていたモデルから五〇の都市で五〇〇人ずつ集めるモデルへのシフトということになろうが、前者がテレビやラジオといったマスメディアによる動員と結びつくことで成り立っていたモデルなら、後者がインターネット＋ソーシャルメディアが可能にしたモデルであることは明らかだ。

これはなにもアメリカに限った話ではなく、東京においても起きているようで、音楽業界で気の利いたインディミュージックを扱っているようなレーベルやプロモーターは、渋谷のＷＷＷをブッキングしようと思うと、いつも埋まってて会場を抑えられない、と嘆いていたりする。言われてみれば、ＷＷＷはBowery Ballroomと同等のキャパシティだ。ここ日本においても五〇〇〜六〇〇人の動員を適正とするアーティストたちが、実際のところ「音楽シーンの一番美味しいところ」を体現するヴォリュームゾーンになっているということなのだろう。そして、そのサイズの(イケてる)コヤが決定的に足りていないのだ。

バワリー・プレゼンツと「Pitchfork」が買収され、大手企業(ちなみに「Pitchfork」を買収したコンデナストは、『ＷＩＲＥＤ』の版元でもある)の管轄下に入ったことは、この二〇年間、都市というリアルな次元とネットメディアというヴァーチャルな次元で並行して起こってきた動態変化に即した環境・インフラ整備がひとまず完了したことを意味するのだろう。大手の手によってよくも悪しくもコモディティ化していくことになるのかもしれないが、同時に、それが再び新しい胎動を生むきっかけにもなるのであれば、悲観するばかりでもない。本号の特集で紹介したニューヨークの現代音楽のインキュベイション施設「National Sawdust」などは、今後、新しい都市コンテンツのパワフルなドライヴァーとして存在感を増していくことだろう。

ずいぶんとくどい回り道をして、結局なにが言いたかったかといえば、ようは「コンテンツ」の話だ。スタジアムをつくるのもいいだろう。新しい劇場をつくるのもいいだろう。なんならインキュベイションやらクリエイティヴィティを創発するような施設もあるに越したことはない。けれども新しい施設ができたところで、右にあったものが左に動いただけ、使い回しの果てに中身の薄まったものばかりが増えたところでいったい誰が得をするのだろう。コンテンツがあるからハコが必要になるんですよね？ というのは、そんなに異端的な意見なのだろうか。

土管さえつくっとけばコンテンツはユーザーから自動的にジェネレイトされるんですよ、みたいな調子で、スキームとストラクチャーとちょっと洒落たＵＩ・ＵＸがあれば一丁上がりとするようなやり口、考え方は、ＩＴに関わる話で散々見聞きしてきたけれど、その悪弊がビットからアトムよろしく、現実世界のなかへと流れ出て行っているのを、ぼくらはこれからふんだんに目の当たりにすることになるにちがいない（いや、むしろ、ことは逆かもしれず、もしかすると土建屋の発想がそのままＩＴに引き継がれただけなのか）。

特集で取材したニューヨークのブライアント・パークのデザイン担当ヴァイスプレジデントはこう語っている。

「建物を建てれば人が集まる、などという考えは前時代的であり、とくにパブリックスペースにはまったく通用しません。重要なのは、よりよく考えられたデザインでありコンテンツ。つくったそのあとが、なによりも大切なのです」

言うは易し。デザインをやる人はきっといるのだろう。建築家って人たちの領分はそこにあるとして「じゃあ誰がコンテンツつくるんですか？」となったとき、いったい誰がそれを担うのか。「未来の建築家はなにをデザインするのか？」という特集のサブタイトルの含意はここにある。

ソフトとハードの開発はもはや不可分のもので、おれは「ガワ」だけやりますわなんてことが通用しなくなっているのは、それこそＩＴが持ち込んだいいほうの文化で、それに倣えば、コンテンツの設計・編成がちゃんとなされていなければ、エンジニアリングもデザインも意味を失うのは自明のことだ。しかもそのコンテンツは、エキサイティングで、時代に即して常にフレッシュで新しく、かつ継続的にそうでなくてはならないのだ。ほんとに誰がそれをつくって運営していくんだろうか。

コンテンツの企画・制作・管理・運営は、片手間にできるほど楽な仕事ではないし、愛情とコミットメント、教養と見識、才能とセンスがなによりものを言う。言うまでもなく、バワリー・プレゼンツはそれを長きに渡って証明してきたはずだし、それを買収したＡＥＧにしたってぬかりはなさそうだ。なんと言ったって、かのコーチェラ・フェスティヴァル（四一〇頁参照）を首謀してきたチームを彼らは傘下に抱えていたりするのだ。そのＡＥＧとLive Nationは、目下ニューヨークを舞台に都市型夏フェスの開発でしのぎを削っている。

ちなみに、前述の「National Sawdust」という施設のアドヴァイザリーボードには、フィリップ・グラス（作曲家）、ジェームス・マーフィー（ＬＣＤサウンドシステム、ＤＦＡレコーズ）、スザンヌ・ヴェガ（シンガーソングライター)、ニコ・ミューリー(作曲家、Bedroom Community)、ルネ・フレミング(ソプラノ歌手)、スティーヴン・ゴッドフライ(Rough Trade)(二〇一六年当時)が名を連ねている。すごい。

2016.08.09 – WIRED, Vol. 24

ファンクは人類進化の一形態なのかもしれない

ジョージ・クリントンの自伝の発売を機に『WIRED』本誌に寄せた原稿だが、この解説を書いているのと同じタイミングで、パーラメント名義のシングルがリリースされ、NPRのTiny Desk Concertにも登場した。ブレインフィーダーの面々とともに来日も決定したという(二〇一八年二月時点)。ファンクを通じた人類進化はまだまだ進行中。「レコードは、ターンするだけで状況をオーヴァーターンし、リヴォルヴするだけで、リヴォリューションを引き起こせる」。

パーラメントの初期の名曲に「Chocolate City」というのがあってこんな一節で始まる。「人はそこをホワイトハウスと呼ぶが、それは一時的な状況である。わかるだろ?」。言うまでもなくそこで語られているのは「白人＝ホワイト」による政権のオルタナティヴとしての黒人政権、つまりは「ブラックハウス」だ。ジョージ・クリントンは、歌のなかでモハメド・アリを大統領、コメディアンのリチャード・プライヤーを閣僚に、アリサ・フランクリンをファースト・レディに戴く架空の連邦政府をつくりあげた。二〇〇九年にバラク・オバマの大統領就任式でアリサ・フランクリンが歌うのを見て、一九七五年にリリースされたこの曲を、いの一番に思い出した。

この曲を書いたジョージ・クリントンをどういう肩書きで呼ぶのがふさわしいのかは率直に言って謎だ。歌は歌うがたいしてうまくない。作曲者としてそこまで優れてるような気もしない。それでもクリントンは、パーラメントとファンカデリックというふたつのモンスターバンドをコインの裏表のように操った頭脳、天才的なコンセプターにはちがいなく、ブラックミュージックの進む道を大きく変えた人物ではある。上記の歌をして預言者、ヴィジョナリーだったとするのもあながち間違ってもいない。

ニュージャージー州ニューアークで床屋をやりながらドゥワップのコーラスグループの一員として始まったその音楽キャリアは、六〇年代のサイケデリックロックの影響を受けることで大きく反体制・反社会的なものへと傾斜していく。ファンカデリック名義で一九七〇年にリリースした最初のアルバム「Funkadelic」は、九分にわたってサイケデリックな一コードジャムが続く得体のしれない曲から始まる。「六十年代は革命だったと人々が話す時、それは少なくとも、誰もが革命に意識を向けたことを意味する。全てが緩みはじめ、新たな境界線が引かれるよりも速く、古い境界線が崩れていった」。自伝『ファンクはつらいよ』(押野素子訳、DU BOOKS)(以下、引用はすべて本書に拠る)のなかでジョージ・クリントンは当時の状況をそう解説する。そして、直後でこうも語る。「誰もが、六十年代の理想主義に何が起こったのかと疑問に思う。俺からすると、あの理想主義は、ほぼ完璧な形で成熟した後、発酵しはじめた。ウッドストックが終焉だった」。

初期ファンカデリックの音を説明するのにこれほど適切なことばもない。ジョージ・クリントンがファンカデリックで顕現させた音楽は、すべてが緩み、新たな境界線が策定される前に古い境界線が崩れさり、同時に新しい理想が腐っていくさまそのものだった。ファンカデリックで最も知られることになる曲は「Maggot Brain」（蛆虫脳）というもので、そこでは「宇宙の頭に湧いた蛆虫を味わう」ことがテーマとして扱われた。ついでにいうと、のちにクリントンは下痢をテーマに一二分以上にわたる曲をつくり上げることになる。「Promentalshitbackwashpsychosis Enema Squad」という曲で、こんな歌詞だ。「世界は公衆便所だ／人間の口は神経学的な肛門であり／心理学的に言うなら／メンタルな下痢を患っている」。緩み、境界を失いながら、発酵していく世界。それがすなわちファンカデリックだった。

　ジョージ・クリントンは、ブラックカルチャーの最前衛に位置取りながら、それでもラディカリズムの通俗化、陳腐化に陥ることはなかった。「俺は、プロテスト・ソングとは別の方向に進んだ。俺には、社会的・心理的な事柄、とくにその中でも生、死、社会統制といった最もシリアスな考えには、可笑しさがあるように思えた。そして、そこに留まり、喜劇と悲劇、現実と非現実の間のスペースに漂うと、一種の知恵のようなものが生まれてきた」。ビートルズとボブ・ディランに由来するこうした「知恵」と、当時「誰もがこの本を持っていた」というエーリッヒ・フォン・デニケンの著作『未来の記憶』を融合させることで、クリントンの頭のなかは次第に整理されていくことになる。ちなみに『未来の記憶』は、人類の最も高度な文明は宇宙人によって授けられたものであるとする一種のトンデモ本だが、クリントンは、これを「掘り下げるべき理論」としている。

　こうしてクリントンの知恵はその射程を拡大していく。混沌と排泄物が渦巻くファンカデリックに対置するかたちでパーラメントというバンドを、よりダンサブルでスリックなユニットとして並走させる。アルバム『Chocolate City』はその二作目、続く作品は『Mothership Connection』と題された。「《Chocolate City》では、俺たちはホワイト・ハウスにいるブラック・マンを想像していた。そして三十四年後に、俺たちの想像は現実となった。《Mothership Connection》では、それをさらに先へと進め、宇宙にいるブラック・マンを想像した。〔略〕宇宙にいるピンプ。ハイテクなキャデラックとしての宇宙船。宇宙は場所であると同時にコンセプトでもあり、ジミ・ヘンドリックスのように常識を遥かに突き抜けていることを意味する隠喩だ。宇宙のレコードを想像することは、地球に呼び戻されるまで、束縛されない芸術性を想像することと同じだった」。生まれたアルバムは、スターチャイルドを名乗る宇宙人が、地球にファンクをもたらすという「クレイジーな宇宙人のファンク神話に基づくコンセプトアルバム」となった（ちなみにクリントンは本作を縁として映画『未知との遭遇』のプロデューサーからテーマソングのファンクヴァージョンを依頼されたそうな）。

続く作品でパーラメントは、宇宙人ドクター・ファンケンシュタインがファンククローンをつくり出しては地球に送りこむというストーリーを展開し、さらに「ファンケンテレキー」という語を用いて人類の進化を語った。「エンテレキーとは、可能性のことだった。種がその形成を実現して最高の状態になるプロセスを説明するために、アリストテレスが作った言葉だ。〔略〕もしかしたら、ファンク自体が進化の一形態なのかもしれない。〔略〕俺たちはすでに、宇宙ファンクの仲介人、スター・チャイルドを送り出していた。彼はファンカティーアの一人ひとりが種として進化するための秘密を有していたのだろうか？」

ジョージ・クリントンは、ファンクという音楽形式、そしてそれを規定するグルーヴという概念をいたるところに拡張してみせる。クリントンはあるところでは「ファンクはＮＰＯである」と語り、別のところでは「グルーヴの元に国家がある」と煽り、ファンカデリックのある曲では、人間は「歌い、ヴァイブレートする生物学的思弁である」と定義し、「ファンケンテレキー」という語を用いてファンクこそが進化の原理であると主張した。エンテレキーという語について、ネットで調べてみるとこうある。「二〇世紀初年より提唱されたＨ・ドリーシュの新生気論は、動物が調和した全体として発生する現象に注目し、それを成り立たせる超物質的原理が存在するとし、アリストテレスの語（エンテレケイア）を借りてその原理をエンテレヒー（エンテレキー）と名づけた」。ドリーシュという生物学者が求めた「超物質的原理」を、クリントンは「ファンク」であると喝破して見せたというわけだ。

クリントンのこうしたヴィジョンは、現実世界においてはネーション・オブ・イスラムのブラック・ムスリム神話・神学と相通ずるものがあった。「イライジャ・ムハンマド閣下は、天体の中の天体、宇宙のように作られた巨大なマザー・プレイン（母機）について私たちにお話しになった。白人はそれを未確認飛行物体と呼んでいる。エゼキエルは旧約聖書の中で、昼間は雲に見え、夜間は火柱に見える車輪を目撃した」。その光景はパーラメントが一九七七年の伝説の『P-Funk Earth Tour』で提示したヴィジョン、つまりはその舞台セットと瓜ふたつだった。結果、コンサート会場にネーション・オブ・イスラムの面々が押しかけ「知識を伝授してくれ、ブラザー・ジョージ」と詰め寄られることとなる。「知識？　これはマズい」と、危機を察知したクリントンは彼らを真っ直ぐ見つめ「これは単なるパーティさ」と言い放った。「永遠の真実を宣伝することに興味はなかった。俺はロックンロール・バンドを率いていたのだ。〔略〕

俺たちのショウ自体が恍惚体験で、宗教など要らなかった」。

クリントンの武器は徹頭徹尾、音楽とユーモアだった。クリントンのなかでそのふたつはあるいは同義と思えるほど分かちがたい。「ユーモアを使っているからといって、俺たちが革命を起こすつもりがなかったわけではない。ただし、俺たちが起こそうとしていた革命は、平和かつ快楽主義的で、鏡に映る自分の姿に向かってウィンクをしているような、茶目っ気のあるものだった。レコードは、ターン(ひっくり返す)するだけで状況をオーヴァーターン(覆し)し、リヴォルヴ(回る)するだけで、リヴォリューション(革命)を引き起こせる」。

ジョージ・クリントンはカリスマであることを拒み続けた稀有なカリスマであり、ヴィジョナリーとして祭り上げられぬよう注意を払い続けた小心なヴィジョナリーでもだった。だからだろう、彼が打ち立てたP Funkという宇宙は、いまも、その愉快さ、奇天烈さ、新鮮さを失わない。

「権力構造を名指しで糾弾しながら、自らが新たな権力の座に就こうとする人々のメッセージは、いつも俺を混乱させた。そして俺は、努めて初心(うぶ)を気取り、時代をからかいながら、最高の時代を生きようとしていた」。Free Your Mind... and Your Ass Will Follow. 頭を自由にすれば尻が勝手についていく。向かう先には、そう、ファンクがある。

2016.8 – IMA, Vol. 17

358 – 359

画像化する写真

写真家トーマス・ルフの東京国立近代美術館での大規模な個展の開催にあわせて、写真雑誌『ＩＭＡ』に寄せた原稿。写真に限らずアートというものが同時代の最もアクチュアルな批評であるという認識は、どうして日本では一向に広まらないのだろう。同時期に某ニュースサイトの企画でこの展覧会の解説を頼まれたのだが、そのときのタイトルは「アートはビジネスマンの教養である」だった。とほほ。アートってそういうことじゃないと思うんだけどなあ。

「メディアアート」ということばを聞くたびに違和感を感じる。たしかに、二〇世紀からいまに至るなかでメディアテクノロジー、というかコミュニケーションテクノロジーは大きく発達した。それによって人間の認知は大きく飛躍し、まったく新しいやり方で情報をやり取りすることができるようになり、その影響の下、世界の認識、把握の仕方や向き合い方も変わってきた。そのことを批評的に扱うことで、おそらくメディアアートというものは成り立っているのだろうと思うのだけれども、ぼくの違和感は、そもそもアートってもの自体、それがメディアアートでなかったことがあるんだろうかという疑問に起因する。

それはつまり、アートがメディアと無縁であったことがあるのだろうかという疑問でもある。

フレスコ画は教会というメディアに対して最適化された表現だっただろうし、肖像画なんていうものもそれ自体が高度に政治性を帯びたメディアだったはずだ。小説が誕生するためには新聞というメディアを必要とするだろうし、劇場というメディアの発達が音楽の進化と無縁であるはずがない。いうまでもなくメディアは無色透明の「媒介」ではなく、それ自体が固有の力学をもって、ある偏向をもった様式・形式をつくりあげる。そこには当然向き不向きがあり、その「不向きの限界」を突破していこうという営為こそが、あらゆるアート表現の歴史ということになる。それは様式や形式をめぐる戦いであるはずなのだが、その様式や形式を決定しているものがメディアであるなら、アートの戦いは常に既存の様式を可能にしているメディアに向けられていたということができる。

そうした経緯を、ある知人の写真家は「写真家の表現は、それが写真論になってなきゃ意味がないんだよね」という言い方をしていたのだが、それは写真に限らず、どんなアート表現にも当てはまるだろう。その表現を成り立たしめているメディアの原理を問うことなしにアートは存在しない。アートは多かれ少なかれメタな視点を内包するもので、形式をめぐる不信が多かれ少なかれ必要とされるものにちがいない。形式への無条件の愛しかない表現は「趣味」にしかならない。

トーマス・ルフの作品は、そういう意味でいうと十全すぎるほどにアートだろうし、徹頭徹尾メディアアートだ。彼の目線は一貫して、写真、もしくは写真映像、あるいは写真画像というメディアそのものに向けられる。火星の映像、画質の粗いjpeg、退屈極まりないポートレイト等々。ルフは、写真というメディアにおいて共有されている「あたりまえ」を独特のやり方で転倒させることで、そこに自明のものとして埋め込まれたバイアスを露わにしてみせる。低解像度のjpegを差し出すことで、彼は写真を写真として成り立たしめている「解像度」というものを問いの対象に変える。

ルフは、画像をあくまでも即物的に扱うことで、イメージに無意識的にエンベッドされてきた文化的、社会的コンテクストを浮かび上がらせるのだが、そこには正しくベッヒャー・シューレの手つきが継承されている。同じベッヒャー・シューレ出身者のアンドレアス・グルスキーが情報量と解像度という問題を、あの高密度でマッシヴな作品のなかで扱ったのとはちがうやり方で、ルフは写真というメディア形式の最も現在的な問題に迫っていく。そしてデジタルテクノロジーの普及による当然の帰結として、そのメディアの基盤をなしている原理が、化学から情報工学へと移行していったことにも目を向ける。言うまでもなく、いまこの世界で扱われている「画像」のほとんどは「データ」であり、それはもはや現実世界の文学的、心象的な説明などではなく、コンピューターや人工知能によって定量化が可能な「数値＝ビッグデータ」として扱われる。

インターネット上にある「写真／画像」は、新聞や雑誌といった二〇世紀型のマスメディアに掲載された「写真」とは、それを成り立たしめている原理そのものがちがっているという重大事を、ルフの作品は改めて教えてくれる。

分散と自立

2016.10.11 – WIRED, Vol. 25

ブロックチェーン特集の巻頭言。引用した熊谷晋一郎先生のことばは衝撃的だったが、初めて知ったのは、岡田美智男先生の著書『弱いロボット』(医学書院)だったかもしれないことをいま思い出した。「自立」というのは、イリイチにおいても重要なキーワードだが、それが「当事者研究」という立場から語られるとき、哲学、社会学、心理学などの学問を串刺しにしながら、そこに新たな説得力とリアリティがもたらされる。当事者研究こそ、もしかしたらいま最もアクチュアルな学問かもしれない。ブロックチェーンにまで容易につながるのだから。

この特集のなかでやたらと登場することになる「分散型」「P2P」「脱中央集権」といったコンセプトは、インターネットにおいて最も大切にされてきたもので、それはいまも変わってはいない。

それがとりわけ重視されるのは、とりもなおさずインターネット以前の世界においては、それがあたりまえのものではなかったからだ。だからこそ中央集権的に、階層的に編成されてきた「それ以前」の組織や社会にとってインターネットは脅威となる。ディスラプティヴ(破壊的)と呼ばれる所以だ。

これまでのインターネットが、複製可能な情報を中央を介さず「分散的」に行なうことを可能にするものであったのなら、ブロックチェーンもしくは分散型台帳と呼ばれる新しいテクノロジーは、複製不可だった情報までをもその仕組みのなかに取り込んでしまうものだ。

その格好の題材が、まずはお金で、ブロックチェーンもしくは分散型台帳というアイデアは、そもそも、お金を電子的にやり取りするビットコインを実現するための技術に立脚している。そして、お金でそれができるなら、その応用例はいくらでも考えうる。株券、債券、アート、音楽、選挙権、国籍、ありとあらゆる契約、証明、認証、公証……これまでインターネット上でやり取りするのがはばかられていた情報が、その正統性を担保されたかたちでインターネットに解放されるとなれば、そのインパクトはおよそ計りしれない。少なくとも「分散化」「脱中央集権」に向けて社会がさらに傾斜していくことは避けられない。

そして、それはきっといいことなのだ。

「分散」ということの価値について、ユニークな視点から光を当てた文章がある。小児科医、科学者で自身が脳性まひ患者でもある熊谷晋一郎さんという方が書いたもので、いまもネット上で読めるはずだ。

車椅子生活を送る熊谷さんは、東日本大震災があったときに職場である研究室から逃げ遅れた。エレベーターが停まってしまい、研究室のある五階から降りられなくなってしまったのだ。「そのとき、逃げるということを可能にする〝依存先〟が、自分には少なかったことを知りました。エレベーターが止まっても、他の人は階段やはしごで逃げられます。五階から逃げるという行為に対して三つも依存先があります。ところが私にはエレベーターしかなかった」。

その体験から、彼はこう考える。

「一般的に「自立」の反対語は「依存」だと勘違いされていますが、人間は物であったり人であったり、さまざまなものに依存しないと生きていけないんですよ。〔略〕だから、自立を目指すなら、むしろ依存先を増やさないといけない」

依存先の集中は自立を妨げ、分散はそれを助ける、という熊谷さんの指摘は、中央集権的に編成された現代社会のありようを鋭くついている。思えば、ぼくらの暮らしは、学校や会社や病院といった組織、大企業を中心に動く経済、さらには国というものに一元的に依存することを半ば自明のこととして成り立ってきた。けれどもそれがもはや盤石な体制でないことをおそらく誰もが薄々察知しているはずだ。社会的観点から見て、自分が十全な自立を手にしていると感じられている人は、果たしてどれほどいるだろう。依存先の分散化は、暮らしのあらゆるレイヤーにおいて急務になりつつある。

「分散型」というコンセプトの核心はまさにここにある。それはなによりも自立への希求というエトスであり、分散的に、複雑に、願わくば相互的に依存先をネットワーク化することでそれを実現しようというストラテジーでもある。登場以来インターネットにずっと託されてきたその希求は、ブロックチェーンもしくは分散型台帳と呼ばれるイノヴェイションにも変わることなく脈打っている。おそらくは、さらに切迫したものとして、もっと強く。

2016.12.02 –『ブロックチェーン・レボリューション』解説

夢のつづき

本稿は、ドン・タプスコット、アレックス・タプスコットの『ブロックチェーン・レボリューション』（高橋璃子訳、ダイヤモンド社）という本の解説として書いたもの。この解説を読んで、とある大手銀行のとてもエライ方が「お会いしたい」と直で編集部に問い合わせてきたのには驚いたが、お会いするなり「お金の匿名性っていうのは民主主義の基盤でしょう」などといきなり豪速球を放り込まれてのけぞった。ブロックチェーンが面白いのはまさにそういうところだ。民主主義とはなにか、国家とはなにか、自由とはなにか、私とはなにか。遠大なテーマがそこでは口を開けて待っている。ちなみにここで用いているのは、「自作自演インタビュー」という形式で、対談の体をとっているがすべて自分で書いた書き原稿だ。

——こんな立派な本の解説って、大丈夫なんですか。

いや。だいぶ不安なんですけど。

——そういうときは断りましょうよ。なんで引き受けちゃったんですか。ブロックチェーン、詳しいんですか。

いや、そうでもないです（苦笑）。

——そもそも、なんで頼まれたんですか。

いや、ぼくが編集長務めてる『WIRED』日本版というメディアで、ちょうどブロックチェーンの特集をやったんですね。この一〇月に。そのなかで、ドン・タプスコット氏にインタビューをして巻頭に掲載したので、そういうご縁ですね。

――ということは、タプスコット氏のことも、この本『ブロックチェーン・レボリューション』のことも、あらかじめ知ってたわけですね。

タプスコットさんの名前は、デジタル・シンカーのひとりとしてはもちろん名前は知ってたんですけど、彼がブロックチェーンの一種のグールーになってることは実は知らなくて、この本のことは知り合いに教えてもらったんです。で、Amazonで早速原書を購入して、あ、やっぱこういう本があるんだなって思ったんです。

――こういう本っていうのは。

ブロックチェーンをちゃんと「理念」として捉えた本っていうことですかね。

――というと。

ブロックチェーンって、どっちかというと、というか日本では完全にフィンテックの文脈に乗っちゃってて、なんとなくつまんないなあ、って思ってたんですよ。「ブロックチェーンって、そういうことなんだっけ」っていう疑問がありまして。もちろん、ブロックチェーンという技術・コンセプトの大本にあるのがビットコインなので、たしかにお金にまつわる話が主題になりがちなのはそうだとしても、本当にそれだけなんだっけという。そもそも、ブロックチェーンの特集をやろうと思ったのには、それなりの経緯がありましてですね、これ、実は二〇一五年の五月刊行の『ＷＩＲＥＤ』でやった「お金の未来」という特集に話が始まるんです。

——どういう内容なんですか？

まあ、簡単にいうと、「お金がインターネット化」すると世の中ってどうなるんだっけ？　というものです。『ＷＩＲＥＤ』は基本的に、デジタルテクノロジーはいかに社会や世界を変えていくんだろうっていうところに大きな興味の中心があって、そういう切り口から「ゲーム」やら、「教育」やら、「音楽」やら、「行政」やらといった対象を扱ってきたわけなんですけど、どんな対象を扱っても主題は決まってひとつなんですよ。

——というのは。

「そこにデジタルテクノロジーが介入することで、それまでその「業界」を構成してきた中央集権的なヒエラルキーは解体(は言い過ぎなら再編成)を求められるようになる」ということなんです。それは、もうほとんどどんな分野を扱ってもほぼほぼそういう話になるんです。なもんで、逆にいえば「従来の中央集権的ヒエラルキーがなかなか壊れなさそうなところってどこだろう」って考えてみたら、それが特集のネタになるんですね。

——いまだ中央集権的編成が壊れなさそうな場所。どこでしょうね。

エネルギーとかそうじゃないですか。あるいは病院や医療の世界もそうですよね。あと、本丸と言えるのは、やっぱりお金、つまり銀行。なので、まあ、そんな感じで割といい加減に特集内容を設定してつくってみたわけなんですが、これがやってみたら結構大変な話になっちゃいまして。

――と言いますと。

インターネットと結びつくことによって、お金はどう変わるだろうって考えてみたら、割とシンプルに予測は立つんですよ。たとえばインターネットが音楽の世界にもたらした変革を考えてみるといいんですが、インターネットがもたらすP2Pネットワークによって、かつてならさまざまな中間業者が介在することで成立していた生産からディストリビューションの仕組みが不要なものになっていっちゃったじゃないですか。それが「お金」というものでも起こるだろうと。つまり、「銀行、いらなくね?」という話になるだろうと思ってたんですね。ところが、この特集をやってたら話が変にデカくなっちゃいまして、「インターネット・オブ・マネー」によってディスラプトされるターゲットは、民間銀行ではなく、むしろ「中央銀行」そのものかもしれない、ということになっちゃったんですね。

――おっと。

ビットコインをはじめとする「仮想通貨」もしくは「暗号通貨」の登場は、「一国一通貨」という近代国家の根幹に関わる制度に対する挑戦とみなすことができるわけですよね。実際、ビットコインの「悪名」を世界に知らしめた闇ドラッグサイトのSilk Roadを主謀していたドレッド・パイレート・ロバーツことロス・ウルブレヒトはまさに国家なんてなくなればいいと思ってるウルトラ・リバタリアンだったわけですし、ぼくらがやった特集のなかにもビットコインをヒントに、「ビット国家（ネーション）」というバーチャル国家構想をブチあげるアクティビストなども取り上げたんです。つまり、ビットコイン経由で「お金の未来」を考えていくと、相当に厄介でデカい問題を呼びこんでしまうことになる、というのがこの特集を通してわかったことで、端的にいうと「お金ってそもそもなんだったんだっけ？」という話に行き着いてしまうんですよ。

——それはデカい。

ビットコインをして「仮想通貨」なんて呼んだりするけれど、よくよく考えてみれば、単なる紙切れをいそいそ交換していることからして、すでに「お金」というのはずっとバーチャルな存在なわけで、「お金」というものの、その根源的なバーチャル性をつきつめて行こうとすると、話は古代史よりももっと古い人類史へと分け入っていかねばならぬ事態になっちゃうんですよ。「人はなぜお金を必要としたのだろう？」「その起源は？」なんてことを考えることは、人間社会、組織、共同体、国家といったものの成り立ちそのものを考えるみたいなことになっちゃって、これはもう途方もない話です。いずれにせよ、「お金の民主化」というのは、普通に考えて近代世界の構成上あるまじき事態であって、インターネットがそれを可能にしてしまうのが明らかではある以上、ぼくらは近代世界をかたちづくってきたシステムそのものがひっくり返り得る、その歴史的転換のとば口に立っているのかも、ということが、まあ、その特集を通じて見えてきちゃったんですね。

——めちゃくちゃな話じゃないですか。

そうですね。ただ、まあ、うちはビジネス誌ではないので、具体的なお金儲けの話よりは、話がそれくらい壮大じゃないとつまらないので、面白い話だなあと思ってはいたんですが、実は、この特集にタプスコットさんの名前が出てくるんです。

――ほお。

「Internet of Money 暗号通貨の新世界」という記事のなかに出てくるんですが、そこで彼は、こういうふうに記述されてるんです。

「二〇一四年一二月、イノヴェイションの権威であり、LinkedIn のインフルエンサーでもあるドン・タプスコットは、偉大な人物にふさわしい行動に出た。彼は、自身が間違っていたことを認めたのである。彼は、このように綴っている。「わたしは、ビットコインは絶対にうまくいかないだろうと思っていた。しかしいまでは、それが通貨として成功するだろうと思うだけでなく、その基盤たる仮想通貨のブロックチェーン・テクノロジーこそが次世代のインターネットの中心部分なのだと考えている。（そしてこの）次世代のインターネットは、商業活動や企業の本質だけではなく、社会におけるわたしたちの制度の多くを転換させる、と考えている」」

――なるほど。

これを掲載していた時点ではブロックチェーンっていうものの重大性はよくわかってなかったですし、ぼく自身、ビットコインっていうものにはそこまで惹かれるものがなかったので、タプスコットさんが、そもそも「ビットコインは絶対にうまくいかないだろう」と感じていたのは、なんとなく気分としてはわかるんです。ただ、いま改めて思うと、タプスコットさんのこの「改心」っていうのは大きくて、その「改心」があったからこそ、この本が生まれたわけですよね。

――ビットコインはあまり面白くないっていうのはどうしてなんですかね。

うーん。ここは説明しようとすると若干矛盾がありそうで難しいところなんですけど、ビットコイン信奉者にありがちな極端なリバタリアニズムは問題提起としては面白いんですけど、やっぱりちょっと現実離れしているところがあって、気分的には若干苦手なんですね。とはいえ、ビジネス界隈でフィンテックの名の元で語られるビットコインの話は、それはそれで、なんというか利便と利得の話でしかないように見えて、そっちはそっちでもっとつまらないなあ、と。

――どっちも、そこまで面白くない、と。

ですね。とくに日本で起きてる状況は、フィンテックに話が寄りすぎちゃってて全然面白くなくなっちゃったので、「お金の未来」って特集やったあとは、実際どっちもさほど興味なくなっちゃってたんですね。

――でも、今年になってわざわざ特集やったんですよね。どういう「改心」があったわけですか。

エストニアに行ったんですよ。

――はあ。

エストニアって国は、世界のなかでも最もラジカルなデジタル先進国と目されるんですが、そこで毎年行なわれてる「Latitude 59」っていうテックカンファレンスに参加したんです。そのなかのセッションの一つに、エストニア政府が主導する「e-residency」というプログラムに関するものがあったんですよ。

――e-residency ですか?

そう。これはですね、世界中からバーチャル国民を募るというラジカルとも言える行政プログラムで、バーチャル国民になると、エストニア国内で銀行口座を開設したり、起業できたりといったメリットを受けることができるんです。それに関するパネルディスカッションがあって、登壇者のプロフィールを見たら、実は、五人のうち四人ほどがブロックチェーンがらみの人たちだったんですね。で、ぼく的には、「ああ、やっぱそういうことなんだ」って思ったんですよね。

——というと、

「バーチャル国家」というテーマに関するセッションに、ブロックチェーン関係者がこぞって呼びこまれているのを見て、まずなにを思ったかというと、「ブロックチェーンは、やっぱフィンテックの話じゃないいんじゃんか！」ってことです。エストニアっていうのは、実際には相当狂った国で、以前、この e-residency のプログラムを主導した政府元ＣＩＯにインタビューしたことがあるんですけど、彼は「e-residency みたいなことをどんどん進めていっちゃうと国家ってどうなるんですか?」という質問に、「いい質問だな。うーん。わかんないな」とかって答えちゃうんですね。すごくないですか?(笑)。

——たしかに。

デジタル化、インターネット化があらゆる領域にまで及んでいくと、それは、いずれ国家というものを規定していた領土や国民っていう概念さえ変えてしまうということを割とラジカルなかたちで彼らは受け入れようとしていて、そうしたなかでブロックチェーンは、その前進を下支えし加速させるドライバーとなることが期待されているということが見て取れたんです。つまり、「お金の未来」の特集をやったときに垣間見た「歴史的な転換」を、より現実的なものとして、しかも金融だけでなく社会のさまざまな領域において進行させる契機としてブロックチェーンが扱われていることに、ぼくとしては感銘を受けて帰ってきたんです。「新しい未来が見えた！」ってな感じです。

――特集になるな、と。

ですです。ぼくは、その日の残りを、カンファレンスはそっちのけでネットにかじりついて、海外のブロックチェーン事情について猛然と情報を漁って過ごしたんですが、ブロックチェーンがもたらす分散型の世界を信じる二〇歳そこそこのスペイン出身の天才エンジニアやら、「会社」というものがない世界を実現すべく、ブロックチェーンテクノロジーを使ったお仕事プラットフォームをつくっている元クリエイターやら、音楽やゲームといった領域でそれを活用すべく新サービスを立ち上げた起業家やらの存在に行き当たり、さらにはブロックチェーンを選挙や法、不動産管理といったものにまで援用すべく、さまざまな動きが活発に立ち上がっているのがわかってきて、これは面白いとなったんです。

――それが単にお金やビジネスの話を超えて、文化や社会制度にまで話が及んでいるというところが面白さのポイントですか？

もちろんそこは大きなポイントのひとつだと思いますね。フィンテックの話じゃねえぞ、というのは特集で言いたかったことのひとつでしたし、それがトータルとして数百年続いた近代世界の構成、ありよう全体をディスラプトする可能性を持つかもしれないという意味において、その破壊性はもちろん魅力的なんですが、でも、ぼくがやっぱり一番面白いと思うのは、その先にありうる世界を、より具体的な「夢」として思い描くことを可能にしてくれるというところなんです。

——夢。

銀行消滅！　国家消滅！　なんて言っても、もちろん一朝一夕でそんなことは起こるはずはなくて、ブロックチェーンだって、当然、実装レベルにおいては現実的な困難やハードルは山ほどあるわけです。でも、ブロックチェーンというコンセプトは世界をまったくちがった目で捉えることを可能にしてくれるし、現状のシステムやパラダイムのオルタナティブを提示し、そこに新しい「夢」を見ることを可能にもしてくれるわけです。そのことが、まだまだ発展途上にあるこのテクノロジーがいまぼくらに与えてくれる一番大きな恩恵なんだと思うんです。

——たしかに本書読んで思うのは、ぼくらがいままで生きてきた「あたりまえ」が、いかに「あたりまえでなくてもいいいか」ということに気づかされますよね。

ブロックチェーンってものを、それを知らない人に対してどう説明するのかというは実際問題非常に困難なんですね。ぼくらも特集をつくりながら、それに激しく思い悩んだんですけど、やっぱりタプスコットさんの説明は簡潔でわかりやすいんです。

——どう説明するんですか？

これは彼のＴＥＤの講演の冒頭でも語られることで、この本の冒頭でも書かれていますけど、要は、いままでのインターネットっていうのは、「情報のインターネット」でしかなかった、と。しかも、そこでやり取りできる情報は、基本的には「コピーされた情報」でしかなかった。であるがゆえに、お金のようにコピーされては困るようなものは、第三者が仲介して、そのトランザクションを信任しないことには動かすことができなかったわけです。二重支払い問題というやつですね。ところが、ビットコイン・ブロックチェーンが、それをあるやり方によって解決したことによって、複製が許されていない情報に正統性を付与することができるようになり、しかもそれを公開された台帳(Ledger)の上でやり取りすることが可能になる。つまりそれによって、これからぼくらは「ワールドワイドレッジャー」とでも呼ぶべきネットワークのなかで、これまでやり取りすることができなかった「アセット」(資産)をP2Pでやり取りすることが可能になる、と、まあ、こういう説明なんですけど。

——ふむ。

ぼくが「そっか!」と膝を打ったのは、ぼくらはいつの間にかインターネット上ではどんなものでもやり取りができるようになったと思っていて、それが「あたりまえ」と思っていたわけですが、実はそうじゃない、というところなんですよね。で、その認識に立つと、九〇年代にインターネットが一般化したときに、多くの人がその実現を夢見たP2Pで分散的にネットワーク化された個が、中央集権的に編成された世界に取って変わるという未来は、実は言うほど実現されていなくて実際インターネットが扱えるものはごくごく限られたものでしかなかったんですね。逆に言うとインターネットのポテンシャルは、むしろブロックチェーンという技術・コンセプトによって、むしろ飛躍的に拡大・拡張することができるということでもあって、タプスコットさんが、「ブロックチェーン・テクノロジーこそが次世代のインターネットの中心部分なのだ」と語ること、もしくは、大物VCのマーク・アンドリーセンのような人が、これをして「インターネット以来の衝撃」と語ることの真意は、まさに、そこにあるんですよね。

——インターネットはまだ発展途上にある、と。

ですね。むしろ、ここからが本番なのかもしれなくて、そう考えると次にくる波はインターネットがもたらした変革よりもさらに大きく抜本的なものになるかもしれないという気がしてくるんですよね。ちょっと簡単にはイメージできないような地殻変動がこれを機に始まるかもしれず、逆にいえばさらに大きな可能性が、そこには広がっているのかもしれなくて、近代から二〇世紀へと続く制度的枠組においては達成できなかったなにかが達成できるかもしれないわけです。

——そのなにかってなんですか？

一言でいうと、分散的で自立自存した社会ってことなんじゃないですかね。それはインターネットというものを通じて、みんなが一度見た夢だったわけですが、その夢のつづきが始まる、と。

——冒頭に、この本が「理念」の本であると言ったのはそういう意味なんですね。

ですね。

——で、そういう世界が実現しますかね？

それもタプスコットさんは言ってます。「それを望むかどうかだ」って。まだまだ発展の余地はあるものの、ここにツールは出てきたわけです。それを使ってどういう世界をつくっていくのか。あとは意志の問題だ、と。

ポスト・トゥルース時代のストーリーテリング

2016.12.10 – wired.jp

「ワイアードＴＶ」というお題で、新しい映像文化を取り扱った特集のために書いた原稿だが、次号の科学特集の準備のために科学哲学の本などを読み漁っていたことから、ファイヤアーベントが前倒しで引用されることとなった。ＳＶＯＤやＶＲといった映像の最前線の話が期せずして科学論とつながる。ジョージ・クリントンは、六〇年代を「新たな境界線が引かれるよりも速く、古い境界線が崩れていった」時代と語ったが(三五三頁)、その様相はいまの時代にも当てはまりそうだ。

『ＷＩＲＥＤ』プリント版最新号「ワイアードＴＶ」という特集のなかで、脚本家のジョナサン・ノーランを取り上げることになったため、(いまさらではあるが)一応観ておくかと、彼が製作総指揮を手がけたドラマ『PERSON of INTEREST 犯罪予知ユニット』(以下『ＰＯＩ』)を校了の二、三週間前から観はじめてひどい目にあった。

一話四五分として一シーズンがだいたい二〇〜二三話。それが五シーズン分ある。第五シーズンは一三話までなのを差っぴいて、全一〇三話。かける四五分。四六〇〇分強。約七七時間。こんなものを観てたら仕事なんかできたもんじゃない。この回を観たらやめようと思いながら観てると、回の終わりにきてまさかの展開がもち上がり、それがどうなったか続くエピソードの最初の一〇分だけ観て寝ようと思うもそうは問屋がおろさず、芋づる式に延々と明け方まで観続けるハメになる。

ビンジウォッチングってのは、本当に社会生活をダメにする。Netflix や Amazon といった配信プラットフォームを恨みたくなるが、恨むべきはむしろ、ジョナサン・ノーランその人なのだろう。七七時間、社会生活を犠牲にしてまでもとにかく一気見したくなる。それほどに面白い。

もちろん観るにあたっての言い訳はある。『ＰＯＩ』はご存じの通り人工超知能(Artificial Super Intelligence)による国民監視を主題にした物語で、言うなれば『ＷＩＲＥＤ』的なテーマ系のなかにある。ので、まあ、仕事の一環として観とくべきであるという言い分も成り立つといえば成り立つ。

ＡＩの倫理的課題、誰がなにをプログラムし、誰が実際にそれを運用するのかといった問題を主軸に、テロリズム、サイバーアタック、ビッグデータ、未来予測、ＳＮＳ、ハクティヴィズム、選挙、シミュレーション、ＶＲなどなど、いまどきの世の中を騒がせるありとあらゆるテックの話題を呑みこみつつ壮大なドラマへと発展していくノーランの物語は、ある意味、時代や世相の写し鏡であって、スペキュラティヴな未来論ですらある。

かの大傑作『ダークナイト』に凝縮されていた高濃度のストーリーテリングが七七時間続くと言ったら、さすがに大袈裟かもしれず、たしかに長い分薄まるところもあるしご都合主義的な部分も少なくはない。けれども映画の尺では実現できないような物語の錯綜っぷり、扱う問題系の量とそれらがからみあう複雑さは尋常じゃない。『ＷＩＲＥＤ』に掲載された「ＡＩ」にまつわる記事をどれだけ読むよりも、これを観たほうが役に立つ？ と、うっかり思ってしまうほどだ。いや、この際正直に言おう。『WIRED』の記事をいくら積み重ねたところで、『POI』が提供する「なにか」には到底及ばない、というのは本当だ。

「大多数の安全や幸福のためには、少数の犠牲はやむをえないのか？」。たとえば、昔からあるこの政治哲学上の命題が『POI』のなかで繰り返し立ち現れてくる。これは、国家による国民監視というテーマのなかに埋め込まれた、ドラマの通奏低音となるモチーフだが、監視のみならずAIや自律走行車のありようをめぐって、いままさに社会全体で真剣に議論しなくてはならないテーマとなっている（本誌巻頭に掲載したオバマ大統領と伊藤穰一の対談でも、言及されている）。もちろん、こうしたことを哲学や社会思想の文脈において語ることはできるし、実際多くの議論がいま活発に起きている。けれども、それを机上の議論から離れて、いざ社会に実装しようとなるとひどく困難が伴うことになるはずだ。

『POI』でいうならば、都市レヴェルでのポリティクス（マフィアやら、汚職警官やら）と、国家レヴェルのポリティクス（FBIやら、CIAやら、NSAやら）が複雑にからみ合い、誰かの「正義」は誰かの「不正義」となり、誰かにとっての「悪」は誰かの「善」となり、その逆もまた然りといったかたちで、その「困難さ」は露わになる。そこでは、民主主義や自由意志といった、「価値として自明」であったはずのものすら溶け出してかたちを失う。そして主人公たちは、その矛盾や葛藤のなかで絶えず逡巡と決断、そしてその決断がもたらす悔悟に苛まれる。考慮すべきパラメーターが膨大にあり、利害関係や個々の諸事情や心理までもが複雑に絡まり合う世の中にあって、その複雑さを、その複雑さを保ったまま取り出して記述することはとてつもなく難しい。

『POI』に語れて、ジャーナリズムの記述が語り損ねる「なにか」があるとしたら、それはこうした「ことの複雑さ」にほかならない。そして、それを語ることが可能となるのは、言わずもがな「ストーリー」の力に負うところが大きい。

ストーリーというと、昨今「頭ではなく情緒に訴えかけるコミュニケーション」のような意で使われることが多く、シンプルで誰でも共感できるものがよしとされているキライもあるけれど、ストーリテリングの本質的な力は、むしろ逆のところにあるように思える。「誰でももっているシンプルな感情を引き出す」ことではなく、むしろ「誰でももっている感情を通して、環境なり状況がもっている複雑さを露わにすることで、結果として観客の感情もまた複雑なものになる」というところにこそ、物語の強みはある。

さまざまな背景や経緯や思考や心理をもった人びとが関与することで、出来事はまるで理屈通りには動かなくなる。みんながよかれと思ってやっていることが、あらぬ結末を呼び寄せてしまうことは、映画、ドラマなどは言うに及ばず、現実の世界でもままある。『POI』にならうなら、「人間こそがバグ」、すなわち「間違ったコード」であり、その「間違ったコード」をある特定の状況のなかに放り込んだときに、予想外の方向へ向けて作動しはじめるのが「物語」だ、ということもできるだろう(ちなみに、「物語」がそうした意味で一種の「シミュレーション」なのであれば、未来予測を行なうAIは、無数のシナリオを走らせたうえで、ひとつの物語を「最善のシナリオ」として選び出す「物語作家」だと言うこともできる。必然的に、『POI』のようなAI譚は「物語」についての「メタ物語」ともなる)。

古代ギリシアの哲学者アリストテレスは演劇について語るなかで、「物語」というものがもたらす作用をこう整理したのだそうだ。

「感情には明晰な思考を妨げる精神の緊張をほぐす機能(カタルシス)があり、また演劇によって露わにされた構造を忘れないようにさせる働きもある。その構造の哲学的(つまり事実的・理論的)な内容を忘れないようにさせる働きもある。こうしたことはすべて物語の助けを借りて行なわれる」

これは、オペラ歌手の道を断念したあと物理学と天文学を修めたものの哲学で博士論文を書いたアナキスト科学哲学者、ポール・ファイヤアーベントの『知についての三つの対話』(村上陽一郎訳、ちくま学芸文庫)という本からの引用なのだが、この本のなかで、ファイヤアーベントは、「神話や民話などの物語には科学的・客観的な事実がない」という批判を真っ向から否定し、むしろそこに「科学的・客観的・事実」がかたちづくる世界と同じくらい「力強いしかも高度に洗練されたひとつの実体」があると語る。物語は、そこに人びとが生きる社会の「構造」や、それが孕む哲学的命題をも明らかにするものだと語り、なんならそれは、明晰な思考のための道具、認識の方法ですらあるとさえ言う。

現代文学における最高のストーリーテラーのひとりであるカズオ・イシグロは、小説を書く際に、まずテーマを決めて、そのテーマを語るにふさわしい舞台設定を考えるのだと語っている。

たとえば最新作の『忘れられた巨人』において、彼のなかにはまず、「共同体はいかにして、記憶すべき物語と、忘れ去るべき物語を決定するのか?」というテーマがあったのだという。そして、それを語るためにふさわしい空間・時間をいわば「ロケハン」し、その結果として、彼はアーサー王伝説がリアルなものとして語られている古代・中世初期のイギリスを舞台として選んだのだった。

イシグロは、この小説のテーマが、冷戦崩壊後のバルカン半島で起きた民族間戦争から受けた衝撃、そしていまもって継続する民族主義の台頭といった事象から生まれたものだと語っているが、イシグロのストーリーテリングはまさに、ある特定の空間内にある主人公を放りこむことで、いったいなにが起こり、なにが明かされるのかを、科学的な精緻さで「実験」したようなものと読める。

その物語には、たしかに一般に言うところの「客観的事実」はないかもしれないが、ファイヤアーベントの言う「構造」や「事実的・理論的内容」は、そこにはたしかに存在する。(極私的な「主観」を通してひとつの「普遍」「客観」へといたる回路を見出すのがアートの真価であると認めるなら)作家の主観を通して得られた、ひとつの客観的世界がそこにはあり、その世界は「高度に洗練されたひとつの実体」として、ぼくらの前に立ち現れてくることになる。

情報が多様化し、社会が多様化するにしたがって、社会を円滑に動かすための共通のプロトコルやコードが失われていくなかで、ぼくらは、いわゆる「言論」というものを外側で支えていたはずの前提が失効していくのを、二〇一六年を通して驚きとともに(メディアビジネスに身を置く身としては、なすすべもなく)眺めてきた。そして気づけば「事実」や「真実」というものすら失効していくような〝ポスト・トゥルース〟と呼ばれる世界が、ぱっくりと口を開けて待っている。

事実というものすらその根拠を失って、不定形のあやふやなものになってしまう世の中では、社会というものを認識し、いま自分たちが生きている世界の姿を捉えるために、物語にそのよりどころを求めることがいっそう増えてくるのかもしれない。けれども、物語は、ファイヤアーベントが語ったような「明晰な思考のための道具」でありうる一方で、それを妨げる道具にもなりうる。感情をマニピュレートする技術でもある「ストーリーテリング」は、プロパガンダのツールとしてもとりわけ有効だ。そのとき、ぼくらは、いったいどうやってそれらを見分けるのだろう。

「ことの複雑さ」を自分ごととしてスペキュラティヴに体感させてくれるところにその本質があるのだとすれば、シンプルにして明快なカタルシスをもたらすような物語は、おそらく、正しくものごとの「構造」を明かしていないことになるだろう。となると、これからの物語は、答えのでない問いをめぐって、もやもやとあとを引くようなものになっていかざるを得ないのかもしれない。

『POI』がずっとテーマとして提起し続けた倫理的課題は、結果として主人公に二者択一を迫り、ある立場を取らせるにいたるが、その立場から挑んだ戦いが結局は自己満足にすぎないかもしれないことを、当の主人公は最後まで思い悩むことになる。悪いヤツをやっつけようぜと逸る「武闘派」の仲間たちを、主人公が諫め、押しとどめながら、でもジリジリと苦渋の決断を迫られていくという歯切れの悪さが、ある意味この作品を貫くドラマツルギーだ(その歯切れの悪さで七〇時間以上、視聴者を拘束するのだから、その技量たるや、やはりすごい)。

「わかりにくい」や「ややこしい」や「どういう気持ちになったらいいかわからない」といった感想は、ここではむしろ歓迎すべきものなのだ。「わかりやすさ」は、一般論として言っても必ずしも価値ではないし、これだけあらゆることがわかりにくい時代にあって、「わかりやすさ」はときに害をなすものかもしれない。

しかし、だからといって、小難しい物語に付き合わなきゃいけないのかと、ひるんでしまうには及ばない。「わかりにくさ」と「面白さ」は必ずしも相反するものでもない。偉大なストーリーテラーというのは、いつの時代にあっても、それぞれの時代や地域の複雑な困難を題材に、めくるめく物語を紡ぎ出してきたものだった。

同じように、二一世紀のストーリーテラーたちは、これまでの物語を規定してきたＴＶや映画といった「メディアフォーマット」が解体、拡張、もしくは融解していくなかで、二一世紀固有の複雑さを湛えた物語を生み出していくことだろう。いや、未開拓の領土に果敢に足を踏み入れ、この不可解な時代の姿を描き出す試みは、すでに猛然と始まっているのだ。

2016.12.28 – wired.jp

ソランジュとビヨンセ　ある姉妹の二〇一六年のプロテスト

ソランジュの二〇〇八年のアルバム『Sol-Angel and The Hadley St. Dreams』が大好きで、やたらと聴いた。偉大すぎる姉の影にあって、自らのアイデンティティを確立すべく重ねたチャレンジの困難、苦しさは、本作以後の作品からひしひしと伝わってきたが、それでも彼女はくさらず、ヤケにもならず、真摯に音楽と向き合い続けた。その着実な道行きが時代とぴたりとシンクロして、『A Seat at the Table』をもって彼女を音楽シーンの最前線へと送りだしたことは、一ファンとして嬉しく胸のすくことだった。時代は常にそのときにふさわしい「声」を呼び寄せる。人のかたちを取って、その姿を現す。それは必ずしも音楽家でなくてもいい。小説家でも、映画監督でも、モデルでも、スポーツ選手でもなんでもいい。新しい希望を託せるような、そういう「新しい声」を日本の文化は失って久しいと感じるのは自分だけだろうか。

世界を唖然とさせた二〇一六年の大統領選本戦のさなか、アメリカの全国紙『USAトゥデイ』がウェブ版で「Trump Nation」という特設ページを開設した。アメリカ全州を回ってトランプ支持者の生の声を取材したもので、これがとても面白い。

支持者の多くは当然白人で、ここに登場する人たちは貧しいレイバーワーカーたちというよりはむしろ中産階級という感じが強い。若者も少なくない。『USAトゥデイ』は彼らに「なぜトランプを支持するのか？」を聞いてまわるのだが、全体の意見を集約すると四つくらいの理由が目立っていることに気づく。

1　ヒラリーが嫌い、もしくは職業政治家が嫌い
2　トランプは「ビジネスマン」なので、自分たちの暮らしをよくしてくれそう
3　国際問題よりも、国内のことを優先して欲しい
4　ポリティカル・コレクトネスってものにはうんざりだ

意外、というか、そこまでそれがストレスの種になっていたのかと気づかされるのは、4の「ポリティカル・コレクトネス」(political correctness、PC)をめぐる問題だ。人種や宗教や性差などを理由にある社会的判断を下すことが、単に道義的にNGとされるのみならず、たとえば採用や仕事の現場で企業ガヴァナンスに関わる主題としてクローズアップされ制度化されていくにしたがって、それがかえって不自由さであったりストレスを生んでしまっているということが、(日本でだって)たしかにあるにちがいない。

もちろん、あらゆる差別は克服されるべきものだ。そのために差別的な言動を排除すべく罰則をもうけるなどの制度設計も必要だ。けれども、それがどうにも行き過ぎなんじゃないかと感じている人たちが少

なからずいるということ、そしてその彼らがそれを理由にトランプを支持していることが、この『USAトゥデイ』の記事からは見えてくる。PCは、それが行き過ぎると息苦しい。けれども、その息苦しさをおおっぴらに表明することは、それ自体が「インコレクトである」としてはばかられることだったはずだった。いままでは。

ブレグジットやトランプを選んだ選挙は、こうした（きわめて攻撃的なものから、そこまで攻撃的なものでもない）鬱屈に格好のはけ口を与えたように見える。そして、そうした環境下で警官が無実の黒人を射殺するような事件が頻発することで、事態はより一層紛糾し、錯綜する。

人種差別に対する闘争は、こうした事件が起こるたびに「Black Lives Matter」といったソーシャルネットワーク上の運動などを通じて激しく広がっていく。そして、それが激しさをませばますほど、より息苦しさを募らせていく人たちも増えていく。そうした彼らの「声」が、もはや自由と平等を求める黒人たちの声と同等の政治的な「声」となっているということが、まさに今年の大統領選挙が明かしたことでもあった。

理不尽な暴力や嫌がらせ行為に対する怒りが高まれば高まるほど、批判される側は追い詰められ意固地になり、その意固地さが高まれば高まるほど「ヘイト」は表面化し、それによってまたプロテストする側の怒りは一層激しくなる。結果、両者の「分断」が決定的に抜き差しならないものとしてどんどん広がっていくというのが、いまアメリカのみならず世界中で起きていることなのであれば、不正義に対する「プロテスト」は大きな困難を伴うこととなる。制度を「敵」として戦ったかつての公民権運動は、到達すべきゴールがまだ明確にあった。二〇一六年の「プロテスト」は、目指すべきゴールも、戦うべき「敵」も、なかなか見えてこない。

いまどきの「ヘイト」は、分散的に、有機的に、構造化されることなく生命体のように社会のなかを転移する。アメリカの対テロ戦略がそうであったように、こうした「見えない敵」との戦いは、従来のやり方で戦えば戦うだけ事態を悪化させる。「プロテスト」も同様だ。それは対テロ戦争と同じように戦略や戦術の再考を迫られることとなる。

ビヨンセとソランジュの姉妹による二枚のアルバムは、こうした状況の困難さ象徴するものとして、二〇一六年を代表する作品となった。

二〇一六年に発表されたビヨンセのアルバム『レモネード』は、音楽メディア「Pitchfork」の選ぶ「ベストアルバム 2016」("The 50 Best Albums of 2016")で三位を獲得した。選者は、作品をこうレヴューしている。

「この一年、わたしたちはプロテストミュージックというものについて語るとき、それがいったいなにを意味しているのかを改めて想像し、根源から再考し直さなくてはならなかった。突然かつての定義が意味をなさないものになってしまったのだ。ビヨンセの六枚目のソロアルバム『レモネード』は、(ディランの)『風に吹かれて』がそうであった意味においては決してポリティカルとはいえないが、ここに収められた歌(と、二〇一六年にアメリカで黒人女性であることがなにを意味するかを重層的に凝縮して描いた映像作品)は、戦闘への参加の呼びかけのように響く。それは、近しい人との関係から、自分が価値と信じるものを守るためにいかにして戦うか、といったことを、いま一度再定義することを求める指令なのだ」

「Pitchfork」の、このレビューによれば、ビヨンセが本作で激しくターゲットとしたのは「結婚」という制度で、表面的には不貞や裏切りが扱われるが、本質部分において語られるのは「怒りをアートへと昇華することで自分をいかに取り戻すか」というテーマなのだという。ビヨンセが本作でリスナーに授けるレッスンは「信念をもつことと許すこと、そしてそれを共存させる方法」なのだ。

ビヨンセの「プロテスト」は、社会的な不正義を声高に糾弾することではなく、むしろそれをいかに自分のなかで昇華するかというところに焦点を当てたという意味で「内面における戦い」を描いたものといえる。

そうした「内なる葛藤」をさらに突き詰めて描いたのが、ビヨンセの妹ソランジュの『A Seat at the Table』だった。

「Pitchfork」で姉を押して年間一位の座を獲得したこのアルバムも「自分を取り戻すための内なる戦い」に照準を合わせた作品だが、一聴して際立っているのは、アルバム全編を貫く「やり切れなさ」だ。

ソランジュは、アルバム発売前三週間前に、「Saint Heron」というウェブサイトに寄稿し、ニューオリンズで開催されたクラフトワークのコンサートで遭遇したある不愉快な出来事を綴っている。彼女がある曲で、客席で立って踊りはじめると、後ろの席にいた白人の女性の集団から「座りなさい」と怒鳴られ、一一歳の息子がゴミを投げつけられたのだ。

「わたしは深呼吸をした。夫がゴミを投げたのはあなたたちかと問い詰めに行くと、ひとりの白人女性が「あなたについて悪態をついて罵ったのは、わたしじゃありませんよ」と、はっきりと答える。これでわかったのは、彼女らは、わたしたちの耳に届いたことよりも、もっとひどいことを話していたにちがいないということだ。そうだったとしてもちっとも驚きはしないけれど」

ソランジュは、この些細にして日常的な出来事について、それを公表したらメディアでどう扱われるか、どういう反応にさらされるかに慎重に思考をめぐらせた上で、エッセイの最後で、こう結論する。

「いろいろと考えた結果、最も大きな見返りは、終盤になってお気に入りの曲で立ち上がって踊りだした彼女たちの前で、髪を右へ左へとゆすりながら、黒く美しい夫と息子とともに、わたしたちの祖先が授けてくれたビートに乗せて踊りまくったことだ。We Belong、We Belong、We Belong、なぜなら、わたしたちがこれをつくったのだから、と胸に唱えながら」

ソランジュの『A Seat At The Table』が、どういうアルバムかを言い表すのに、これほどふさわしいエピソードもない。白人ばかりの空間に身をおいた黒人女性として理不尽な言いがかりや嫌がらせに合うたびに、おそらくソランジュは、クラフトワークのコンサートでもそうしたように、「深呼吸」をしてきたにちがいない。

ソランジュは、女優にしてアクティヴィストでもあるアマンドラ・ステンバーグとの対談において、こんなことを語っている。

「「おまえたちの居場所は谷底だ」と言い含めようとする世の中で、いくつもの山や川を乗り越えて生きていくことを運命付けられた女の子たち——。彼女たちは、若くしてそれを知る。誰も口にはしないけれど、そんな声がはっきりと聞こえる。それはたとえば、縮れ毛をまるで咲き乱れる花のように膨らませた美しいヘアスタイルで、堂々と胸を張り、颯爽と部屋に入っていくとき。たとえ周りの雑音をシャットアウトしても、決して頭から消えないリズムのように、その声はどこまでもついてくる」

それが引き起こすのは(おそらく)やり場のない怒りや痛みであり、白人女性たちをやりこめたからと言って呪いのように響く「その声」が社会からも自分の心からも消えてなくなるものでもないということ、そして終局的には自分自身が「許す」ことを覚えなくてはならないこと、そしてそれがどれほどの苦痛を伴うかということを、「二〇一六年にアメリカで生きる黒人女性」としてソランジュは身をもって感じている。

その感情の重みを、「Pitchfork」は「彼女は、左の頰を差し出すために、どれほどの感情的な苦役(Emotional Labour)をしなくてはならないかをよく知っている」と評する。

アルバムのリード曲として、真っ先に映像とともに公開された「Cranes In the Sky」という曲は、自分のなかで処理しきれない苦痛ややり切れなさをいかに飲み込むかを切々と綴った曲だ(ラッパーのCommonが、「永遠の一曲」と絶賛した)。ここにも彼女の、ため息にも似た深い「深呼吸」を感じることができる。

酒でやり過ごそうとした
煙にして吐き出そうとした
踊ってやり過ごそうとした
髪型を変えてみたりした

買い物をしまくった
新しい服で気分よくなるかと思った
仕事に打ち込んでみたら
余計に悲しくなった

忙しくしてみた
ぐるぐると回ったら
眩暈で逃げられるかと思った
やたらと眠ってみた
セックスをした
読書にふけってもみた

まるで空を飛ぶ鶴のように
曇った空からときには逃れたい
まるで空を飛ぶ鶴のように
曇った空からときには逃れたい

走ってみたら
頭がすっきりするかと思った
七〇もの州を旅した
動き回ったら気分良くなるかと思った

恋人とも別れてみた
ひとりになったら回復するかと思った
たくさん書いてみた
たくさん泣いてみた
泣かないで

この歌は、そもそもはいまから八年ほど前に書かれたもので、彼女自身の離婚の経験を綴ったものと推測されている。が、最終ヴァースの「恋人とも別れてみた／ひとりになったら回復するかと思った」という節を読めば、この歌が「失恋からの回復」を歌ったものではないことは明らかだ。ソランジュは、あらゆる手を使って重く立ち込める雲から逃れようとし、そして失敗する。

「このアルバムを生み出すことは、日々自分のなかで消化している怒りや悲しみを取り除いたり克服したりするうえで必要不可欠だと分かっていました。そしてアメリカの悲惨な状況を見るたびに、この作品の必要性を強く感じたんです。ある意味、アルバムが自分で自分を書き上げたような感じがします。おじけづいたり、今作が前作とはかけ離れたものになってしまうと感じたりしたときは、アメリカで命や自由を奪われた若い黒人の話などを見たり聞いたりしたんです」

『A Seat at the Table』は、きわめて社会的なアルバムだが、同時にきわめてプライヴェートな空気に包まれた作品でもある。ソランジュは、本作の録音を行ったルイジアナの地が、とても重要なインスピレーションとなったことを明かしている。

「ルイジアナに移った大きな理由は、自分の内側を深く見つめて自己発見をするための時間をもつことでした。自分の方向性を知るには、まず自分がどこから来たのかを知ることがとても大切だと思います。ニューイベリアを選んだのは、わたしの家系に関わるあらゆることの始まりを意味する土地だと思ったからなんです。祖父や祖母について、その土地での生活はどんな感じだったか、そして最終的に祖父たちがなぜそこを離れたのかといった話を母から聞いていたので、祖父たちがあの土地を離れた状況を知り、わたし自身がそこに戻ってあの土地を取り戻すことができ、そして、そこにかつてあった人生をアートや音楽に反映することができて、強い自信をもつことができました。家族を持ち、土地に根をおろし、そこからなにもたずに追い出され、また立て直すという苦労を経験した祖父母のストーリーとアイデアが、わたしの心に強く刺さったんです。その土地に戻って、祖父、母、父、そしてわたし自身のことを語ることができることは、わたしにとって大きな意味をもっています」

ソランジュは、自分に最も近い物語を、まるで食卓で家族や友人に語って聞かせるようにアルバムをつくったのだと言う。アルバムタイトルは、まさにそのイメージに由来している。『A Seat at the Table』は、その本質において、間違いなく「プロテストアルバム」にはちがいないが、彼女がとったアプローチは、ビヨンセの『レモネード』同様、表向きにはプライヴェートな事柄を題材にしながら、社会の深層における「戦い」を描き出すというものだ。ただし、ビヨンセの作品が、とはいえビヨンセらしいメガプロダクション感に彩られているのに対して、ソランジュの作品は全編がDIYな感覚に貫かれている。

二〇一六年七月六日と七日に立て続けに警官による黒人の射殺事件が起きたとき、ビヨンセはいち早く自身のサイトに声明を発表し、「政治家や地域の法律制定者にコンタクトしてください。／あなたの声は届きます」と雄々しく訴えた。一方のソランジュは、コンサート会場で投げつけられたゴミについて声明を発表する。

世紀のディーヴァの妹として、長らく偉大な姉の影にあって自分なりの独自の道を探し続けてきた、才気ある女性アーティストは、本作でようやく自分の「声」を見つけたように思える。それは姉の猛々しさとはまったく異なる、ひそやかだけれども、長く心のなかにこだまし続けるような声だ。

「Pitchfork」のみならず、音楽メディアとして信頼性の高い「NPR Music」もまた、年間ベストリストでソランジュの作品をビヨンセの上位に置いた。ソランジュの声は、二〇一六年という、もしかしたら時代の大きな潮目になるかもしれない年を、より強く象徴していると少なくとも上記の二メディアは考えたのだろう。以後「プロテストミュージック」は、ソランジュのこの作品をひとつの基準として語られていくことになるのかもしれない。

「Pitchfork」は、年間一位に選んだ作品の選評をこう結んでいる。

「黒人女性であることについて一枚のアルバムを通して語ることは二〇一六年においてなおラディカルな行為であるにもかかわらず、彼女は息を飲むような率直さでそれを成し遂げた。『A Seat at the Table』は、かつて女性の視点から社会の病理に切り込んだありし日の戦闘的なシンガーたちの系譜を継承しながら、それをいまの時代へとアップデートした。本作は自分自身の栄光のために格闘し続けるすべての人、尊厳を損なわれたまま生きているすべての人に供された慰めとなる」

正月に訪ねた温泉旅館の喫煙所で凍えながらこれを書いていたら風邪をひいてしまった。公開するやびっくりするくらいの反響があって、この本の編集を担当してくれている岩波書店のW女史も、この原稿をきっかけで当方を知ってくださったらしい。なにがそんなに面白かったのか自分にはよくわからないが、とある科学研究所をディスったあたりがウケたのかもしれない。「あれ、理研ですよね？」という問い合わせをいくつかいただいたが、ここではノーコメントとしておこう。

ニーズに死を

2017.01.03 – wired.jp

間違いなく二〇一六年を象徴する人物だったドナルド・トランプは、この世には「fact」はないと言い放った。「fact」はない。あるのはただ「opinion」のみ。というのが彼の言い分だが、トランプの厄介なのは一概にそれを暴言と切り捨ててしまうわけにもいかないところだ。そこにはたしかに真実が含まれていたりもする。

ソーシャルメディア上では、誰もそれがファクトかどうかいちいち検証しない。ただ自分のオピニオンをかぶせることさえできれば、流れてくる情報はなんでもいい。トランプに言われるまでもなく、すでにして世の情報消費なんていうものは、とっくにそうなっていたとも言える。トランプはただ「それのなにが悪い」と開き直ってみせればよかったのだ。

　そしてトランプが開いたその扉から、マケドニアやジョージアあたりの若者が大挙して情報空間のなかに流れ込み、アクセス稼ぎ(という名の小遣い稼ぎ)のためのフェイクニュースサイトを乱立させ、トランプ支持者はそれらをむさぼるように消費した。それが事実であろうとなかろうとお構いなしに、トランプ支持者たちはトランプを礼賛しヒラリーやオバマを貶める記事を嬉々として楽しみ、マケドニアの若者たちの懐はきっとそれで潤った。広告を出したクライアントだって上々のアクセス数に喜んだことだろう。三方よし。ウィンウィンウィンとはまさにこのことである。

　メディアリテラシーや道徳を云々したところで虚しい。お金がそこで循環し、関わる者はみなハッピーなのだ。ウェブメディアのエコシステムはこうして閉じた系として自己完結していく。

　それを対岸の火事と決め込んで、トランプ支持者を情報弱者と見なすのは容易い。が、ここ日本もさして状況が変わらないのは、かのゲーム会社が引き起こした騒動で明らかだ。メディアビジネスをアクセス稼ぎのゲームと見込んでフェイクニュースサイトを乱発する企業は、その動機においても、手法においてもマケドニアの若者たちとなんら変わらない。

　といって、別にけなしているわけではない(褒めてるわけでもないが)。先に言ったように、それがそれ自体として一方的に悪いわけではない。読者も喜ぶ、広告クライアントも喜ぶ、自分たちも儲かる。三方よし。結構じゃないか。件の会社は、わざわざ会長が出てきて「愕然とした」なんて言って謝罪したそうだが、本人たちは実際のところなにを謝罪していたのかよくわかっていなかったかもしれない。だって、みんな喜んでるわけだし。なにが悪いってなもんじゃないのだろうか、実際は。

本当のところ、あの会長はいったいなにを謝ってたんだろう。デジタルビジネスのネイチャーを考えれば、それはある意味当然の帰結であって、そこに「愕然」とすべきことはなにもないはずだ。それに気づかずにこれまで商売してきたのなら「よくそんなのでやってこれたなあ」が普通の感想だろうし、知ってて「愕然」とか言ってるなら「とんだカマトトじゃんか」となる。いずれにせよ、そんな人物が医療スタートアップをやってるとかいうのだから、ＩＴビジネス界隈というのは改めて信用する気になれない。

どちらかというと（と言うよりは完全に）オールドスクールメディアの出身で、デジタル界隈の人間がする「ＰＶ」やら「アクセス数」やらの話に長らく辟易してきた経験からすると、彼らのロジックの厄介さは、それがまさに、トランプ／マケドニアの例がそうであるように、そこで生成され消費されるものが、どんなに「ゴミ」であっても「ウィンウィン」が成立してしまうところにある。そして、最も浅はかな連中は「ウィンウィン」であることをもって、それが「善」だと言い張るのだ。

ＰＶやアクセス数の伸びは、その分だけ「消費者が喜んでいる」ことの証であって、それは結果として社会に善をなしていることになる、というのがその論理で、そこで金科玉条のように使われるのが「マーケットのニーズ」ということばだ。

どんなゴミでも「マーケットのニーズ」に即していれば社会の善となる。とんだ錬金術があったものだ。しかし、いくらニーズがあったところでゴミはゴミだという話は依然としてあるし、マーケットにとっての善がすなわち社会の善とは限らないのも言わずもがなのことだ。「マーケット」は「社会」とイコールではない。そんなあたりまえの話が、もはやこの国ではなぜか通じにくい。

昨年、とんだ茶番劇に遭遇したので紹介しよう。国立の某科学研究所の意見交換会のようなところに呼ばれたのだ。

それは、有り体にいうと国家予算の削減で台所事情が苦しい研究所をなんとかしなきゃという動機からその研究所が主催した会で(とはいえ、誰も表立ってはそうだとは言わないのだ。暗黙のうちに理解してね、ということらしい)、数ある科学研究のなかから「イノヴェイション」の種を見つけ、それをビジネスにきちんと結びつけることで、なんとか生きながらえたい、そのためにまずは「外部の意見」を聞こう、という趣旨だった(と少なくともぼくは理解した)。

「イノヴェイションに関わる外部の意見」が必要になるとお声がかかることの多い「イノヴェイションメディア」(苦笑)の編集長としては、まあ、そんなものに参加してもさして得るものはないと知りつつも、そこで出会う「有識者」の方々に大抵素敵な面白い人がいたりするので、できるだけそういうのには出向くようにしているのだが、そこで、この某研究所の理事長なる方が実に面白いことを言うのである。要約するとこんな感じだ。

「科学者もこれからはマーケットのニーズというものをよく見て、社会の「ニーズ」に答えるような「イノヴェイション」を生み出さなくてはならない。たとえばT社がつくったDVDなんていうのは、まさに日本発のイノヴェイションのいい例で、これなんかはまさに消費者の「もっと映画を観たい」というニーズに的確に答えたものでしょう」

はあ？　マジで？　普段はこういう席でも猫をかぶってるのだが、さすがに「んなわけないでしょ」と声を張り上げてしまった。この席には、現在その研究所に籍を置くT社OBの方がおられ、理事長さんは、おそらくその方を持ち上げようと話題を持ち出したにちがいなく、場の成り行き上、一座の視線がその方のほうへと向かう。実際どうだったんですか？　DVDって消費者のニーズから生まれたんですか？　T社OBの方が答える。

「いや、あれは、ハリウッドからVHSに変わるデジタルの記録媒体をつくるようお達しが来ましてですね……」

わはははは。日本メーカーはハリウッドの使いパシリでしかなかったというわけだ。「日本発のイノヴェイション」が聞いて呆れる。爆笑。さすが国のトップレヴェルの研究機関の意見交換会ともなると一味ちがう。参加した甲斐があったというものだ。あー楽しかった。

というのは、まったくの嘘で、実際は心底腹を立て、うんざりした気分で会場をあとをしたのだった(やり取りされた会話は事実だ)。

なににうんざりしたかと言えば「イノヴェイションはニーズから生まれる」というちょっと頭を使えばデタラメだとわかりそうな俗信を(日本が誇るべきはずの研究所のお偉いさんが、よもや)信じていること(ちなみに言っておくと「イノヴェイションは勇気から生まれる」というのがぼくらの見解だ)、そして「市場に信任されるものはいいものである」という、これまた科学をやって来た人ならその嘘がすぐにでも見抜けそうな戯言を、これまた疑おうともせず信じていることである。

見たところ日本の科学界のダサさは総じて「マーケティングがうまく行けば、自分たちもうまく行く」と思い込んでいるところにあるのだが、なるほど、こうした悪しき「ニーズ観」をして女性研究員に割烹着を着せて悦に入ったりするわけだ。納得といえば納得だが、とはいえ、この研究所の名誉のために言っておくと、これはなにも特例というわけではない。なにが悲しくなるって、それなりの企業のそれなりのポジションにいるような人でも多かれ少なかれこんなだったりするのだ。

というわけで、さしあたっては、こういうときに使われる「ニーズ」の語は、思考放棄の現れなのだと思ったほうがいい。「自分じゃ答え出せないから市場に聞いてみろ」「その市場が正当化してくれるなら、それは「いいもの」であるはずだ」と、要は価値判断を人任せにしているだけなのだ。そして、こうした思考形式というか、非思考の形式が常態化すると、結果として「ウィンウィンならなんでもいい」という判断がまかり通ることになる。


しかしながら、さっき書いた通り、これは対岸の火事ではすまない話なのだ。偉そうに意見している場合ではない。自分だって他人事ではない。

日々ウェブサイトを動かし、そのアクセス数を売り物として広告収入で食っているメディアである以上（しかし、こう文章化してみると、なんと哀れな職業なのだろうか）、件のゲーム会社とやってることは、さしてどころか、まったく変わらない。ぼくらが彼らを見下して嗤うのは目くそ鼻くそを嗤うに等しい。

「人工知能の記事が最近よく読まれてるので、人工知能の記事を増やしていきましょう」みたいな議論は当然編集部内でもあって、それはそれで一見理のありそうな話にも聞こえるが、それが「人工知能」ならよくて「猫の動画」や「女性の裸」、つまりは広義の「ポルノ」や、なんなら「でっち上げ」はダメだとする線引きの根拠を見つけるのは実のところ結構難しい。広告を取るための数字を取るために記事をつくってるだけだろ、と言われたら反論はたしかにしづらい。

そして一旦数字のロジックを受け入れたら歯止めをかけるのは困難なものとなる。数字が取れれば嬉しいし一〇万PVよりも一〇万一PVのほうがいいに決まっている。デジタルが後押しする「数字」の圧力はとめどがない。人工知能の話は、やがて気づかぬうちにポルノやフェイクニュースとなって、メディアはずるずると低きに流れる。

「モラル」や「倫理観」の欠如。たしかにそうだろう。しかし、それだけではない。「民主化」がデジタルテクノロジーに内包されたひとつのネイチャーであるなら、「民主化」というもの自体が孕むダウンサイド、すなわちポピュリズムというものをもそれは必然的に孕むのだ。

弊誌のあるスタッフが「バズ」という現象についてうまいことを言っていた。記事が食べ物だとするなら、いま「読まれる記事」は、とにかく「のどごし勝負」だと言うのだ。栄養価でも味でもなく、ただひたすら「のどごし」のいいもの。それだけが読まれ消費されていく。それこそが「バズ」というものの正体であり、まさにマケドニアの若者たちや件のゲーム会社が見抜いていたことでもあった。fact は問題外。ただ自分の愛着や憎悪の依り代になればいい。ただそのためだけの情報。

デジタル化する社会というのは、言うなれば数値化できるものを極大にまで価値化しようとする社会だ。そこでは可視化できたものだけが価値とされ、見えないものは無価値とされる。数値化できるものは「科学的」であるがゆえに「真」であり、科学的に「真」であることは「善」でもあると強弁したがる経済の論理に、テクノロジーは喜んで手を貸すだろう。なぜなら、現行のデジタルテクノロジーは、経済が求める効率化・合理化をこそを最も得意とするからだ。

けれども、テクノロジーがそれを得意とするからといって、それが自明のものとして社会に益をなすわけでもないことは歴史がさんざん証明してきたことだし、そもそも数値化できるものだけで社会は構成されてはいない。「ニーズ」「ニーズ」と言う輩に限って、実際は金にならない「ニーズ」は無視し続けるものだが、理由は簡単で、現状の数字の原理ではその価値を測定できないからだ。

それにしても、この「数値化できない価値」というものは、もはや都市伝説や幽霊のような存在になりつつある。「数値化できない価値はある」と信じるか、信じないか。信じる者と信じない者の乖離はますます広がって、もはや修復不能なほどにまでなっている。

ブレグジット、トランプ、そしてDeNA以降の社会のありようを、海外のメディアは秀逸にも「post truth」(ポスト・トゥルース)と名付けた。のどごし勝負の市場原理、すなわちニーズ至上主義と、それをドライヴすることにおいてなににもまして威力を発揮するデジタルテクノロジーが手を組むことによって生み出されたこの奇怪な現象の奇怪さは、それを批判したところで批判がまったく意味をもたないという点にある。

なんせ相手は閉じた系のなかでウィンウィンの関係にあるのだ。である以上、その系のなかにいる人間は、外部に耳を貸す義理もなければ義務もない。いや、市場という外部の信任を得ている以上、それは「正義」ですらある。そこでは議論はおろか、対話すら成立しない。

インターネット以降、そしてソーシャル以降、「外部」というものがどんどん失われて行っているようなイヤな感じをずっと抱いてきたが、それが、いよいよ本格的に実体的なものとして姿を表したのが二〇一六年という年だった。

自己充足した閉じた村に住まわされ、ひとつの村を出たとしてもただ自動的にまた別の村のなかに組み込まれてしまうような世界に「外部」はない。村を出て、よその村の誰かと対等な存在として出会うためのコモングラウンドもない。それが安心で十分に満ち足りた世界であるなら「村の外」は必要すらない。

かつてマスメディアというものは、狭い村の外にある世界の存在を明かし、あらゆる村を超えてみんなが共有できる場所や、ことばや、価値を探るものだったように思う。トランプの選挙で旧メディアが全面敗北したというのは、マスメディアが棲み家としてきた、そうした「共有地」を誰も欲していないということを意味しているのだろう。

発したことばがすぐさま無効化されていく「ポスト真実」の世界では、すべてが虚しく、すべてが堂々めぐりでしかないのはわかっている。それでもあえて、と思うのは、読者や社会というものを信頼し、期待し続けるのがやっぱりパブリッシングというものの本分だと思うからで、そう思っていれば、たとえ人には負け戦にしか見えなくても、やっているほうは案外元気でいられるものなのだ。

「ニーズ」ということばが嫌いなのは、結局のところ、そこになんの「信頼」も「期待」も賭けられていないからなのだろう。

2017.02.13 – WIRED, Vol. 27

ビフォア・アンド・アフター・サイエンス

ブライアン・イーノのアルバム名を冠した科学特集の巻頭言。商業誌で扱うには大きすぎるテーマとは知りつつも、前稿で触れたような科学陣営の体たらくの深層になにがあるのかを考えるべくつくってみた。有り体にいうと現代科学を悪者と見込んでつくりはじめた特集だったが、制作終盤に木田元さんの『技術の正体』(対訳マイケル・エメリック、デコ)という本と出会って見事に想定をひっくり返された。「技術」は「科学」の使いパシリと決めてかかっていたところ木田先生は逆だと説く。「科学」こそが「技術」のパシリなのだ、と(もちろん、そんな粗雑な言い方ではないが)。そ、そうなのか。言われてみれば……だから、このありさまなのか。腑に落ちた。

「サイエンス」と「テクノロジー」、もしくはそれが一体化した「科学技術」というものがずっとよくわからない。なんだって「科学」は自明のものとして「テクノロジー」と結びつくのだろう。そのテクノロジーはなんだって自明のものとして「経済」と結びつくのだろう。

おそらくはなんらかの歴史的な経緯があってそういうことになっているのだろうけれど、それらがあまりにしれっとあたりまえに結びついているので、うっかり別のあり方を想像することさえできない。試しにテクノロジーに抗うような科学を、あるいは市場化を拒み、否定するような科学を想像しようとしても、うまく像を結ばない。

そもそも科学は「価値中立」だという。テクノロジーもそうだということになっている。それが本当であるならば、科学やテクノロジーが社会に災厄をもたらしたとしても、それは科学やテクノロジー自体の問題ではなく、社会、つまりは政治や経済や文化の問題ということになる。

そして、その社会が民主主義と自由経済にのっとったものであれば、そこで下される判断はすなわち有権者や消費者の判断ということになるので、結局のところ悪いのは科学でもテクノロジーでもなく自分たちだということになってしまう。科学やテクノロジーは、それ自体は無色透明なピュアなもので、なんの価値も含まない。「客観」であり「普遍」なのだ。そう凄まれたら人間の側としては立つ瀬がない。黙って従うしかない。

しかしそのとき、科学者とはいったいどういう存在なのだろう。科学が価値中立だからといって、それに従事する科学者もまたそうなのか。

おそらく科学者たちは、そう思いたがっているのだろう。科学者や工学者が「ロマン」ということばをしきりに使い、子ども時代に見たマンガやアニメの影響を嬉々として語りたがることに違和感を覚えるのは、それがまるで、動機の純粋さを語ることで自分たちの「価値中立性」が担保され、価値判断から免除してもらえることを望んでいるように聞こえるからだ。

けれども、科学とテクノロジーと資本主義が巨大機構をなして、社会も人も置き去りに(ときにはなぎ倒しながら)、もはや誰が望んだのかすらわからない「未来」を切り開いていってしまう時代にあって、「純粋さ」はなにをも担保も正当化もしないだろう。それに気づきはじめたのか、科学者たちは最近もっぱら「社会課題の解決」を語る。なんにせよ、いまどき科学をやるにはなんらかの免罪符が必要、ということらしい。

現代科学をめぐるこうした苦しさは、結局のところ、そこにあまりにも「自由がない」ところに起因しているように思える。アートも、音楽も、体制からドロップアウトしても続けることができる。ビジネスだってそうだ。しかし科学だけはそうはいかない。国なり大企業なり大学なり、体制にぶら下がることなく科学をやり続けることは(いくつかの領域を除けば)、おそらく不可能に近い。

科学の「価値中立性」が、過去のある時代に絶大な力をもったのは、それがそれまでの時代を覆っていたドグマやバイアスから解き放ってくれるものだったからだ。科学者という呼び名がない時代の科学者たちは、世間のつまはじきに遭いながらも、自分の感覚と頭を頼りに、虚心坦懐に「自然」と向きあいながら、それまでの世の「あたりまえ」を徐々に切り崩していったのではなかったか。かつて科学は自由と叛逆をエンドースするものだった。

「一九世紀、第一世代の日本人科学者にとって、科学は封建主義の伝統的な文化に対する叛逆だった。ラマンやボース、サハといった、今世紀のインドの偉大な物理学者にとって、科学はまずイギリス支配に対する、そしてまたヒンドゥー教の宿命論的な価値観に対する、二重の叛逆だった」。物理学者のフリーマン・ダイソンは『叛逆としての科学』(柴田裕之訳、みすず書房)という本のなかで、そう記している。

「ビフォア・アンド・アフター・サイエンス」という特集タイトルはブライアン・イーノの作品から拝借したものだ。「科学」というものにも「以前」や「以後」があり、歴史の産物であるという意味において決して「普遍／不変」ではない。そしてそうであるがゆえに、そこにオルタナティヴな未来を想像することが許されている。

「科学はどこからきて、どこへいくのか」という問いは、「科学はいかに「自由」を取り戻すのか」を意味しているのだと思う。

2017.05.23 – tofubeats『FANTASY CLUB』Linernote

最近好きなアルバムあるかい？

怖い読者というのがいて、自分にとってはtofubeatsさんがそれだ。遠くからじっとこちらを窺っていて、誠意をもって仕事をしているうちは同じだけの誠意をもって応援したり協力してくれたりするけれど、ブレたり日和ったりしようものなら、すぐさま察知して音もなくいなくなる（はずだ）。最も手厳しい読者は、ただし、そうであるがゆえに最も信頼できる読者でもある。そういう人からライナーノートを書いて欲しいと依頼されたら、下手は許されない。日和ってはダメ。ビビってもダメ。おべっかもダメ。本書のなかでもとりわけ緊張して書いた一文だ。

コーチェラ・ヴァレー・ミュージック・アンド・アーツ・フェスティバル（通称コーチェラ）から帰国した翌朝、神田駅前の珈琲館でこの原稿を書いている。

フェスティバルは一日最大一五万人を集めて、ふたつの週末を使って六日間行なわれる。褐色の岩山に囲まれたカリフォルニアの砂漠の真ん中につくられた小さな町のポロ競技場が会場となる。小さなリゾートタウンはこの週末、全米、全世界から押し寄せる若者でごったがえす。乾燥しているせいか空には雲ひとつなく、真っ青な空からの直射日光が芝生を美しく照らす。夕映えの美しさはそれ自体がハイライトだ。

ラインナップをみると、その時間に誰がステージを飾るのかに細心の注意が払われているようでもある。二日目の夕陽のなか観たTycho のステージは、いかにも「らしい」ステージで、マジカルというならたしかにマジカルな瞬間だった。自分はといえば、その瞬間を楽しみこそしたものの、Tycho の音楽にはさほど興味はない。

音楽ビジネスの凋落が叫ばれるとき必ず言及されてきたのは「ライブの復権」ということだ。「これからは体験の時代だ」とそれこそ耳にタコができるほど聞かされてきた。コーチェラの成功は、まさにそうした言の証左と言える。素晴らしい景色のなか素晴らしい音楽に触れる「体験」はたしかに他では得難いものなのだろう。けれども、人が「体験」「体験」というとき、いつもなにかしら釈然としないものを感じる。体験でない「体験」が、いったいどこにあるというのだろう。

アナログレコードとCDをもっぱら家で聴くことが「音楽体験」の大半を占めるような、そういう時代を過ごし、そこにそれなりの情熱を傾けてきた身からすると、その「体験」もまた得難いものだったと思うしかすべがない。いまでも、自分の棚をみれば、そのCDを、どこに暮らしているときに、どこで買ったものかをすぐさま思い出すことができる。ものによっては自分が見出した驚きや発見を、いまでもそこに見出すことができる。それは大げさにいえば、自分の感受性の広がり、それを通じて感得した世界の広がりの軌跡でもある。それは、貧しいなりに豊かな「体験」だったはずだ（と思いたい）。

アルバムを通してじっと聴くことと、アーティストのライブを観ることと、どっちが豊かで、お金を払うに値する「体験」なのかという問いは、やはり愚問だろうと思う。本と置き換えてみたらいい。本を読むという体験と、作家の朗読会という体験とを比べてなにかを論ずることにさほど意味があるとは思えない。作家の実際の声色や文章を読むテンポ、あるいはその人の人となりを知り、理解することに意味がないとは言わない。けれども、それを知ったからと言って、作品を読んだことにはならない。お手軽に「知った気になれる」という意味では簡便かもしれないけれど、そうしたお手軽さをあまりに称揚しすぎることは、「作品はサマリー化できないがゆえに作品である」ということの重大さを軽んじることにもなるはずだ。

いつのことだったか、プリンスがある音楽アワードで功労賞のようなものを授与されてスピーチをしたことがあった。そこでプリンスは、「新しい曲をつくるというのは、新しい友だちに会うのに似ている」と語ったのだった。子どもでもなく、恋人でもなく、「友だち」としたことに言い知れぬ感銘を受けて、自分は創作する側ではないけれど、新しい音楽に出会うというのはたしかに「新しい友だち」に会うのに似ているかもしれないとうなずいた。

「友だち」のなんたるかを定義するのは難しい。自分に似て気の合うところがあるのは必須だとしても、それだけではないはずだ。自分とちがったところがあって、それが自分の世界を広げてくれるような驚きをもたらしてくれるものであって欲しい。そのためにこちらは、相手の語ること、相手の表情や物腰を注意深く理解する必要がある。自分の予断や都合を相手に押し付けてはいけない。お互いが最もお互いらしくいられる場所を探す、というのが友だちと出会うときの作法だろう。プリンスのことばを聞いて、そんなことに思いを巡らせ、以後新しい音楽と出会うとき、プリンスが新しい友だちとして新しい曲に接したように自分も接するべきなのだと信じるようになった。そしてもちろん、自分がみんなと友だちになれるわけでないことも改めて悟った。

それは端的に言うなら「対話」が不可欠な行為なのだ。そう考えると、アルバムを聴くという行為が、ライブでアーティストを観る行為と異なっているのは、普通思われているのとは実はまったく逆の事情によるように思えてくる。

ライブは、その現場に行かなくてはいけない。ゆえにそれをしてコミットメントの証とされる節があるけれど、そのとき現場にいさえすればなにかが確実に与えられるものでもある。加えて音楽に向き合わずに済むための仕掛けもふんだんにある。けれどもアルバムは、それ自体では実はなにも与えてはくれないもので、自分から能動的に語りかけ、向き合うことをしなければ、ウンともスンとも語りかけてはくれない。まず自分が自分の意志で「読解」しなくてはいけない。「聴く」、もしくは、「読む」という動詞は、明らかに能動詞なのだ。

自分が編集長を務めているメディアで掲載したtofubeatsのインタビューは、昨年掲載した記事のなかでも最も優れた記事のひとつで、おりに触れて読み返す。そのなかで、彼はこう語っている。

「お客さんのことをバカにしてたら絶対にしっぺ返しを喰らうのはよくわかっているけれど、逆にぼくらが「これだ」と思ったからといって世間が受け入れてくれるわけではない。「つくる」のと「売る」のはかなり別物だという想いは、強くあります」

世の中が便利になることが豊かさであると信じたがる世の中は、ますます人に対しておせっかいに振舞うようになっていく。選択や意志が「直感的な」スワイプひとつによって遂行されるような簡便な時代にあって、「聴く」や「読む」という行為はいかにもまどろっこしい。そして、人はその簡便さのなかで、話すこと、書くこと、歌うこと、つまりは自分を表現する技術だけを身につけていく。聴く人のいないところで、表現ばかりがはびこることになんの意味があるのだろう。

tofubeats は、ある意味、こうした「誰でも表現ができる」アフターインターネットのカルチャーの象徴として存在してきた。そして、そうであるがゆえに、インターネットのおかげでますますあてにならなくなっていこうとしている世の中に対して複雑な心持ちでいるだろうと想像する。表現の「民主化」は、彼にとって啓示であり味方であったはずだ。一方で、仕組まれた「直感」によってしか人が物事を判断しない時代（を、おそらく「ポスト・トゥルース」と呼ぶのだろう）にあって、「つくる」ことにコミットすることは、「売る」ことに邁進することよりもはるかにしんどくなっているにちがいない。そして、その「しんどさ」の形跡は、本作の歌詞のなかにいくらでも見出すことができる。

けれども、『FANTASY CLUB』というこの不思議な作品は、歌詞で吐露されるもやもや行き場のなさを、音そのものが裏切っていくという奇妙な成り立ち方をする。歌声やドラムやベースのサウンドに、これほどまでに明快な意志が宿った tofubeats の作品はこれまでなかったはずだ。そして、その強固な意志をもって tofubeats は「つくる」ことへのコミットを、高らかに宣言したはずなのだ。

コーチェラは素晴らしいフェスティバルにはちがいなかったけれど、たくさんの学生たちが、さながら春の修学旅行の体で大挙して押し寄せるイベントだけあって、スクールカーストが露骨にそのまま持ち込まれる、ある意味いたたまれない空間でもあった。

着飾ってハジける白人の美男美女揃いのAチーム。群れる黒人、アジアン、ラティーノたち。数人で身を寄せ合うナードやドークたち……みなが思い思いに音楽を楽しめばいいじゃないか、というのはその通りではあるものの、芝生の上でちんまりと座り込んでいた三人組のおデブちゃんの女の子たちのグループは、まるで学校にいるのと同じような肩身の狭い思いでそこにいたようにも見えた。彼女たちは、来る前に想像していたような「コーチェラ」を楽しんだだろうか。

「最近好きなアルバムを聴いた／特に話す相手もいない」

tofubeats は「SHOPPINGMALL」のなかでそう歌う。けれども、話す相手がいないからといって、フェスで疎外感を感じたからといって、寂しがることはない。「好きなアルバム」を聴くことは、いまなおかけがえのない「体験」だし、かけがえのない友だちとしていまも「アルバム」はそこにある。もちろん、いまあなたが手にしているアルバムもまた、そうなる可能性は十分すぎるほどある。「最近好きなアルバムあるかい？」と彼は、そのなかで問うだろう。そのとき、改めて思い出してみて欲しい。「聴く」は受動詞ではなく能動詞だ。コミットするのはあなたなのだ。

2017.06.08 – WIRED, Vol. 28

生産でもなく、消費でもなく

「ものづくりの未来」というタイトルの特集の巻頭言として書いたもので、この前号の科学特集で積み残した宿題、技術の問題を扱ってみたものだ。この特集のために坂本龍一さんに取材させていただいた。坂本さんはいう。「「音楽をつくる」と言いますけれど、人間は音をつくれるわけではない。農業と一緒ですよ。「米をつくる」というけれど、実際に米はつくれないですよね」。たしかに。

「ものをつくる」というときの「もの」は、不思議なものだ。人が手と頭を使ってつくる「もの」は、基本、自然の資源に由来している。鉄なり石なり木や植物なり動物なり、人はそれを加工し、自分たちの使い勝手に応じて、それをわがものとして使う。人工物、というけれど、人工物は、煎じ詰めれば人工物でできているわけではない。それは変形された自然だ。だから「もの」は、自然であって、自然ではない、そういうへんてこな存在だ。

自然を改変して資源や素材へと変えるのは、いまとなっては科学の十八番になっているようなものだが、科学と産業とが一体化してしまう以前には、それはおそらく魔術に限りなく近い「秘術」だったはずだ。錬金術なんてことばをもち出すまでもなく、自然を加工して「もの」をつくり出すわざは、本来的には閉じたサークルのなかにおける「秘術」として継承されてきたものだと、モノの本に読んだことがある。

夏目漱石の『夢十夜』のなかに仏師の運慶の話があって、小説の語り手が運慶の「ものづくり」の作法を、見物人に教わるくだりがある。

「なに、あれは眉(まみえ)や鼻を鑿で作るんじゃない。あの通りの眉や鼻が木の中に埋っているのを、鑿と槌の力で掘り出す迄だ。丸で土の中から石を掘り出す様なものだから決して間違う筈はない」

語り手は、なるほどそれなら自分でもできそうだと試してみるのだけれど「仁王は見当らなかった」。そして「遂に明治の木には到底仁王は埋っていないものだと悟っ」て小説は終わる。雑な結論は興ざめだが、おそらく、運慶のものづくりは祈りや信仰に似たなにかだったということなのだろう。

建築史家の藤森照信は、『人類と建築の歴史』(ちくまプリマー新書)という本のなかで、建築の起源を「神の家をつくる」ことに置いている。つまり、雨露をしのぐために「家づくり」が発生したわけではない、というのだが、これは建築に限らず、衣服やさまざまな道具類、楽器などといったものについても敷衍できそうな話に思える。ぼくらはとかく人間の利己的な欲望(うまいものを食べたいとか、もてたいとか、いい暮らしがしたいとか)が、人間を発展させてきたと思いがちだが、果たしてそうなのだろうか。そんな功利的で機能的な世俗的欲求なんてものは、言っても近世・近代にならなきゃ出てこないのではなかったか。

「仁王」を失った世界は、機能を根拠にしか「もの」をつくれない。そこでは「美」もまたひとつの機能でしかない。漱石はそんなことを嘆いてみせたのかもしれない。けれども、運慶的な秘術がこの世から完全に消えてなくなったと言えない気もするのは、アーティストやデザイナーや工芸家などが、いまなお漱石が記述したようなことを繰り返し語っていたりもするからだ。

つくる人間が、ある局面においてなにかをつくらされていると感じ、しかもそれを明確な実感として感じていたとして、それを否定する明確な理由もまたない。ものづくりには、それがたとえ工業製品であったとしても、いまなおどこか理屈では割り切れない秘術めいたところがあるのではないか。

つくる者をいつの間にか没入させ、自身のコントロールをすら離れて遂行されていく自律運動のようなものが根源的な意味での「ものづくり」であるならば、それは、一義的に「生産」だけを意味しない。それはむしろ、それ自体を自己目的とした無為な行為かもしれず、フランスの思想家ジョルジュ・バタイユの「蕩尽」なんてことばを思い起こしてみてもいいのかもしれない。そういえばフランスのスタートアップアクセレレーター「ハードウェアクラブ」のパートナーは、「シリコンヴァレーのものづくりはアポロン的だけれども、フランスのはディオニュソス的なんだ」と言ってたっけか。

ものづくりとは、人と自然の間に、自然であって自然ではないへんてこなものを生み出す変な作業だ。近代工業社会は、そこから実利と機能だけを拡大して取り出し、あふれんばかりのものを大量に生み出したが、機能消費のサイクルが尽きてしまえば、その生産サイクルもやがては行き詰まる。そして人は、人とものの関係を、人がものをつくるということの真意を、改めて考えざるをえなくなるだろう。

たとえば、音を奏でるという行為は、消費でも生産でもあり、そのどちらでもないような不可解な営みだ。料理もそうだろうし、ものを書くのもそうだろう。「ものをつくる」も、同じように「生産」でも

「消費」でありながらそのどちらでもない、どこか人間の根源に触れるような謎めいた第三項なのではないのだろうか。

2017.06.08 – wired.jp

ものと重力

これも、ものづくり特集に寄せたもの。二〇一七年のＳＸＳＷ（サウス・バイ・サウスウェスト）においてデジタルテクノロジーに向けられた厳しい批判を、不謹慎な言い方ながら、自分はとても楽しく聞いた。もとよりテックビジネス界隈には「社会」という視点が決定的に欠けている。そしてそれをただの「個の集積体」と考えたがるのだが、社会はそれ自体が感覚や気分というものをもっていて、むしろ個はそれにかなり縛られている。メディアや出版の仕事は、その揺れ動く感覚や気分を定着するものだと思う。

「ハードウェアは「ハード」（困難）だからこそ、ハードウェアって言うんだ」。そんなことを言っていたのはたしかテックショップのファウンダーだったと思う。ソフトウェアのスタートアップが、それこそカンブリア紀のように、短期間にありとあらゆる新種を生み出したようなことが、同じくハードウェアの領域においても起きることが期待されたが、ことはそんなに簡単ではなかった。その通り、ハードウェアはハードなのだ。しかも格段に。

おそらくきっとプロトタイプはつくれるのだ。しかし、ことが資材の調達から生産ラインの確保、そこでの製造管理、在庫管理、発送にまで及ぶと、話はとんでもなく複雑になってくる（らしい）。そのうえ、工場における生産効率やリペアの可能性を考慮したうえで製品設計をしろとなれば、少なくとも未経験者がやってすぐに結果が出せるものとは到底思えない。

物理的な物体を動かすのはメールを送信するようにはいかない。物理空間は重力やら慣性やらが比喩的な意味においても複雑にからまりあった複雑系であって、天災やテロやどこぞの国の大統領選の行方などが大事なビジネスプランを絵に描いた餅に変えてしまうようなものでもある。

今年のＳＸＳＷは、テックイノヴェイションという観点でいえば実に低調なイヴェントだった。「テクノロジーは世界を変える」と大言壮語してきたテクノロジーは本当に世界をよく変えたのだろうか。むしろ世界を悪くしてしまったのではないか。そんな反省と悔悟が重苦しく立ち込めるものだった。「世界を変える」の結果がトランプなのか。『ＷＩＲＥＤ』ＵＳ版は、それを「テックイノヴェイションというばか騒ぎのあとにやってきた二日酔いの時間」と揶揄した。

ヴァーチャルなデジタル空間は、言ってみれば理想空間のようなものなのかもしれない。現実世界との接触面が増えれば増えるだけ、その理想空間と現実空間の乖離はあらわになる。現実空間にはお客さんをレイプするUber運転手がいれば、運転手を恫喝するUberのＣＥＯもいる。Facebookに殺人動画をあげる愚か者もいれば、他国の選挙に介入するマケドニアの若者がいたりする。ＥＣサイトのトランザクションが増えれば増えるだけ疲弊する運送会社があったりする。そんなことは予測できた、とあとから言うのはたやすい。どこかに必ず綻びが生じるであろうとはわかっていたとしても、どこに亀裂が生まれ、どこからどんなふうに問題が吹き出すことになるのかを事前に突き止めることは困難だ。どだい問題が起こるまで、人はなかなか問題に目を向けることができないものでもある。

現実は理想空間におけるほどアジャイルにもリーンにもできていない。リアル空間が非効率すぎてちんたらしているだけなのか、それとも理想空間がリアル空間の力学を考慮しなさすぎなだけなのか。いずれにせよ、ヴァーチャルな世界が鈍重なリアル世界を打破し、より透明でよりつながった世界をつくりあげるという夢は、現実世界の重力を前にして、どうも振り出しにぶん戻らされてしまった格好だ。

ハードウェアスタートアップの困難は、まさにそうした状況とパラレルにある。サプライチェーン、ディストリビューション、ロジスティックス。鈍重な現実は、依然、鈍重な現実として立ちはだかっている。そして、その鈍重なリアリティに立脚したところで、再度「ものづくり」への回帰を果たそうとトランプは謳い、工場労働者から支持を集めた。一方でデジタルファブリケーションのような「民主的な」ものづくりの空間は、着実に拡大しているものの産業を形成するまでにはいたらずにいる。いずれが正解とは一概には言えなさそうだが、おそらく中間のどこかに落とし所はあるのだろう。

なんにせよ振り出しに戻ったというのは悪いことでもない。情報工学上のエンジニアリングだけによって「世界を変える」ことはできないだろうということがコンセンサスになりつつあることはいいことだろうし、それ以前にそうさせていいのかという問題だって本来はとっくにあったのだ。

刻一刻と複雑さを増し、猛スピードで激変する世界にあって「ものづくり」は、技術だけでなく、経済はもちろん、政治、法律、倫理や宗教とだって向き合わざるをえない。「ものづくり」の面白さは実際ずっとそこにあったはずなのだ。世界の複雑さと向き合いながら、手と頭を行き来しながら物理空間と対話する、それは一風変わったリベラルアーツであり、自分の好きなことばで言えば「人文学」(humanities)の一種であるにちがいないのだ。

2017.06.09 – wired.jp

カール・クラウスを知っているか？

村上陽一郎先生からファイヤアーベント、シャルガフを経由してカール・クラウスにたどり着いたのが、折しもフェイクニュースだ、ポスト・トゥルースだと騒がれていた二〇一七年だったのは、やや出来すぎな話に聞こえるかもしれないが本当に偶然だった。これはなんかの思し召しとプリント版で六頁ほどの記事を掲載したのだが、その背後にあった経緯を記したのが本稿だ。「あれ、ここにもクラウス出てきた」「ここにも」と偶然が折り重なったのが面白すぎてどうしても人に伝えたくなったわけだが、いや待てよ、それは本当に偶然だったのだろうか。

カール・クラウスという名前を、恥ずかしながら昨年まで知らなかった。秋頃だったろうか、編集スタッフのひとりが、「こういう本あるの知ってます？」と教えてくれたのが最初で、これが『人類最期の日々』というなにやら狂った本なのだが、狂ったは狂ったなりに価値の高いものではあるらしく、かつて出版されていた日本語訳が普及版（池内紀訳、法政大学出版局）として復刻されたタイミングで件のスタッフのアンテナに引っかかったらしかった。

本は二段組で上下巻あり、総ページ数は八〇〇以上。戯曲なのだが、実際に演ずるとなれば、一〇日は必要、登場人物はといえば七〇〇人にものぼるから、原理的に言えば上演は不可能、著者本人も、「火星の劇場（こや）こそふさわしい」などとおちょくるような口上を本のはしがきに書きつけている。

にしても七〇〇人の登場人物はいかにも多すぎる。いったいこれはどういう戯曲なのか。実はクラウスは、この作品のなかで一文字も自ら執筆をしていない。つまり、すべてのセリフは、人物や雑誌などのなかから拾ってきたもので、クラウスはコピペしたそれらのことばを構成してみせただけというわけだ。上は皇帝や将軍、神父から、下は人殺しや乞食まで、クラウスはいわばメディアに登場した人物たちのことばの目録をつくりあげ、それを構成することで、腐りきった当時のウィーンの社会全体を記述することを目論んだ。

奇書にはちがいない。しかしそれは浮き世ばなれした暇人によるコンセプチュアル・アートでは決してなかった。『人類最期の日々』は、時代への痛烈な批判であり、新聞に代表されるメディア産業に浴びせかけた冷や水であり、呪詛だった。

世紀末から第一次世界大戦という未曽有の戦争を経て社会の動揺が深刻に深まり、やがてはナチスに屈することになるウィーンのイヤな感じを鋭敏に察知したクラウスは、それを批判することに生涯を費やした。クラウスは正義ヅラをしながら権力におもねり、大衆を欺き続ける、つまりはフェイクニュースを生産し続けるマスメディアとの全面戦争に挑んだ不屈の「ひとりメディア」だった。

雑誌『炬火（ディ・ファッケル）』を一八九九年から一九三六年の間に九二二号刊行し、ひとりで執筆も編集もすべてつとめた。同時に、定例の独演会を自ら開催し、朗読、論説を行ない、興が乗ると歌まで歌った。しかも、彼は大きなファンベースを抱えていた。『炬火』の創刊号の刷り部数は三万部、イヴェントにも毎回数百人動員した。クラウスはウィーンの知識界のオルタナティヴ・ヒーローだった。

科学哲学の分野で、あまり評判のよろしくないポール・ファイヤアーベントというこれまたウィーン生まれの奇人がいる。トマス・クーン、ノーウッド・ハンソン、そしてファイヤアーベントは、一九六〇年代に、科学をめぐる考え方に「パラダイムシフト」をもたらした科学哲学界のいわば三銃士のような存在だが、なかでもファイヤアーベントは、その不真面目さがどうにも鼻につくのだろう、研究者からの評判がことさら悪いと聞く。

ファイヤアーベントの徹底した科学批判は、科学も迷信も所詮は同じと断じて「なんでもあり」を主張する。ニヒリズムに陥る手前のギリギリのところで踏みとどまるような危い立場であったが、本気か冗談かわからないようなやり方で科学・科学者のことばを解体し、全方位的に斬りかかる「アナーキズム」の文体を、ファイヤアーベントは、ヨーハン・ネストロイ、カール・クラウス、そしてダダイズムから学んだと自伝『哲学、女、唄、そして…』(村上陽一郎訳、産業図書)で語っている。

「私は、十九世紀オーストリアの方言喜劇の作家であるヨーハン・ネストロイを大変尊敬する。彼の対句、対話、独白、そして創作はまことに普通の状況を扱っている。ところが彼はそれらを僅かに中心を外して見せてくれるのである。それが笑いを誘う——それももう一つの、普通で当たり前な現象である。ネストロイのなかで面白いと思うのは、その当たり前の積み重ねが、次第に皮肉な複雑さを規定するようになるところにある。ネストロイの使う方法は極めて単純である。〔略〕その方法で、見せかけ、だまし合い、いい加減さ、など全世界の邪悪を露わにしてみせるのである。〔略〕カール・クラウスはその現象を使って、広告、新聞記事、あるいは深遠な理屈付けなどの背後にある獣性の予兆を見せてくれた。（J・L・）オースティンと同様、彼は人々に字義通りに読むことを薦める。言葉のための言葉、それが人々の前にあるものだ。オースティンと違うのは、彼は、無意味さだけではなく、非人間性をも見いだしていたのである。同じようにダダイストも、壮大だが非人間的な思想を、地面に引き降ろし、それらが元あった下水へと差し戻す」

ファイヤアーベントは、クラウスを含めた先人たちからの薫陶のもと『方法への挑戦』（村上陽一郎訳、新曜社）という著作（本人は「本ではない。コラージュである」と語っている）を投下したが、それもまた議論を巻き起こさずにはいられない問題作だった。「読者の一部は、私のスタイルに反感を持った。その人々は、事実の言明をあてこすりととり、冗談を真面目な言明ととった。「彼は鼻を鳴らす、彼は悪口を言う」とある人は書いた。「彼の書き振りはカール・クラウスと同じだ」と書いた人もいる」。ファイヤアーベントは得意気に綴っている（ちなみに、ファイヤアーベントが「大変尊敬している」と語った戯曲家ヨーハン・ネストロイの才能の再発掘に尽力したのは、カール・クラウスその人だった）。

これらファイヤアーベントの著書は、『ＷＩＲＥＤ』日本版の特集「サイエンスのゆくえ」を制作している時に出合ったものだ。知ったばかりのクラウスの名を、科学哲学者の著書から見出すとはまさに意外だったが、さらに意外な発見もあった。

日本における科学哲学の大家である村上陽一郎先生の自宅に取材でお邪魔した際、先生がこれまで翻訳された本で(ファイヤアーベントの著作の日本語訳はすべて村上先生の訳だ)お気に入りのものを訊ねたところ、挙がったのがアーウィン・シャルガフの『ヘラクレイトスの火』(村上陽一郎訳、岩波書店)という本だった。

シャルガフは、ワトソン&クリックに多大な影響を与えたとされる分子生物学の巨匠であり、「ノーベル賞を取り損なった科学者ランキング」では必ず上位に選出される人物だと教わった。その素晴らしい自伝のなかで、この隠れた名科学者は、カール・クラウスにわざわざ一章を丸々割いている。

青年時代をウィーンで過ごしたシャルガフは一九二〇~二八年の間、カール・クラウスが主催した独演会のほとんどに顔を出したと語る。シャルガフによれば、二一年だけでもそれは実に一七回も催され、二七年を見ても一八回行なわれている。一〇年近くにわたってそのほとんどに参加したというのだから、よほどハードコアなファンだった(ちなみに若きヴィトゲンシュタインも、エリアス・カネッティも、クラウスの追っかけだったという)。生き生きとした筆致でクラウスの思い出を語るシャルガフは、実に楽しそうだ。クラウスの独演会というのがいったいどのようなものであったのか、シャルガフの回想から、かいつまんで紹介しよう。

「クラウスの朗読会は、通常、ニューヨークのカーネギー・リサイタルホール程度の規模の小さなコンサートホールもしくは講演会場で行われた」

「数百名程度の聴衆で、会場はいつも満員でときに札止めになった」

「聴衆は圧倒的に若い世代で、ヒステリックに熱狂し、大騒ぎで喝采した。これは明かに、クラウスにとっては大きな喜びであった」

「若い一見の聴衆に加えて、もっと年輩の、しかし献身的であることでは一歩もひけをとらない常連がいた。そのなかには、非常に重要な人物も多かった。たとえば、ほとんどいつの催しでも見かける、美しい男女が、大抵は最前列に陣取って、熱心に拍手をおくっていたのを想い出す。かなりあとになってようやく私は、それが作曲家、アルバン・ベルク夫妻であったことを知った」

「かつてオーストリアを偉大たらしめていたすべてのものが一つずつ、売りに出され、オーストリア内部のありとあらゆる公共機関、つまり政党、新聞、美術界、劇場、大学などがこの廉売り(やすうり)に参画していたが、こうした状態に対して、文化的な、それゆえまた政治的な抗議を表明するほとんど唯一の機会として、このクラウスの会合への出席が考えられていた」

「何年間も、クラウスは、講演で得た謝礼を、飢饉に苦しむロシアの子供たちや、戦争の犠牲者たち、あるいはそれに似た境遇にある人々に寄進し続けたのであった」

「彼の発表会は、ちょっと信じられないほど幅広い多様な作品類をとり上げていた」

「彼が朗読するのを最も好んだのはシェイクスピア、ネストロイ、オッフェンバッハであった」

「朗読は机に向って座ったままで行われた」

「ときには彼の手は空中高く突き出され、毒舌の区切りでは机を鋭く叩いたりした。非常に高揚した箇処では、彼は立ち上がり、草稿は両掌でくしゃくしゃになり、声は鋭利なスタッカート、差迫る破滅を示す深い裏声（ファルセット）になることもあった」

「また、驚嘆すべき、目を見張らせるほど素晴しい言葉遊びの息もつかせぬ速射が行われることもある」

「おそらくクラウスはドイツ語で書く作家のなかで最も機智豊かな人物であった。燦然たる美文のきらびやかな洪水は、彼独特の声音で語られるとき、驚くほどの直截さをさまざまな連想に隠した急襲となった」

「これほど文学上の才能と舞台上の才能とが見事に結びついた例を、私は他に知らない」

「クラウスはブレヒトに最高の評価を与えており、ブレヒトの詩『愛し合う者』を朗読した一夜はまことに忘れられない体験となった。今世紀ドイツが生んだ最も激越な作家であるクラウスとブレヒトとがお互いに尊敬し合っていたのは、決して偶然ではないのだ」

「なぜ私はこんなことを書き連ねたのだろうか。主として、これほど素晴しい師を私が得ることができたという好運を、読者に識っていただきたかったからだと思う」

　興味ある方はぜひ原著を手にとっていただきたいが、これだけでも十分クラウスの鬼気迫る姿が伝わってはこないだろうか。それにしてもクラウスの魔力はいったいどこにあるのだろう。もちろん美しい文学作品を美しく朗読したところではない。シャルガフは当時の時代状況をこんな風に語る。

「とかくするうちに、四年間の戦争が、何百万という若い生命を奪い、古い帝国は崩壊し国家は疲弊した。ロマノフの帝権も没落しソヴィエトの共和制がこれにとって代った。ハプスブルグ家の専制も散り散りになってしまった。ドイツは不安定な共和国になった。科学は膨れ上り、その応用の過程で力をもった。ファシズムがイタリア、ドイツ、スペインを席捲した。世論産業は人間の脳を自由に操る方法を学んだ」

いまからちょうど一〇〇年ほど前、クラウスが獅子奮迅の活動を見せたのは、こういう時期だった。おそらく好運にも、クラウスはナチスがウィーンを制圧する景色を見ることなくこの世を去ったが、クラウスは二〇世紀の始まるその頃から、時代の頽廃を嗅ぎ取っては、その行く末に待つであろう破局を読み取っていた。しかしなぜ彼にだけそれを見通すことが可能だったのだろう。

彼が標的にしたのは、まさにシャルガフが語ったところの、「人間の脳を操る方法を学んだ世論産業」、つまりはメディアだった。クラウスは当時のメディアの王者だった「新聞」を「黒魔術」であると断罪し、それが吐き出す嘘をとことんまで撃ち続けることを旨とした。彼が主宰した雑誌『炬火』の創刊号には、その激しい意気込みが語られている。

「当誌が何をもたらすかは二の次である。何を殺すかが問題だ」

しかし、クラウスが取った方法は一筋縄ではいかないものだった。彼は独自の調査によって新聞が吐き出す嘘を暴くこともあったが、主たる戦術は、事実を提示することをもって嘘を暴くというものではなかった。そもそもメディアが言説を支配している空間においては、「事実」は多数派が信じていることがらでしかない。事実をもって事実に対抗するのは泥仕合でしかない。では、どうするのか。

最新号の記事「炬火は燃えつづけ、カール・クラウスは吼えつづける」のなかでインタヴューに答えてくださったクラウス研究の第一人者・池内紀先生のことばから一部を引こう。

「当時のジャーナリズムといえば、主役は新聞です。「無冠の帝王」と称されていたことからもわかるように、新聞が、メディアとして最も影響力を有していた時代だと言えるでしょう。そんな新聞や、ときの権力者たちが発信する表現——たとえば美しい言い回しや常套句を、クラウスは精緻に追いかけ、そこに隠された真意を暴いていきました。権力者たちが人々に追従を語るとき、あるいは真実を隠すとき、彼らはそれを悟られまいと言葉に細工を施します。その「細工が施されている」こと自体が、発せられた言葉がカラクリであることの証明にほかならない、というのがクラウスのロジックでした。探偵に喩えるなら、言葉を証拠物件にして相手の犯罪を暴く。そうした手法を、クラウスは用いたわけです」

自らジャーナリストであると任じながらも、クラウスが、当時のすべてのジャーナリストが陥っていった隘路に陥ることがなかったのは、彼がヨーロッパの古典からブレヒト作品にまで通じた文学者であったことと深く関係している。

方言喜劇作家ヨーハン・ネストロイの作品をクラウスが再発掘したのが、ファイヤアーベントが語った通り、「見せかけ、だまし合い、いい加減さ、など全世界の邪悪を露わにしてみせる」ことの技芸を評価してのことであったとするなら、クラウスは、そうした技芸をリヴァースエンジニアリングしてみせることで、新聞の文章のなかに隠された「見せかけ」や「だまし合い」や「いい加減さ」をたやすく読み解くことができたにちがいない。それは、高度に「文学的」な読解にして最も効果的な戦術でもあった。

数カ月前、『すべての政府は嘘をつく』というドキュメンタリー映画を観る機会があった。その宣伝文句は、こういうものだった。

「ポスト・トゥルース時代に〝真実〟を追求するフリー・ジャーナリストたちの闘い――公益よりも私益に走り、権力の欺瞞を追及しない大手メディア。それに抗い、鋭い調査報道で真実を伝えるフリー・ジャーナリストたちが今、世界を変えようとしている。彼らに多大な影響を与えたのが、一九二〇～八〇年代に活躍した米国人ジャーナリストのI・F・ストーンだった。I・F・ストーンは「すべての政府は嘘をつく」という信念のもと、組織に属さず、地道な調査によってベトナム戦争をめぐる嘘などを次々と暴いていった。そんな彼の報道姿勢を受け継いだ、現代の独立系ジャーナリストたちの闘いを追ったドキュメンタリー」

これだけを読むと、あたかも現代の独立系ジャーナリストたちこそ、クラウスの嫡子であるかのように思えるかもしれない。けれども、そうではない。

映画自体は面白く、ここに登場した「独立系ジャーナリストたち」の仕事ぶりには、もちろんメディアに関わる人間の端くれとして頭の下がる思いではあった。だが、白状すると、観ているうちに段々苦しくなってきてしまった。彼らが大手メディアやトランプに対してムキになればなるだけ、それが無効化していき、同じ言語体系のなかで永遠に終わらないイタチごっこをしているように思えてきてしまったからだ。

しまいには、なぜか彼らのことばがトランプや大手メディアのことばと相補関係にあるような気すらしてきてしまい、ポスト・トゥルース的状況の不毛さを改めて痛感した。

クラウスが戦いを挑んだのは、まさしくこうした泥沼の様相そのものだったのではなかっただろうか。「正義を振りかざす悪を、彼は徹底的に糾弾したのです」と池内先生は語る。正義を語るトランプと、それを真っ向から批判しつつ自らの正義を語る独立系ジャーナリズムが、ともに自分の語る正義に酔いしれ、どこか互いを支えあってしまっているように見えたのは、クラウス的な視点から言えば、大手メディアも独立系ジャーナリストたちも、ちがう内容を語っていながら、その語り口や抑揚、つまりは「文体」が同じだからなのかもしれない。

右も左も、それぞれがフィルターバブルのなかに気づかぬうちに押し込まれ、批判が批判として機能しなくなったとき、どんな手立てをもってその状況を批判することが可能になるのだろうか。そう考えたとき、クラウスの取った戦術は、まさに時宜を得たものとして浮上してくる。

あらゆる言説が、のれんに腕押しにしかならないような時代にあって、クラウスの取った方法は、困難ではあるが、いまむしろ価値がある。「言葉のための言葉」に執拗に向き合い、広告、新聞記事、あるいは深遠な理屈付けなどの背後にある「獣性」「無意味さ」、そして「非人間性」を見い出すこと。人間の脳を自由に操る「世論産業」の嘘を暴くこと。クラウスは、ことばの探偵に徹することで、それを可能にした。それは、時代のあらゆる言説を、文学のスキルをもって解体していく作業であり、奇書『人類最期の日々』は、まさにその作業の果ての集大成でもあった。

同じように時代の言説を執拗に追いかけ、隠された真意を暴いていった本として近年思い出すのは、新聞を通して吐き出された、原発をめぐる「非常時のことば」を絢爛たるあてこすりでもって嘲った金井美恵子の『目白雑録5　小さいもの、大きいこと』(一一八頁)だが、これもまた文学者にしかなし得ない批判・批評であったという意味で、どこかクラウス的だったと言えるかもしれない。

最後に、クラウスは読者であるところの公衆というものにも、強烈な釘を刺してもいるので、念のため記しておこう。

「書かれたことばの天分に与るために大衆が入場料を払うからといって、彼らに拍手喝采や不服表明を行う正当な権利が与えられるわけではない。ハム付きパンの値段で精神的作品を誰でも買えるようにするというのは、なんともばかばかしい優遇措置と言う他はない」

「世論という合唱団員の一人が不遜にもしゃしゃり出て私のアリアのじゃまをし、全体の中でしか印象を与えることのできないある愚鈍さのニュアンスを私が知るはめになるということは、ほんとうにおぞましい」(『黒魔術による世界の没落』山口裕之ほか訳、エートル叢書、現代思潮新社)

SNSなる「魔術」が跋扈するこの時代を、クラウスならいったいなんと評したであろうか。

2017.05, 07, 09 – Internal Report

リアルワールド報告書　エストニア・ベルリン・イスラエル

二〇一六年から『WIRED』で旅行事業を始めた。イノベイションや未来とやらについていくらことばを費やしてもラチ明かない。百聞は一見にしかず。というわけで一般から参加者を募り一週間ほど海外の先進都市を旅をすることをやりはじめたのだが、これがびっくりするくらい面白い。一七年には本腰を入れて、エストニア、ベルリン、イスラエルを延べ四〇人ほどの参加者と旅をした。本稿はそれぞれのツアー後のレポートとして参加者にのみ配付されたもので、キメの粗い雑感の域を出ないが、旅のなかで考えたことがダイレクトに出てはいるかと思う。

2017.05—Estonia Report

デジタル・アイデンティティを誰が保証するのか

エストニアのタリンに五日ほど滞在してきた。スタートアップを訪問したり、テックカンファレンスに参加したり、デジタル先進国としてのエストニアの「現在」を観察するのを名目とした旅だったが、そのなかで最も強く印象に残ったのは「アイデンティティ」ということばだった。

思えば、デジタル空間というのは、物理空間における「自分」とは異なった自分でいられることが、ひとつの大きな魅力だったのだろう。国籍やジェンダーや社会的身分や属性を問われないアノニマスな空間は、それ自体が「自由」を意味したし「民主化」を意味した。おそらく少なからぬ人にとっては「解放」をも意味した。

けれども、一方で、こうした「解放」は、社会的な規範や規律といった、よくも悪しくも社会を律してきたタガをゆるめることにもなり、その空間は、自分が隠し持っていた敵意や悪意をぶちまけるためのものとして利用されるようにもなっていった。

そして、そうした敵意や悪意が実際に現実の物理社会における決定にまで大きな影響を及ぼすのを、昨年のブレグジットや米大統領選で見ることになった。デジタルテクノロジーがもたらした功罪の天秤は、いま「罪」のほうへと大きく振れた格好となっている。

エストニアは、国民に対してさまざまな公共サービスを「X-Road」と呼ばれるデジタルプラットフォーム上で提供していることで知られている。納税から医療にいたるまで、行政とのあらゆるインタラクションがこのプラットフォーム上で可能となっているが、その前提として、まずひとりひとりの「アイデンティティ」がプラットフォーム上で認証されることが必須となる。そしてそこでは、デジタルプラットフォーム上でのアイデンティティが物理空間内におけるアイデンティティと一致していなくてはならない、というのが必須の条件となる。そして、これが実際には、なかなか困難なことなのだ。

ブロックチェーンというテクノロジーがもたらしうるインパクトは、この困難と関係している。『ブロックチェーン・レボリューション』の著者ドン・タプスコットは、ブロックチェーンがもたらす可能性を、『WIRED』のブロックチェーン特集のなかでこう説明している。

この数十年間、私たちはインターネットから多大な恩恵を受け取ってきました。私たちはメールをやりとりし、画像、動画、音源などさまざまなファイルをやりとりしてきました。私たちがやりとりしてきたこれらのファイルは、オリジナルのものではなく、実際は、コピーでした。すべては複製されていきます。そして情報の民主化が起こりました。これがインターネットの第一時代でした。

けれども、これが「アセット」となると、簡単にやりとりすることはできませんでした。株券、債権、知的財産、選挙権からもちろん貨幣まで……こうしたものが複製されてしまうことはよろしくありません。仮に私が、あなたに一〇〇ドル払ったあとで、私がその一〇〇ドルをまだ所有していて、それを別の人に支払うことができてしまったら困ったことになります。これは「Double Spend Problem＝二重支払い問題」と言われ、暗号学者たちの頭を長らく悩ませてきた問題でした。現在私たちは、お金などのアセットが二重に使用されていないことの「信用」を担保するために、取引する者同士の間に、銀行や証券会社といった中央機関を置くことで、それを解決しています。

ここで、タプスコットが指摘している「二重支払い」の問題を、サトシ・ナカモトを名乗る誰かがあるやり方で解決し、そのことで銀行やクレジット会社が信任せずとも、金銭をやり取りすることが可能になった。そして、その方法を使用したなら、土地や債権や知的財産、選挙権といったものまでもやり取りすることが可能となる道筋が開ける。インターネット空間は、これまで実際は「アセット」をやり取りすることが困難な空間だった。ブロックチェーンは、それを可能にする。「革命」と呼ばれる所以だ。

ただし、ここで、わりとシンプルだが重要なことを忘れていたことに気づく。「自分」という「アセット」を、いったいこの空間のなかにおいてどう定義するのか。「デジタル・アイデンティティ」ということばが、とくにe-Governmentのプログラムをめぐって頻出するのには、こうした背景がある。「自分」が二重払いされてしまわないために、「自分」を、誰が、どう信任するのか。いうまでもなく、これは「マイナンバー」と呼ばれる制度とも関連してくる問題だ。

エストニア政府が主導する先進的な「e-Government」というプログラムは、当然ながら、国民のすべてが、ある番号によってナンバリングされ、それをもって物理空間内におけるアイデンティティと、バーチャル空間内におけるアイデンティティとが統一されることで実行が可能となる。ここで国民の「アイデンティティ」を保証しているのは、言うまでもなく、国家だ。

けれども、エストニア政府は、さらにここに「バーチャル国民」という資格を導入し、外国籍であってもエストニア政府によるサービスの一部を享受できる「e-residency」というプログラムを実施している(三七〇頁)。

EU圏内でビジネスをしたい人はこの仕組みを利

用することで、エストニア政府の信任のもと、会社を設立したり、銀行口座を開設したりできるのだが、このプログラムの奇妙なところは、自分のアイデンティティを信任してもらうための「国家機関」を「自分で選択する」ことを大々的に許容してしまっている点だ。

そして、それを許容することとセットになるかたちで、エストニア政府は自らを、「国民を管理する主体」としてではなく、「さまざまな公的サービスを提供する主体（それもサービスを享受したいと思う人に対しては誰にでも開かれた主体）」として再定義している。「ガバメント・アズ・ア・サービス」と、彼らは堂々謳う。

公的サービスのこうしたオープン化は、それが徹底したシステム化・機械化・自動化によってこそ実現される、というのがエストニア政府の強固な信念だ。それは「政府」というものへの絶大な信頼の結果としてあるのではなく、むしろ徹底した「不信」に基盤をおくものだ。

官僚機構というのは、そこに人が介在する限りにおいてどうしたって「コラプト＝腐敗」するものであるという、おそらくはソビエト連邦時代に得たと思われる教訓こそが、「人を信頼せずとも『信頼』を担保することが可能なシステム」へと彼らをドライブしている。政府の元ＣＩＯが、「ＡＩを内閣に入れるべきだと思う」というとき、彼らの「信頼」がどこへ向けられているのかは明らかだ。そして、そうであるがゆえに、エストニアとブロックチェーンの相性の良さも明らかとなる。ブロックチェーンは「信頼のプロトコル」であると言われるが、そこで語られる「信頼」は、これまであらゆるトランザクションを仲介してきた「人」を排除することをもって価値としている点で、「不信のプロトコル」と言い換え可能なものであることを忘れてはいけない。

このように行政府が、サービス化し、ユーザーによって「選択が可能なサービス」へと変容していくという潮流は、今回のエストニア訪問で訪ねたいくつかのスタートアップにおいても、今後ますます加速していくものと想定されていることが見て取れた。

Teleportは、ユーザーと世界中の「都市」とのマッチングをするサービスで、自分がどの都市で働き、生活することに向いているかをユーザーに教えてくれるサービスだが、このサービスにおいて明らかなのは、「自分が暮らすべき都市」は「自己選択が可能なもの」であり、かつ都市はサービス・プロバイダーとして他都市との競合関係にならざるを得ないということだ。

あるいはJobbaticalという就職マッチングサイトも、同じ前提に立ってサービスを展開している。JobbaticalのCEOは「自分と気の合う仲間は、世界中にいて、地域に限定される必要はない」と語り、自分のアイデンティティを空間に規定されることなく自己決定できることを望む人が増え、結果、職の流動性が高まっていく世界を想定している。

ここでは、おそらく人の「アイデンティティ」をめぐってふたつの課題がせめぎあっている。ウェブ世界とフィジカル世界(どっちもリアルな「現実」だ)がますます一体化していくなかで、人の「公的」なアイデンティティをどうデジタル世界のなかで流通可能なものにしていくのかという課題。一方で、「公的アイデンティティ」の意義や定義が流動化する、つまりはグローバル化がますます進んでいくなかで「どう私らしく生きるのか」という「私的」なアイデンティティをめぐる課題。それらが、渾然一体となって複雑な問いを成している。

都市や国家をサービス化し、市場化していくことは、すでにして行政府にとっては背に腹を替えられない経営上の方策になりつつある。とはいえ、こうした「オープン化」は、現時点ですでに強烈なバックラッシュにさらされていることを忘れてしまうわけにはいかない。ブレグジットやトランプ政権の誕生、極右政権の台頭などによって露わになっている潮流が、国家や民族をめぐる「アイデンティティ」に関わる問題であったとするなら、世界は、いま、アイデンティティの根拠をいったいなにが信任してくれるのか、そのよすがを求めて漂っているといった状況なのだろう。

今回エストニアで参加したカンファレンスにおいても、トランプやブレグジットをもたらした分断について少しばかり議論がなされたが、それを単純なデジタル・ディバイドとして、世代間に横たわるデジタルテクノロジーに対するリテラシーにのみ問題を帰するだけでは、おそらく十分ではない。デジタルリベラリズムに与しない者は、すべて情報弱者であるとするのが妥当かどうかは保留が必要だろうし、フィルターバブルのなかでは、おそらく誰もが情報弱者であるという可能性だってある。その断層を突いて濡れ手に粟の儲けを得るものがいたとして、彼らを情報勝者とするのも居心地が悪い。

デジタル空間において開発された「ボーダーレスでリベラルな私」をめぐる物語にアイデンティティを見いだす人は、国境によって線引きされたフィジカル世界の鈍重さに苛立ちを覚え、激しく改変を求める。一方で、「グローバルにつながる私」に胡散臭さを見いだす人は、国家や民族や宗教といった地上世界の古典的な物語のなかに自分を見いだし、それをもってしてデジタル空間内に居場所を探す。

それらが双方のやり方で、デジタルとフィジカル双方の世界に自らの領土を確保しようとしたとき、問題は複雑なものとなる。いずれの立場にあっても苛まれることになるデジタル空間とフィジカル空間における「私」との不一致は、やがて政治問題としてフィジカル空間内において噴出することになるのだろう。

この半年の間、デジタルイノベイションは、フィジカル世界の重力によって急激なブレーキを余儀なくされている。今年のSXSWでは、テックイノベイションをドライブしてきた楽観主義が世間知らずの白人のおぼっちゃんたちの戯言にすぎないと厳しく糾弾されるシーンがいくつも見られた。難民問題をテックで解決するとか言うようなヤツはもう勘弁してくれ。世の中をなめるんじゃない。そんなことが大声で叫ばれていた。

エストニアでは、そうした問題が表立って議論されることは少なかった。ただ、デジタル先進国と世界に名だたるエストニアですら、国民すべてのコンセンサスを得たうえでラジカルなデジタル化・オープン化が推し進められているわけではないことは留意しておくべきだろう。スタートアップ界隈が依然盛り上がっているのはたしかなことだが、現政権は、前政権ほどには熱狂的には「界隈」を支持していない、とも言われている。

2017.07—Berlin Report
対話の目的は対話そのものである

MITメディアラボ所長の伊藤穰一は、シリコンバレーが喧伝してきた「ディスラプション」が、昨年あたりからターニングポイントを迎え、翳りが見えてきていることを、この七月末に行なわれたイベントで明かした。

「シリコンバレーには文化がないですし、社会のことを十分には考えられていません。世の中は、もうちょっと複雑にできているということを認識したほうがいいよね、というムードがアメリカ社会全体に濃厚になってきて、そのなかにあってシリコンバレー的なものは分が悪くなってきていますね」

「自分もかつてはシリコンバレーにいて、自分としてはその価値観から距離をとってきたつもりでしたが、いまにして思うと同じようなものだったのだなと改めて思います。西海岸から東海岸へと来ると、たとえば「シンギュラリティ」なんてほとんど誰も信じてはいない。エクスポネンシャル・カーブは、やがて失速してなだらかになる、つまりはS字のカーブを描いて、いずれ落ち着くだろう、というのが東海岸のものの見方です」

「高度成長の時は頑張ってテックをやればよかった。ある時期までは、たしかにテックで民主主義まで変えられるんじゃないかとすら思っていた。けれど、ＩＳＩＳの問題なんかは、テックをいくら頑張ってみたところで解決しないんですよね。むしろ、テックで頑張ろうとしたらかえって逆効果で、きちんとスピリチュアルな話として考えていくことも大事なんです。でも、そうなった時に、シリコンバレーにはなにも答えがありません」

二〇一六―一七年をひとつの断層として、二一世紀は異なるフェーズへと入ったように思える。テックがドライブしてきた変革は、それが急激に起きれば起きるほどダウンサイドが目立つようになってきた。形骸化し、官僚化し、あまりに鈍重になってしまった既存産業をディスラプトしたところまではよかった。けれども、それが社会に新たな分断と格差と独占企業を生み出し、その過程で社会を衆愚化させるにいたって、そこで言われてきた「ディスラプション」の正体をいま一度見極める必要があるのではないかという気運はよりいっそう高まっている。テックイノベイターが声高に謳ってきた「世界を変える」掛け声は、あまりにナイーブすぎたのではないか、と。

アメリカ、イギリスにそれぞれ留学していた経験のある、ある日本人科学者は、かつてこんなことを教えてくれた。

「ハーバードの価値観っていうのは「チェンジ」なんです。ちがいをもたらすことを価値だとするんです。一方のＭＩＴは「ニュー」なんです。なんでもいいから新しいことをやれ、と。ところが、イギリスの大学に行って驚いたのは、「いかにGoogleのような独占的な企業を生まないようにするか」といったことを真剣に議論していたことだったんです」

二〇世紀の英国文学を代表するユニマニストであったE・M・フォースターは、そうしたイギリス人の態度を、「こわばったもの」への嫌悪として語った。彼は、たとえば民主主義についてでさえ、「二回は万歳してもいいけれど、三回するほどではない」と語った。成熟した懐疑というものがそこにはきっとあるのだろう。熱狂的な掛け声が聞こえてきたときには、それがどれほど良さげな内容をもっていたとしても、まずは眉に唾をしておく。斜に構えてみる。フォースターは、二次大戦中にあっては、ナチの本性をいち早く察知し、その危険性を鋭く訴えた人物でもあった。

ベルリンは、こうした「熱狂」によって二重に傷ついた都市だったと見える。ナチによって制圧され、いまとなっては狂気としか思えない「熱狂」が吹き荒れた痕跡は、いまなお至るところにみることができる。そして受難はその後も続いた。東西に分割された都市は、今度は共産主義によって制圧され、その「熱狂」にまたもや苦しんだ。「西側世界」が語る「自由」はそこでは「悪」とみなされることとなったが、その痕跡もまた、壁が崩壊して三〇年近く経ついまも残っている。

元・東ベルリンのサッカーチーム「ウニオン・ベルリン」のアンセム「アイゼルン・ウニオン」(不屈のウニオン)には、こんな歌詞の一節がある。「東出身のわれらは常に前に進む／西側が買収できないチームは／不屈のウニオン」。ドイツサッカーに詳しいベルリン在住のライター高杉桂馬によれば「ここには、旧東ドイツ出身のチームとしての誇りだけでなく、「西側」、つまり資本主義や商業主義に対するアンチテーゼが含まれている」のだという。

いま、ベルリンという街は、イギリスのそれとはまたちがったかたちで、「熱狂」というものに対して、自らに冷静さを課しているように見える。

　ゲシュタポ博物館には、ナチによってどういう人たちが、いかに迫害されていたかが事細かに明らかにされている。ユダヤ人、ロマ族はもとより、ホモセクシャル、身体障害者、病人、浮浪者などが「浄化」の対象となった。もっとも、身体障害者に対する「浄化」は、ナチス以前より行なわれていたという事実が、二〇一〇年に明るみにでたというが、そうしたあまりに苦い過去は、「内なるヒトラー」ということばをもって、常に市民に重くのしかかっている。そこには、あの過ちを行なったドイツ人は、私たちとなにも変わらないドイツ人である、という重い認識がある。ドイツ人にとって、その不安は「Angst」ということばをもって表現されるのだという。

　人種、障害、性を理由に人を抑圧することは決して行なってはならないという考えは、一種の禁忌として、ベルリンという都市全体に大きな抑圧を課している。逆の言い方をすれば、ダイバーシティへの（一見過剰とも見える）配慮こそが、あの犯罪的な熱狂を再び起こさないためのブレーキになるということでもある。ベルリンにおいて、ダイバーシティを守ることは、まずなにをおいても贖罪であり、戒めであり、その結果として使命となっているようだ。

　同じように、東ドイツの秘密警察がつくりあげた過酷な監視社会の記憶もまた、ベルリンという都市の価値観をある方向へと決定づけている。それは、インターネットによる監視というものに対する極度の不信感と、個人情報の取り扱いをめぐる強固な信念となって、二〇一八年五月に施行される「GDPR」となってかたちを取ることとなる。そこでは、たとえ企業のビジネスに足枷をはめることとなったとしても、個人情報を守るほうが優位とされる。その法案にも見られるような、自由経済よりも社会を守ろうとする頑な姿勢に、あるいは東ドイツ時代の「西側＝資本主義＝悪」としてきた志向の残滓を見ることも可能かもしれない。ウニオン・ベルリンのアンセムに歌われた「西側が買収できない」ことへの誇りは、一種ねじれたかたちで、アメリカ型のグローバリズムに対する反骨となって、「東の街」でもあったベルリンの複雑な二面性をつくりあげている。

Google や Facebook が遂行してきた「テックグローバリズム」を、冷ややかに、ある種の反骨をもって眺めてきたであろうベルリンのテックシーンは、そうであるがゆえに、独特のエトスによって支えられているように見える。それは、ユニコーンを目指しながら、ユニコーンを目指さない、という微妙なさじ加減の上に成り立っている。

壁が崩壊し、まったく異なる価値観のなかで二八年にわたって暮らしてきた東西ベルリンの市民が出会ったとき、彼らが克服せねばならなかった困難は、想像を絶するものだったにちがいない（朝鮮半島が統一されたときに起こりうる、歓喜のあとに訪れるであろう困難を想像してみたら、その途方もなさにリアリティが湧かないだろうか）。産業はなく、めぼしい企業もなく、荒廃したビルだらけの街は、そのとき一種のグラウンドゼロだった。そこでは東西のいずれの文化にも属さない、新しい文化の「発明」が求められ、その要件を満たしたものこそが、生まれたてのテクノミュージックであり、デジタルカルチャーだった。それらはベルリンにおいては、分断を乗り越え、対話と融和をうながすためには必要不可欠な「ゼロの文化」だったのだ。

「ベルリンでは、アーティストが作品をつくるように、人びとがスタートアップをつくりだしていく」。ベルリン在住のメディア美学者・武邑光裕は、そう語る。それが、どういう意味であるのか、にわかにはわかりにくいけれども、それがまずなによりも文化的接点をもたない他者同士が出会い、対話をもたらすための装置であると考えられている、とするのであれば少しは理解できるような気もしてくる。単に経済や、ことば上の「ソーシャルグッド」に資するためのものではなく、まずは内なる「分断」を乗り越えるためのツール。音楽、アート、テック、ジャンルはなんであれ、新しいプロジェクトを生み出すことは、まずなにをおいても、ベルリンという都市が歴史的に背負った精神的、または物理的な「傷」を癒すための営為だったのかもしれない。「コミュニティ」や「対話」への執着は、そうした観点から見ればうなずける。

折しも世界は、新たな分断に苛まれていたりもするのだ。ベルリンが抱え、克服すべく奮闘してきた「課題」は、世界規模のものとなりつつある。テック界隈ですら、もはやテックでは解決できない課題に直面しているのだ。ベルリンの考える「テック」は、その意味でも、世界に新しい、オルタナティブな視座を与えてくれるものになるのかもしれない。

伊藤穰一は、経済優先の世界から社会や人間性を取り戻すためには、「ゴール」の設定を変えるべきだと語っている。物質的欲望から、そうでないものへと「ゴール」を変えるべきだ、と。とはいえ、じゃあ、そのゴールとはいったいなんだろう。

コワーキングスペースの価値みたいなことが語られるとき、それが新しい出会いを生み、対話を促すのはいいとして、その結果として「新しいものが生まれる」ことが成果として期待されることにいつも違和感を覚える。結局のところ、それが従来のやり方よりも「生産性が高いこと」に主旨があるなら、ゴールは結局のところ変わってはいないのではないかという気がしてならない。出会いや対話を、生産のための踏み台として搾取しているだけじゃないか。そんなことよりむしろ、「対話そのもの」がゴールであるような社会を構想することはできないのだろうか。

武邑光裕は、テックシンカーのジェフ・ジャーヴィスのことばを引用して、二一世紀の経済のありようをこんなふうに語っている。

「二〇世紀は生産と消費が分離し、それを広告・マーケティングがつないでいたが、未来においてはそれが一体化したentityとなる。オーディエンス、コミュニティ、運営チーム、が、そのentityを構成する。二一世紀においては、コンテンツも、デリバリーも王ではない。対話コミュニティこそが、王である」

武邑は、同時にこうも語る。

「ベルリンにゴールはない」

言うまでもなく「対話」には、本来ゴールなんてない。対話の目的は対話そのものである。ベルリンのスタートアップ・カルチャーとはそういうものなのかもしれない。それは本質的には自己充足的な営為であって、そこから派生する経済は、あくまで「おこぼれ」でしかなく、ゴールでもなんでもない。ゴールがないということをもって目指すべきゴールとするという意味において、それはアートに似ていて、人はなんらかのゴールを目指して生まれてきたわけではないことを思えば、それは生きていることそのものにさえ似ている。

2017.09—Israel Report
エルサレムでコワーキングを

ベン・グリオン国際空港に午前一〇時に到着した。年に多くて一〇日ほどしか雨が降らないというテルアビブの空は、ほかの三五五日がおそらくそうであるように、真っ青だった。市内へと向かうタクシーから見える景色は、予想していたような中東のそれではなく、むしろカリフォルニアのそれを思わせるものだった。背の低い灌木が適度に生えた中途半端に荒涼とした砂漠、高速道路の混み方、ロードサイドに立つ商業施設など、看板やロゴの文字がヘブライ語であることを除けば、ほとんどカリフォルニアと変わらないように見えた。

市街に入ると、タクシーの運転手に、どこから来たのかと問われた。「日本」と答えると、「カンフーできるか?」ときた。「カンフーね、それは中国のもんだけどね、日本でも昔は人気だったよ。で、誰が好きなの?」と問い返すと、「ジャッキーとジェット・リーだね」「サモハンは?」「サモハン? 知らないな」「知らんのか。太ってんのにキレキレなんだよ」「太ってんのに? そりゃおかしいだろ」「おかしくないよ。カンフーパンダみたいなもんだよ」「なるほどね」。

テルアビブの暮らし向きについても聞いてみる。アラブ系運転手は「クソだね」と言い、「女どもを見てみろよ」と道端で信号待ちをしている女子を指差す。「彼女のなにが問題なの?」「Whore みたいなカッコしてやがる」。ちょっと小太りで、さしてかわいいわけでもないその女の子は、たしかに無駄に肌の露出が多い。「どこかよその国に行きたいとか思うわけ?」「いつも思ってるよ」「行くならどこがいい?」「アメリカだよ」。

到着したホテルは、ロスチャイルドの名を冠する目抜き通りの一番イケてると思しき界隈に建っている。夜になると周辺のバーやレストラン、建物の屋上にあるクラブなどは、遅くまで人でごった返す。東京でいうなら六本木界隈という感じだろう。露出多めの女子がさかんに夜の通りを行き交う。カンフー好きのあの運転手なら、つばを吐きかけたかもしれない。少なくともこの界隈は景気が良さそうで賑わいもある。なにを隠そうこのイケてるホテルの上層階には、あのFacebookがオフィスを構えている。

旅の最終日にそのFacebookのオフィスを訪ねた。(たしか)「プロダクトマネージャー」を名乗る、元アントレプレナーがオフィスを案内してくれる。もはやさしてクールとも言えない「スタートアップ様式」のオフィス。壁の至るところにありがちなスローガンが貼り出されていたが、内容は覚えていない（写真を見返してみたら「Gain the Edge」とか書いてあった）。眼下に地中海とヤッフェ港を見ることのできるカンファレンスルームで、プロダクトマネージャーは、このオフィスがFacebookがアメリカ国外に構えるふたつしかないオフィスのひとつであることを誇らしげに語る（もうひとつはロンドン）。

このオフィスに勤める社員は、ほぼすべてがイスラエル人だ。イスラエルの移民法は国外からのワーカーを厳しく制限しているため、必然的にそうならざるを得ない。プロダクトマネージャーは「その代わりロンドンのオフィスは、これでもかというくらいダイバースだけどね」と、聞いてもいないのに弁明する。Facebookでは、誰もが自分の意見を言う自由が与えられているけれども、その自由には責任が伴うのだとも彼は言う。その責任を十二分に果たしたものは、どんどん社内でポジションを上げて行くことができるし、それに応じて給料も飛躍的に増えていく。ウィナー・テイクス・オールのシリコンバレーの原理が、ここテルアビブのR&Dセンターにも行き渡っている。「アントレプレナー精神をもった人にとって、これほどやりがいのある場所もない」。自身がアントレプレナーでもあったプロダクトマネージャーは語る。「採用の観点から言うと、自分のビジネスを続けようかどうしようか迷っている、岐路に立った起業家が狙い目と言えるね」。

スタートアップブームに沸くテルアビブにおいて、アントレプレナーシップは、ひとつの様式のようでもある。ビジネスの種となるようなアイデアをかたちにして、それを素早くバイアウトする。そこで得た資金をもって次いで新たなビジネスを立ち上げるか、今度は自らが投資する側へとまわる。人工知能、サイバーセキュリティ、IoT、ドローン、自律走行車等々、最新のテクノロジーは着々と実装に向けて進化していくものの、それがもたらす社会や市場がどのようなものになるのかについては誰も明確な絵図を描けない不定形な時代にあって、サービスやプロダクトを練りに練って一点突破のディスラプションを狙うのは、あまりにも高くつく。現状のマーケットを握っているビッグプレイヤー相手に、現実的なイノベイションの手助けをするほうがビジネスとしてははるかに割がいい。テルアビブのスタートアップは、実にしたたかで堅実だ。BtoCでもBtoBでもなく、BtoE（ビジネス・トゥ・エンタープライズ）がその基本モデルだ。

一九七三年、第四次中東戦争で惨敗を喫したイスラエル軍は、武力衝突によるダメージを回避するための最善の方策は、武力そのものをアップグレードをすることではなく、むしろ、衝突以前の情報戦において勝つことだと悟る。

それを受けてインテリジェンス部門への集中的な人材開発が行なわれたことが、現在のITセクターの興隆の基盤をなした。イスラエルのNSAと呼ばれる「八二〇〇部隊」出身者によるVC・インキュベイションファームTeam 8のスタッフは、その転換をこう簡潔に言い表す。「ディフェンスからオフェンスへ」。敵国のシステムをクラックし、攪拌し、ときには思うようにマニピュレートすることを可能にする、国家公認のハッカー集団をイスラエルは軍内部に育て上げた。「友好的ではないご近所さん」に囲まれたイスラエルにとって、それは国家の生命線とも言える存在だ。なればこそ、国家のなかでもトップオブトップのエリートがここに配属される。

もっとも「エリート」は、ここでは必ずしも成績の優秀さだけを意味するわけではない。むしろ思考の柔軟性やしなやかさ、ダイナミックさが重視される。そうした才能の開発は、決して効率的ではないが「効果的だ」とマネージャーは語る。なぜなら、敵国との絶えざるいたちごっこでもある諜報の世界は、戦術が固定化され、定式化されることが許されないからだ。「これまで」とはちがう発想をする若者たちを絶えず組織内に送り込み、非合理的な跳躍を絶えず生み出すことによって、常に相手の一歩先をいくこと。それは、はからずもFacebookが、次々とアントレプレナーたちを組織内に抱え込むことで継続的にイノベイションを起こし続けることを目論むのと同じ発想であり、隠し立てすることのない臆面ないエリーティズムも共通している。

ウィナー・テイクス・オールの原理が宿命的にはらむエリーティズムは、少なくともシリコンバレーにおいては、それが「世界を変える」ことや「社会課題の解決」や、より良い社会をつくるという「ミッション」を繕うことによってかろうじて正当化される。けれども、テルアビブで、こうしたことばを聞くことは稀だった。「国内マーケットがない」という観点から、いの一番に米国市場を狙って開発されるビジネスは、国内にあるはずの「課題」に目をつぶってしまっているようにすら見えた。自律走行車に搭載されるべき基盤技術やライドシェアのサービスなどがこれほどさかんに開発されている国の首都は、呆れるような交通渋滞に慢性的に苛まれている。不安定な社会基盤の上に乗った、エリートたちによるエリートのための（そして、おもにアメリカをパートナーとした）、「ゼロワン」づくりのゲームは、どこか危うく刹那的に見えた。

だからこそ、旅の途中で半日ばかりエルサレムを訪ねて、少し安心した。「ダイバーシティ」や「社会課題」や「インターディシプリナリー」といった、イノベイション界隈ですっかり使い回されて擦り切れてしまった、そもそも好きでもないことばを、ようやくエルサレムで耳にすることができて、むしろホッとしたのだった。

一九六七年の第三次中東戦争によって東エルサレ

ムがイスラエルによって支配されることとなり、エルサレムは都市周辺の開発が急激に進んだことで、都市がスプロール化し、中心市街がひどく荒廃した。そこをめがけて学生やアーティストたちが自らの拠点としたというような歴史があることを、「Jerusalem Season of Culture」という文化プログラムの副ディレクターを務めるカレン・ブルンヴァッサーから説明を受けて「へえ」と驚いた。荒廃したベルリンにアーティストやハッカーが流れ込んでスクワットしたのにも似た経緯が、おそらく有史以来争いの震源地となってきた「聖地」にあることは、おそらくあまり語られていない。

旧市街のなかだけでも、アルメニア人居住区、ユダヤ教エリア、イスラム教エリア、キリスト教エリアの四街区を内包した多様性の街は、そうであるがゆえにいまなお自爆テロのターゲットになるものの、「この街は、そもそもがダイバースで、おそらく地球上で最も複雑な空間なのです」とカレンが語ったとき、彼女は、そこにおそらくポジティブなニュアンスを込めたはずだった。彼女は、会った当日の夜に開催が予定されていた音楽フェスについて熱く語ってくれたが、それは「未来の中東」をテーマに、多様な国籍、人種、音楽を混淆したプログラムになるとのことだった。

一階にコワーキングスペース、二階に社会起業家のためのシェアオフィス、そして三階にアーティストのアトリエを擁するという古ぼけたビルの前で、彼女は、そのシェアオフィスやアトリエで、厳格なユダヤ教徒、パレスティナ人、世俗的ユダヤ人が、隣り合って働いているのだと誇りをこめて語る。イノベイションを起こすためにはオープンな環境が必要であり、だからこそコワーキングスペースのような空間が有効なのだというロジックは、すでにしてクリシェでしかないが、それがエルサレムという、世界で最も断絶が深い空間で実現されることの意味は決して小さくない。たかがコワーキングスペースにしたって、そこに数千年来いがみあってきた民族・宗教セクターを集わせ協働へと導くことは、それ自体が最も困難な課題の解決に向けたイノベイションとなりうる。

中東地域の複雑な問題について、わずか数日の滞在でなんらかの見解を語るのは、さすがにおこがましい。思えば、物心がついた頃にはすでに、長らく戦争の舞台であったし、いまなおそうあり続けている。しかし、だからといって「中東は複雑すぎて解決不能」という状態が未来永劫デフォルトでなければならないわけでもないだろう。イスラエルの初代首相ベン・グリオンは「リアリストであるためには、奇跡を信じられなければならない」という名言を残している。

イスラエル国の運輸大臣であるイスラエル・カッツがぼくらに向けて特別にしてくれたプレゼンテーションは、人や物資がより流動的に動くことで生まれる経済的な交流のなかに新しい中東の姿を描こうとするようなものだった。カッツのモチベーションが果たしてどこにあるのかは定かではないが、イスラエルのハイファの港から、バグダッドを経由して、ペルシャ湾へと抜ける鉄道網の再興は（それがうまく行けば）、新たなコネクティビティをもたらし、新しい動脈として、ペルシア半島という身体に新たな代謝をもたらすことになるにちがいない。さらにパレスティナの沿岸沖に人工島をつくり、それをパレスティナ経済を向上させるための起爆材としようというアイデアも、これまた地政学的上の目論見が背後にはあったとしても、イスラエル政府の要人によって語られたことのインパクトは大きい。アラブ世界ときちんとコミットし、経済圏として魅力的なものとして再興しようというビジョンは、ぼくらが知っている中東とは、まったく異なる中東の姿に想いを馳せることを許してくれる。

自分がモデレーターを務めた「アジア諸国とイスラエルの今後の関係性」をめぐるＤＬＤにおけるセッションでとりわけ印象的だったのは、いま、シンガポールが、イスラエルとその他のアラブ諸国とをつなぐゲートウェイになっているという指摘だった。中東諸国を取り持つ中立地帯としてのアジア。カッツ大臣も、半島横断鉄道構想において、日本の技術に大きな期待を寄せていたが、おそらくそこには技術以上の期待が込められていたようにも思えてくる。

中東地域に、だまし討ちのような格好で、英国とフランスが国境線を引いた「サイクスピコ協定」は、いまなおこの地域における大きな軛となっている（この協定の成立の背景は、名画『アラビアのロレンス』に詳しい）。テロ組織「ＩＳ」が掲げる理念は、アラブ世界を「サイクスピコ協定」以前の空間へと引き戻すことを謳っており、西洋諸国による分割とそこから始まった搾取への反発がいまだに根強いことを物語っている。そうしたなか、過去にそこまで根源的な禍根を残してもおらず、イスラムに対しても、キリスト教やユダヤ教に対しても、ある意味ニュートラルなポジションにあるアジア人の存在は、貴重なものなのかもしれない。

フランスの家族人口学者エマニュエル・トッドは、『シャルリとは誰か』（堀茂樹訳、文春新書）という本のなかで、「友愛」の名のもとに行なわれたものの、実質的には反イスラムを主旨としていたデモがフランス全土から世界中で吹き荒れた際に、日本のメディアや国民が、そうした熱狂に対して冷静だったことを評価していたが、その内実はどうあれ、欧米人が抱いているようなイスラムへの恐怖や嫌悪を日本人はそこまで抱いてはいないことは間違いない（おそらく無関心なだけなのかもしれないが……）。

運輸大臣が、中東の行く末を変えるかもしれない大きな構想を抱き、そこに日本の参加を求めるのであれば、そこに単に短期的な経済メリットだけでなく、もっと大きな未来の可能性に思いを馳せるべきなのだろう。いま「奇跡」を語るなら、解決不能な「分断」をいかに乗り越えことこそが一番の奇跡であるはずだ。

ぼくらのアフリカン・コンピューター

2017.09.11 – WIRED, Vol. 29

アフリカ特集のための巻頭言だが、半分以上引用という手抜き原稿となってしまったのは、自分は取材には一切出向かず東京でお留守番をしていたからだ。「現地で適当に面白いものを見繕ってこい」という無理無体なミッションとともに、三人のスタッフを単身でアフリカに送り出したのだが、結果は予想以上のものとなった。

「コンピューターにはアフリカが足りない」。ブライアン・イーノがかつて語った謎めいたことば（予言?）がずっと気になってきた。それはいったいなにを意味するのだろう。いや、なにを意味しているかはなんとなくわかる。問題は「アフリカで充填されたコンピューター」がどういうものなのか、どうにもまったくイメージできないことだ。

そのことばは、一九九五年の五月に当時の『ＷＩＲＥＤ』ＵＳ版編集長だったケヴィン・ケリーとの対談において語られたものだ。いまアートにはどんな価値があるだろう。そんな問いから対談は始まる。そして、ほどなくケリーは「過去へのタイムマシンがあって、アートが意味をもっていた時代に行けるとしたらどこに行きたい？」と尋ねる。イーノの答えと続く会話を、これを機に引用しておこう。

「アラブの知性が絶頂にあったころかな。つまり一一世紀前半から一三世紀半ばの間のどこかに行けたら素晴らしいだろうね」

「ルネッサンスじゃないんだ」

「ルネッサンスには正直それほど魅せられないんだ。エキサイティングな時代だとは思うんだけど、ルネッサンスは、色んなものを切り捨てた時代でもあると思う。人間の魂のある部分、いうなれば汚らしくて野蛮な部分を無視するというか。と同時に、そこには完全性や予測可能性への志向があって、それはいまなおぼくらに重くのしかかっているものだ。アラブの絶頂時代と現代には類似性があると思うんだ。当時起きたのは、ひとつの認識の形式が、異なるものへと大きくシフトすることだった。古いシステムは衰退し、崩壊し、痛みのなか新しいものが生まれた。科学と錬金術、哲学と宗教との均衡を見ることができるとしたらスリリングだろうね」

「逆に未来へ行けるとしたら?」

「五〇年後だね」

「せっかくの魔法のチケットの使い道としてはもったいなくない?　五〇年後だったらまだ生きてる可能性だってあるじゃない。そこまで待てないってこと?」

「そう。待てないんだ。アフリカでなにが起きているかを見たいんだ」

「アフリカ?」

「アフリカはクラシック音楽がもっていないもののすべてだ。クラシック音楽は——オーケストラと言い換えたほうがいいかもしれないけれど——デジタルでカットアップされたものだ。リズムにおいても音程においても、音楽家の役割においてもね。すべてが箱のなかに収められている。チェスや暗算やクラシックの作曲といった分野に神童が現れてくるのは、それが非連続で分割された可能世界だからなんだよ。クラシック音楽のなにが嫌いって、オーケストラが同じ曲を何度も何度も演奏するところ。それはアフリカを欠いた音楽なんだ。それが表象するのは、古典的な階層構造、序列化、すみずみまで行き届いた統御といったものだ。それはルネッサンスがもたらした最も嫌悪すべきものを象徴している。それがなにかというと、極度に緩慢なフィードバックループだよ。〔略〕

ぼくがなぜコンピューターが嫌いかわかる？　コンピューターにはアフリカが足りないからなんだ。だからぼくはコンピューターを長く使っていられない。オタクっていうのは、つまるところアフリカが欠如した人間のことだ。そんなことを言うと逆差別のように聞こえるかもしれないけれどアフリカとのコネクションはとても重要なんだ。なぜ音楽がこれほどの長きにわたってぼくらの暮らしの中心にあり続けることができたかというと、そうやってぼくらがアフリカを取り込んできたからだよ。いまから五〇年後、その感性がアフリカ——あるいはブラジルかもしれないけれど——から音楽以外の領域、たとえばコンピューターのようなもののなかに流れ込んでいるのを見たいんだ」

アメリカやヨーロッパを経由して、ぼくらの暮らしを満たした音楽のなかにあるアフリカ。それが、文化のあらゆる領域、たとえばコンピューターやスマホやインターネットを満たしていく世界。それはいったいどんなものだろう。イーノのことばに従うならば、それは不完全で、予測不能で、連続的で、階層構造も序列ももたず、制御の観念も希薄なものだろう。ここで、イーノが「神童」というものを、ルネッサンスに端を発する近代知性の産物としているのは重要だろう。彼が「アフリカ」に期待したのは、老いた西洋世界に対置された「若さ」や「無垢」ではない。

イーノが語った「五〇年後」までの道のりももう半ばに近い。いまアフリカになにを見ることが可能だろう。今号の「旅」に答えはない。イーノが語った「アフリカン・コンピューター」をめぐるイマジネイションを、いくつかの都市の風景の断片や出会った人びととの対話から、ただ羽ばたかせてみるだけだ。

「Ain't nothing cooler than the wrong moves, When you do'em to the right song」(間違ったムーヴを、正しい曲に合わせてすることほどクールなものはない)

「Particula」という曲で、人気DJユニットのメジャー・レイザーはナイジェリアのラッパーやDJとフックアップしている。東京でお留守番をしながら、優雅にダンサブルなこの曲を繰り返し聴いては、来るべき知性ってのはそんなふうに踊るものなんじゃないかなどとぼんやり思い、夏を過ごした。

2017.09.11 – wired.jp

アフリカとの対話はいかに可能か

アフリカをテーマとした特集は、その前につくった「ものづくり号」と、その後の「アイデンティティ号」を橋渡ししつつ、「リアルワールド」という旅プログラム（四三六頁）、ダイバーシティをテーマにした連続講座など、同時に展開していたほかのプロジェクトに関わるテーマをも内包するものとなった。逆に言えば、アフリカは、同時代における重要なテーマがいくつもクロスする場所なのだ。本来雑誌が取り上げるべきは、そういう対象でなくてはならない。

『ＷＩＲＥＤ』日本版では、今年から「リアルワールド」という旅のプログラムを本格的に始動しはじめた。五月にエストニアのタリン、七月にベルリン、そして、この記事がちょうどアップされるころ、イスラエルを旅しているはずだ。

趣旨としては、いま、世界で最も先進的といわれている都市を訪ね、スタートアップ企業やテックカンファレンスをめぐり、さまざまな職種の人たちとミートアップするなかで、なにがその都市の先進性をドライヴしているのか、その秘密を探ろうというもので、昨年敢行したタリンへのテストツアーを含めて、まだ三回のみの実施だが、これがびっくりするほど面白い。

旅はもちろんプランを必要とする。しかし旅の醍醐味は、結局のところ、そのプランからはみ出した意想外の出合いや発見に宿る。そしてそれこそが、なにを隠そう、まさに昨今猫も杓子も語りたがる「イノヴェイション」の生み出し方（ってものが本当にあるとして）の要諦ともいえる。

それは計画できないことをいかに計画するか、という矛盾に満ちた行為なのだけれども、旅になぞらえて考えれば、なにもそこまで突飛な考えというわけでもない。というわけで、旅とイノヴェイションなるものは実に相性がいい。

自分ごとでいえば、昨年のタリンでブロックチェーン特集のアイデアを授かることになったし（三七〇頁）、今年の「WIRED CONFERENCE」（一〇月一〇日開催）のテーマで、一二月に発売される号の特集の主題であるところの「アイデンティティ」という語をもたらしてくれたのも、やはり今年行ったタリンだった。

それは、イノヴェイションというよりはインスピレーションと呼ぶべきものだが、なんにしたって、デカいお土産にはちがいない。そういう授かりものは、行けば必ずみつかるというわけでもないが、行かないことには決してみつからない。

アフリカを特集してみたいという欲求はずいぶん前からあった。銀行が普及していないケニアでは、「M-Pesa」と呼ばれるモバイルバンキング・サーヴィスがいち早く一般化し、九〇年代に突如として映画産業が勃興したナイジェリアでは、そもそも映画館というものがないがゆえに、Netflixと同等のSVO

Dサーヴィス「iROKOtv」がいち早く立ち上がり普及した。銀行や映画館といった旧時代のインフラストラクチャーにデジタルテクノロジーをどう接続させるか、先進国が四苦八苦しているのを尻目に、アフリカでは鈍重な近代をすっ飛ばして、ありうべき未来がどんどん実装されていく。

こうして一足飛びに未来へと跳んでいく様相は「リープフロッグ」ということばで言い習わされるが、実際アフリカは、近代化があまりにずさんなかたちでしか遂行されなかったがゆえに、デジタルテクノロジーがそのポテンシャルを十全に発揮できるスペースがある。

逆に、日本のようにあまりに精妙に近代化が成し遂げられてしまった空間においては、なにかをドラスティックに向上させるよりも、せいぜいすでにして足りていないわけでもない選択肢を増やすか、便益の微増をもたらすくらいしかできずにいる。

たとえば、日本におけるドローン宅配が単に新奇なオプションでしかないところ、アフリカではそれが決定的にちがう役割を果たすことができる。それは「物資を運ぶためには、まずは道路が必要だよね」という要件をすっ飛ばすことを可能にし、先進国の宅配ドローンが「配送車」の風変わりな代替物にすぎないならば、アフリカにおけるそれは、実に「道路」の代替物となる。中央のシステムがコラプトし機能していない空間では、なにかと「分散型」を得意とするテクノロジーは、のびのびとその本領を発揮することができる。

というようなことは、さほど目新しい話でもない。欧米のメディアは、ずっとアフリカのイノヴェイションの動向に気を配ってきたし、期待もかけてきた。サッカーの世界なんかでも、「サッカーの未来はアフリカにある」なんてことは、それこそ九〇年代くらいからずっと言われてきている。同じことが、今度はビジネスやテクノロジーの分野で言われているだけのことだが、ことサッカーについていえば、カメルーンやナイジェリアやコートジヴォワールなどの国が、未来の片鱗を見せてくれたことはあるものの、歴史を後戻りさせることを不可能にするような決定的なブレークスルーをもたらすまでにはいたってはいない。

アフリカへの期待は、なかなか実現しない。むしろサッカーにおいてアフリカは欧州大陸への移民というかたちで欧州のモダニズムとときに融合し、ときに内破するようなやり方で、その力を発揮するにいたっているように見える。

行き詰まってしまった近代社会のあり方を超克するアイデアやインスピレーションを、近代化が立ち遅れた「低開発国」の手付かずの無垢さのなかに見出そうとする視線は、すでにだいぶ前から手垢のついたクリシェでしかないし、アフリカに「現代人が失ってしまった人間らしさ」のようなものを見出そうというような退行的ヒューマニズムもとっくに失効している。「ＢＯＰビジネス」と口当たりのいいお題目を言いながら、市場拡大の野心を隠し立てもしないグローバル経済のエゴイズムも品がない。むしろ、そうやってアプローチすればするほどアフリカは遠ざかっていく。アフリカを「ネタ」に、雑誌の特集をやること自体が搾取じゃないか、と言われればおそらくその通りで、であるがゆえに「アフリカ」というものに、どう接近しうるのかはとても難しい。

それは、メディアで「ダイヴァーシティ」というテーマを扱うのが難しいということとおそらく同じ問題系のなかにあって、今号のなかで、取材スタッフが現地でやたらと「アイデンティティ」の語を耳にすることになったのはおそらく偶然ではない。その問題系は、性や障害、高齢者の問題、人種や宗教の差異の問題、都市と地方、開発と低開発の間にある格差といった問題と通底しあう難題で、言うまでもなく、それをどう取り扱い、どう解決するかをめぐる困難はますます先鋭化している。

トランプ政権下のアメリカや、テロが相次ぐ欧州などに見られるように、さまざまな価値観の間で抜き差しのならない分断が拡大し、フィルターバブルのなかに引きこもったそれぞれの陣営が、そのなかでひたすら憎悪と戦闘性とを養っていくような時代にあって、他者と出会い対話することの困難はいたるところにある。

そんななか、アフリカは、もしかしたら、こうした苛烈な分断を長らく生き抜いてきた果てに新しいなにかを手に入れつつある「先達」とみなすことができるのかもしれない。隔離や殺戮や格差の果てに、インスタを通して世界に自分たちの「声」を発信しはじめた南アフリカやケニアやナイジェリアやルワンダの若者たちは、一足先に「分断」のその先を歩いているとは言えないだろうか。

リープフロッグの語で語られるアフリカの諸相よりも、むしろいまぼくらがみるべきアフリカは、そっちなのかもしれない。しかし、すでに述べたように、そうしたテーマをメディアで扱うことは、とても難しい。だからこそ、今号では旅というフォーマットを最大限に利用することにしてみた。

いくつかの仮説は立て、いくつのか訪問先はあらかじめプランするけれど、それを目的とはせず、あくまでも契機として捉え、そこから面白そうなコミュニティのなかに入り込んで、予想外の出会いと対話を重ねることを主眼においた。

この特集に出てくる多くの人は、国際的な有名人でもなければ、今後注目すべきスターというわけでもない。たしかに数多くのアーティストやクリエイターを紹介はしているが、特集内で彼らの作品を「査定」して、それをグローバルマーケットのなかで価値づけることを意図してはいない。本当に、たまたま出会った人が、たまたま取り上げられているだけなのだ。

むしろ、今号では、写真の撮影をすべて現地のカメラマンにお願いした点がより重要かもしれない。よき道案内として現地をナヴィゲートしてくれた彼らの視線を追うことそのものが、今号の大きな価値をなしている。アフリカのカメラマンだけを起用して一冊丸々アフリカ取材を敢行した例はおそらく日本ではないはずだ。

結局のところ旅の面白さというのは、見たり出会ったりした「対象」にだけ宿るわけではない。面白いものや人が、客観的な事物としてそこにいるわけではない。それは、常に、そこから「面白さ」を取り出す「こちら側」との相互性、つまりは対話においてしか生まれない。

ベルリンのツアー(四四三頁)を終えて行なった事後報告会で、ある参加者がイノヴェイションというものについてこんな見解を語ってくれた。「壁を壊すこと、つまり、壁を超えて対話することそれ自体が、イノヴェイションなんじゃないですかね」。

人と人の間にあった壁を乗り越えて、対話を可能にする新しい「場所」をつくること。ベルリンにおけるテクノミュージックやスタートアップカルチャーは、そうした役割を担うことで、いまの隆盛の下地をつくり上げた。

虐殺後のルワンダにおいてテクノロジーやアートが果たすであろう役割、アパルトヘイト後の南アの若者たちにとってインスタグラムやコンバースが果たす役割、行政府が崩壊しロクに機能しないケニアやナイジェリアでファッションや音楽が果たす役割がきわめて重要であるのは、それが、苦しい過去の記憶やクソったれな現実に飲み込まれることなく新しい対話を可能にする、新しい中立地帯となるからだ。

そして、その中立地帯において、極東からやってきた不案内な旅人も、ようやくアフリカと対話をすることが可能となるのである。

仕入れのこと

2017.10.16 — 『編集会議』2017, AW

本稿は雑誌『編集会議』で「プロデュース力」をテーマにした特集で取材を受けた際につくったものだ。いったん取材ライターさんがまとめてくださったのだが、こちらの話があまりに支離滅裂だったせいで、こちらで一から書き直させていただいた（ライターの方には申し訳ないことをしました）。「プロデュース力とかぬるいこと言うなよ」と企画そのものを真っ向から否定したせいか、「逆張りの編集論」とかいうタイトルが付けられて恥ずかしかった。ってこっちは、逆張りのつもりはないからさ。

出版社における編集部ってのは、レストランでいうと仕入れの仕事にあたる部門だと思ってるんです。財務上の話でいうと、雑誌編集部は「売上」がつかない部門で、売上は基本広告部だったり販売部だったりのアカウントに入るので、編集は基本割り当てられた予算を使うだけなんです。つまり、そもそもがなにかを「売る」部署ではなく、外からなにかを「買ってくる」部署。製造業だと仕入れ部とか、購買部ってありますよね。それです。企画はもちろんするんですが、基本、あらゆる実製造は、ライター、カメラマン、イラストレーター、デザイナー、印刷所などがやるものなので、どっちかというと生産管理が仕事なんですよね。なので、予算をいかにうまく使って「いい買い物」をして、それを通して、いかにクオリティを担保するかというのが編集者の本務だと思うんです。企画と仕入れ。もちろん「いい買い物」のなかには、取材対象などを含む、いわゆる「ネタ」の仕入れも含まれます。

寿司屋さんを例にとると、寿司自体の販売価格やお客さんの質って、完全にネタの価格や質とリンクしてますよね。いいネタを入手できるチャンネルがあって、そこから安定的な供給を確保できるのであれば、地代の高いエリアに高級店も出せますが、それができなければ別の戦略を考えないといけない。逆にいえば、いくら高級店をつくりたいと思っても、それに見合う「仕入れ」の算段が立たなければ絵に描いた餅になってしまう。そりゃ、村上春樹に小説を書いてもらえば、ものすごい売上が立つのはそりゃそうなんですけど、アクセスが限定されてる上、大枚をはたけばアクセスが開くというものでもないんですよね。つまり「売る」戦略は、常に「仕入れ」の戦略と結びついていて、いくら「売る」話を綿密にやったところで、仕入れの算段と結びついていない限りは意味がないんです。

そのことをちゃんと考えないＩＴっぽいやり口ってのは、仕入れを「クラウドソースする」というもので、それ自体が悪いわけではないですし、ネタをクラウドソースして寿司屋を始めるってアイデアはあり得たとしても、まあ、普通に考えるといいマグロなんか絶対手に入らないわけですよね。というような話を業界全体が見くびってきたという印象があって、いま言ったようなＩＴっぽい手口にうっかり乗っかると、単なる横着に帰結することになって、ＤｅＮＡの問題のようなことが起きるわけです。

みんな出口の話ばっかりしてて、一向に入り口の話をしないことに、ずっと腹を立ててきたんですが、仕入れ先の選択肢が狭まると、その分出口も狭まるということなので、仕入れ先のマーケットをどう開拓、開発するのかは、その財務上の使命からも、編集にとって本来最も重要なことだと思うんです。プロデュース力なんてふわっとしたこと言ってないで、編集者は、ちゃんとコンテンツとそれを調達するためのマーケットに向き合うべきだと思います。『WIRED』日本版では、イラストレーターも写真家も、やたらと海外の人使ってますけど、世界に目を向けると仕入れの市場は本当に豊かなので、より日本の市場の空洞化、クオリティの低下は目につくんですが、これって産業自体の存続に関わる問題ですよね。

『編集会議』さんのこの特集なんかもそうだと思うんですが、「いかに売るか」という話ばかりにみんなが気に取られてる状況ってどういうことかというと、「自分たちはいいものをつくってるけど、売り方が間違ってるにちがいない」って仮説のなかにいるってことですよね。そこを突いて、マーケティングにおける手法論が幅を利かせることになるわけですが、いい加減、それもうデッドエンドなわけですよね。これって、「売る」戦略から「つくる」戦略を立案するという道筋が、もはや限界にあるということなので、いい加減考え方の手順を変える必要があるんです。で、それは、そもそも、自分たちが思ってる「いいもの」って、本当に「いいもの」だったんだっけ、という反省から始まるものだと思うんです。

これは人から聞いた話なので本当かどうかわからないんですけど、雑誌『POPEYE』がリニューアルしたときに、編集上のルールとしてジャニーズのタレントをだすのをやめることにしたそうなんです。それによって、編集の風通しがよくなっただろうというのは、誌面をみていてわかりますし、編集が伸びやかにコンテンツをつくっている環境のなかから、よりいまの時代に即した「感覚」を手に入れたという感じはしたんですよね。これって、要は「仕入れ」のチャンネルを整理したというだけのことで、そのことだけでプロダクトが、俄然生き生きしだすことがあることの好例だと思うんです。

ジャニーズのタレントを使えば、そりゃジャニーズファンは買うんですよ。でも、買ってるのはジャニーズファンで雑誌自体のファンじゃないんですよね。で、そこに体質的に依存した結果、雑誌自体のファンベースが空洞化するということにどんどんなっていく。それをまったく求めてない読者に向けて、ただ人気あるだけのタレントを投入することのビジネス上の合理性っていったいどこにあるんですかね？　そんな戦略が行き詰まるのは、あらかじめ見えてるじゃないですか。で、それをちゃんと反転させようと思ったら、コンテンツの本質的な部分から現実的に考えて、ネタの仕入れ戦略を見直すというのはいい手なんです。だって、何十年来露出し続けてきたタレントを使って、「新しい感覚」を表現することなんてできないし、それがなければ「新しい読者」を獲得するなんてできないに決まってるじゃないですか。

そうやって既存の「可視化されているマーケット」にばかり依存することで、日本の雑誌カルチャーは結果的に、「人頼み」のプロダクトばかりが増えてしまって、取材対象者でも、筆者でも、イラストレーターでも、写真家でも、ちょっと人気が出ると、みんなで一斉にそれに群がって食い尽くしてしまうんですね。しかも、食い尽くしちゃうスピードがどんどん早くなっているので供給というか仕入れが追いつかなくなってしまう。希少性があったから高く売れていたものを、ひたすら消費していったら、そりゃ価値はどんどん下落していきますよね。あたりまえの話ですけど、あらゆる人が知ってるものとか人っていうのは露出が増えれば増えただけ、出演料はあがっても、コンテンツとしての情報価値、クレディビリティは下がるんです。

なので、『ＷＩＲＥＤ』では最初から、そういうネームドロップ的な手法は、できるだけ避けるようにしてきました。「その人のファン」が買ってくれてもしょうがなくて「ぼくらのファン」をつくらなきゃいけないという観点からすると、ネームドロップは明らかに逆効果なんです。むしろ、重要なのは、情報を選び取る視点や感覚を好きになってもらうということで、それがうまく浸透すれば、取り上げる人や書き手の有名無名なんて問題にならない。そうなって、初めてちゃんと新しく「売る」戦略を考える意味も出てくるんだと思いますけど。

おそらくどんな編集者でもそうだと思うんですが、世の中に対して、新しいキーワードやテーマ、新しい視点や価値観を提出することで支持を得ることを目指しているはずなんです。有名人使って、その有名人が出てたらなんでも買うというファンが買ってくれて、それが売れたからといって、それだけをもってそいつが「いい編集者」であるなんてことを信じてる人なんていないと思うんです。そういう意味で、編集者っていうのは、まだ可視化されていないマーケットをめがけてなにかを放り込んで、それが放り込まれたことによって、未知だったマーケットが立ち上がってくるようなことを狙ってるはずなんです。

で、そうした未知の読者群っていうのは、未知なものなので数値としては出てきてないものなんです。数年前に『もし高校野球の女子マネージャーがドラッカーの『マネジメント』を読んだら』（岩崎夏海、ダイヤモンド社）って本がヒットしましたけど、本が出る前に、あらかじめ「野球部の女子マネージャーがドラッカーを解説してくれたらいいなあ」と思ってる読者がいたわけじゃないですよね。むしろ、この本が出たときに初めて「お、これこそおれが読みたかったものだ」と意識するわけです。企画時点では、具体的なニーズなんてものはまったく姿を表していない。せいぜい、ドラッカーにニーズはありそうだ、ということがあったくらいだと思うんですよ。で、それが仮にデータとして見えていたとしても、「野球部の女子マネ」に解説させようというアイデアには、いくら精密にデータ解析してもなかなか到達しないと思うんです。これが「女子マネ」じゃなくて「監督」だったらそこまで売れていたかどうか疑問でしょうし、これがドラッカーじゃなかったら「女子マネ」というアイデアが適正だったかどうかも疑問ですよね。ニーチェを「女子マネ」に解説させてもたぶん意味ないじゃないですか（笑）。

本当に優秀な編集者、クリエイターっていうのは、まだ言語化されていない時代の空気や気分を的確に捉えて、言語化したり視覚化したりすることができる人たちで、本来的には、非常にすぐれたマーケッターなんだと思うんです。そのことをビジネスサイドの人間は過小評価しすぎですし、編集者自身も、そのことを忘れて「売る話」にばかり巻き込まれているのは本末転倒ですよ。コンテンツ自体に関する議論をコンテンツ産業が一番ないがしろにしているというのは、本当に情けないことで、これは出版に限らず、音楽でも、映画でも、なんでもそうだと思うんです。そのことを見て見ぬふりして、相変わらず出口の話ばかりしてるのって、もはや思考停止というか単なる現実逃避にしか見えないんですけどね。

2017.12.06 — 『ファンダム・レボリューション』解説

やがて哀しきワンマン・カルト

ファンビジネスとかコミュニティビジネスとかいうものがあまり好きではなく。「商品を見ればつくり手の思いはわかるから」ってなことを割と素朴に信じているので、無理にストーリーとか語ってくれなくていいし、とか。プロダクトを介したいい距離感のコミュニケーションこそが市場経済のいいところだと思うので、「ファンダム」とか言われてもよ、とか。早川書房の編集子にはそうお伝えしたのだが、「それでいいので、ぜひ」となり、書いてみたのが以下。本の解説としてはまるで役に立っていないのは、『ブロックチェーン・レボリューション』のとき(三六四頁)と同様だ。

小学生のとき、中森明菜のことが好きだった。とても「ファン」だったと思う。缶ペンケースにデカデカとステッカーを貼っていたし、下敷きももっていたし、テレビで明菜が出るというと食い入るように見ていたし、Apple Music で改めて調べてみると、七枚目くらいまでのアルバムはほとんど聴いていたことも判明する(小学校のころから「アルバム重視」のスタイルだったのだ)。おそらく誰も知らない「条件反射」や「銀河伝説」なんて曲を(ファーストアルバム『プロローグ〈序幕〉』収録)、いまでもソラで歌えて、いまさらながらに驚いた。

明菜のなにが好きだったかをここで問うことにあまり意味はないだろう。むしろ、そこにどういう心理が働いていたのかを知ることが重要だ。筆箱にステッカーを貼ったり、アルバムを繰り返し聴き続けることで、自分はいったいなにをしたかったのだろう?

言うまでもなく、自分は明菜に「なりたかった」わけではないし、付き合いたいとか、もっと端的に「したい」とか思っていたわけでもない。まあ、多少はそういうことを想像することもあったかとも思うが、ファンであるというのは、必ずしもそうした「合目的性」によってドライブされているというわけではない。思い出すに、寝ても覚めても「明菜」のことでアタマがいっぱい、という状況は、どうしてなかなか苦しいものだ。切ないと言ってもいいかもしれない。そもそも、自分がどうしたいかがよくわかっていない。ただ、寝ても覚めても「明菜」がアタマのなかにいて、「あきなー!」と叫びたい気持ちがあるだけなのだ。

その後、ぐっと最近になって、少女時代なるものに一時期入れ込んだことがあったが、さすがにこちらもいい大人なので、さまざまな角度からこの気持ちはいったいなんなんだと分析したりもするのだが、結局のところ「ここがいい」「ここがたまらない」と解析してみたところで、自分がなぜファンであるか、ファンであることがなにを意味しているのか、その核心には決してたどり着かない。むしろ分析すればするだけ、遠ざかるような気さえする。ファン心理とは、おそらくまったくロジカルなものではない。

であるがゆえに、自分ですらどうしたらいいかわからない、その身をきるような切なさをなんとか解消しようと、ファンという生き物はさまざまなことをしてみたりする。対象の名前を書いてみたりする。絵を描いてみたりする。その名前が描かれたTシャツを着てみたりする。同じ格好をしてみたりする。その対象がいた場所に行ってみたりする。いずれも、なんの意味もない行動だ。それをすることで物理的に対象と近くなるわけではないし、それでなにがもたらされるわけでもない。

たとえば、どうしても好きすぎるアルバムがあったとき、自分の場合、そのアーティストやバンドの一員になりたいとも思わず、収録されている曲を弾けるようになりたいとも思わず、むしろ「そのアルバムになってしまいたい」と思ってしまったりする。それは、好きすぎる対象と一体化してしまいたいという衝動にちがいないのだが、それが中森明菜のアルバムだろうと、少女時代のアルバムだろうと、パーラメント／ファンカデリックのアルバムだろうと、明菜や少女時代やファンカデリックという物理的存在と一体化したい、ということを意味してはいない。それはむしろ「明菜」や「少女時代」や「ファンカデリック」という概念と一体化したい、という衝動に近いものだろうと思う。そして、概念との一体化というのは、中森明菜風に言うなら、はなから「できない相談」なのだ。不可能なのだ。だからこそ、ファンであることはとっても切ない。

絵を描いたり、旅に出たり、同士たちで集ったりするような、ファンならではの非合理な行動は、そう考えると「次善策」でしかない。やむにやまれず、もしくは、そうするほかに思いの発露のしようがないというところから、そうした行動は生まれる。だから、人がコスプレに興じることをもって、単純にその人がある対象と「自己同一化」しようと思っていると思ってはいけない。そこには、もう一段抽象的なステップがある。

それにしても、ファン文化というのは、なんと宗教（がつくり出した文化）に似ていることだろう。宗教にまつわる文化は、神だとか、キリストだとか、マリアさまだとか、仏さまだとか、生きているうちには決して一体化することのできない「概念」を、絵画や彫刻や建築として現出させることで発展してきた。神について激しく考え、それを激しく愛したとして、それは決して報われない。その報われぬ思いの発露として、人は神の名を書いたり、その似姿を彫刻したり、同士らと語り合ったり、自らその姿を演じてみたりする。本書でも「巡礼」「布教」といった宗教用語がメタファーとして頻出するが、おそらく人間は、超越的ななにかを、リアルな行為を通して具体物として現出させることで、それ自体を癒しの対象として自分のものとすることを願ったと見える。概念を愛するには物理的な依り代を必要とする、という人間の不自由さが、おそらくここでは問題になる。

ファン心理は、こうして、人間という生き物がもつ根源的なフェティシズムに触れることになる。ファンの第一歩は、まずは対象の「名前」を自分に近いところに刻むことにあるが、名前やロゴはそこでは、単なる文字情報ではなく、触れることのできるモノとして扱われる。それは情報ではなく、フェティシズムの対象であり、そうであるがゆえに、タトゥーとして肌に刻むようなことにも意味が生まれる。ロゴやブランド名（アーティスト名）は、それ自体が、宗教用語でいうところの「イコン」となる。

近現代の経済理論は、長らく経済主体である「消費者」というものを「自身の効用を最大化すべく合理的な行動をするもの」と考え、「企業」というものも「自己の利益を最大化すべく合理的な行動をするもの」と考え、それぞれの行動がクロスするところに「モノの価格」が決定するとしてきたが、その仮説からみたとき、「ファン」という存在は、いかにも非合理で、謎めいたものとして立ち現れてくる。そうした「合理性」のもとでは、決してファンアートを描く人のモチベーションは説明できないし、ウォーレン・バフェットとの会食につけられたバカみたいに高額なチケットの価格も説明できない。

ファンのモチベーションは、費用対効果では決して測ることができない。むしろ、ファンは、そこにそうした「経済合理性」を持ち込まれることをすら嫌う。「タダでもやる人がいるんだから、インセンティブを与えればもっとやるだろう」という観点から行なわれるマーケティングは、ファン心理を決定的に見誤っている。お金をもらってファンアートを描くような人間はファンの風上にもおけない。そんなシンプルな動態さえ、経済学やマーケティング理論はきちんと扱えてこなかった。それではもはやこれからの商売は立ち行かないということから、本書のような本が必要となっているのだろう。もちろん、これまでも「ファンダム」も、それをターゲットにした「ファンビジネス」も存在はしてきた。じゃあ、いったいなにが決定的に変わってしまったのかというと、それが容易に、組織化され、可視化されるようになったということに尽きるだろう。

消費者の一群がどこかに集い、あるブランドやアーティストやプロダクトについて、それぞれの愛や憎悪を発露することは、インターネット以前には、そこまで重大視されてこなかった。ファン文化は、あくまでも派生物であり、サブカルチャーだった。けれども、「あえてそれについて語ろうとする人たち」が大量発生し、しかもそのやりとりが外部から見える状況になると、「好き勝手にモノを言う人たち」の動態こそが、ブランドなりプロダクトなりの命脈を左右するものとなってしまう。「消費者」は消え、代わりに「ファン」と「アンチ」と「どうでもいい人」の三つの類型だけが存在する世界がそこに出現する。「消費者をファンに変えること」は、かくて世の企業の重大なミッションとなるわけだが、ここで最も重要なのは、先にみたように、「ファン」は経済学やマーケティングが想定してきた、分析可能な合理的な存在ではまったくないということだ。

どだい、ファンは、自分がなぜその対象にそこまで夢中になるのかを正確には把握していないものだ。であるがゆえに、「ファンをつくりだすプロダクト」というものをモデル化するのは難しい。せいぜい、モデル化することも言語化することもできない「非合理性」が、そのプロダクトなりサービスのなかに含まれていることが必要となる、ということが言えるくらいだろう。ファンができてから後付けで「なぜ人がそれに熱狂したのか」を分析することはたやすい。けれども、それは実際ファンの心のなかで起きていることとはなんの相似も描かないし、近似値にも迫らない。再現性が担保されるためには、それが合理的であることが条件として必要だが、ファン心理は、前提としてそうではない。企業が「ファン」というものを扱うことの困難は、ここにある。それは計画もできなければ予測もできないのだ。

二〇一二年にマクドナルドが行なった、「#あなたのマクドナルドストーリーをつぶやいて」と題したTwitterキャンペーンが、本書では取り上げられている。マクドナルドにまつわる幸福な思い出を、隠れたファンに「カミングアウト」してもらおうという趣旨だったが、キャンペーンはわずか二時間で終了する。

「幸福な思い出より不幸な思い出をつぶやきたい人の方が多かった。ツイートは、警告めいたもの（「昔マクドナルドで働いてた。オレの話を聞いたら、髪の毛が逆立つよ」）から、直接的な批判（「マクドナルドに入ったら、二型糖尿病の臭いが空気に充満してて、思わず吐いてしまった」）までさまざまだった（略）下心を押し付けようとする組織は結局、人々を思い通りに動かすことはできないと気づくはめになる」

また、ファンは、本質的に、個別に孤独な存在だ、ということも見誤ってはいけないところだろう。それが組織化されたからといって、すべてのファンが同じものをみて同じことに反応しているわけではない。ファンであるということは、対象について考えることと同じくらいの比重で、自分のことを考えることでもある。取り憑かれたようになにかを好きになるということの秘密は、それが対象の属性に一元的に宿るわけでもなく、好きになる側の個人的な思い込みにだけ起因するものでもないところにある。神秘的とも思えるやり方でそのふたつが双方から出会ってスパークすることからそれは発生する。であるがゆえに、ファンは、仮に組織化されたとしても、その本質的な意味においては個別的＝孤独であって、であるからこそ、外部から、その組織をコントロールすることは困難なのだ。もっと言ってしまえば、そうした根源的な「孤独」があればこそ、人はきっと熱烈になにかの「ファン」になるのだ。

自分の話に戻ると、どんなかたちであれ、組織化されたファン集団に属したことはないし、属そうと思ったこともない。もちろん、明菜であれ、少女時代であれ、プリンスであれ、ファンカデリックであれ、自分が熱烈にファンである／あった対象について、似たような興味をもつ人には、それなりに共感を抱くことはある。けれども、そこから生まれる繋がりを過大評価すべきではなかろう。同じものを好き合っているがゆえにこそ、微妙な差異ですら決定的な分断を引き起こす。ファン組織が、こと日本では、厳格なヒエラルキーや統制のプロトコルを有するのは、ゆえなきことではないはずだ。熱狂的な信者との対話は、信仰の対象がなんであれ、なにかと厄介だ。触らぬ神に祟りなし、と言うではないか。

　スティーブン・ブラウンは「ファン」を安易にマーケティングの対象とすることについて、本書のなかでこう厳しく戒めている。「ファンは普通の人たちじゃない。すごく饒舌なのは確かだし、商品を心から愛してくれてもいる。それに積極的に商品を勧めてくれる。でも偏った人たちの集まりだ。みんなを代表しているわけじゃない。というか、まったく代表していない。〔略〕熱心なファンが集まるのはありがたいことじゃないのかって？　すごく雄弁なファンと一緒に何かを作っていくのは素晴らしいことだって、マーケティングの教科書にも書いてあるから？　ファンはブランドにとって要(かなめ)となる存在？　答えは、ひとことで言うと、ノーだ」

　「ファン」というのは、結局のところ、決して満たされることのない心を抱える「たったひとりのカルト＝One Man Cult」なのだ。「ファン」は、その人生をかけてなにかにコミットしようとするが、一方でその対象は「ファン」の人生に対して責任を負うことは決してない。そこには決定的な分断と非対称性がある。「企業にとって必要なものと、ファンが望むものの間には常に相反がある」「ファンとオブジェクトの関係はいつも一方通行だ。ファンは愛する対象に強い感情を感じるが、対象はファンに対して同じ感情を抱くことはない」。本書の言う通りだろう。哀しいかなこれが現実なのだ。ファンの愛は、報われないし、誰かが報いることも決してできない。ファンは哀しい。その哀しみは実に人間的なもので、であるがゆえに、甘美で、危険なのだ。

最適化されてはいけない

2017.12.09 – WIRED, Vol. 30

アイデンティティがテーマの特集のために書いたものだが、あんまり関係ない内容かもしれない。データ解析やＡＩが先回りして「最適解」を選んでくれることへの反発がある一方で、全部自分の意志で決定しなきゃいけないのもいい加減勘弁してくれという気分もある。ブライアン・イーノはあるインタビューで「委ねる」(Surrender)ことの重要性を語っていたが、デヴィッド・バーンも最近そんなことをどこかに書いていた。ジョナサン・リッチマンにもそういうタイトルの素敵なラヴソングがありました。『ＷＩＲＥＤ』編集長として手がけた最後のプリント版の巻頭言。

小学生の身体データを精緻に集めることができたら、子どもたちをそれぞれの身体特性に合わせた競技へと振り分けて、より優秀な選手を効率的に育てることができる——以前、知人との会話でそんな話題が出たことがある。

足は遅いけれど力の強い子がいたとして、その子をサッカーや野球ではなく、子どものころから重量挙げの選手として育てることはたしかに効率がいい。どうせサッカーや野球をやっても芽が出ないことはわかっているのだ。向いていない競技で補欠に甘んじるよりも、得意なことで試合に出られたほうが幸せだろう、というのも納得がいく。けれども、本人が「どうしてもサッカーをやりたい」と言うとき、どっちをやらせることが最善の解となるだろうか。

「最適な解」ということであれば、もちろん重量挙げということになる。最大限の効果を発揮できる、最適の環境を選択するというのは、なんといったって合理的だし、効率もいい。データがもたらす「最適解」は、リスクを回避してくれる上に、自分の知らないポテンシャルを見いだしてくれることもあるだろう。けれども腑に落ちないところもある。

自分のニュースフィードからデータを読み取って「最適な情報」だけを取捨選択して吐き出してくれるサーヴィスがもたらす効果は「フィルターバブル」と呼ばれるが、そこで問題となるのは、自分に最適化された選択環境のなかでしか選択が与えられなくなることで、自分の志向や指向や思考が一定方向へと狭められ、そこから抜け出せなくなることだ。ビッグデータとアルゴリズムがはじき出した「予測」のもたらす作用を、手厳しい論者は「確率という名の牢獄」とすら呼んでいる。

とはいえ、どっちにしたって、人は、あらゆる決断を無限の選択肢のなかから自由に選び取って生きているわけでもない。親の言うことや、人の目や、誰がつくったのかわからない道徳や社会規範といったもののなかで、すでに選択の自由は狭められており、そのなかで渋々与えられた人生を生きるしかないという側面もある。ので、大手ＩＴ企業が自分のデータをゴリゴリ読み解いて、自分に最適ななにかを選び取ってくれるなら、それはそれでありがたいという向きもあるだろう。結果をあらかじめ知った上で、確率の良いほうの選択ができるならそうしたいと誰もが願うはずだ。個人の幸せは個人の幸せなので、他人がとやかく言う筋合いはない。が、ここでの懸念はむしろ、サッカーというゲームに最適な子どもばかりを集めた果てに、サッカーというゲームそのものがフィルターバブルのなかで痩せ細っていくことにはなりはしないか、という点だ。

マラドーナやメッシが存在する以前の環境に基づいたデータ解析は、果たして幼きマラドーナやメッシを「サッカー選手として適性」と認定することができただろうか。あるいは、かつてブラジルに、左右の足の長さのちがうガリンシャという伝説の名選手が存在したというが、ガリンシャ少年の未来における最適解が「サッカー」にあることを導き出せる解析が、ガリンシャが存在する以前にありえただろうか。

いずれにせよ、彼らにとって果たして「サッカー」という選択が「最適」かつ「最善」で、その選択が終局的に幸福をもたらしたかを判断することは不可能だ。それ以前に、最適な選択が最善の選択であるという前提には、なんの根拠もない。けれども確実に言えることはある。

彼らが、たとえ周囲になんと言われようとも、サッカーを選んでくれたおかげで、サッカーというゲームは確実に豊かになり、拡張したということだ。世界は彼らを通して新しい熱狂、新しい価値を手に入れた。それは、過去の「最適」からハミ出すことでしか生まれえなかったもののはずで、そのことをもって彼らは世界中の「適性ではない」子どもやオトナにだって、新しい夢を与えたにちがいないのだ。

最適化ということばには、現状をひたすら肯定し、ただ補強していくだけのような響きがある。未来の価値が現在との差分に宿るというのが本当なのであれば、「演算された未来」というフィルターバブルのなかには、薄まり先細っていく「現在」しかない。そこでは誰も、なにも成長しない。飛躍もない。驚きもない。未来そのものが奪われているのだ。

2017.12.09 – wired.jp

おっさんvs.世界

アイデンティティ特集の巻頭言は実は三つくらい書いて、ギリギリまでどれを掲載するのか迷った。ボツにした原稿のうちのひとつがこれで、結局ウェブで公開した。何人かに読んでもらったところ、こっちの原稿のほうが面白いという声が優勢だったのだが、「おっさん」の語がむやみと出てくるのに、読み返すうちに自分でうんざりしてしまい、結局本誌では不採用とした。

いまどきのFacebookは、すっかり「おっさん」がとぐろを巻く場所になっている観がある。つとめて平静を装いながらも、隠しきれない自己顕示欲と、傲慢と、苛立ちとが滲む、あのイヤな感じ。見るたびにげんなりするのだが、実際のところ、投稿する人の性別やら年齢にかかわらず、ＳＮＳ空間そのものがすでにしておっさん的空間でしかないのかもしれないという気にもなってくる。なんにせよ、昭和生まれのひとりの「おっさん」として、世のおっさんたちが抱えていそうな所在なさや焦燥はわからないでもない。

歴史を振り返ってみると、政治も経済も、だいたいどんなときでも「おっさん」が仕切ってきたもので、たまに若者や女性が矢面に立つことがあったとしても、稀な例外とみなされることが多かったはずだ。どだい歴史を書いてきた張本人がおっさんなのであれば、それが自分たちに都合のいいものであっても驚くには当たらない。つまり、これまでの世界は、概ね、おっさんの天下だったというわけだ。

けれども、いつ頃からだろうか、その雲行きが怪しくなる。おっさんは、なにやら汚らしい生き物であるということになりはじめ、かつてなら「女子供になにがわかるか」と一喝して済んでいたことも、済まなくなってくる。おっさんの世界を機能させていたプロトコルは気づけば公然と社会悪とみなされ、さらに都合の悪いことに、最後の拠り所でもあった仕事の世界でもどんどん立場が危うくなる。「誰がお前らを食わしてると思ってるんだ！」という伝家の宝刀もいつしか切れ味を失った。

デジタルテクノロジーの進展に伴う経済の地殻変動によって、おっさんは新しい経済の原理に適応できないお荷物へと成り下がり、ＡＩやロボティクスがヒトの職を奪うなんて話が現実味を帯びてくれば、そこで用済みになるのは誰か、という問いも重くのしかかってくる。結果、未来に背を向け、過去にすがる。日本企業の停滞は、おっさんの停滞そのものだ。

戦後日本のおっさんたちが、汗水垂らして働くことでつくりあげてきた繁栄。「アズ・ナンバーワン」の美酒に酔いしれ、ご褒美のつもりでバブルのなかに引きこもって浮かれ騒いでいるうちに、外の世界はすっかり様変わりしてしまった。失われた二十何年だかは、ハシゴを外されたおっさんのアイデンティティが彷徨(さまよ)い続けてきた二十何年でもあろう。

といったことが、なにも日本だけに限った話ばかりでもなさそうなのは、ブレグジットやトランプといった現象が、自ら汗水垂らしてつくりあげた社会のメインストリームのポジションを女子供や外国人によって追われたおっさんたちの居直りの結果のようにも見えるからだ。世の中の真ん中にいたつもりがいつの間にか隅へと追いやられてしまった人たちにとって、「メイク・〇〇・グレート・アゲイン」は、そりゃ美しく響くだろう。とはいえ「よかった過去」が含意されるスローガンが甘美に響くのは、「よかった過去」を知ってる人たちだけだ。

そうやって鬱屈したおっさんは、いったんタガが外れると、理屈が一切通用しなくなるまでに依怙地になるところが厄介だ。自尊心を守ることが最優先になった途端、道徳も、倫理も、経済合理性もなんの抑止力にはならない。おっさんのヒステリーほど怖いものもない。

アイデンティティやダイヴァーシティが語られるとき、おっさんは、常に「敵」として立ち現れてくる（というか、この文脈で「敵」として立ち現れてくる存在は、それが女性であれ若者であれ、すべておっさんとみなしうるということでもある）。けれども「敵」とみなしているだけでは事態はかえって悪くなるばかりだ。

「いいね！」を集めることでズタズタにされた自尊心を必死で癒やそうとする、悲しきマイノリティがそこにはいる。ダイヴァーシティを称揚し、多様なアイデンティティを受容する方向へと社会がシフトしていくのなら、そこから取り残されたこの巨大なマイノリティ集団を、どう引き込むかは喫緊の課題となる。さもなくば、昨年英国や米国で見たような理不尽なバックラッシュに合うだろう。

おっさんのアイデンティティ。ことばにしただけで憂鬱なテーマだが、避けてばかりもいられない。多様性のある社会を語るなら、そこにちゃんとおっさんの居場所もつくってあげてくださいね、と言っておきたい。
おっさんの魂に、あまねく平和がもたらされんことを。

2017.12.22 – wired.jp

いつも未来に驚かされていたい

編集長降板が決まった翌日から書きはじめて二日でおよそ書き上げたものだが、公開までの一週間、内容をめぐって編集部内でさまざまな議論があった。というのも、怒りとともに「会社」を誇る内容が盛り込まれていたからなのだが、最終的にはほとんどを割愛した。タイトルは、「最適化されてはいけない」の解説で書いた「Surrender」という語とも響きあうものだろう。本書のタイトルもまた、この原稿と強く対応している。なんにせよ、未来を考えるのは、さすがに疲れた。というか、飽きた。もう少しちゃんと「いま」のことを考えないと。

――『WIRED』日本版のプリント版、なくなるんですか？

少なくとも来年の三月発売号は出ないことになりました。その時点で定期購読も終了して、定期購読中の方については返金させていただいて、それ以後のプリント版の継続については白紙。というのが現状。

――えー、なんで休止なんですか？

ぼくが編集長を下りることになったんで。

――あれま。でも編集長が辞めると、なんで雑誌が出なくなるの？

さあ。そこは会社の判断。

——で、なんで編集長辞めるんですか？

例によって短気をおこしたのね。

——でた（笑）。まったく、相手構わずどこでもやってんすね。ひどいもんすね。少しは自制できないんすか？

子どものころから癇癪もちなんだよ。それが、四〇歳超えたあたりから沸点がどんどん低くなってきて。つっても、クオリティってことを真剣に考えると怒らないわけにいかないことも多いから、相手が誰であれね。で、なんでか最近、やたらと「アンガーマネジメント」に関するメールが来るのよ（笑）。

——ったく。いい大人なんだから。

こないだ「おっさん」の話ってのをウェブに書いたんだけど（四八八頁）、あれ半分は自分の話だから（笑）。

——しかし、急ですね。

そこは、外資だから。契約が切れる五営業日前に通達。とはいえ、プリント版の一時休止と、定期購読の停止の件を、なる早で読者のみなさんにアナウンスしとかないとマズいかな、と。で、急ぎこの原稿をつくったわけ。最後のおつとめ。

——ちょうど三〇号でおしまいってことですね。

編集長としてつくったのは、実質二八号だけど、まあ、結果的にいえば、いい区切りなのかもしれない。最後に「アイデンティティ」って特集に行き着いて、自分の役目はおしまい。とくにこの二年くらいは、特集がそれぞれ単体としてあるというよりは、なんというか一連の流れになっていてどんどん深みにハマってる感じはあったし、途中からテクノロジーの話題ですらなくなってきてたし（苦笑）。

――「アイデンティティ」なんて特集に行き着いたら、たしかにデッドエンド感はありますね（笑）。

そう設計したというよりは、どんぶらこ流れに乗ってたら流れついたって感じなんだけどね。

――次号以降の特集のラインナップとか決まってたんですか？

もちろんやりたいことはいっぱいあって。「発注」ってテーマで次号はやろうと思ってて、そのあとは「ロボット」「物流」「ニュー・アナログ」なんてテーマをプロットはしてた。あと、今年「アフリカ」の特集でやったみたいなことをコーカサス地方でやれないかな、とか。

――コーカサス？

アルメニアとかジョージアとか、アゼルバイジャンとか。テックも進んでるって聞くし、地政学的にも面白いエリアだから。

――また、しかし、売れなさそうな（苦笑）。

そお？　定期購読も順調に増えてはきてたし、広告もうまくまわりはじめて、全体としてビジネスはかなり好調になってきてたんだよ。

――新しい事業もずいぶんやってましたよね。

今年から本格的に始めた「リアルワールド」っていう旅のプログラムなんか、ほんとに面白くて。参加してくれるお客さんが本当に面白いんで、お客さん同士のなかでプロジェクトが生まれたり、参加してくれた方々からお仕事いただいたり。めっちゃグルーヴしてたんで、ちゃんと育てあげられなかったのは残念といえば残念。そういう面白い人たちと、コーカサス行ったらきっと面白いと思ってたんだけどね。とはいえコミュニティは残るので、継続してみんなでわいわいやれるといいなと思ってます。

――コンサルとか、スクールとかもやってたんですよね。

うん。どれもこれもお客さんがホント面白い人たちばかりで、そういう人たちのために、結構苦労してノウハウ積み重ねて、やっとビジネス的にも芽が出るところだったのよ。毎年秋にやってきたカンファレンスも、年々精度があがってて、自分で言うのもなんだけど、今年のはちょっとびっくりするくらい面白くできたんだよね。

――「WIRED IDNTTY.」。あれはたしかによかったですね。ただ、いわゆるテックイノヴェイションみたいなところからはほんとに外れてきちゃってた感じはありましたよね。「ビジネスブートキャンプ」とか言いながら「哲学講座」やったり（笑）。

まわりからは唐突に見えたかもしれないけど、言っても最初っから「注目のスタートアップ情報」とかをそこまで掲載してきたわけじゃないから。「死」とか「ことば」とか、そういう切り口は継続してあったし。

――ありましたね。

だし、ほら、ある時期から、「スタートアップわっしょい！」みたいな気分も終息しはじめて、面白い話ももう大して出なくなってきてたし。シリコンヴァレーはトランプ以降、完全にアゲインストな風を受けちゃってるし、ＡＩとか自律走行車とかって話も、いよいよ実装の段階になってきたら、もうこれ完全に政治と法律の話になってきちゃうんで。

――それで飽きちゃったってこと？

そうではなくて、時代が大きくまた変わろうとしてるってことだと思う。『WIRED』を発行してるアメリカのコンデナストをみても、いまむしろ時代のフロントラインにいるのって『Teen Vogue』とかだったりするんだよ。LGBTQメディアの「them.」がローンチされたり、『Vogue』が「VICE」と組んだり。それ以外でも、「アイデンティティ」特集でも紹介した「Refinery 29」みたいなファッション・カルチャーメディアが旧来のメディアエスタブリッシュメントを圧して、新しい言論空間になりはじめているっていうのは面白い状況なんだよね。

――へえ。

デジタルイノヴェイションとかデジタルメディアのダウンサイドが明らかになってきたなかで、それを突破するために必要なのは、やっぱり新しいカルチャーをどうつくっていくのかみたいな話で、そういう意味でいうと結局いま面白いのってインディのブランドとか、ミュージシャンやクリエイター同士のオーガニックなつながりみたいなことだったりするんだよね。技術どうこうって話だけではどこにも行かないって感じが、もうここ三年くらいずっとある。

――AIだ、ロボットだ、ブロックチェーンだ、VRだって、まあ、だいぶ前から要件は出揃ってて、んじゃ、それどうすんだ？って感じですもんね。

でしょ？

――なにかが一周した感はあります。

二〇一七年って、SXSWでTwitterが「Web Award」を取ってからちょうど一〇年目なのね。その間、いろんな期待、それこそアラブの春とか、日本でも震災を経て、デジタルテクノロジーによって民主化された「よりよい世界」が夢見られてきたわけだけど、とはいえ、そう簡単に世界は変わらず、むしろ新しい困難が出てきちゃって、しかもそれがテックでは解決できない困難だったりすることも明らかになって。問い自体がより複雑な人文的なものになってきてるから、哲学とかアートとかファッションとか音楽とか文学とかって、いまほんとに大事だと思うんだよね。

――あれだけ「テクノロジーだ」「未来だ」って言ってたじゃないすか。

でも、そう言ったのと同じ分だけ「未来」ってことばも「テクノロジー」ってことばも好きじゃないってことも言ってきたよ。「未来」ってコンセプト自体がいかに二〇世紀的なものかってことも随分語ってきたし。

――みんな、冗談だと思ってたと思いますよ(笑)。

変な言い方だけど、「未来」ってものの捉え方を変えることでしか新しい未来は見えてこないってのが、端的に言うと『WIRED』で考えようとしてきたことだったはずなんだけど。で、最近つくづく思ったのは、それこそ企業の人とか行政の人とか、スローガンとして、やたらと「未来志向」とか言うんだけど、「それっていったい誰の未来のことよ?」ってことなの。

――どゆことですか?

たとえば企業の上のほうの人たちが「未来を考える」みたいなことを言ったときって、結局は「自分たちが見たい未来」の話なんだよね。そんな未来なんかどうでもよくない？　って思うんだけど。

——大方は生きてないでしょうしね（笑）。

昔、林業の取材でアメリカに行ったことがあって、全米最大の木材会社が所有してる山を見学したんだけど、とにかくスケールがすごいわけ。見渡す限りの山々を所有してて。アメリカの林業って農業みたいなもので、とにかく広大な「木の畑」があるって感じなんだけど、それを眺めながら「あの山のあの区画は五年後に伐採する区画」「あそこは一〇年後」「あそこは二〇年後」「あそこは五〇年後かな」とか説明されたわけ。で、「五〇年後って、生きてないですよね」って聞いたら、「林業ってそういうもんだから」って即答されて結構ショックを受けたんだよね。

——すごい。

種を蒔くってそういうことか、って思うじゃん。いま種を蒔いておかないと、五〇年後には使える木がないってことなのね。つまりいまやってることが、未来の誰かの食い扶持をつくることになるってことで、そう考えると、自分だって過去の人が種を蒔いていてくれたからいま食えてるだけかもしれないっていう気もしてくるでしょ。

——こないだ、ある原稿で作曲家の藤倉大さんのことばを引用してましたよね。作曲家ってのは「五〇年後の音楽をつくってる」んだっていう。

まさにそれ。いまそれを誰かがつくらなかったら、五〇年後にはペンペン草も生えない。

——とはいえ、その藤倉さんの話って「だから現代作曲家は儲からない」ってオチでしたけど（笑）。

「道を新しくつくる人は儲からなくて、結局は、道を舗装するヤツが儲けるんだ」ってスタッフにはずっと半ば負け犬の遠吠えのように言ってて（笑）。まあ、どっちを選ぶかは人それぞれだし向き不向きもあると思うんだけど、「道をつくったヤツより、舗装したヤツが偉い」っていう価値観はやっぱりいびつだと思う。『WIRED』では、ことさらそういうメッセージを出してきたつもりなんだけど、だって「イノヴェイション」って、シンプルに獣道を進むことでしかないから。なのに、舗装がエラいってことにしちゃうから、あらゆる産業が年末の道路工事みたいになっていくんだよ。

——うまいこと言う（笑）。

実際、現状のメディアの広告ビジネスなんて、それ自体がもはや永続的な年末工事みたいなもんだよ。

——で、自分としては、それとはちがう新しい獣道を拓いた、と？

いやいや。そうは言ってないよ。ただ気持ちとしては、舗装して儲けて喜ぼうとは思ってはいなかったってことね。ビジネス部門からは「したいっすね！ 舗装！（笑）」ってずっと言われてたんだけど、舗装するからには、誰かのあとをついていくか、いま来た道を戻ってもっかい通り直さなきゃいけないわけで。それってまどろっこしいし、そもそも、メディアの仕事っていうのは、同じ道を二回通ることがない仕事だから。

——そうなんすね。

どうでもいいけど、イスラム教って、同じモスクに通うときでもちがう道を通って行くことが推奨されるんだって。知ってた？

——へえ。面白い。

これもちょっと関係ない話かもしれないけど、こないだ、とあるお寿司屋さんに行ったらタクアンがめっちゃ美味しかったの。

——はあ。

「これどうやってつくるんすか？」って聞いたら、五日ぐらい干してそれから浅漬けにするんだって。で、この「五日間」っていうのは、「合理化」してはいけない五日間なんだよなってしみじみ思ったわけ。

——ほお。

でも、いまの世の中は、その「五日間」が我慢ならないんだよ。

——なるほど。工学的発想でいけば、その「五日という無駄」を短縮できる合理的なソリューションはある、となるんでしょうね。

そうそう。それで画期的なタクアンづくり機みたいのはできるかもしれなくて、それはそれでいいんだけど、ちょっと待てよ、って思うのは「タクアンでもできるんだから人間でもできるはずだ」っていう考え方なの。

——そんなこと言うヤツいます？

いや、実際にはそうは言わないよ。でも、基本的な思考の建てつけって、だいたいがそんなもんだよ。つまり、モデル化できて、再現性と互換性のあるなにかとして「ヒト」ってものを捉えたいわけ。それが

「科学的」だし、「科学的」であるってことは「真実」だってことだし、「真実」であるってことは「正しい」ってことになってるからさ。なんだけど、その考えでやってると、結局ヒトは永遠にロボットとかAIとかと戦い続けることになっちゃうんだよ。

——なんでですか？

『我々は人間なのか？』（ビアトリス・コロミーナ、マーク・ウィグリー／牧尾晴喜訳、BNN新社）っていう滅法面白い本があって、これ、デザイン論でありながら優れたテクノロジー論でもある、めちゃいい本なんだけど、そこに「ポスト・ヒューマンという思想は二〇世紀の近代デザインのあとに起こるものではない。それどころか、ポスト・ヒューマン思想への反応が近代デザインだった」って書いてあるの。

——なんのことやら。

つまり、近代の産業社会は、その理想形として最初から「超人＝ポスト・ヒューマン」を仮想してきたっていうのね。工場ってのは最初っからロボットに最適化されたシステムで、そうなんだけど当初はそんなロボットなんてないから、ヒトをそれに近いものとしてつくりあげるために近代教育が生み出され、修理工場として近代病院ってものが整備されて行ったという。で、そうしたことへのリアクションとして、デザインって概念が重視されるようになっていくと。

——ふむ。

その線でいくと、ヒトは、近代が望むような「合理的な存在」になろうと頑張ってきたものの、どうやっても「超人」にはなれない落ちこぼれとしてこの一〇〇〜二〇〇年くらいをずっと生きてきたミジメな存在でしかないってことになるのね。だからこそ、わざわざ「人間中心デザイン」なんてことばも必要になってくるわけなんだけど、でも、いよいよ本格的にロボットが装備されるようになったら、そりゃヒトは本格的に用済みにならざるを得ないでしょ。だって、いまぼくらが生きてる社会って、内心ではヒトよりロボットをずっと欲しがってた社会なんだもん。

——それでも、「ヒトにはヒトしかできないことがある！」って強弁する人は多いですよ。

うん。ただそのときに、「おれたちだってロボットには負けてない！」って言い方をしちゃうと、それ自体ハナから負けを認めてることになるじゃん。

——たしかに。

だから、むしろ、その事態を「解放」だって思ったほうがいいんじゃないのかな、と。完全であることとか、合理的であることを求め続けられてきてなれなかった「不具の超人」であることから、やっと解放されるんだって。

——合理性とか再現性に関わる範疇はもう全面的にロボットに任せて、と。

そうそう。

——とすると人間はどういう存在になるんですか？

非合理性とか不完全性とか一回性ってあたりを根拠とした存在ってことになるのではないか、と。

——一回性？

うん。ほら、仕事でもそうなんだけど、作業としてのルーチンっていうのはたしかにあるにしても、あらゆる仕事って実は一回しかないもののような感じがするんだよね。

——再現性はない、と。

うん。仕事に限らず、とくに決断するときってタイミングがめちゃ重要でしょ。で、タイミングってのは、一回一回が固有じゃん。毎回条件がちがうっていうか。

——たしかにね。

メディアをやってて思うのは、あたりまえだけど、あらゆる記事ってユニークなものとしてしかないわけ。同じ記事って二度と出ないの。稀に出たとしてもコンテクストが変わったから出るわけだし。だから、ある記事を分析してそれが読まれた要因を因数分解していっても、じゃあ次の記事をつくるのにそれが役に立つかって言ったらそうでもないんだよね。

——ふーん。そういうもんなんすかね。

それに、これ、そもそも考え方自体に矛盾があるんだよ。だってそうじゃん。「なにひとつ再現されない」っていう前提のなかで動いているものから再現性を取り出そうって、そのこと自体になんの意味もないんだもん。そりゃ探せばなにかは出てくるかもしんないよ。でも、それがわかったところで次にやることといえば、「じゃあ、それとはちがうことやろうぜ」ってことでしかないから。

——ひねくれてんなあ（笑）。

ちがうんだよ。むしろそれがヒトの本質なんだってさっき挙げた本は言ってるわけ。デザインの起源は「ちがうもの」とか「無用なもの」をつくるところにあるって。人間を突き動かしてきたのは「機能」の追究なんかじゃないんだよ。道具というものの起源として、石を涙のかたちに削りだした「手斧」がよく参照されるけど、あれに関して重要なのは、「それが使われた形跡がない」ってことなんだよ。で、本のなかにマーシャル・マクルーハンの引用があるんだけど、それがめちゃくちゃいいの。

――ほお。

「機能するということは時代遅れであるということである」。よくない？

――おお。かっこいい。

てな話は、実は、次号に予定していた「発注」特集で語ろうと思ってたことなんだけど。

――「発注」と関係あるんですか？

こないだ、発注に関するイヴェントをやったのね。そこで岡部修三さんっていう建築家の方が「建築家への発注はすべてが一回きりなんですよ」という話をしてて。で、よくよく考えたら、どんな仕事も、もしかしたら一回限りなんじゃないかって気がしてきて。その一回性のなかにどれだけ深く身を沈められるかが、ヒトってものにとってものすごく大事なことなんじゃないかと。

――バタイユっぽいですね。蕩尽。

おー。大きくでたな。でも、少なくともヒトがなにかをつくるってのは、なにか賭けるってことだしね。

――バクチ。

そう。コンテンツビジネスなんてハナからバクチだよ。他人と同じことをやることになんの意味もない仕事だから。再現性ないの。という意味では旅のようでもあるし。

――でた。便利ですよね、旅ってメタファー（笑）。

でも実際そうなんだよ。周りの景色は、たとえ自分がじっとしてても、どんどん変わって行く。編集長やってた間、それは本当に痛感したよ。テクノロジーってところだけ見てても、その主戦場となる舞台はどんどん動いていったから。

――どういう風にですか？

すごく雑に言うと、ビジネスの領域から、デザインってあたりの領域に移って、いまはそれが完全にポリティクスに移行したっていう感じじゃないのかな。そういう動きを、わりと間近で見れたってのは本当にスリリングだったけど。

――やってて楽しかったのって、やっぱそういう部分ですか？

それはたしかに楽しかったけど、幻滅も多かったかも。せっかく期待をもてそうななにかがでてきても、すぐに日本的な状況に巻き込まれて残念なことになっていくのも見てきたし、そもそも「それ最高じゃん！」って心の底から応援したいと思う物事やヒトを、うまく探しだすのには時間もかかったし。

――いるんすか？　実際。

いるよいるよ。日本ってすげえなって思うヒト、いっぱいいるんだよ。で、そういう人はメディア的に無名でも、記事としてちゃんと取り上げるとやっぱりちゃんと読まれるんだよ。そういう手応えはやってる間ずっとあって、その意味でいえば、読者はちゃんとしてるんだよ。

――それはいい発見だ。

うん。「読者はバカだからテキストを読まない」なんてことを平気で言うヤツがいるんだよ。出版の世界でも。

——ひどいね。

うん。「ってかそれってオマエがバカなだけだろ?·」ってずっと長いこと思ってて、『WIRED』で証明したかったのは、大きくは、ひとつそれだったの。だってアメリカに『The New Yorker』みたいなテキストだらけの雑誌をちゃんと読むヤツがいるんだよ。日本にだっているに決まってんじゃん。それがマジョリティだとは思わないけれども、いつから日本では客ってものをこれだけ見くびるようになったんだろうとは思う。しかもそうやってみくびることで「それがビジネスの厳しさだ」みたいな顔をするんだよね。それって楽しようとしてるだけじゃん。呆れるよ。

——レヴェルを下に下に合わせていくのが常道になってますもんね。

人の向上心とか、成長しようって欲求とかを、過小評価しすぎなんだと思う。だからイヴェントとかやったときに読者に「『WIRED』を読んで、自分で会社をつくりました」とか「新しいこと始めました」って言われたりするとホントに嬉しかった。とくに若い子にそう言われるのは。こないだも渋谷の街を歩ってたら、とある若いバンドのメンバーに呼び止められて「応援してください!」って言われて、かなり気分よかった(笑)。

——いいすね。

「東京拘置所でVol. 1からずっと定期購読してました」って青年もいたよ。

――拘置所から定期購読できるんすね。

そうなんだよ。自分もそれで初めて知ったんだけど(笑)。「世界に開かれた唯一の窓だったんす」って言われて、ちょっと泣きそうになった。

――いい読者すね。

そう。それは本当に宝だよ。編集部も、デザイナーも、広告とか販売とかマーケティングに関わるスタッフもみんなそう思ってたし、そういう読者がオーガニックにつながって、広がっていってるところに価値を見いだしてくれた筆者の方とかイラストレーターや写真家の方とか、もちろんクライアントも着実に増えてきたところだったから、残念というか、もったいないというか、申し訳ないというか。ほぼスクラッチから、それはできあがったものだから。

――でも、そこに種は蒔いたとは、思ってるわけでしょ。

そう思いたいけど、舗装まではやっぱりやれなかった(笑)。

――ちなみにプリント以外の事業は残るんですか?

旅とか、スクールとか、コンサルとかは、ノウハウをもっているスタッフが関わるかどうか次第だろうなあ。少なくともウェブは続くよ。言ってもUS版初代編集長にケヴィン・ケリーを、日本版初代編集長に小林弘人さんを仰ぎ、そして守護聖人としてかのマーシャル・マクルーハンを奉る重たいメディアブランドだからね、軽はずみになくすわけにもいかないでしょ。

――ちなみに、『WIRED』日本版の守護聖人って誰だったんですか?

公式にはいないけど、自分のってことならイヴァン・イリイチだよ。

——『コンヴィヴィアリティのための道具』の人ですよね。思想家というか、社会学者というか。

そうそう。本人は歴史家を自任してたみたいだけど。そのイリイチが考えた「コンヴィヴィアリティ」って概念は「自立共生」とか訳されるんだけど、『ＷＩＲＥＤ』をつくっていくなかで本当に自分が知りたかったのは、新しいテクノロジーは果たしてイリイチが言った意味において正しく「自立共生の道具」となるのかってことだったの。新しい技術やサーヴィスを評価するときの軸は、その一点しかなかった。

——そうなんすね。

『生きる思想』(桜井直文訳、藤原書店)という本のなかに収録されている「静けさはみんなのもの」(Silence is a Commons)という文章は自分にとってのきわめつきの聖典なんだけど、面白いことに、この文章の初出はスチュワート・ブランドが『Whole Earth Catalog』のあとにやっていた『CoEvolution Quarterly』って雑誌なんだよ。

——へえ。

『ＷＩＲＥＤ』初代編集長のケヴィン・ケリーは『Whole Earth Catalog』に関わっていたわけだから、スチュワート・ブランドを介してイリイチと『ＷＩＲＥＤ』は細い糸でつながっていて、思想的に近いわけでなくとも問題系は重なりあってた。だからこそ、根っからのテクノロジー嫌いでも、自分なりにテーマをみつけることができて、ここまで熱をこめて『ＷＩＲＥＤ』にコミットすることができたんだよね。

——こんなにムキになんのかって思うくらいの激しさでしたもんね。

たかだか雑誌にね(笑)。でも、血が逆巻くほどムキになる仕事があるってのは、他人にどう思われようと、楽しいもんだよ。とはいえ、それも、たまたまそういう仕事に出くわしたってだけだけど。いいタイミングでその場に居合わせて、たまたまいいスタッフと読者に恵まれて。自分でなにかをやったというよりは、ラッキーだったという気しかしない。

――またまた。

ほんとだよ。自分が手がけたプリント版の最後の号になる最新号のなかで、熊谷晋一郎先生が、ヴィクトール・フランクルっていう精神科医の考え方を説明してて。「あなたが人生になにかを期待するのではなく、あなたが人生からなにを期待されているのか考えること、(フランクルは)、それが「責任」なんだと言ってるんです」。言われてみれば、そういう意味での「責任」を果たそうとがんばってきたんだなって感じはする。

――哲学者の國分功一郎さんとのマッシュアップ対談で、意志と責任をテーマに語っているくだりですよね。

そう。で、驚いたことに、メジャー・レイザーのキューバ公演を追った『GIVE ME FUTURE』っていうドキュメンタリー映画を観てたら、映画に登場するあるキューバ人女性がまったく同じことを言ってるの。「わたしは人生に多くを期待はしない。むしろいつも人生に驚かされていたい」って。

――へえ、面白い。

イリイチは晩年に「「未来」などない。あるのは「希望」だけだ」って言い遺しているんだけど、これも、なんだか似たようなことを言ってるようにも思えて。未来に期待をして、予測をして、計画をしていくことで、ヒトも人生も、開発すべき「資源」や「材」とされてしまうことにイリイチは終生抗い続けたんだよ。

——単に「お先真っ暗だから、せいぜい希望をもつくらいしかできない」って意味じゃないんですね。

未来——あるいは、ここでは人生って言ってもいいんだけど——にやみくもに期待し続けることから脱けだせなかったら、ヒトはいつまで経っても未来というものの奴隷なんだというのが、その本意だと思う。そう考えると、「いつも人生に驚かされていたい」っていうのは、まさにそこからの脱却を語ったことばなんだよね。めちゃめちゃ感動した。

——それは観ないと。

メジャー・レイザーのこの映画の配信が始まったのが今年の一一月だったんだけど、二〇一〇年の冬にアートディレクターの藤田裕美くんと新宿の喫茶店で、どういう雑誌にしようかって最初の打ち合わせをしてから実質丸七年間『ＷＩＲＥＤ』に関わり続けてきて、最後にたどり着いたのがこのことばだったたっていうのは、ちょっと、なんか、気分がいいんだよね。

解題

「海へ」　宮崎夏次系

ふと気づいたの
ですが

散歩してると
半歩先を歩く
自分が見えます
……

近所の若林くんに
相談
ほんと？
ぼくもだ
EXIT

こないだ
タワレコ
行ったらさ
もうCDを選び
終えた自分が居て
それに
すんの？
で、ぼくも
結局同じ
モン買って
帰ったんだ
なんだかねぇ
ぼくがいちばん
困ってるのが
ちゅるー
アイツが現れると
その通りにしか
歩けないし
自分のお尻の穴がずっと
視界にちらついて

散歩が楽しくないんだよね
ちょっと言ってやろう
言うって何を？
あ 居た居た

おーい
ぼくたちの前を歩かないでくれる？
そう言われても…
君らはぼくたちのこと勘違いしている

後から来る
君らが失敗
しないように
ちょっと先を
歩ってるんだ
バナナの
皮を
よけつつね
そういや
こないだの
聴いた?
これ
から!
とっても
小さな星に
いけば…
アヤツらを
見なくて
すんだりして
ひらめいた!

あとずさり
だっ
ズサ
ズサ

未来の自分を見かけたら
あとずさればいいんだ
そういうもん
かなァ

いたぞ

ズサー

ほら
見えなく
なった

君より
後の君が
つかえてる
うーん
きゅうくつ
だなぁ

散歩に
行かない
の？

自分の尻をずっと
追い続けると思うと
がっかりしてさ
今のぼくはどうしたって未来と
過去にはさまれ追いこすことも
こされることも出来ない
これ
あげる

えっ？
あした
ひっこす
んだ
また
どこかでね

ますます
溜め息ばかりです
ダラダラ
しない!!
けれどもそうとばかり
言ってはいられませんし
ゴ〜

解題「海へ」　宮崎夏次系

若林恵

1971年生まれ．編集者・ライター．ロンドン，ニューヨークで幼少期を過ごす．早稲田大学第一文学部フランス文学科卒業後，平凡社に入社，月刊『太陽』を担当．2000年にフリー編集者として独立し，以後，雑誌，書籍，展覧会の図録などの編集を多数手がける．音楽ジャーナリストとしても活動．2012年に『WIRED』日本版編集長に就任．2017年退任．2018年，黒鳥社(blkswn publishers)設立．

さよなら未来――エディターズ・クロニクル 2010-2017

2018年4月19日　第1刷発行
2020年6月15日　第4刷発行

著　者　若林　恵（わかばやし けい）

発行者　岡本　厚

発行所　株式会社 岩波書店
〒101-8002 東京都千代田区一ツ橋2-5-5
電話案内 03-5210-4000
https://www.iwanami.co.jp/

印刷・理想社　カバー・半七印刷　製本・松岳社

ISBN 978-4-00-023070-4　　Printed in Japan